所有権のモデル

日本法社会学会編

法社会学　第 91 号
2025 年

有　斐　閣

本書のコピー，スキャン，デジタル化等の無断複製は著作権法上での例外を除き禁じられています。本書を代行業者等の第三者に依頼してスキャンやデジタル化することは，たとえ個人や家庭内での利用でも著作権法違反です。

目　　次

全体シンポジウム「所有権のモデルと法・社会分析」

所有権のモデルとは何か……………………………………… 高 村 学 人…… 1

戦国期と近世期と明治期

　　——関係的契約と第三者執行，併存的所有権と排他的所有権—— 中 林 真 幸…… 12

「サルゴフリー方式賃貸契約」：イランの商慣行と法のはざま… 岩 﨑 葉 子…… 28

「自然の権利」から所有権モデルを問い直す

　　——ガンジス川への法人格付与を事例として—— …………… 中 空　　萌 …… 38

コメント：計量研究の視点から………………………………… 木 下 麻奈子…… 50

コメント：包摂的な所有権モデルに向けて………… Dimitri Vanoverbeke …… 54

企画関連ミニシンポジウムⅠ「所有権研究の最前線」

所有権法の動態を可視化する…………………………………… 飯 田　　高 …… 59

仮想空間と所有権の構造………………………………………… 角 本 和 理 …… 73

知識経済における所有権のモデル化の意義

　　——「古典」と「現代」そして「批判」を超えるために—— …… 吾 妻　　聡 …… 84

放置される財（放置財）の輪郭について

　　——国内過疎地域の事例から—— ………………………… 片 野 洋 平 …… 98

企画関連ミニシンポジウムⅡ「開かれた所有権モデルに向けて」

自然アクセス制から考える併存的所有権モデルの意義と課題

　　——コモニング（commoning）は可能か？—— ……………… 三 俣　　学 …… 106

狩猟と山野における土地所有権………………………………… 高 橋 満 彦 …… 117

文化財・オープンソースソフトウェア・IAD フレームワーク

　　——開かれた所有権モデルと知的財産法学の接点—— …………… 山 根 崇 邦 …… 128

〈論　説〉

厳罰傾向と犯罪不安が刑事政策参加の経験と意図に及ぼす影響

　　………………………………………… 向 井 智 哉・綿村英一郎 …… 141

多変量解析による見直し条項の定量分析——「応答的法」に向けて——

　　……………………………………………………… 山 下　　瞬 …… 170

マスメディアと弁護士像—— 2000 年以降の日本における弁護士記事と
　法情報調査を用いた探索的検討—— …………………………… 郭　　薇 …… 201
公安委員会による警察に対する統制の強化
　—— 2000 年代以降の制度改革の成果と失敗——……………… 許　仁碩 …… 230
法社会学の中の法解釈論——「法解釈論の社会学」の沿革・方法論・射程——
　………………………………………………………………… 澤出成意人 …… 252
〈書　評〉
尾崎一郎著『個人化する社会と閉塞する法』……………………… 阿部昌樹 …… 281
〈欧文目次・学会記事〉

全体シンポジウム　所有権のモデルと法・社会分析

所有権のモデルとは何か

高 村 学 人

キーワード：所有権，モデル，併存的所有権，排他的支配権，共通財

〈要　旨〉

　2024 年度の法社会学会企画委員会は，3 つのシンポジウムを通じて，所有権のモデルに取り組んだ．本稿は，その企画趣旨説明であり，所有権のモデルとは何か，を明らかにする．最初に法社会学会の企画として所有権というトピックを選択した理由を説明する．次に所有権のモデルに焦点をあてた理由と企画で用いた排他的支配権モデルと併存的所有権モデルの内容を説明する．モデルに取り組んだのは，所有権というトピックに限らず，モデルを持つことが経験的な法社会学研究において理論の形成を促すからであった．弁護士モデル論を参照しながらこの点を説明する．最後に各シンポジウムの狙いを説明し，残された課題を記す．

I　なぜ所有権に取り組むのか

　法社会学会の企画として所有権というトピックを選択した理由は，以下の 4 つである．第一に，日本の法社会学の形成期，所有権論が中心的な研究トピック（ex. 小作争議，借家・借地紛争，入会権闘争）であり（末弘 1924），これに新しい視点・方法から接近することで研究史の再発見ができる．

　第二に，所有者不明土地問題に伴う物権法改正，非人間（自然や動物）への法人格の承認，共通財の保全とアクセスを求める法運動など，国内外でこれまでの所有権モデルを問い直す動きが活発化している．

　第三に，これと連動して隣接分野で注目すべき所有権研究が展開している（深尾・中村・中林編 2017; 小林編 2020; 田村・山根編 2021）．そこでの所有権の見方は，後述の「併存的所有権モデル」に括ることができ，それを通じて法社会学への導入が可能となる．

　第四に，所有権の内容・機能は，時代や国により異なるため，法社会学で近年手薄

2　全体シンポジウム「所有権のモデルと法・社会分析」

な歴史的・比較法的なアプローチに取り組むことができる.

Ⅱ　どのように取り組むのか —— 所有権のモデル

それでは，所有権にどのような視点から取り組むのか．先立つ研究から所有権論を分節化し，とりわけ「所有権のモデル」に焦点をあてる理由と用いる所有権モデルを説明する.

1　所有権論の分節化 —— 先行研究との対比

所有権に取り組む場合，川島（1949）『所有権法の理論』や同理論の超克を目指した『新しい所有権法の理論』（2013 年企画）や『持続可能な社会への転換期における法と法学』（2014 年企画）との継承関係が論点となる．一歩前進には，所有権にどのように取り組むのか，を明瞭にする必要がある．まずは，川島（1949）を手掛かりに所有権論を分節化していく.

『所有権法の理論』には，①「社会科学としての理論」（商品交換関係の発展という経済的変数と所有権法の成立という法的変数の相互関係に関する説明）と，②「法体系のメタ記述としての法理論」（所有権が近代法の体系全体に決定的な影響を与えている法構造の説明）という二つの理論があった.

また，これらとは別に，③所有正義論（所有権が正当化される根拠の探求とそれに基づく所有権の制約），④所有権の法意識，⑤所有権のモデル，と命名できる営みが所有権論に存在する.

ところが，所有権論では，①〜⑤が未分化なまま論じられる傾向がある．それゆえ，二つの理論が区別されず，「新しい所有権法の理論」が何を指すのか，不明瞭となったり（尾﨑 2014），資本主義経済への批判が近代的所有権概念への批判と絡めて展開されたりした（桝澤 2015; 水林 2014）．それゆえ所有権を論じる場合，①〜⑤のいずれを扱うのか，を明確にする必要がある．そのことで①〜⑤の連関も明瞭なものとなる.

2　所有権のモデルとは何か

今年度の企画は，⑤の所有権のモデルに焦点をあてた．その理由を説明しよう．所有権のモデルとは，所有権の本質的な特徴や構造を掴みだすためにその要素を強調・抽出する形でモデル化し，それを用いて「ある所有権」や「あるべき所有権」を分析・提示しようとする営みである.

所有権のモデルとは，ある歴史文脈から生じながらも，そこから断ち切られた理念型となることで，時代や国によって異なる所有権の内容・機能を横断的に解釈する枠

組となる（クシファラス 2009）．モデルは現実と異なるが，モデルが存在することで多様な現実を解釈できるようになる．このことで経験的な法社会学研究が可能となり，社会科学の理論の形成が促される．これが所有権論の中でも所有権のモデルに取り組むべき理由である．

『所有権法の理論』の最大の意義も近代的所有権の特徴・構造を特定の国の歴史文脈から切り離してモデル化した点にあった．それは，実在した近代の所有権とは異なり，その本質的要素を抽象化したものであったが，そのようなモデルが存在することで，法と経済の相互関係に関する社会科学の理論と近代法の体系をメタ記述する法理論の構築が可能となった．今回，取り組むのは，前者の社会科学の理論と所有権モデルの連関である．

3　排他的支配権モデルと併存的所有権モデル —— 対となる二つのモデル

次に，どのような所有権モデルを本企画で用いるのか，を説明する．ここでは，川島から離れて，フランスの法制史学者の Patault（1989）が提唱した排他的支配権モデルと併存的所有権モデルという対モデルに民法学者 Ginossar（1960）の帰属関係説の考え方を組み込み，モデルを組み立てていく．

図1　排他的支配権モデル　　図2　併存的所有権モデル

図1の排他的支配権（propriété exclusive）モデルでは，一つの物に一人の人間が排他的支配権を有する状態が所有権の原型と捉えられ，国家法に基づく法的権利としての排他的支配権が生み出す社会的作用が分析の対象となる．ここでは，法と社会は分離され，二元的に捉えられる（Law & Society パラダイム）．

これに対して図2の併存的所有権（propriétés simultanées）モデルでは，一つの物に対しても様々な権利（propriétés, property rights）が併存的に成立し，複数の主体が異なる内容の権利を分割的に所有している状態を常態と捉える．ここでは，法的権

利と慣習上・事実上の権利が連続的に把握され，有体物と無体物，物権と債権の区別も相対化される．所有権という言葉も物権の中で最も完全な権利という意味ではなく，契約により発生する債権も含む様々な権利が所有者に帰属する関係を指すものとして用いられる（Ginossar 1960）．併存的所有権モデルでは，法と社会は分かちがたく結びついているものとされ，所有権（propriété, property）という概念は，物や権利の帰属を相互に承認しあっている法・社会関係（socio-legal relationship）として捉えられる（Layard 2020）．

表 1　排他的支配権モデルと併存的所有権モデルの違い

	排他的支配権モデル	併存的所有権モデル
客体と主体の関係	一物一権（一人）主義	一物多権（多人）主義
所有権の対象	有体物	債権も含む権利
所有権の定義	最も完全な物権	権利の排他的帰属関係
所有権の中核	妨害排除請求権＆処分権	用益権
法と社会の関係	分離・二元的	相互浸透的
	（Law & Society パラダイム）	（socio-legal relationship）
法的権利と慣習的権利	法的権利中心	いずれも重視
私法と公法	私法中心	連続的に把握
物権と債権の峻別	絶対的	相対的
実社会と仮想社会	実社会のみ想定	連続的に把握

　表 1 に二つの所有権モデルの違いをまとめた．排他的支配権モデルでは，所有権の目的は，物の排他的支配であるゆえ，それが可能な有体物にしか所有権の成立を認めない．これは，今日の民法学の通説でもあり（吉田 2023: 131），川島（1949: 9）は，所有権を「外界の自然に対する人の支配」として定義した．川島の近代的所有権論は，排他的支配権モデルの中に括られる．川島（1949）が一物に対して様々な権利が併存するのではなく，一物に一人のみが所有権を持つこと（一物一人主義）を所有権のモデルとしたのは，封建制社会を克服するためであった．

　これに対して併存的所有権モデルでは，一物に対して多人が多権を分割的に所有している状態を常態とする．ただし，このモデルは，土地に対する排他的支配権が成立していなかった封建的・前近代的な所有関係を描くためだけでなく，現代的な所有関係の分析にも用いられる（Patault 1989; Orsi 2013）．それゆえ成功したモデルと位置づけられている（クシファラス 2009）．

表 2　併存的所有権モデルによる文化財の所有権の構造分析

	所有権者	利用権者	市民団体 管理関与者	公衆
アクセスする権利	○	○		○
管理権	○	○	○	
排除する権利	○	○		
譲渡する権利	○			

　例えば，フランスの民法学者 Rochfeld（2013）は，文化財の所有権の構造分析にこのモデルを用いる（**表 2**）．城などの文化財は，多くの場合，私人により所有されている．しかし，公衆が文化財に触れ親しむ（＝アクセスする）ために文化財保護法で所有者に保全が義務づけられ，文化財の日に公開が奨励されている．文化財の保全を支援し，研究やガイドを行う市民団体も文化財の管理運営に関与しており，事実上，管理権を共有している．それゆえ，文化財は，私有であっても「共通財（bien commun）」として所有権が市民団体や公衆により併存的に分有されていると捉えられる．このように「ある所有権（存在）」を分析することで，公衆のアクセス権や市民団体の管理参加権といった「あるべき所有権（当為）」が導かれ，これにより共通財の改廃に対して司法審査を求める原告適格が基礎づけられる（Rochfeld 2013; 高村 2019）．このような所有権分析の可能性は，企画関連ミニシンポジウムⅡで取り組む．

　今日，無体物である知的財産権の役割が大きくなり，メタバース空間の中で不動産が分譲・取引されるに至っている．デジタル資産の複製を不可能とする技術（NFT）の登場により，メタバース空間での所有権の証明が可能となった．それゆえ，所有権の対象を有体物に限定せず，権利をモノ化して捉え，権利の排他的帰属に所有権の成立を認める Ginossar（1960）の帰属関係説は，デジタル社会と親和性が高い．それゆえ，近年，有力説となっている．併存的所有権モデルの所有権の捉え方は，Ginossar の帰属関係説に依拠したものである．実社会とデジタル社会の区別を相対化する併存的所有権モデルは，近未来の法・社会関係を分析したり，デジタル資産への法的保護を導いたりする上でも有意義なモデルとなる．

　排他的支配権モデルと併存的所有権モデルという二つのモデルを用いるのは，二つが両極端な内容を持つがゆえに，対となる理念型としての機能を果たし，時代や国によって異なる所有権の内容・機能を横断的に比較考察するための思考枠組となりうるからである．

Ⅲ　モデルの意義 —— 所有権から離れて

　所有権というトピックに限らず，経験的な法社会学研究にとってモデルを持つことの意義にも触れておこう．

1　モデルとは何か

　フランスの社会学事典に依拠すれば，モデルは次のように定義される（Ansart & Akoun 1999: 348）.

　「モデルとは，ある実践，あるシステム，ある社会状況を社会学的な省察にもとづいて抽象的に構築した表象を意味する．このように理解されるモデルは，現実そのものではなく，現実的なものを考察したり，解釈したりするための近似物となり，そのことで仮想的現実となる．……マックス・ウェーバーは，現実のみから経験的に概念を構築しようとする方法を批判し，概念というものは，無限の要素から構成される社会状況の中から本質的な特徴を取り出しながら，知性的に構築されるものであるとした．封建制や資本主義といった理念型は，封建的なものや資本主義的なものの具体的な形態全てを描くことを目的とするものではなく，その中で重要であると判断される側面を掴み出すために構築されたモデルである．……教育や権力関係やスポーツ競技のように形づくられて反復される社会的な実践は，モデル化に適している．モデル化には，システムの機能，各アクターの役割，アクターを結びつけたり，対立させたりする相互作用を描き出すことが求められる．モデルは，事実の観察と抽象的な形式化を往還することで構築され，その有効性が検証されたり，内容が修正されたりしうる」.

　すなわち，モデルは現実と異なるが，モデルを持つことで，見るべき重要な法・社会関係が定かとなる．どのモデルに依拠するかで見えてくる法・社会関係も異なってくる．しかし，モデルがなければ，この異なりや法・社会関係の重要な特徴が見えてこない．このような発見を促す点にモデルの意義がある．それゆえ企画でも，二つの所有権モデルの優劣を論じるのではなく，対となるモデルが発見を促すことを示すのを目的とした．

2　弁護士モデル論からの示唆

　モデルの意義を強調する点では，弁護士の職務を，①在野法曹モデル，②プロフェッションモデル，③リーガルサービスモデル，④リーガルカウンセリング（関係志向的）モデル等を用いて説明してきた弁護士モデル論の系譜に今回の企画は属すると言える（石村 1969; 棚瀬 1987; 和田 2022）.

実際の弁護士の職務は，多様であり，いずれのモデルも包括的な説明とならない．しかし，モデルがあることで，弁護士の実際の「ある職務」を観察・分析したり，「あるべき職務」を論じたりすることができるようになる．弁護士モデル論からの示唆は，以下の二点にまとめられる．

第一に，在野法曹モデルに対抗してプロフェッションモデルが提唱されたり（石村1969），プロフェッションモデルに対抗してリーガルサービスモデル（棚瀬 1987）やリーガルカウンセリングモデル（和田 2022）が提唱されたりしたように，モデルは，対となる二つのモデルが存在し，対抗しあうことで弁護士への新たな理解を導いてきた点である．

第二に，モデルは，実際の弁護士の「ある職務（存在）」と「あるべき職務（当為）」とを結びつけることに寄与してきた点である．新たな弁護士モデルが提唱される際，実際に既に行われている「ある職務」を発見・観察し，その経験的知見を土台にして「あるべき職務」が提唱されてきた（棚瀬 1987; 和田 2022）．

本企画では，所有権のモデルを「所有権の本質的な特徴や構造を掴みだすためにその要素を強調・抽出する形でモデル化し，それを用いて「ある所有権」や「あるべき所有権」を分析・提示しようとする営み」と定義した．これは弁護士モデル論の伝統から着想を得たものでもある．

他方で法社会学には弁護士モデル論の蓄積がありながら，当初からモデルとは何かが明示的に説明されなかったため（石村 1969; 棚瀬 1987），モデルの意義が共有されなかった．それゆえ，近年の弁護士研究でも，弁護士の職務内容の多様化傾向を前に弁護士モデルの意義も乏しくなったとされる（佐藤・阿部編 2022）．確かに一つのモデルで多様な弁護士の職務内容を捉えることはできない．しかし，モデルがないと弁護士の職務の何が重要な要素であるかが，不明瞭となり，存在を捉えたり，それに基づき当為を論じたりすることが難しくなる．今回，モデルの意義をあえて強調したのは，このような法社会学会のモデルへの関心の低下傾向も背景にある．

3 モデルと理論の関係

次にモデルと社会科学の理論の関係を説明する．モデルを有すれば，弁護士研究も，例えば，①法曹一元の国では，弁護士団体の職務規範の内容がプロフェッションモデルに近似したものとなっている傾向が強いのか，といったマクロ比較の経験的研究，②弁護士の主たる顧客の違いにより支持される弁護士モデルが違うのか，といったメゾ研究の経験的研究，③関係志向的モデルを体現する法律相談のあり方はどのようなものか，といった質的・実践的な経験的研究が可能となる．

社会科学の理論とは何か，①，②，③の研究例を用いて説明すれば，①では，法曹一元制度という法制度を説明変数とし，弁護士団体の職務規範の内容を被説明変数とする因果関係法則が理論となる．②でも同様に弁護士の顧客チャンネルを説明変数とし，弁護士が支持する弁護士モデルを被説明変数とする因果関係法則が理論となる．③もあえて抽象化すれば，法律相談のコミュニケーションの型を説明変数とし，関係の修復を被説明変数とする因果関係に理論を見出すことができる．社会科学の理論とは，このような経験的研究によってその妥当性が検証できるシンプルな命題を指す．

逆に言うと，モデルは理論ではなく，理論化の一歩手前で形成され，溢れる変数の中からどのような変数を重要なものとして取り出すべきかの枠組を提供するものと定義される（Ansart & Akoun 1999: 349）．①を例とすれば，モデルの存在により，プロフェッションモデルの重要な要素が理論変数となり，そこから弁護士団体の職務規範のどのような内容を観察変数として測定すべきか，を導くことができる．このようにモデルは，社会科学の理論の形成を促し，理論変数と観察変数を往還する枠組となることで経験的な法社会学研究を可能とする．

Ⅳ　企画委員会企画の構成

以上の趣旨に基づき，企画委員会は，3つのシンポジウムを企画した．各シンポの狙いを説明する．

1　全体シンポジウム「所有権のモデルと法・社会分析」

全体シンポジウム「所有権のモデルと法・社会分析」は，二つの所有権モデルを用いて時代や国によって異なる所有権の内容・機能を横断的に比較考察することを目的とした．現代日本社会からあえて離れることで法社会学の視野拡大を目指した．

深尾・中村・中林編（2017）『日本経済の歴史 全6巻』の編者である中林真幸には，同書で用いたハートの所有権理論に基づく農地所有権の制度分析の方法を報告頂いた．日本の法社会学は，その形成期，小作争議や地主・小作間の権力関係の研究を行ってきた．中林報告は，「一地一主」の原則に基づき地主・本百姓に近代的所有権を付与したことに小作人隷属の要因を求めてきた法社会学のこれまでの歴史理解を揺るがすものとなろう．

岩﨑葉子には，併存的所有権モデルを用いながら，イランで店の営業権（サルゴフリー）が高額で取引される商慣行が生じ，サルゴフリーへの所有権と不動産への所有権とが併存するに至った過程を論じてもらった．ここでは，エールリッヒのように国家法と生ける法（商慣行）を二項対立的に捉えるのではなく，国家法の意図せざる結

果として商慣行が生成・変容したことが示される．法と社会の二元論を刷新する視点が岩﨑報告から得られるであろう．

中空萌には，ガンジス川へ法人格を付与する判決が生み出された過程の人類学的フィールドワークに基づき，所有主体を人に限定し，自然や動物を所有客体としてのみ扱ってきた人新世の所有権モデルを問い直す報告を行ってもらった．本企画の二つの所有権モデルは，所有権の主体や権利がどのように現れるか，を扱うものとなっていない．それゆえ，中空の問題提起は，正鵠を得ている．

2 　企画関連ミニシンポジウムⅠ「所有権研究の最前線」

企画関連ミニシンポジウムⅠ「所有権研究の最前線」では，所有権に関するこれまでの争点に新しい方法から接近することで，法社会学における所有権の研究史の再発見を目指した．

シンポジウムでは，川島武宜『所有権法の理論』を念頭におきながら，①所有権を全近代法体系の中心と位置づけた中心テーゼ（飯田論文），②排他的に支配可能な有体物のみを所有権の対象とした排他的支配権モデル（角本論文），③所有権法を政治的に中立な私法と位置づけた非政治主義（吾妻論文），④一物一人のモデルで客体－主体の関係を描く一物一人モデル（片野論文），を問い直すことを目標とした．

3 　企画関連ミニシンポジウムⅡ「開かれた所有権モデルに向けて」

企画関連ミニシンポジウムⅡ「開かれた所有権モデルに向けて」では，併存的所有権モデルの中に括られる共通財論を「開かれた所有権モデル」と呼び，それが可能となるための条件を示すことを目的とした．

これまでのコモンズ研究は，国家や市場（私的所有）に対する共同体的所有の優位性を説いてきた．しかし，近年では，国家的所有，私的所有，共同体的所有のいずれに対しても公衆や将来世代のアクセス権の確保を論じる共通財論が仏伊の民法学で有力になっている（高村 2019）．共通財とは，将来世代も含む全ての人の人格の自由な発展，基本的諸権利の行使のために不可欠な財を指す．このような共通財の性質から共通財論では，所有権者に財を保全し，アクセス権を許容する義務を導き，公衆が共通財へのアクセス権を併存的に所有しているとする．

しかし，このような併存的な所有権がどのような法運動を経れば生成するのか，競合利用に伴うコンフリクトに対処しながら，どのように実現しているか，は，経験的に開かれた問いである．それゆえ，ミニシンポジウムⅡでは，開かれた所有権が可能となるための制度やアクターの役割を分析するフレームワークの構築を目指した．

V　む　す　び

　最後に残された課題を記すことにしたい．全ての報告者から企画の趣旨にそった優れた報告を得ることができ，その成果を本号に論文として掲載することできた．全体シンポジウムでは，2名のコメンテーターを得たことで，さらに充実した議論を行うことができた．全ての方々に感謝したい．

　残された課題としては，次の2点がある．第一に所有権のモデルを用いた経験的な法社会学研究は，筆者自身も含めてまだ緒についたばかりである（高村 2024a）．今後，具体的な経験的研究が進展することで，モデルの有用性や限界が明らかになるであろう．

　第二に企画ではジェンダーの視点を重視した所有権研究の報告を得ることができなかった．今後，ジェンダーの視点からの批判的な所有権研究がなされることを期待したい．

　学会当日の企画趣旨説明では，先立つ企画や研究への疑問の提示をあえて積極的に行った（高村 2024b）．そうしたのも，本企画に対しても今後同様に疑問の提示が積極的になされ，学会での議論の活性化を期待したからである．本企画を批判的に乗り越えようとする学会企画の出現を楽しみにしたい．

＊学術大会では，「日本法社会学会 2024 年度企画委員会企画趣旨説明　所有権のモデルについて」というペーパーを電子配信した．本稿は，それを基礎にしているが，紙幅の制約上，大幅に内容をカットせざるを得なかった．それゆえ，電子配信したペーパーは，高村（2024b）にて別途公表した．詳しくは，そちらも参照願いたい．

＊企画関連ミニシンポジウムⅡの報告1件については，諸事情により掲載を見送った．

〔文　献〕

Ansart, Pierre, & André Akoun (dir.) (1999) *Dictionnaire de sociologie*, Le Robert et le Seuil.

Cornu, Marie, Fabienne Orsi, & Judith Rochfeld , ed. (2017) *Dictionnaire des biens communs*, PUF.

深尾京司・中村尚史・中林真幸編（2017）『岩波講座 日本経済の歴史 1 ～ 6 巻』岩波書店．

Ginossar, Samuel (1960) *Droit réel, propriété et créance : élaboration d'un système rationnel des droits patrimoniaux*, LGDJ.

石村善助（1969）『現代のプロフェッション』至誠堂．

川島武宜（1949）『所有権法の理論』岩波書店．

小林延人編（2020）『財産権の経済史』東京大学出版会．

楜澤能生（2015）「持続可能な社会への転換期における法と法学」法社会学 81 号 1-12 頁．

Layard, Antonia（2020）"Property as socio-legal institution, practice, object, idea," *Research Handbook on the Sociology of Law*, Edward Elgar Publishing, 271-282.

水林彪（2014）「近現代所有権法論の構図試論──2013 年度法社会学会全体シンポジウム「新しい『所有権法の理論』」に寄せて」法社会学 80 号 86-115 頁.

Orsi, Fabienne（2013）"Elinor Ostrom et les faisceaux de droits : l'ouverture d'un nouvel espace pour penser la propriété commune," *Revue de la régulation*（*En ligne*）14.

尾﨑一郎（2014）「全体シンポジウム 新しい『所有権法の理論』企画趣旨」法社会学 80 号 1-9 頁.

Patault, Anne-Marie（1989）*Introduction historique au droit des biens*, PUF.

Rochfeld, Judith（2013）"Quel（s）modèle（s）juridiques pour les « communs » ? Entre élargissement du cercle des propriétaires et dépassement de la propriété," in Benjamin Coriat, ed., *Propriété et Communs. Les nouveaux enjeux de l'accès et de l'innovation partagée*, Utopia, 88-105.

佐藤岩夫・阿部昌樹編（2022）『スタンダード法社会学』北大路書房.

末弘厳太郎（1924）『農村法律問題』改造社.

高村学人（2019）「共通財という新たな所有権論」法律時報 91 巻 11 号 13-18 頁.

──（2024a）「土地・建物の過少利用問題と所有権モデル」歴史と経済 263 号 3-13 頁.

──（2024b）「「所有権のモデル」について」立命館大学政策科学会 RPSPP ディスカッションペーパー No.58.

田村善之・山根崇邦編（2021）『知財のフロンティア 1, 2 巻』勁草書房.

棚瀬孝雄（1987）『現代社会と弁護士』日本評論社.

和田仁孝（2022）『法社会学』新世社.

クシファラス，ミカイル（2009）「現代所有権理論に見る道具的・ドグマ的アプローチとモデル化」（薮本将典訳）慶應法学 12 号 323-352 頁.

吉田克己（2023）『物権法 I』信山社.

（たかむら・がくと　立命館大学教授）
［編集委員会注・本稿は学会機関誌編集委員会からの執筆依頼による原稿である.］

What is the Model of Property ?

Takamura, Gakuto

The 2024 Planning Committee of the Japanese Association for the Sociology of Law examined property models through three symposia. This paper explains the planning purpose and introduces the concept of property models. First, it explains the rationale for choosing property as the topic. Next, it describes two property models discussed in the symposia: the exclusive property model and the simultaneous properties model. The focus on models was chosen because they facilitate theory formation in empirical socio-legal research. This utility is demonstrated through the past debates on lawyers' models. Finally, the paper outlines each symposium's objectives and discusses remaining challenges.

12　全体シンポジウム「所有権のモデルと法・社会分析」

戦国期と近世期と明治期
——関係的契約と第三者執行，併存的所有権と排他的所有権——*

中　林　真　幸

キーワード：惣村，戦国期村請制，検地，流地規制，近代地主制

〈要　旨〉

　本稿は，残余請求権と残余制御権を所有権が含むべき最低限の条件と仮定し，その土地所有における社会実装の変化を中世後期から近代にかけて振り返る．すなわち，土地所有権が誰かに排他的に帰属したのか，併存的に帰属したのか，保護は当事者間の関係的契約によっていたのか，国家の第三者執行によっていたのかを概観する．農地所有権は，中世後期に国家が保護する惣村の併存的所有権として成立したが，個々の耕作者の用益権の保護は惣村内の関係的契約によっていた．近世には小農直系家族の排他的な残余制御権と残余請求権を国家が保護するとともに，小農のリスク負担を抑制する残余制御権の規制が整備された．明治維新後，残余制御権に対する規制緩和と共に拡大した地主制は，国家による地主の残余制御権保護を前提としつつ，地主と小作人が関係的契約によって残余制御権と残余請求権を分有する併存的所有権制度であり，幕藩制的規制を代替するリスク・シェアリングの仕組みとして機能した．

I　　は じ め に

　本稿は近世期における小農土地所有の成立と，明治維新後におけるその変質を論じる．IIでは，本稿が所有権理解の参照基準とするオリバー・ハートの所有権アプローチを土地所有史理解に応用することの意味を整理する．IIIは，小農の排他的所有権（propriété exclusive）と社会的安定の両立を志向した幕藩制的諸規制を検討する．IVは，幕藩制的諸規制のリスク・シェアリング機能を代替した併存的所有（propriéés simultanées）（高村 2024）制としての地主制の役割とその終焉を論じる．

II　　基本的な概念

1　企業の経済学

　オリバー・ハートの所有権概念は企業の経済学から生まれた．まず，Coase（1937）

法社会学第 91 号（2025 年）

は，企業の本質を雇用契約に求めた．甲は，乙の生み出すサービスの時価にかかわらず契約通りの賃金を支払う債務を負い，その代わりに，法と契約と慣習に反しない限り，乙の労働を，事前に職務を定義することなく自由に使う債権を得る．乙は甲の指揮命令に従う債務を負う代わりに契約通りの賃金を受け取る債権を得る．これが雇用契約の本質であり，この雇用契約こそが企業組織の最小単位であり，これによってサービスを市場の時価で売買する場合の取引費用を節約できることが企業組織の強みであると考えた．もちろん，現実の企業に関わる利害関係者は資本家と労働者だけではない．企業は法人として，労働者以外にも様々な利害関係者と契約を結ぶ．であるとすれば，企業をそれらの契約の束と考えることもできよう（Alchian & Demsetz 1972; Jensen, & Meckling 1976）．

2　オリバー・ハートの所有権アプローチ

それらの研究を受けて，オリバー・ハートは，Coase（1937）に立ち返り，雇用契約における甲が，生産活動に必要な物的資産と，実質的には人的資産に対しても，残余制御権（residual rights of control または residual control rights）を持ち，かつ，その資産の活用から生じる残余収入（residual income stream）に対する請求権を持つ者（residual claimant）ことに注目する（Hart 1988）．残余制御権とは，法と契約と慣習に事前に定められていない用益と処分の権利であり，残余請求権とは，法と契約と慣習が事前に定める債務を全て履行した後の残りに対する請求権である．いずれの「残余」についても，将来，起こりうるあらゆる事象における債権債務を定義する完備契約を書くことができれば不要である．たとえば，将来の売上の変動を予測できるならば，企業の資金調達は全て銀行貸付か社債に頼ることとなり，株主は不要になる．言い換えれば，残余制御権と残余請求権を併せ持つ者は，契約に書き切れない不確実性，リスクに応じて残余制御権を行使し，その成否に応じて残余を受け取る．ハートは，この残余制御権と残余請求権を併せ持つ者，すなわち，株主を所有権（ownership）を持つ者と呼ぶことを提唱した．銀行や社債保有者などに対して，株主を企業の所有権（ownership）者と考える財産権アプローチは，現代ファイナンスの標準的な理解となっている（Mishkin & Eakins 2015: 60）．

3　ハートの所有権アプローチを土地制度史に応用するということ

ハートが財産権アプローチを提案した理由の一つは，Coase（1937）が指摘した取引費用の存在のみでは，一方当事者である甲，すなわち資本家に対して裁量的な指揮命令権である残余制御権が配分されていることの説明が付かないからである．世界が不確実であれば，将来の分配に関する完備契約を書くことはできないから，収入の下

振れリスクも上振れリスクも負う残余請求権者が必要になる．契約に書き込めないリスクに対応すべく用益権や処分権を行使する残余制御権者も必要となる．残余制御権を残余請求権者に割り当てれば，残余制御権者は残余を最大化するために残余制御権を行使する．すなわち，完備契約が書けない世界において初めて，残余制御権と残余請求権の束としての所有権は意味を持ち，資本家が，企業の所有者として労働者との間にタテの権限関係（伊藤 2010）を持つことが合理的であることが説明できる．

こうしたハートの財産権アプローチは，より広い文脈への応用可能性を持っている．雇用契約を企業の最小単位とする理解は既に Marx（1988）よって提唱されていた．加えて，Marx（1988）は雇用契約の一方当事者が生産に必要な資産の所有者であると同時に残余（剰余価値）の請求権者であることも重視し，そこに，労資関係がタテの権限関係として形成される理由を見た．この Marx（1988）の着眼から資産の所有権と残余請求権を取り除くと Coase（1937）の議論になる．言い換えると，ハートの財産権アプローチには，生産手段を支配する権利と剰余価値への請求権を，残余制御権と残余請求権として分析的に再統合した面がある（Hart 1995: 5）．

もちろん，マルクス-ハート的に，残余制御権と残余請求権の束を所有権の核心であると定義しても，それだけで，所有権の社会実装を記述することはできない．時代によって，それらの権利は国家による第三者執行によって保護されていることもあれば，当事者間の関係的契約によって保護されることもある．それらの権利を複数の経済主体が併存的に持っていることもあれば，特定の経済主体が排他的に持っていることもある．

川島（1949）は，所有権の社会実装の一時代における一様式である現行民法に即して所有権を定義した上で，株主を「観念的間接的所有」者とする見方を提案した（川島 1949: 341）．川島（1949）第 5 章は，それを正当化する力業的な修辞に終始している．

これに対して，本稿においては，マルクス-ハート的に，土地に関する残余制御権と残余請求権を束ねた権利を所有権の最小限の要件とし，それが時代によってどのように実装されてきたのかを振り返ることにする．具体的には，残余制御権と残余請求権が特定の経済主体に排他的に帰属していたのか，それとも併存的に帰属していたのか，そして，それらの権利の保護は国家による第三者執行に依存していたのか，それとも関係的契約に依存していたのかに注意を払い，その歴史的変遷を概観する．

なお，中世近世代の土地所有者や資本主義国の株主などの残余制御権は資産や利益の処分権を含み，契約や関係的契約によって残余請求権を第三者に割り当てること

ができる．したがって，中世から近代における社会実装上，残余制御権と残余請求権は並列ではなく，残余制御権を持つ者は他者に残余請求権を割り当てる権利を持ち，その意味で，法的には，残余制御権は残余請求権を包含する関係にある．したがって，残余制御権と残余請求権の処分権を持つ者を，前者で代表させて，「所有」権者ではなく「支配（残余制御）」権者と呼んでも（高村 2024），歴史叙述としては矛盾しない．しかし，本稿では，読み易さのために，排他的「所有権」（propriété exclusive）と併存的「所有権」（propriétés simultanées）で統一する．

Ⅲ　排他的な小農所有権の成立

1　戦国期村請制における併存的所有権

701 年大宝律令において国土は全て天皇に帰属するものとされ，下位の経済主体が余剰を稼得することは認められなかった．これが耕地の維持開発を妨げたことから，743 年墾田永年私財法により，耕作放棄地の再開発を含めて，新規に開発した田については，朝廷における立券を経て私有が認められ，さらに，租税が免除された．律令により統治権と所有権は天皇に帰属するところ，天皇が申請者に統治を委任し，その費用を賄うために租税を収取することを認める手続きが立券であり，これを経て設定された私有地を荘園と呼ぶ．荘園は拡大を続け，11 世紀までには耕作可能な国土をほぼ覆うに至った（永原 1973: 28-53; 西谷他 2017）．

荘園制において，荘園領主の請求権は立券の記録によって朝廷に保護される物権であった．しかし，荘園領主の年貢請求権は，国衙の徴税権を天皇から委任されたことに基づいており，年貢は定額であった．その意味で，荘園領主の請求権は残余請求権ではない．また，荘園領主の「所有」地は，空間としても，近世以降，現代に続く小土地片の所有とは異なる．13 世紀までの日本の水田耕作は，土地に対して人口が稀少であったため，粗放的であり，連作を続けて土地生産性が下がれば，その耕地は休耕もしくは放棄され，農業従事者は他に移動して耕作した．土地用益は，利用価値のある土地が連続な面として稠密に存在することを前提に，境界の明らかな地籍の用役者が特定される構造になってはおらず，個々の荘園は，現在，耕作されている地片もあれば，耕作を放棄されている地片もあるという，用役構造が不連続で粗な面として存在した．土地の生産性を高めるための灌漑や耕起で協力することもないから，農業者は集住しておらず，居住形態は粗塊村（散村）が一般的であった．特に，請作人，下作人と呼ばれる直接耕作者たちは，名主，百姓と呼ばれる地主層と 1 年契約を結んで就農しており，流動性が高かった．地主層は直接耕作者に耕地を割り当てる職責

（職）を補任されており，その意味で，耕作地（下地）の残余制御権者であったが，収入は定額の加地子であり，残余請求権者ではなかった．直接耕作者の請求権は年毛と呼ばれたが，この年毛が，上位の権利関係者に対する定額租税と定額地代を全て支払い，種籾代や肥料代のために借り入れた自らの債務を弁済した後に残る残余であった．すなわち，中世前期の所有形態における残余請求権者は直接耕作者であった（西谷 2017）．

　それが変わり始めるのが13世紀後半である．人口増と共に，土地生産性を高める農業への転換が始まった．鉄製鍬の普及，牛馬の引く犂の利用拡大による深い耕起，肥料の投入，草取りによって，同一区画の水田を連作（満作）しながら生産性を上げ続ける集約型農業が，畿内においては13世紀後半から14世紀に，東日本や九州では14世紀後半から15世紀頃に成立した．灌漑や耕起の協力のために，人々の居住形態も散村から集村に移行した．地主層はもとより，直接耕作者も小農として定住するようになったのである．現代日本に存在する地域共同体（地区，大字），すなわちムラの大部分が，この時期に形成されたことが分かっている（西谷 2017; 大山・三枝 2018）．そして，用益すべき土地が連続な平面体として存在することを前提としてこれを区切り，所有権を設定することの技術的な妥当性も，この13世紀後半以降の集約型農業の成立によって生じたものである．集約型農業に最適な組織として形成された集村は，惣村と呼ばれる共同体を構成し，戦国期村請制と呼ばれる新しい土地所有制度を作ることになる．戦国期村請制とは，惣村と戦国大名が事前に納付されるべき年貢高を決め，これが納付される限り，戦国大名は惣村内部に干渉しないという契約の上に成り立っている．すなわち，戦国大名の恣意的な課税や資源配分への介入に対して，惣村の残余制御権と残余請求権を一体として守る契約であり，その意味で，惣村の併存的所有権（propriétés simultanées）を確立する仕組みである．

　しかし，それは，個々の小農家族の債権が永続的に保護されることを意味していたわけではない．耕作権は惣村が必要に応じて再配分した（西谷 2021）．そうした惣村の行政は，実質的には，地侍，すなわち武装農民層である長百姓，大人百姓に担われていた．

　残余制御権と残余請求権が必要とされる世界とは，リスクを取る者が必要とされる世界である．すなわち，戦国期村請制による併存的所有権は，リスクを惣村内で分散する機能を持っていた．農業には天候リスクがともなうし，年貢を貨幣で納める貫高制の場合，納税にあたっては米市場の価格変動リスクも引き受けなければならない．それらのリスクを惣村内で分散したのである（西谷・中林 2017）．

2　近世検地による排他的所有権の成立

惣村を支配する武装農民層が全て利他的な人々であれば，惣村は全ての構成員にとって幸福な共同体であっただろう．しかし，そうでなければ，この仕組みには改善の余地がある．そこに切り込む豊臣秀吉政権の構想が，個々の小農家族の耕作地を特定し，個々の小農家族に排他的所有権（propriété exclusive）を与えることを企図した太閤検地であった（安良城 1986; 牧原 2004: 1-44; 牧原 2022: 1-142）．日本中の小土地片の地籍と耕作者を特定することには当然に膨大な作業が必要となり，豊臣政権下で完了することはなかった．事業は江戸幕藩体制に引き継がれ，幕府領の場合，1670 年代の寛文延宝検地によって完了した．この検地の結果，排他的所有権を認められた直系小農家族を本百姓と呼ぶ．土地所有（「所持」）権は，検地によって作成される検地帳に所有者名と地籍が記されることによって対抗要件を満たした．すなわち，検地帳が近代の登記簿に当たる．譲渡や相続によって所有者が変わった場合には，名寄帳の該当する地籍に新しい所有者名が書き加えられ，これに名主が署名捺印することによって，新しい所有者の所有権は対抗要件を見なすとされた（渡辺 2002; 萬代・中林 2017）．

こうした小農土地所有権は，幕府諸藩が，税収最大化問題を解いた結果として採択された．排他的所有権を設定するとは，小農家族に，期待値（平年作）以上に収穫が上振れする上方リスクも下振れする下方リスクも課すことを意味する．これによって，小農家族には生産性上昇への誘因が与えられる一方，小農家族は転嫁されるリスクの補償も求める．前者はより高い年貢高を可能にする一方，後者は年貢の引き下げ圧力となる．生産性が低く，小農家族のリスク耐性が低い地域においては，後者の効果が前者を凌駕し，結果として，小農家族に対する排他的所有権の付与は年貢増収をもたらさない．公式石高基準では，全国の 3 割を占める諸藩が，何らかの形で中世的な共同所有を維持したと推定されている（Brown 1993, 2011）．

しかし，そうした経過的措置の存在は，小農家族の排他的所有権が土地所有の支配的形態となったことを否定するものではない．耕作地の 7 割以上が小土地所有者に占められる近世以降，現代に至る我が国に特徴的な土地所有形態が確立したのである．

3　残余制御権に対する規制

こうして，直系家族の排他的所有権が成立したのであるが，これは，本百姓を安定的な体制支持基盤としたい幕府にとって，重要な問題を含んでいた．残余制御権とはリスクを取って何かをする権利を含むから，これが自由に行使されるほど，本百姓が過大なリスクを取り，小作に転落する可能性も高まることになる．また，残余制御権

は処分の権利を含むが，これを自由に行使して複数の子に均分相続させていけば，やがて排他的所有権者としては自立できない営農規模になってしまうであろう．幕府は精緻なリスク・シェアリングと規制の体系を作り上げた．

まず，納税については米納を原則とした．近世期から日中戦争前まで，米市場は投機資金の集まる商品市場であり，米価の変動（volatility）は極めて大きかった（高槻 2012; Ito et al. 2018）．言い換えると，年貢米納制は，価格変動の大きい米市場のリスクから本百姓を隔離する役割も果たしていた．また，徳川吉宗政権は，従前の定率課税を定量課税（定免）に改めた．定免制は，残余の全量が所有者に帰属するという意味で，生産性上昇へのより強い誘因を与えるが，豊不作のリスクを全面的に所有者に負わせることも意味した．その下方リスクの転嫁が過大とならないよう，収穫が平年比3割以上，減った場合には，定率課税として下方リスクを所有者と国家がシェアする仕組みとした（大石 1969: 189）．

さらに，排他的所有権を個別の直系家族に与える一方，徴税機構としての村請制は維持した．すなわち，単年度の不作による年貢不納が直ちに所有権の移転につながったのではなく，村内での短期的な貸借によってリスクをヘッジできるならばそうすることが奨励された．

農地の処分については，1643年田畑永代売買禁止令により，農地を永久に売り渡すことを禁じた．あえて永代と限定したのは，農地の請け戻し（redemption）を前提とする有期の質地（農地担保金融）契約を認め，農業金融の便を図るためであった．また，自立不可能な面積への分割相続を禁じるために，1672年分地制限令により，公式石高10石以下への分割相続を禁じた．小土地所有者自身にとって，土地所有権が国家によって保護されることの便益のひとつは，現代の住宅ローンと同様，所有地を安全な担保として低利で貸付を受けることができる点にある．担保としての安全性は，債務が履行されなかった場合に，幕府法廷が流地（担保権執行）処分とし，所有権を貸主に移転することによる．しかし，流地は，効果において，土地集積を抑制しようとした田畑永代売買禁止令の立法趣旨に反することになる．そのため，幕府は，18世紀初めにかけて，流池処分を停止したり，それによる農業金融の逼塞を受けて流地処分を再開したりする試行錯誤を繰り返した．最後の流地禁令は徳川吉宗政権による1722年流地禁令であった．担保権執行の停止を宣言するのみならず，借入残高の利息にも制限を付けるという，吉宗らしい徹底した立法政策であった．しかし，この法令は，農業金融の混乱を受けて翌1723年に撤回された（牧原 2017; 萬代・中林 2017）．

流地禁令とは要するに，農業担保金融に対して，将来の返済時における請戻の保障を求めるものであった．流地禁令以前から，請戻条項がリスク・プレミアムとしての借入利率の上昇につながることは観察されており，ゆえに吉宗は利息上限を設定したのであるが，それは貸主の市場退出を促す効果を持った．請戻の留保を強制することは，小土地所有者の，低利で借りる自由を奪う効果をともなっていたのである（牧原 2017）.

　これ以後，幕府は，農業金融の利便性の維持と土地集積の抑制の均衡を図るべく，担保権執行後10年間は請け戻しが可能であるとするなどの債務者の権利の明確化や，担保権執行の要件の厳格化などの法整備を図る．その結果，幕府は担保権を執行するものの，その範囲を，貸主と借主が同一村の住民である場合に限るとする規制を整備した．これによって，自身の住民台帳である人別改帳の住所の居村と異なる村に位置する土地を取得しようとする場合，名寄帳上の所有権者はその土地の属する村の住民である差配人とせざるをえず，取得した者と差配人との契約は，幕府法廷に保護されない関係契約となり，自村外への投資のリスクは大きくなる．この規制は，小農が低利で利用できる農業金融を村内金融市場に限定することによって，リスクを取り過ぎる自由を規制し，広域にわたって土地を所有する地主の出現を抑制するものであった（萬代・中林 2017; Mandai & Nakabayashi 2018; 中林 2020）.

IV　地主制：併存的所有権の再展開と終息

1　明治維新

　小農家族の排他的所有権を安定させてきた規制とリスク・シェアリングを撤廃したのが明治維新であった．1873年地租改正条例によって，村請制は廃止され，地租は定額金納となり，凶作時の年貢減免は廃止された．小農家族は単独で天候リスクと商品市場リスクに露出することになったのである．

　さらに，1873年地所質入書入規則により，貸主の居住地と担保地の所在地，貸主による占有の有無にかかわらず，担保権が執行されることとなった．自身の居村外の土地を担保とした貸付は国家の第三者執行に保護されることになった．さらに，1872年国立銀行条例によって，全国に地方銀行が設立された．小農には，自家の所有地を担保として借りたいだけ借りる自由が認められたのである．

　明治維新にともなう規制緩和と村請制廃止の効果は大きかった．**図1**は1873年における推定小作地率と，その後の計測値を示す．1873年時点において全国平均27.4％と推定される小作地率は，1880年代から上昇を始める．初期の上昇は担保権執行

の規制緩和によると思われる（大栗 2021）．一方，公式の制度としては村請制が廃止された後も，明治前期においては，富農と小農との関係的契約として一定期間持続した（坂口 2018; 坂根 2024: 16-43）．小作地率が直ちにではなく徐々に上昇したのはそのためであろう．小作地率は1900年代に45％程度まで達した後，安定する．

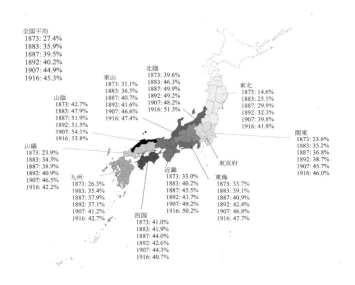

図1：小作地率の推移，1873-1916年．
資料：山口（1956: 48-49），古島（1958: 332）．

2　リスク・シェアリング機構としての地主制

　自作農（本百姓）の小作農への転落は，まず，所有地を担保とした借入に始まる．この状態を近世期及び明治初期には，直小作契約と呼んだ．債務者である本百姓が期限までに債務を返済できない場合に担保権執行（流地）がなされ，所有権が債権者に移転する．この担保権執行過程の取引費用や制約条件を引き上げる事によって自作農から小作農への転落を抑制しようとしたのが，幕府による1720～1740年代の規制強化であり，この担保権執行規制を撤廃したのが明治維新であった（萬代・中林 2017; Mandai, & Nakabayashi 2018; 中林 2020）．

　それゆえ，近代地主制において，特に維新直後の小作地率が低かった東日本（**図1**）に支配的な契約は，旧所有者が小作人として引き続き耕作するものであった．すなわ

ち，土地所有権の集積は，営農規模の拡大を意味しなかった．であるとすれば，近代地主制の役割は何だったのか．

小作契約は，不作時の減免特約付きの定額現物納が一般的であった．すなわち，平年比10％ないし15％以上の不作の場合には小作料を減免することを前提として，収穫の下振れがそれよりも小さければ，定量の米現物を小作料として納付することが一般的であった．こうした条件は契約に書かれることもあるが，多くの場合，地主と小作農との間の慣行，すなわち関係的契約によっていた（土屋 1942a, b）．収穫の下振れが一定限度に収まる場合には小作料は定額であったので，その範囲内において，残余請求権は小作農に帰属し，下方リスクが大きい場合には地主と小作農との間で分有していたことになる（Arimoto 2005; 坂根・有本 2017）．

小作権は物権とはされなかったから，地主の同意なくして第三者に譲渡することはできない．すなわち，残余制御権のうち，処分権は地主に排他的に帰属した．一方，用役の方法，特に作付けする作物については，交渉の上で小作人の要求が認められた．たとえば，製糸業の発展と共に養蚕の収益が上がると，田畑を桑園に転換する動きが広がったのである．小作料は定額であったから，付加価値生産性の増加は小作人に帰属する残余の増加を意味し，それが小作人による生産性増加の誘因となっていた（松元 1972; 西田: 1972）．

すなわち，近代地主制において，残余請求権は，地主と小作人の定額小作料契約に基づいて小作人に帰属し，残余制御権は法的には地主に帰属する一方，小作人との関係的契約に基づいて地主と小作人に分有されていた．近世の本百姓体制から近代地主制への移行は，排他的所有権から併存的所有権への遷移であったと言ってよい．そこにおける地主制の役割の核心は，小作料の米現物による納付が認められていたこと，そして，幕藩体制下の年貢がそうであったように，凶作時における小作料減免特約が地主と小作人との関係契約において成り立っていたことにあった．これは，幕藩体制が，本百姓を，現物年貢制によって商品市場リスクから守り，凶作時の年貢減免によって天候リスクから守った機能を代替したものである（中林 2006）．

「日本資本主義論争」において，山田（1934）は米納小作料を一つの理由として，近代日本の地主制を「半封建的」と表現した（山田 1934: 204-212）．一方，労農派を代表する櫛田（1931）は，小作料が貨幣であるか現物であるかは重要な違いではなく，小作料が市場で決まっている以上，それを前近代的と把握する必要はないとした．米市場が無リスクであったり，小作人がリスク中立的であったりするならば，櫛田（1931）が正しい．しかし，山田（1934）は地租が金納と定められたことにより，自作

農が天候リスクだけでなく商品市場リスクに曝されることにより小作農に転落していくこと（山田 1934: 206），転落した後の小作農も商品市場リスクに曝されることを嫌って米現物による小作料納付を好んだこと（山田 1934: 212-213）に注目した．耕作者を商品市場リスクから隔離する仕組みは，減免特約付きの小作契約とあいまって，幕藩制的リスク・シェアリングの代替と呼ぶほかはない．地主と小作農の関係的契約を通じたリスク・シェアリングは，リスクが一定限度内に収まる限りにおいて，リスク回避的な小作農のリスクを負担することにより，平均的にはより高い小作料を地主に与え，これゆえに地主はリスクを引き受けた（Arimoto 2005）．この仕組みの破綻は，二つの経路から起こりうる．一つは，小作農の留保利得，すなわち，就農以外の期待利得の増大である．留保利得が高まれば，小作料のうち，小作農が地主に対して許容するリスク・プレミアムは減少するから，その部分の小作料引き下げを求めることになる．1920 年代，男性の非農業部門就労の機会が広がった時期における小作争議の拡大は，こうした事情によるものであった（有本・坂根 2008）．もう一つは，リスクが，地主にとってそれを引き受けることが利得増となる限度を超えて高くなった場合であり，世界恐慌がまさにこれにあたる（Nakabayashi 2023）．

3 地主制の停止と公的保険の導入

　地主制のリスク・シェアリング機能が弱体化するにともなう政府の立法政策は四つに分けることができる．第一は，不作時のリスクをシェアする公的保険の導入であり，1920 年代初めから県主導の導入が図られ，1938 年農業保険法により，地方公共団体を単位とする農民保険組合が，国庫補助を受けた全国組織に再保険する制度が整えられた（小島 2020: 219-285）．第二は地主の残余請求権を直接に制限するもので，1938 年農地調整法 9 条は，小作料不納等がない限り，地主は小作契約の更改を拒否できないものとした．第三は食糧増産を目的とした所得分配への直接的な介入である．農地調整法 9 条によって地主の土地引き上げを封じた上で，1941 年以降，政府買上価格の引き上げと，自作農と小作農に対する生産奨励金を引き上げた．生産奨励金給付に当たっては，農林省が寄生地主が土地を引き上げて給付を受けることのないよう通達するなど，耕作者支援に徹底していた[1]．こうして，地主への所得配分は敗戦までに劇的に低下した（南・牧野 2018: 54-56）．第四は 1926 年自作農創設維持補助規則に始まる小作農による耕作地の買い取り支援であり，これが拡張されて戦後の農地改革による地主制解体に至る．大きな変革ではあったが，大政翼賛会結成を主導した社会大衆党が 1932 年に帝国議会に提出した農地国家管理法案は，「小作制度」を「不適当」と断じ，自作地以外を「収用」することを求めており[2]，地主制が世界恐

慌以前の形で存続しえないことは社会的に受け入れられていたと思われる.

　農地改革を行っても, 自作農のリスクをシェアする仕組みが整えられなければ, あるいは自作農が過大なリスクを取る自由が認められていれば, 地租改正後にそうなったように, 再び土地集積が進んだであろう. そうならなかった理由の一つが農業保険制度であった. 1950 年代に農業協同組合による融資の過半を占めた農業手形制度による融資は, 保険金に相当する農業共済金を極度額としていた（小島 2020: 279-280）. III 3 に述べたように, 幕府の農業金融規制の眼目は, 幕府による担保権執行を通じた債権保護を, 農民間リスク・シェアリングの単位である村内間融資に限るものであった. 農業保険と農業金融を組み合わせ, 自作農のリスクの引き受けをリスク・シェアの範囲内に収めさせる農業保険制度は幕藩制的規制に近い.

V　おわりに

　以上の歴史的概観から, ささやかな現代的含意を取り出しておこう. III 1 に述べたように, 併存的所有権であれ排他的所有権であれ, 14 世紀以降の土地所有制度はいずれも, 用役に資する土地が連続な平面として存在することを前提とし, その平面上に連続で有界な部分集合として所有地を定義してきた. しかし, 現在の我が国は, 14 世紀以降始めて, 長期的な人口減少に直面しており, これにともなって耕作放棄地や, 相続にともなう登記変更の成されない物件も増えるなど, 土地の過少利用が問題となりつつある（高村 2024）. そうした用役実態は集約型農業に移行する前の 13 世紀の日本に近いが, 集約農業への移行後に形成された土地所有制度は, 連続平面の用役を前提としており, 粗な平面に対する残余制御権を想定していない. 私人には粗な平面に対して残余制御権を行使する誘因がないとすれば, 相続地国庫帰属制度の手続きを簡素化し, 費用負担を軽減する等して, 利用されなくなった土地を円滑に公有化することも一案であろう. また, III 3 に述べたように, 個別家族が排他的所有権を安定的に維持するには, 洗練された規制と保険, そして公的な保護が欠かせない. 戦中戦後の農政は, 成長への誘因と本百姓経営の安定との平衡を図った幕藩制的な規制と保険の仕組みを再建した面がある. この規制を緩和すれば, それに応じて, 農家が引き受けるリスクは大きくなる. 仮に農地取引に関する規制緩和を進めつつ食料安全保障も担保するのであれば, 規制緩和に応じた保険機構の強化が必要であろう.

＊高村学人先生, 木下麻奈子先生, ディミトリ・ヴァンオーヴェルベーク先生, および 2024 年度日本法社会学会学術大会全体シンポジウム「所有権のモデルと法・社会分析」出席者諸兄姉から

24 全体シンポジウム「所有権のモデルと法・社会分析」

の御教示と御助言に感謝したい．本稿は日本学術振興会科学研究費補助金 JP21K18421 の成果の一部である．

1) 「米穀ノ政府買上価格ノ引上，生産奨励金ノ交付，米穀検査制度ノ改正等ガ及ボスベキ農地関係事務ノ処理ニ関ル件」，昭和 16 年 11 月 22 日 16 農政第 26364 号農林次官通牒．農地制度資料集成編纂委員会（1972: 897-899）．

2) 「社会大衆党の農地国家管理法案」，農地制度資料集成編纂委員会（1972: 674-681）．

〔文 献〕

Alchian, Armen A., & Harold Demsetz（1972）"Production, information costs, and economic organization," 62（5）*The American Economic Review* 777-795, http://www.jstor.org/stable/1815199.

安良城盛昭［1959］（1986）『幕藩体制社会の成立と構造（増訂第 4 版）』有斐閣．

有本寛・坂根嘉弘（2008）「小作争議の府県パネルデータ分析：1915〜29 年日本の労働市場と農業再編」社会経済史学 73 巻 5 号 527-544 頁，https://doi.org/10.20624/sehs.73.5_527.

Arimoto, Yutaka（2005）"State-contingent rent reduction and tenancy contract choice," 76（2）*Journal of Development Economics* 355-375, https://doi.org/10.1016/j.jdeveco.2003.12.017.

Brown, Philip C.（1993）*Central Authority and Local Autonomy in the Formation of Early Modern Japan*, Stanford: Stanford University Press.

——（2011）*Cultivating Commons: Joint Ownership of Arable Land in Early Modern Japan*, Honolulu: University of Hawaii Press.

Coase, Ronald. H.（1937）"The nature of the firm," 4（16）*Economica* 386-405, https://doi.org/10.1111/j.1468-0335.1937.tb00002.x.

古島敏雄（1958）「地租改正後の地主的土地所有の拡大と農地立法」古島敏雄編『日本地主制史研究』岩波書店，315-357 頁．

Hart, Oliver（1995）*Firms, Contracts, and Financial Structure*, Oxford: Clarendon Press（ハート，オリバー（2010）『企業契約金融構造』（鳥居昭夫訳）慶應義塾大学出版会）．

Hart, Oliver D.（1988）"Incomplete contracts and the theory of the firm," 4（1）*Journal of Law, Economics, & Organization* 119-140, www.jstor.org/stable/765017.

伊藤秀史（2010）「組織の経済学」中林真幸・真吾石黒編『比較制度分析・入門』有斐閣，15-36 頁．

Ito, Mikio, Kiyotaka Maeda, & Akihiko Noda（2018）"The futures premium and rice market efficiency in prewar Japan," 71（3）*The Economic History Review* 909-937, https://doi.org/10.1111/ehr.12608.

Jensen, Michael C., & William H. Meckling（1976）"Theory of the firm: Managerial behavior, agency costs and ownership structure," 3（4）*Journal of Financial Economics* 305-360, https://doi.org/10.1016/0304-405X（76）90026-X.

川島武宜（1949）『所有権法の理論』岩波書店．

小島庸平（2020）『大恐慌期における日本農村社会の再編成——労働・土地・金融とセイフティネット』ナカニシヤ出版．

櫛田民蔵（1931）「我が国小作料の特質について」大原社会問題研究雑誌 8 巻 1 号 63-103 頁．

牧原成征（2004）『近世の土地制度と在地社会』東京大学出版会.

――（2017）「第3章 農業金融の矛盾と公債市場の安定 第2節 農村金融・地方都市金融」深尾京司・中村尚史・中林真幸編『岩波講座 日本経済の歴史 第2巻 近世16世紀末から19世紀前半』岩波書店，112-130，145-146頁.

――（2022）『日本近世の秩序形成――村落・都市・身分』東京大学出版会.

萬代悠・中林真幸（2017）「第3章 経済成長と社会的安定の相克 第1節 近世の土地法制と地主経営」深尾京司・中村尚史・中林真幸編『岩波講座 日本経済の歴史 第2巻 近世16世紀末から19世紀前半』岩波書店，150-176，187-190頁.

Mandai, Yu, & Masaki Nakabayashi (2018) "Stabilize the peasant economy: Governance of fore-closure by the shogunate," 40 (2) *Journal of Policy Modeling* 305-327, https://doi. org/10.1016/j.jpolmod.2018.01.007.

Marx, Karl [1867] (1988) *Das Kapital: Kritik der politischen Ökonomie*, Berlin: Dietz Verlag（マルクス，カール（1965）『マルクス＝エンゲルス全集 第23巻第1分冊，第23巻第2分冊』（岡崎次郎訳，大内兵衛・細川嘉六監訳）大月書店）.

松元宏（1972）「養蚕地帯における地主経営の構造――個別分析（1）二百町歩地主根津家の場合」永原慶二・中村政則・西田美昭・松元宏『日本地主制の構成と段階』東京大学出版会，19-181頁.

南亮進・牧野文夫（2018）「序章 第3節 所得と資産の分配」深尾京司・中村尚史・中林真幸編『岩波講座 日本経済の歴史 第5巻 現代1 日中戦争期から高度成長期（1937-1972）』岩波書店，52-68，72-74頁.

Mishkin, Frederic S., & Stanley G. Eakins (2015) *Financial Markets and Institutions*, Boston: Pearson, eighth edition.

永原慶二（1973）『日本中世社会構造の研究』岩波書店.

中林真幸（2006）「日本資本主義論争――制度と構造の発見」杉山伸也編『岩波講座「帝国」日本の学知第2巻「帝国」の経済学』岩波書店，173-216頁.

――（2020）「享保元文農地法の成立――市場拡大と社会的安定の平衡」経済研究71巻2号144-169頁，https://hermes-ir.lib.hit-u.ac.jp/hermes/ir/re/31242/keizaikenkyu07102144.pdf 2024/12/9 アクセス.

Nakabayashi, Masaki (2023) "Risk-sharing in tenancy contracts: Learning from agricultural land leases in Imperial Japan," https://oxford-abstracts.s3.amazonaws.com/7ba45b7a-4ba6-4334-938c-7d022c3dc5fa.pdf 2024/12/9 アクセス, Presented at the North America Summer Meeting of Econometric Society, 2023.

西田美昭（1972）「養蚕地帯における地主経営の構造――個別分析（3）七町歩地主関本家の場合」永原慶二・中村政則・西田美昭・松元宏『日本地主制の構成と段階』東京大学出版会，219-318頁.

西谷正浩（2017）「第3章 農民の定住化と土地の証券化 第1節 中世の農業構造」深尾京司・中村尚史・中林真幸編『岩波講座 日本経済の歴史 第1巻 中世11世紀から16世紀後半』岩波書店，148-177，227-230頁.

――（2021）『中世は核家族だったのか：民衆の暮らしと生き方』吉川弘文館.

西谷正浩・早島大祐・中林真幸（2017）「序章 第2節 政府の役割」深尾京司・中村尚史・中林真

幸編『岩波講座 日本経済の歴史 第 1 巻 中世 11 世紀から 16 世紀後半』岩波書店，23-33，52-54 頁．

西谷正浩・中林真幸（2017）「序章 第 3 節 所得と資産の分配」深尾京司・中村尚史・中林真幸編『岩波講座 日本経済の歴史 第 1 巻 中世 11 世紀から 16 世紀後半』岩波書店，33-49，54-55 頁．

農地制度資料集成編纂委員会編（1972）『農地制度資料集成 第十巻』御茶の水書房．

大栗行昭（2021）「明治前期農村の農民層分解に対する土地担保金融の影響」農業史研究 55 号 83-95 頁，https://doi.org/10.18966/joah.55.0_83．

大石久敬（1969）『地方凡例録 上巻』近藤出版社，1794 年に高崎藩主に提出．

大山喬平・三枝暁子編（2018）『古代・中世の地域社会——「ムラの戸籍簿」の可能性』思文閣出版．

坂口正彦（2018）「「村請」の近現代史」農業史研究 52 号 31-41 頁，https://doi.org/10.18966/joah.52.0_31．

坂根嘉弘，（2024）『アジアのなかの日本——日本の農業集落と経済発展』清文堂．

坂根嘉弘・有本寛（2017）「工業化期の日本農業」深尾京司・中村尚史・中林真幸編『岩波講座 日本経済の歴史 第 3 巻 近代 19 世紀後半から第一次世界大戦前（1913）』岩波書店，152-178，187-189 頁．

高村学人（2024）「土地・建物の過少利用問題と所有権モデル」歴史と経済 263 号 3-13 頁．

高槻泰郎（2012）『近世米市場の形成と展開：幕府司法と堂島米会所の発展』名古屋大学出版会．

土屋喬雄編（1942a）『大正十年府県別小作刊行調査 上』栗田書店，復刻：東京：象山社，1982 年．

——（1942b）『大正十年府県別小作慣行調査 下』栗田書店，復刻：東京：象山社，1982 年．

渡辺尚志（2002）「近世的土地所有の特質」渡辺尚志・五味文彦編『新体系日本史 3 土地所有史』山川出版社，247-258 頁．

山田盛太郎（1934）『日本資本主義分析』岩波書店．

山口和雄（1956）『明治前期経済の分析』東京大学出版会．

（なかばやし・まさき　東京大学教授）

［編集委員会注・本稿は学会機関誌編集委員会からの執筆依頼による原稿である．］

Property Systems in the Late Medieval, Early Modern, and Modern Periods: Relational Contract and Third-Party Enforcement, Joint Property and Exclusive Property

Nakabayashi, Masaki

Assuming that residual control rights and residual claim are a minimum set of "property rights," we review developments of the rights from the late medieval period to the modern period. Thus, we retrospect how the protection of the residual control rights and residual claim had been implemented, whether they were exclusively or jointly assumed, and whether the protection of the rights and claim were protected by the third–party enforcement of the state court or relational contracting between the parties. While property rights of farmland were recognized by feudal lords as joint property rights of villages in the late medieval period, protection of usufruct within a village depended on relational contracts between villagers. In the early modern period, the Shogunate and lords vested exclusive property rights over a plot of farmland with a stem family that cultivated the plot and, hence, established exclusive property rights of a stem family. The implementation was supported by regulations to prevent owner–farmers from taking too much risk. After the deregulation of the Meiji Restoration of 1868, landlordism took over the risk sharing, under which the residual control rights and residual claim were shared between landlords and tenant farmers through relational contracting.

「サルゴフリー方式賃貸契約」：
イランの商慣行と法のはざま

岩　﨑　葉　子

キーワード：イラン，不動産賃貸借法制，店舗用益権，イスラーム法，サルゴフリー

〈要　旨〉

　現代イランの商業地では「サルゴフリー」と呼ばれる店舗用益権が高額で取引されている．店舗の所有権者との契約締結の際にこの権利を買い取った店子は少額の月額賃貸料を支払いながらそこで営業し，退去する時に次の店子にこれを転売する．サルゴフリーは，もともと店舗の店子が後続の店子から受け取るインフォーマルな権利金を指し，そのやりとりは繁華な商業地における慣行であった．第二次世界大戦中にイランの財務総監となったアメリカ人ミルスポー博士が導入した規則がきっかけとなって英米法圏の価値概念がこの商慣行に混淆し，戦後に「サルゴフリー売買を伴う賃貸契約」として発展した．外来の価値概念に基づく法制度は，イランの伝統的な所有権のあり方に基づいた賃貸人・賃借人関係に意図せざる大きな混乱をもたらしたが，当事者たちはインフォーマルな調整を繰り返しながら双方にとって極端な損が出ぬような形に制度を変容させ定着させた．

I　は じ め に

　19 世紀末のイランは西欧諸国による深刻な政治的・経済的侵襲に脅かされ，あらゆる国家制度の見直しと近代化が急務となっていた．シーア派十二イマーム派イスラームを信奉する国民が大多数を占めるイランでは，イスラーム法（シャリーア）が伝統的な社会規範の柱石であったが，20 世紀に入って本格的に開始された法制度改革の要は，それまで非成文法であるイスラーム法が律していた法の分野をヨーロッパ風の制定法群によって代替するというものであった．新しい法体系の規範は主としてフランス法に求められ，この時期に民法，刑法，商法，裁判法（訴訟法）などが，ヨーロッパ人専門家の力を借りて相次いで制定された．このうち，イラン民法は1928 年から 35 年にかけて 3 期にわけて制定され，これまでに 5 回の大きな改正を経つつも現在まで続いている．この民法起草委員会にはイスラーム法学者が加えられ，

シャリーアに反する条項が挿入されないよう腐心したと伝えられている．

　一方でこの法制度改革は，従来ときの政治権力からは独立する傾向が強かったイランのイスラーム法学者の活動範囲を，法体系や司法制度を世俗化（非宗教化）することによって制限し，国王の権力を強化するという側面も持った．新時代の裁判官には伝統的なイスラーム法学の教育機関ではなく国内外の大学の法学部の卒業生などが積極的に任用されるようになった．

　1979 年にイランで革命が起こり「イスラーム共和制」という政体が誕生した．革命の指導者ホメイニー師はシーア派の高位法学者であり，彼が主唱した「ヴェラーヤテ・ファギーフ」（「イスラーム法学者による統治」の意）がこの革命の理論的な支柱となったことが知られている．この革命が勃発した背景には様々な事情があったが，ひとつの大きな注目点として，上述のような西欧に範をとった法制度の近代化を問い直し，いま一度シャリーアによる法治に立ち戻ろうという意味が込められたものであったことが挙げられる．

　革命後の新憲法にはすべての国内法規はイスラーム的基準に則るべきことが記され，既存の法規であってもそれがイスラーム法上合法であるか否かの検討・見直しが求められた．本報告の主題である「サルゴフリー方式賃貸契約」を律している「賃貸人・賃借人関係法（qānūn-e ravābet-e mūjer o mosta'jer）」もまさに，こうした議論のなかでイスラーム法学者たちに問題視され，俎上にあげられた法律のひとつであった．西欧近代法の観点からは問題がなくともイスラーム法的観点からはある，あるいはその逆である，といった事例はイランの法体系のなかに散見されるが，かかる「賃貸人・賃借人関係法」は前者に該当した．

Ⅱ　「サルゴフリー方式賃貸契約」とは何か

　問題の所在を理解するために，まず現在イランで広く普及する，ある「不動産賃貸借」慣行について述べよう．

　イランでは，店舗やオフィスといった「営業用」の賃貸物件を借りる際には多くの人々が通常の月額家賃方式ではなく，以下に見るような方法で店を賃借する．

　店子は契約に際して「サルゴフリー（sar-qofli）」（「錠前（qofl）に先立つもの，錠前と引き換えにするもの」という意）と呼ばれる用益権を地主（mālek）から買い取り，ほぼ恒久的にそこに入居する権利を得る．このサルゴフリーは通常，その店舗の完全所有権価格の 8〜9 割に相当するほどの高額である．一方で店子は，毎月きわめて少額ではあるものの「月額家賃」をも地主に支払うことになっている．2013 年時点の一

事例では，テヘラン市内の 20 平米ほどの店舗のサルゴフリー価格がおよそ 6,700 万円，その月額家賃はおよそ 1,700 円であった．

　サルゴフリーをひとたび購入すれば，地主は店子を容易に追い出すことができず，店子は事実上望むだけそこに居続けることが可能である．というのも，仮に地主が店子を退去させたい場合には，彼は店子に売却したサルゴフリーを「時価」で買い戻す必要があるからである．

　このサルゴフリーの価格は，あたかも東京の商業地の地価のようにその集客力や付近の通行量などに応じて刻々と変動する「市場価格」であるため，地主が買い戻そうとする時には自身が売却した価格の数倍に跳ね上がっている場合が多い．したがって一度手放したサルゴフリーを買い戻そうとする地主はほとんどいないのが実情である．

　一方店子は，何らかの事情で商売をたたむ，あるいは転居するといった場合に，サルゴフリーをやはり「時価」で他者（次にその店舗で営業したいと欲する商人）に転売することができる．ただしその場合は，店子は地主から「店子が入れ替わる」ことについての許可を得る必要がある．この時，地主はサルゴフリー転売を許可する見返りとして店子からインフォーマルな「礼金」を収取する慣行が定着している．

　このように店子から店子へ，店舗のサルゴフリー（即ち用益権）が転売され，その都度新しい店子が地主に少額の月額家賃を支払うことになる．現在テヘランの主要な商業地ではこの方式による店舗の占有・使用が全体の 8 割近く（そのほかはいわゆる完全所有権売買）に上っており，非常にポピュラーな賃貸契約といえよう．

　この制度の経済学的な特徴は次の点にある．第一に，物件の完全所有権価格が①地主に帰属している土地・建物そのものの所有権の価格と，②店子に帰属しているその土地・建物の用益権の価格というふたつの部分に分けられているという点である．

　第二に，物件の生産性（収益力）水準の変化を反映するのは，このうち②のサルゴフリー価格のみだという点である．つまり店舗での商売がうまくいき固定客がつく，近くに地下鉄が開通し人通りが増える，といった商売にとってプラスの要素がその場所に生まれても，上昇するのはサルゴフリーの価格であって地主の所有権の価格ではない．というのも，前述のとおり地主には少額の月額家賃が入るのみで，しかも家賃は自由に増額することができない（月額家賃の値上げは 3 年おき，かつその間のインフレ率分だけと定められている）ため，サルゴフリー価格が上昇しても家賃水準はそれには連動しないからである．結果として地主がサルゴフリーを手放したあとに手元に残している「所有権」は，ほとんど市場価値を持たない．その場所で長年苦労して商売を

守り立て顧客を獲得した功績は店子のものであり，何もしていない地主の所有権価格にはその場所の生産性の向上が反映されないというわけである．

　なぜこのような不可思議な制度ができあがったのか．なぜ地主はすべてを売らずに価値のない所有権を手元に残してサルゴフリーだけを売却するのか．これが報告者の「サルゴフリー方式賃貸契約」についての当初の疑問であったが，その後イランの議会議事録などを一次史料として調査を進めるうちに，この制度の歴史的な成立過程に固有の理由があることが判明した．

Ⅲ　制度形成プロセスの発端

　この制度が形成されたプロセスを見ていこう．報告者が「サルゴフリー」という呼称の権利の存在を確認し得た最古の記録は 1930 年代である．ただし当時のサルゴフリーは現在のものとは大きく異なり，繁華な商業地において，店舗を借りる店子どうしの間でやりとりされる金銭のことを指していた．好立地の店舗を賃借する店子が，次にその店に入居しようとする店子から受け取っていたいわば権利金である．当時はこの金銭が「サルゴフリー」と呼ばれ，金銭の見返りに「その場所の店子としての立場を譲る」という意味を持っていたのである．

　一方この頃の地主はサルゴフリーの授受には関与しなかった．彼にとっては月々の家賃収入こそが重要であり，店子たちの間で何がしかがやりとりされたとしても，それは単に前の店子が去り次の店子が来るということに過ぎなかった．つまり，伝統的なサルゴフリーはあくまでも店舗の店子どうしの間でのみ授受された非公式な権利金であり，その額も現在のような高額ではなく，おおむね月額家賃の数ヶ月分程度であったものと考えられる．

　ところが第二次世界大戦の時期に，伝統的サルゴフリーの授受慣行に大きな影響を与える出来事が起こる．当時イランでは，同国を中東における重要な戦略拠点とする連合国の梃入れによって派遣されたミルスポー博士というアメリカ人が財務総監を務めていた．博士には戦時下のイランにおける物価統制上の様々な特権が与えられていたが，彼はテヘランなどの大都市部の家賃の高騰を抑えるため「ミルスポー諸権限法規則（tasbīt-e qeimat-hā: shomāre-ye 22 movarrakh-e 23,7,22）＊」（1943 年制定）と呼ばれる都市部の不動産賃貸借に関わる細かい規定を定めた．

　この規則の第 9 条中段には「賃貸物件が営業用の場所であって，賃貸人が賃借人の立ち退きのあと一年以内に，前の賃借人の職業もしくはそれに類似した職業にその賃貸物において従事することを望んだ際に，前の賃借人の過去の行いや名声が価値と信

用とを勝ち得ており，その結果が賃貸人を利することになる場合には，賃貸人は前の賃借人の信用・名声の価値に対して，不動産鑑定士が定める額を前の賃借人に支払う義務を有する」とある．

　イランの事情に通じていたミルスポー博士は，当時のイランの不動産賃貸借市場や，サルゴフリーの授受慣行について一定程度の情報を持っており，そのため上述の文言が挿入されたものと推測される．この時ミルスポー博士にはサルゴフリーが，英米法圏ではよく知られた価値概念である「Goodwill」とよく似た，馴染み深いものであるかのように感じられていたかも知れない．しかし実際には，博士の起草したこの規則がイランの不動産賃貸借法制に後々まで禍根を残す元となったのである．あるイランの法曹は上記の第9条を指して「賃貸契約期間におけるマンファアの所有権とはべつに，賃借人に対して特定の権利を認めた，イランで初めての公式かつ法的な文言」であると評している（Keshāvarz 2009: 46，マンファアについては後述）．

Ⅳ　「営業権」の登場

　この第9条のくだりはミルスポー博士が帰国した後に一度規則から削除されたが，1960年にイランで最初の不動産賃貸借にかんする恒久的かつ包括的な法律「マーレキ・賃借人関係法（qānūn-e ravābet-e mālek o mostaʼjer)＊」（以下，1960年関係法）が制定された際に復活する．この1960年関係法の第5節「営業権」という部分が，ミルスポー博士の規則第9条を踏襲したものである．1960年関係法の起草はイラン人によると考えられるが，その内容的はミルスポー博士の規則を下敷きにしていた．

　この営業権が定められると，不動産賃貸借の現場では人々がこの権利をサルゴフリーと置き換えて理解するようになった．というのも営業権の価格を決める立地や店子の評判といった要素が，伝統的サルゴフリーのそれと酷似していたためである（1960年関係法第11条＊）．特定の場所と結びついた商売上の信用や名声の金銭的価値という観点から，人々は「営業権とはすなわちサルゴフリーのこと」だと考えた．

　しかし両者の間には一つの大きな違いもあった．それは，伝統的なサルゴフリーは店子同士の間で授受される権利金であったのに対して，営業権は地主と店子との間で授受される金銭であることが想定されていたという点である．すなわちそれまでイランには，地主が店子の信用や名声の金銭価値を補償すべきという考え方はなかったにも拘らず，営業権の登場によってこれが法的に義務づけられてしまったのである．

　元来イスラーム法には，モノ自体（アラビア語でアイン）とそのモノを使用することによって得られる利益（アラビア語でマンファア，報告者は「利用収益」とする）とが，

それぞれ独立の客体として所有権の目的となる，という考え方がある（柳橋 1998: 16-18）．イラン民法においてもモノの賃貸借に際しては「特別なことわりがない限り転貸（又貸し）は賃借人の自由」とする条項が定められている．実際，伝統的サルゴフリー授受慣行では，店舗同士の話し合いでこれが決まり地主には事後報告（もしくは報告なし）といったケースが趨勢であった．換言すれば，当時はサルゴフリーがいかなる価格であろうと地主には直接関係のない話だったのである．

ところが営業権条項は，地主にこそサルゴフリーを補償する責任があると定めた．ミルスポー博士は，店舗の地主がそもそも物件の「所有者」なのだから，地主が「利用収益の価値」についても補償するのは当たり前だと考えたのかも知れない．しかしながらこうした考え方は，モノの所有権とその利用収益の所有権とが別の人間に帰属することはごく自然と考えていた当時の多くのイラン人にとって，いささか不可解な，馴染みのない決めごとだったに違いない．「なぜ店子が，次の店子ではなく地主にサルゴフリーを請求できるのか？」これが当時の関係者たちの率直な気持ちだったのではないだろうか．

このように，サルゴフリーと営業権とは本来趣旨の異なる金銭であったわけだが，両者の間に「賃借人の信用と名声の金銭的価値」という同一の要素が含まれており，しかも経済学的には「その場所の生産性水準を反映する利用収益の割引現在価値」であるという意味で，まったく同じメカニズムによって決定する価格であったために，現場ではこれらが混同されてしまったのである．

Ⅴ　「サルゴフリー方式賃貸契約」の成立

その結果，以下に見るようなサルゴフリーをめぐる民事訴訟が頻発するようになった．地主が月額家賃をとって店舗を貸し出すも，数年後に店子は「立ち退くのでサルゴフリーを支払って欲しい」と請求する．しかし地主は「サルゴフリーは地主が払うものではない．次にそこに入居する者が，前の店子に支払うものだ」として，自分にはサルゴフリーを払う責任も用意もないとこれを拒否する．

当初こそ伝統的サルゴフリーの立場をとる裁判官と，営業権の立場をとる裁判官との間で議論があったと言われるが，法律の条文となっている営業権を重視する判断が優勢となるのは必然であった．しかも 1960 年関係法は 1977 年に改正され，営業権はさらに強化された．店子が勝手に入れ替わるという違反を犯して立ち退きを迫られる場合ですら，地主は営業権の半額を支払わねばならないという条項（1977 年関係法第19 条注 1 ＊）まで定められた．

地主は窮地に立たされた．月々数万円で貸し出した店舗の店子から数百万の「立退料」を請求されるのと同じことだからである．しかも関係法によれば，営業権は店子の商売が成功したか否かだけではなく，店子の入居期間までもが勘案され入居時点からあたかもタクシーのメーターのようにどんどん膨らんでいくことが想定されていた．法律の内容を十分に理解している地主ばかりではなかったため訴訟は増え続け，1990 年代に至っても裁判所に持ち込まれる民事訴訟の 3 割近くがサルゴフリー関連であったと言われている．

　しかしこうした話が人づてに知られるようになると，世の中の地主は店舗を貸し出す際の自衛策を講じ始める．それは，契約当初に第一の店子からサルゴフリーの代金をあらかじめ収取するというものであった．営業権条項の下では，ひとたび店舗を貸し出してしまえば，将来はたしてどれほどの価格のサルゴフリー（つまり立退料）を請求されるか分からないため，地主の所有権は甚だしく制限される．したがって資産管理上は，月額家賃だけでなくその店舗の将来にわたる「予想収益」分を初めからもらっておく方が安全である．このようにして，地主が最初に売り出すサルゴフリーの価格は伝統的サルゴフリーに比してはるかに高額となり，完全所有権価格の 8〜9 割にまで跳ね上がった．

　以上が「サルゴフリー方式賃貸契約」という制度が成立した経緯である．地主は店舗を賃貸したいのであって，もとより店舗を売却する意思はなかった．しかし賃貸契約には営業権条項によるリスクが伴う．したがって地主が契約当初にサルゴフリーを店子に「売却する」ことにしてそのリスクを最大限回避しつつ，資産としての店舗を維持しようとした結果，現在見るような一見不可思議な「サルゴフリー方式賃貸契約」が出来上がった．

Ⅵ　イスラーム革命の余波

　一方営業権については，1979 年の革命以前からシーア派の高位法学者たちの間にはこれを問題視する声が上がっていた．革命後にホメイニー師がイランの最高指導者となり，憲法が改正されて「すべての国内法規はイスラーム法に反しないこと」が求められるようになると，様々な分野で法律の見直しが行われた．その流れの中でこの「サルゴフリーと営業権」問題も俎上にのせられた．革命後の法改正と今日の「サルゴフリー」規定の概要について，以下に述べよう．

　シーア派の高位法学者たちは「サルゴフリー問題」についての自身の見解をその著作などで明らかにしていた．彼らが指摘する「サルゴフリー方式賃貸契約」の問題点

は次のとおりである。「店子に認められる権利は，賃貸契約が有効である期間中にその店舗を占有・使用する権利であり，したがって契約期間の満了した後にいかなる理由であれ地主の意志に反してそこを占有し続けることは違法である」。イスラーム法上，モノの賃貸借における「無期賃貸」は無効とされているため契約期間について制限のない賃貸契約は許されない。

　ところが営業権規定の下では，営業権の代価の支払いをたてに店子が与えられた権限を越えてそこに居座り続けることができる。しかも 1977 年関係法では，立ち退き請求の要件として「契約期間の満了」が定められていない。このため地主が営業権の代価を支払うまで，店子がそこを占有することが可能である。これを問題視したイスラーム法学者たちは，現行のシステムは「イスラーム法上違法性が強い」と批判した。

　革命後の法改正（1997 年）によってこの問題は以下に見るような形で処理された。1997 年関係法*の条文からは「営業権」の節が完全に削除され，代わりに「サルゴフリー」が挿入された。

　新法では，「契約期間が遵守されていること」また「契約に先立って地主が店子からサルゴフリーの代価を受け取っていること」の 2 点がなければ，店子は立ち退きの際に地主にサルゴフリーを請求できない，とされた。これによってイスラーム法上明らかに違法であった契約期間の問題が解消した。また，地主の了解に関係なく営業権がゼロから生じる，という旧法の考え方は否定され，契約当初に地主と店子双方が「それがサルゴフリー方式賃貸契約である」ことを必ず確認するよう義務づけている。したがって賃貸契約書にこの点が明記されていない場合には，契約は「通常の月額家賃方式」であると見なされることになった。これは，営業権の登場以来多発した係争にひとつの解決策を与えるものであったと考えられる。市場で不断に変動する店舗の用益権の価格の補償責任が，（次の店子ではなく）地主にまで無条件に拡大されていた点を是正し，あくまでも当事者間で取り決めた契約条件に拠るべしとしたのである。

　一方で新法においても，営業権にあるような「賃借人の信用・名声の価値」の発生と，地主によるその補償そのものは，原則として否定されなかったことは注目に値する。これは地主が埒外にあった伝統的なサルゴフリー授受慣行とは異なり，店子がその入居期間中に賃貸物件にたいして付加した価値を地主に請求することを認めたということになる。

　結果として，1997 年の法改正は既存の「サルゴフリー方式賃貸契約」にイスラーム法学上整合性のとれる形で一定の制限を設け，折衷的な決着を導いた。この意味で

は新法のサルゴフリーはもはや伝統的なサルゴフリーへの回帰ではない．伝統的サルゴフリーの授受はいわばイラン社会における「慣行（'orf）」のひとつであったが，これを法文化する段階で外来の価値概念が混淆してしまったために，慣行自体が変形し，それによってイランの伝統的な賃貸人と賃借人の関係も変わらざるを得なかったのである．後年これに対するイスラーム法学の立場からの修正が施されたわけだが，そこでは，現実社会の既存制度を前提として，営業権によって変質した今日のサルゴフリーのあり方が認められた，と理解することができよう．

Ⅶ　おわりに

　前述のとおりイスラーム法では「モノ」自体とその「利用収益」のそれぞれに所有権が成立すると考える．イランの法曹も賃貸人・賃借人関係法に関わる議論の中で繰り返し「マンファアの所有権」は店子にあると論じている．また堀井（2007）は，マンファアの所有権つまりイスラーム法における用益権は，あくまでも一定の契約上の権利としてのみ成立するとして，その範囲は，契約の性質や当事者の合意によって異なる（物権でも債権でも，その中間的形態でもあり得る）と述べる．すなわち「マンファアの所有権」の中身は，かなり融通無碍だということになろう．

　伝統的なサルゴフリーの授受は，法的な正当性を与えられていたわけではなく，あくまでも人々の間の慣行に過ぎなかった．しかしそれは，すべてイスラーム法に由来するものと断言はできないまでも，本来用益権のあり方が極めて柔軟である社会だからこそ自然と生まれ得た慣行ではなかったかと思う．しかしミルスポー博士の規則は「サルゴフリーを買い取るべき当事者」の範囲を地主にまで拡大してしまった．モノの用益権の金銭的な価値を，そのモノの本来の所有者である地主が補償すべしと規定したこの規則は，いわば「近代法的」な発想にたつものであり，一見穏当ではあるものの，用益権者と所有権者とがそれぞれの権能をもって立ち並ぶことに違和感のないイランの人々にとってはむしろ非常に奇異な決め事であった可能性があるのではないだろうか．

　全体シンポジウムの趣旨に照らしていま一度この事例を振り返ると，ミルスポー博士はまさに「排他的支配権」モデルに基づいてサルゴフリーを理解し，イランの人々がよって立っていたのは「併存的所有権」モデルであったように思われる．ここには所有者とは誰で，どのような権能とそれに伴う責任を持つのか，という非常に重要な問題が隠されている．

＊本文中に挙げた法律の邦語訳資料については紙幅の関係で割愛した．全文は岩﨑（2018）を参照されたい．

〔文 献〕

堀井聡江（2007）「エジプトにおける先買権と土地所有権」アジア経済 48 巻 6 号 29-49 頁．

岩﨑葉子（2018）『サルゴフリー 店は誰のものか──イランの商慣行と法の近代化』平凡社．

Keshāvarz, Bahman [1388] (2009) *Sar-qoflī va Haqq-e Kasb o Pīshe o Tejārat dar Hoquq-e Īrān va Feqh-e Eslām*, Tehrān: Enteshārāt-e Keshāvarz.

柳橋博之（1998）『イスラーム財産法の成立と変容』創文社．

（いわさき・ようこ　地域研究センター・中東研究グループ長）
〔編集委員会注・本稿は学会機関誌編集委員会からの執筆依頼による原稿である．〕

'Shop-lease Contract with *Sar-qoflī*': the Customs and Laws of Modern Iran

Iwasaki, Yoko

In today's Iranian commercial areas, shop usufructs, called *sar-qoflī*, are traded at high prices. A tenant who purchases this right when concluding a lease contract with the owner of a shop operates business there while paying a small monthly rent, and resells it to the next tenant when he moves out. *Sar-qoflī* originally referred to an informal fee that a shop tenant received from a subsequent tenant, and this transaction was a common practice in busy commercial areas. The introduction of rules by Dr. Millspaugh, an American who became Iran's Administrator General of Finances during the Second World War, triggered the mixing of a value concept in the Anglo–American legal world with this commercial practice, and after the war it developed into 'shop–lease contract with *sar-qoflī*.' The legal system based on the foreign value concept unintentionally caused great confusion in the relationship between lessor and lessee, which was based on the traditional Iranian system of ownership, but the parties involved transformed the system into a form that did not cause extreme losses to either party through repeated informal adjustments, and established it.

「自然の権利」から所有権モデルを問い直す

――ガンジス川への法人格付与を事例として――

中　空　　萌

キーワード：自然の権利，法の生成の人類学，権利の生成，ケアとしての所有，インド

〈要　旨〉

　近年「自然の権利」の考え方に基づく立法や訴訟が世界中で増加すると同時に，「所有」という観点からその潮流を理解する研究群が現れている．そこでは，動物を排他的所有権の主体とする可能性が議論される一方で，「所有権＝権利の束」と捉え，自然が法主体とされたときに，いかに「所有権」を構成する複数の権利が再配分されるのかを問うアプローチが力を持つ．2017 年にインドのガンジス川に法人格を付与した判決についても，アクセス権，管理権，排除する権利の再割り当てという観点から意義や影響が分析されてきた．一方で筆者の人類学的調査からは，資源管理という既定のアジェンダを超えた多様な実践――川沿いの村の観光開発，弁護士の環境訴訟増加への関心，地元女性たちの固有のガンジス信仰――との結びつきの中でガンジス川の法主体化が実現したことが明らかになった．本稿は，こうした「権利の束」モデルからは捨象される法実践の広がりや関心の所在の中に，従来の所有「主体」の前提を問い直す発想が含まれていると主張する．

は じ め に

　「自然の権利」とは，動物や生態系を法律上の主体として認識する哲学や法規定を意味する．近年その考え方に基づく立法や訴訟が世界中で増加すると同時に，自然や動物を所有客体としてのみ扱ってきた従来の所有権モデルを超えるための試みとして，「所有」という観点からその潮流を理解する研究群が現れている．本稿は，インドのガンジス川に法人格を認めた訴訟への筆者の人類学的調査の成果をもとに，今まさに立ち現れつつある（権利の内容自体がつくられているプロセスにある）法現象の分析にいかなるアプローチが適切か，そして「自然の権利」が既存の所有権モデルの前提をいかに問い直しているのかを考察する．

　本稿の構成は以下の通りである．まず「自然の権利」をめぐる法現象について，

「排他的支配権」と「併存的所有権（権利の束）[1]」のモデルを用いて分析する研究が既にあり，前者より後者が主流になりつつあることを述べる（I）．次にその「権利の束」モデルと批判的に対話しつつ，法の生成の人類学のアプローチ（II）を用いた，私自身のガンジス川の法人格訴訟への文化人類学的調査の成果を紹介する（III）．結論では「権利の束」モデルからは捨象される文脈や関心こそが「自然の権利」の意義を捉える上で重要であると主張する．

I　自然の権利と所有権モデル

「自然の権利」は，クリストファー・ストーンの記念碑的論文，「木は法廷に立てるか」（Stone 1972）に代表されるように，1970年代から環境法分野で議論されてきた．ストーンは，近代社会は「権利」を与える対象を貧困層，女性，奴隷と広げてきたのであり，その行き着いた先が「自然」への権利付与だと論じた．この宣言や米国での訴訟例を受けて，日本では1995年に，アマミノクロウサギなどの4種の動物と奄美大島住民などが原告となって，ゴルフ場計画の開発許可取り消しを求めて鹿児島県を相手に起こした裁判を皮切りに，90年代～2000年代前半に理論的・実践的に注目を集めた（鬼頭 1996; 山村・関根 1996）．ただし実際の法規定，そして特に立法が世界で急に加速してきたのは，その後である．Kauffman & Martin によれば，2006年から2021年1月までに17カ国で178の「自然の権利」を認める法規定（憲法，法律，規制政策，判決など）が実現したという（2021: 2）．

ここで注目すべきは，「自然の権利」をめぐる法規定と一口に言っても，その文言や内容は多様かつ不確定だという点である（植田 2024）．例えば，エクアドル憲法では「自然，すなわちパチャママ[2]が有する維持及び再生の権利」（第71条・2008年），カリフォルニア北部のユロク・ネーション決議では「クラマス川が人間を起因とする気候変動から影響を受けず，遺伝子組み換え生物により汚染されない権利」（2019年）などが謳われている．「自然の権利」という法概念は，各地の様々な文脈と混ざり合い，またそれぞれの場の「自然」と適応しながら，訴訟ごと，立法ごとに権利内容がつくられているプロセスにあると言える．

この「自然の権利」については，それを基礎づける哲学や倫理については多く書かれてきたが，実際の法が作られる際の政治的過程や環境や社会に与えうる影響について，経験的な分析は十分に行われてない（Kauffman & Martin 2021: 7）．そうした中，近年の立法や裁判の増加に伴い登場した数少ない研究の中の代表的な潮流が，「所有権」モデルを用いて「自然の権利」をめぐる動きを把握しようという研究群である

(Burdon 2017; Brandshaw 2020; Sanders 2018; Putzer et al. 2022; Tolbot-Jones & Bennet 2019). その一つが所有主体を人に限定し，自然や動物を所有客体として扱ってきたことへの批判として自然の権利を位置づけるものである（Boyd 2017）．そこでは，特に野生動物が排他的支配権の主体となる可能性について議論がなされている．例えば Brandshaw（2020）は，野生生物の縄張り行動，すなわち他の種を自らが必要な空間から排除する努力に注目して，かれらが排他的に生息地を所有することを正当化する．そしてトラストなどの既存の制度を用いて，それを現実のものにする可能性について述べ，また実際の判例を分析する．

　しかし近年，「自然の権利」が含意する「自然」が動物だけではなく，川や山，その他の生態系に広がったことで，「所有権＝排他的支配権」ではなく，「所有権＝権利の束」と捉えて，一つのものに対して複数の主体が異なる権利をもつことを前提とした分析がより力を持つようになっている（Putzer et al. 2022; Tolbot-Jones & Bennet 2019）．例えば川が権利主体となるという今世界で増えつつある法や判決が，人間の河川利用や資源採取を完全に排除することはない．むしろ川に法人格が認められることで，川をめぐって錯綜する各種権利が一旦束としてまとめられ，いかに（川からの委託という形をとって）各アクターに再配分されたのか，それが相互調整にいかに有効に機能したのかを問う論者が多い．例えば Talbot-Jones & Bernett（2019）は，ニュージーランドのワンガヌイ川に法人格を認めたテ・アワ・トゥプア法と本稿が扱うインドの事例を比較した．そして，前者がアクセス権，管理権，譲渡する権利などの（再）設定を明確に行なった一方で，後者は一部の権利が曖昧な形で切り出されたに過ぎず，河川の汚染への有効な解決策にならないと結論づけている．

　しかし，先に述べたように，「自然の権利」をめぐって展開しているのは，従来の法体系における諸権利を前提に動物や川などを権利主体できるかの議論ではなく，それらを主体とすることによる権利の内容自体のダイナミックな生成だと言える．ここに，そのような今まさに各地で権利がかたちづくられようとしている法現象に対して，所与の人間中心主義に考えられた諸権利のセット（アクセス権，排除する権利，管理権）をもとにした影響分析で十分なのかという疑問が生まれるのである．本稿はこの点に，カテゴリーを先に設定して現実を切り取るのではなく，現場の実践の厚い記述から議論を立ち上げる文化人類学，特に以下の「法の生成の民族誌」のアプローチの意義と可能性があると主張する（高野・中空 2021）．

Ⅱ　法の生成の人類学のアプローチ

　法人類学は，成文化された法制度や判決，条文の解釈を行う実定法学とは異なる視点から，現場の具体的な実践の中でつくりだされるものとして法を捉えてきた．最近では，特定の民族や村落社会の「慣習法」だけでなく，専門家システムとしての法が運営される現場でフィールドワークを行い，そこでどのような実践がなされているのかを記述することを通じて，従来とは違った視点から「法」を相対化するようになっている（詳しくは，高野・中空（2021）を参照のこと）．

　その代表的な研究が，ブルーノ・ラトゥールによる，フランスのコンセイユ・デタ（行政最高裁判所）での民族誌的調査に基づく研究である（ラトゥール 2017）．ラトゥールは，一つの判決がどのようにつくられていくのかを人類学者の目で観察する．彼は，ある一つの事件が取り上げられ，訴訟手続きが開始される時点から判決が言い渡されるまでの過程のなかで，いかに法の専門家だけでない様々な立場の人々の関心，モノ，概念が巻き込まれ，判決文の中に「翻訳」されているのかを民族誌として詳細に描いている．ここで言う「翻訳」とは，多様な関心を完全に共約可能にすることなく相互につなげることを意味している．

　筆者もこのアプローチを参考に，ガンジス川の判決がつくられるプロセスをめぐって，2017 年以降，フィールドワークを実施してきた[3]．その成果からは（Nakazora 2023; 中空 2024），狭義の所有権の文脈におさまらない，さらには判決それ自体には表象されていない多様な関心の「翻訳」が明らかになった．

Ⅲ　ガンジス川が法人になるとき

1　ガンジス川への法人格付与

　まず訴訟の概要について確認する．2017 年 3 月，インド北部・ウッタラーカンド州の高等裁判所にて，ガンジス川と支流のヤムナー川に人間と同じ「生きた存在 living entities」としての法的地位を認めるという判決が出された．この判決によると，川は人間に所有される対象ではなく，「法人 legal person」の地位を持ち，「生きている者 living person」としての様々な権利や義務，責任を有する主体となる．

　つまり，ガンジス川とヤムナー川は自らの「身体」とそれが生み出す経済的効果に対する「権利」を持つ．そして不法投棄などによって川の身体を傷つけたり，また採掘などによってそれが生み出す利益を強奪したりした人間を，川が訴えることが可能になった[4]．そのとき川は自力で訴訟を起こしたり賠償金を払ったりできないため，

川の「後見人 loco parentis」として，川の保全を担う国レベルの組織である「ガンジス川国家清浄計画」の主事，ウッタラーカンド州幹事長，ウッタラーカンド法務官の3名の公職者が登録されている．

判決文には，以下のように書かれている．

ガンジス川とヤムナー川は，**存在そのものを失いつつある**という危機に瀕しており，非常事態にある．これらの川を保全するためには，常識を超えた手段が採られなくてはならない．

なお，こうした「常識を超えた」判決が可能になった背景として重要なことの一つに，この訴訟が環境公益訴訟として提起されたということがある．インドの司法は独立以来，憲法訴訟である公益訴訟において，裁判官が政策形成と社会問題解決に踏み込んだ判決を下すことをいとわない，司法積極主義の立場を基本的に示している（Gill 2017）．本訴訟を担当した判事シャルマーは，他の数名の裁判官と並んで，環境問題に関する公益訴訟において積極的な判決を出す「緑の判事」として有名である（Visvanathan 2017）．彼は本訴訟の後も，ウッタラーカンド高等裁判所および異動先の高等裁判所で，湖，牛，「鳥類や水生生物を含めた動物界の全成員」など自然物に法人格を認める判決を現在までで7件出している．

2 併存的所有権＝権利の束をめぐる問題系

まず確認しておきたいのは，この訴訟が先行研究で論じられてきたような，「所有権」をめぐる問題の解決という関心も確かに包含していた点である．訴訟の原告は，ウッタラーカンド州都デーヘラードゥーンから離れた村に住むムハンマド・サリームという男性である．主任弁護士マノージ・パントゥによると，サリームからガンジス川沿いの彼の村への産業廃棄物の不法投棄をめぐって訴訟の相談があったのは，2014年のことだった．パントゥは，サリームの訴えを「自然の権利」というグローバルな環境法の潮流と合流させることで，一つの村にとどまらない，より広い社会の課題としてガンジス川の問題を提起することにした．具体的には，パントゥは今回の訴訟を，ウッタラーカンド州と隣接するウッタル・プラデーシュ州を跨るガンジス流域の運河をめぐる所有権争いの問題の解決を目指す「公益訴訟」として位置づけることにした5)．

インドでは，州が水供給，灌漑，運河，排水，堤防，貯水，水力，漁業を規制する排他的権限を有している．ウッタラーカンドは2000年にウッタル・プラデーシュ州

から独立して新州となったが，独立以来この訴訟に至るまで，二つの州の間では 15 年以上にわたってガンジス川の所有権の問題が解決されていなかった．その結果，（2002 年ウッタル・プラデーシュ州再編法第 80 条(2)(b) に基づき，両州境界域の多数の運河を管理・維持するために義務付けられていた）ガンジス川管理委員会の設立が遅れ，「誰も『母なるガンジス川 Ganga Mataji』の命運に対して責任を負わない」ことをパントゥは問題視していた[6]．

そこでパントゥが希望を見出したのは，「自然の権利」，つまり州間の所有権争いの問題を据え置いたまま，ガンジス川が法人格を持ち権利の主体となるという考え方だったという．この考え方を採用すれば，州政府ではなく，そのガンジス川の「後見人」として登録された，国レベルの組織であるガンジス川国家清浄計画に直接保全対策を求めることが可能になる．判決文にはガンジス川国家清浄計画に対する「ガンジス川管理委員会」の設立命令も書き込まれている．すなわち判決は，この組織をガンジス川の環境問題に責任を負う者とし，管理権，排除する権利を事実上割り当てたということになる（Alley & Mehta 2020）．

3 「権利の束」を超えた関心の翻訳：経済的関心と地元のガンジス信仰

ただし，こうした所有権問題の解決（管理権の再割り当て）というのは一つの文脈にすぎず，それだけではない多様な関心が絡み合って判決がつくられたことが調査から明らかになった．

例えば原告のムハンマドはムスリムのソーシャルワーカーで，村の景観を守り，観光開発することに情熱を傾けてきた人物である．彼は川沿いに椰子の木を植え，コテージを作り，村の住民のための雇用を生み出すことを目指して活動を続けている．既に述べたように彼は川沿いの産業廃棄物の不法投棄をやめさせるために，パントゥに訴訟の相談をした．ここでムハンマドが求めていたのは，川という「自然」それ自体の保護ではなく，その「景観」と結びついた村の人々の生計の維持である[7]．

実はこの生計の維持という経済的な関心は，原告だけのものでもない．調査を続けるうちに見えてきたのは，この訴訟には，原告と村の人々だけではなく，ウッタラーカンドの弁護士会所属の弁護士たちの生計の維持という関心も含まれているということだった．インドでは，全国で約 900 校ある法学部を卒業し，少額の登録料を支払えば弁護士として登録できることもあり，600-700 万人ほどの弁護士がいる（鈴木 2013）．それゆえに競争は激しく，「法人」を増やすことで，代理人として法廷に立てる環境訴訟の数を増やすことは弁護士たちの切実な関心としてある[8]．

これらの単に「用益権」という名で括ることのできない，「景観」「法人」としての

川をめぐる複雑な経済的関心が，訴訟に含まれていたことが分かる．それに加えて注目すべき点は，判決が世俗的な関心のみならず，ガンジス川の「存在そのもの」を信仰する地元の人々の感情と絡み合っていることである．先に述べた判決文の「ガンジス川は**存在そのもの**を失いつつあるという危機に瀕している」というフレーズは，ガンジス川の汚染に対する真剣な懸念と保全への意識を表現したものとして世界的に有名になった．しかし実際にはこのフレーズは，判決以前からウッタラーカンド地域のダム建設や水力発電プロジェクトへの反対運動で頻繁に使われていた（オリジナルは，「ガンジス川は，ヒマーラヤ山脈沿いの複数の水力発電所計画によって，その存在そのものを失う危機にある．」(Drew 2017: Chap1, Section 6, para. 4)）．主任弁護士パントゥの秘書は，学生時代にこれらの運動について実践的に研究し，歴史学で博士号を取得した女性である．彼女は，このフレーズをパントゥに紹介して，運動に込められた思いを訴訟と準備書面に反映させようとした[9]．

　彼女やその他の社会学者（Drew 2017）によると，ガンジス川流域でダムや発電所建設への反対運動に関わる地元活動家の多くが字の読めない村の女性たちである．他のヒンドゥー教徒と同じく，彼女たちもガンジス川を「女神」として信仰している．しかし，彼女たちは，文字に書かれた教義に基づいて信仰を維持しているのではなく，ガンジス川の水と身体的・物理的に交わりながら，毎日祈りと歌を捧げてきた．彼女たちは早朝，ガンジス川の水で手や顔，足を洗い，時に全身を川に浸すことによって一日を始める．そこで教義で規定された呪文を唱えるのではなく，掌を合わせて，自分の胸の内にある不安や恐れ，ささやかな願いを「母なる川」に打ち明ける．彼女たちにとって，「川が存在する」とは，ガンジス川の水の流れが続いていくことを意味している．多くの活動家は，「私たちはダムに反対しているのではない．ガンジスの流れを止めることに反対しているのだ」という (Drew 2017: Chap1, Section 6, para. 1)．また彼女たちは，「川の流れが一定であり，干渉されていないこと (aviral) によって初めて，川は神性を維持できる (pavitra)」「流れている川だけに女神の力は吹き込まれる」と語る (Drew 2017: Chap1, Section 6, para. 1)．彼女たちにとって「ガンジス信仰」とは，抽象的な教義の中ではなく，日々の祈りを通じたガンジス川の流れとの具体的・経験的なかかわりの中に見出されるのである．

　このように判決は，直接判決文には書かれないものの，川の水質汚染への懸念や資源管理・維持だけでなく，その物理的形状や流れと絡み合った特定のガンジス信仰とつながっていた．この固有の信仰との接続のあり方については，判決の後の対立を追うことを通してより明確になる．後にこの判決は，ガンジス川の後見人とされたウッ

タラーカンド州政府の反対を受けて，最高裁判所で争われ，保留とされることとなった．州政府の反対は，表面的には高裁判決の法技術面での不備を指摘するものだった．しかし実際にはそれは，河川の新たな法的地位により，大規模な「インド河川連結計画 India River Inter-Linking」による河川への「干渉」が難しくなるのではないかという危惧によるものであったと言われる（Ahmad 2017）．インド河川連結計画とは，洪水，干ばつ対策のためにインドの主要な河川を貯水池と運河のネットワークで連結することにより，水の豊富な地域から不足地域へ水を移送するという大規模土木プロジェクトである．植民地期以降，前進と頓挫を繰り返してきたが，最近では，ほぼ20年前にアタル・ビハーリー・ヴァージペーイー元首相（BJP; ヒンドゥーナショナリスト政権）が改めて発案した計画を，今のナレンドラ・モディ政権が再び推進し，ウッタラーカンド州政府もそれを支持している．

　注目すべきなのは，ここで運河建設の計画推進派がヒンドゥー教の神話を様々に引用していることである．彼らは例えば，多くの化身を持つヴィシュヌ神の例を挙げて，さまざまな教義を引用しながら「ヒンドゥーの神々は多様な形で現れるが，実際には一つだ」と根拠づけ，信仰の対象である川を，運河というインフラによって一つにつなぐプロジェクトを正当化している（Vishwanath 2017）．すなわち，「自然の権利」を認めた判決とそれに反対する州政府はそれぞれ，異なる宗教と川の結びつきを主張に取り込んでいる．モディ政権や州政府の主張においては，運河によるガンジス川の連結が「多様でありながら一つの神である」という大文字のヒンドゥー神話に結びついている．一方で「自然の権利」判決は，特定の流域の形状の維持や川の流れの安定の中にこそ神を見出す，地元の女性たちの身体的な信仰世界を取り込んでいたのである．

　以上，筆者の人類学的な調査からは，インドのガンジス川を法主体とする判決は，川の所有権＝権利の束をめぐる問題系に還元されるものではなく，川沿いの村の観光開発，困窮する弁護士たちの収入源の確保，そして川の物理的形状や流れに支えられる固有のガンジス信仰など，多様な関心と文脈の「翻訳」によって成立したことが明らかになった．このことを踏まえて次節では所有権モデルに立ち返り，考察を行う．

おわりに：「権利の束」を超えて

　Iで述べたように，人間以外の存在を法主体とする「自然の権利」をめぐる近年の動きを本シンポジウムでフレーム化された二つの所有権モデル，「排他的支配権」と「併存的所有権（権利の束）」を用いて分析する研究が既に存在する．特に「自然の権

利」の権利主体が動物から川などの生態系へ拡張するにつれ，後者がより力を持つように
なっている．すなわち，野生動物に生息地の「排他的支配権」を与えるというの
ではなく，川をめぐって葛藤し合っていた複数の権利を（川を法主体とすることで）束
としてまとめ上げて，より有効な形で再配分するという形で「自然の権利」の意義と
効果を考える研究が主流になっている．

　一方で本稿が主張したのは，所有権を構成する複数の権利の再配分という観点から
川を法主体と認識する制度・裁判の実際的影響を議論する研究では，「自然の権利」
を捉える文脈を資源管理・維持という既知のアジェンダに限定してしまい，新しい権
利の生成に伴う法実践の広がりや関心の所在を十分に把握できないということだっ
た．そのため本稿では，「モデル」を出発点とせず，現場の実践の中でいかなる事実
や関心の積み重ねにより法がつくられているのかを観察・記述する「法の生成の人類
学」のアプローチを用いた分析を行った．インドの事例分析からは，訴訟が川の管
轄・維持をめぐる関心だけでなく，「景観（観光資源）」としての川をめぐる原告の経
済的関心，川を自らが将来代理人として法廷に立ちうる「法人」としようとする弁護
士たちの関心とも結びついていたことが明らかになった．さらにとりわけ，特定の流
域に神を見出す人々のガンジス信仰については，「自然の権利」の意義を考える上で
捨象されるべきではない．それは，川自体が人（神）格であり，人間によって所有・
改変される客体ではないという「所有権」を超えた理解，また川を人間がケアするだ
けでなく，川の存在によって人間の信仰が維持されるという主客の分断を超えた相互
生成的，関係論的理解を示している．こうした関心の包摂は，インドの事例だけでな
く，各地の「自然の権利」訴訟や制度に見られる（深山 2024）．例えばデ・ラ・カデ
ナは，「自然あるいはパチャママの権利」を認めたエクアドル憲法について，「自然」
としての川や山の保護という環境主義的関心と「山や川を固有の行為者としておそ
れ，ケアしようとする先住民の世界」が部分的につなげられた成果だと分析している
（デ・ラ・カデナ 2011＝2017）．

　このような関心の所在は，Dimitri Vanoverbeke が主張するように，「自然の権利」
をめぐる法現象に，「利益とリスクを配分する権利主体」を超えて，「物，土地，自然
などの他の存在との応答的な関係の中で生きる，より謙虚な人間観に基づく包括的な
所有権モデルの探求を促す」潜在性があることを示唆している（Vanoverbeke 2025）．
Vanoverbeke がラトゥールの仕事を引用しながら明確にするように，人間と人間以
外の存在，社会制度と自然環境を同一の存在論的地平で捉えようとする視点は，環境
危機や気候変動にある現在，ガンジス信仰や先住民の世界のみならず，普遍的にその

重要性が認識されている.「自然の権利」をめぐる法実践の広がりは，自然資源をめぐる諸権利の配分としてだけでなく，自然存在との応答的関係に基づく「ケア」としての所有権モデルの必要性を提起しているとも言える.

「自然の権利」は「人間中心主義を超えた権利」であると言われる（Wilson 2016）. その重要性は，単に従来の法体系の中に動物や自然が新たな主体として入れ込まれたことにではなく（cf. Brandshaw 2020），むしろ「川が権利をもつ」と言い表さなければ掬い上げられなかった人々の関心，自然存在との関係性が可視化され，それらの「翻訳」を通して新たな権利が生成していく潜在性にあるのではないか. そうした今まさに立ち現れている法現象＝権利のダイナミックな生成プロセスとその意義を把握する上で，既存の「所有権」を構成する権利のセットによる分析のみでは十分でない. 多様な関心や文脈の偶発的結びつき，「翻訳」による法の生成を記述する人類学的アプローチによって，「権利の束」からは捨象される文脈や関心の所在と，その中にある「所有権」を再考する潜在的契機を読み取ることができる.

1) シンポジウム全体では，「排他的支配権」の対モデルとして「併存的所有権」が用いられているが，本稿では文化人類学及び「自然の権利」の先行研究に従い「権利の束」を用いる.
2) ケチュア語・アイマラ語で「母なる大地」の意味.
3) 2017 年 8 月，2018 年 9 月，2019 年 9 月にウッタラーカンド高等裁判所，主任弁護士事務所，原告ムハンマドの村などで参与観察及び関係者へのインタビューを行った.
4) Indian Courts. 2017. Ganges and Yamuna Case, *Mohd. Salim v State of Uttarakhand & others*, WPPIL 126/2014, Uttarakhand High Court at Nainital, 2017. Indian Courts, Judgments – High Court of Uttarakhand at Nainital, India. [online] http://lobis.nic.in/ddir/uhc/RS/orders/22-03-2017/RS20032017WPPIL1262014.pdf 2024/12/16 アクセス. 強調は筆者.
5) 2017 年 8 月フィールドノートより.
6) 2017 年 8 月フィールドノートより.
7) 2018 年 9 月フィールドノートより.
8) 2018 年 9 月フィールドノートより.
9) 2019 年 9 月フィールドノートより.

〔文 献〕

Ahmad, Omair（2017）"Can Rivers Be Legal Entities?," *The Third Pole*, March 27 [online] https://www.thethirdpole.net/en/2017/03/27/can-rivers-be-legal-entities/ 2024/12/16 アクセス.

Alley, Kelly D., & Tarini Mehta（2020）"The Experiments with Rights of Nature in India," in La Follette C., & Maser Chris, eds., *Sustainability and the Rights of Nature in Practice*, CRC Press 365-384.

Boyd, David R.（2017）*The Rights of Nature: A Legal Revolution That Could Save the World*, ECW Press.

Brandshaw, Karen（2020）*Wildlife as Property Owners*, University of Chicago Press.

Burdon, Peter D.（2017）*Earth Jurisprudence: Private Property and the Environment*, Routledge.

デ・ラ・カデナ，マリソル（2011＝2017）「アンデス先住民のコスモポリティクス：「政治」を超えるための概念的な省察」（田口陽子訳）現代思想 45 巻 4 号 46-80 頁.

Drew, Georgiana（2017）*River Dialogues: Hindu Faith and the Political Ecology of Dams on the Sacred Ganga*, The University of Arizona Press, Kindle edition.

深山直子（2024）「先住民運動の挑戦——新たな政治制度を目指して」大村敬一編『「人新世」時代の文化人類学の挑戦——よみがえる対話の力』以文社，91-122 頁.

Gill, Gitanjali（2017）*Environmental Justice in India: The National Green Tribunal*, Routledge.

Kauffman, Craig M., & Pamela L. Martin（2021）*The Politics of Rights of Nature: Strategies for Building a More Sustainable Development*, The MIT Press.

鬼頭秀一（1996）『自然保護を問いなおす——環境倫理とネットワーク』ちくま新書.

ラトゥール，ブルーノ（2002＝2017）『法が作られているとき：近代行政裁判と人類学的考察』（堀口真司訳）水声社.

Nakazora, Moe（2023）"Environmental Law with Non-human Features in India: Giving Legal Personhood to the Ganges," 43(2) *South Asia Research* 172-191.

中空萌（2024）「人新世時代の法の民族誌」大村敬一・中空萌編『放送大学教材 フィールドワークと民族誌』.

Putzer, Alex, Tineke Lambooy, Ignace Breemer, & Aafje Rietveld（2022）"The Rights of Nature as a Bridge between Land-Ownership Regimes: The Potential of Institutionalized Interplay in Post-Colonial Societies," 11(3) *Transnational Environmental Law* 501-523.

Sanders, Katherine（2018）"Beyond Human Ownership?: Power and Legal Personality for Nature in Aotearoa New Zealand," 30(1) *Journal of Environmental Law* 207-234.

Stone, Christopher（1972）"Should Trees Have Standing?—Toward Legal Rights for Natural Objects," 45 *Southern California Law Review* 450-501.

鈴木多恵子（2013）「インドにおける法曹事情」自由と正義 65 号 62-63 頁.

高野さやか・中空萌（2021）「法の生成の人類学に向けて」文化人類学 86 巻 1 号 127-138 頁.

Tolbot-Jones, Julia & Jeff Bennet（2019）"Toward a Property Rights Theory of Legal Rights for Rivers," 164 *Ecological Economics* 1-6.

植田将暉（2024）『アメリカ合衆国における「自然の権利」の形成と展開：「自然の憲法学」の基礎的研究』早稲田大学大学院法学研究科提出修士論文.

Vanoverbeke, Dimitri（2025）「コメント：包摂的な所有権モデルに向けて」法社会学 91 号 54-58 頁.

Visvanathan, Shiv（2017）"Dividing Lines: Humanising Rivers An Incomplete Idea," *Deccan Chronicle* April 2, 2017, [online] https://www.deccanchronicle.com/opinion/columnists/020417/dividing-lines-humanising-rivers-an-incomplete-idea.html 2024/12/16 アクセス.

Wilson, Edward O.（2016）*Half Earth: Our Planet's Fight for Life*, Liveright Publishing Corp.

山村恒年・関根孝道（1996）『自然の権利——法はどこまで自然を守れるか』信山社出版.

（なかぞら・もえ　広島大学准教授）
［編集委員会注・本稿は学会機関誌編集委員会からの執筆依頼による原稿である.］

Reconsidering the Ownership Model through the "Rights of Nature": Giving Legal Personhood to the Ganges River

Nakazora, Moe

As the number of legislation and court rulings based on the "rights of nature" concept has increased in recent years, a group of studies has emerged to understand such a trend from the property rights perspective. While some scholars discuss the possibility of giving animals exclusive ownership of their habitats, others recognize property rights as a "bundle of rights" and examine how multiple rights consisting of property rights (e.g. rights of access, management, and alienation) would be redistributed among different human actors by the "rights of nature" legal provisions. As for the Indian court case in 2017, which granted the Ganges River legal personhood, the latter "bundle of rights" framework was mainly used to discuss its significance and possible influence. However, my anthropological fieldwork on this court case revealed how more diverse interests than property rights–related issues, such as the plaintiff's aspiration for tourist development of his village along the Ganges, the advocates' interest in increasing the number of environmental lawsuits, and local women's religious emotions were translated to make a legal fact that "the Ganges River is a legal person." This article claims that such people's interests, which were included in the rights of nature court case but cannot be grasped by the existing "bundle of rights" framework, have the potential to reframe the assumption of property "subjects."

コメント：計量研究の視点から

木 下 麻 奈 子

キーワード：所有権，計量研究，モデル

Ⅰ　は じ め に

　本稿では，統計的手法を基盤とする実証的な方法論の視点から，所有権モデルに焦点を当てた全体シンポジウムについて論じる．法学の研究者は，往々にして完璧なものを初めから求める傾向にある．それに対して，本稿では統計学者の Box（Box & Draper 1987: 424）による「All models are wrong, but some are useful」という金言に基づき，有用性の観点からモデルの検討を行う.

Ⅱ　所有権の 2 つのモデル：排他的支配権モデルと併存的所有権モデル

1　定　　義

　最初に企画の核となる排他的支配権モデルと併存的所有権モデルの操作的定義について尋ねたい．

　第一の質問は，排他的所有権モデルの対象は有体物に限定されるかどうかである．現行の日本の民法では所有権の対象は有体物に限定されている．この点を排他的支配権モデルも踏襲しているならば，情報財の分析にはこのモデルを適用できないことになる．それはモデルとしての限界が，最初から組み込まれていることを意味する．つまり情報財については，常に併存的所有権モデルで分析することになるのだろうか．

　第二に，排他的支配権モデルも複数の権利で構成されていると考えられるのではないか．なぜなら「2024 年度企画趣旨説明詳細版」の表 1（高村 2024: 3）では排他的支配権モデルの「所有権の中核」に「妨害排除請求＆処分権」が含まれている．また「所有権の法的効果と考えられる各種の機能は段階的に移行する」という見解（鈴木 1976: 123, 136）を採用するならば，排他的支配権モデルも複数の権利から構成されていると解釈できるのではないか．

　第三に，併存的所有権モデルについてである．「用益権」が所有権の中核であるとすれば，併存的所有権モデルは不動産を主な対象としたモデルということになるので

あろうか.

このように表1で対比されている両モデルの内容は，実証研究の基盤として活用するための操作的定義としては十分ではない．この点は，後述する調査結果の解釈にも影響を与えるだろう．

2　関　係

次に，排他的支配権モデルと併存的所有権モデルの関係について確認したい．「2024年度企画趣旨説明詳細版」（高村 2024: 6）では，田中（2020: 35）に基づき，日本法における財産権の中に所有権と債権があることが示されている.

そこで排他的支配権モデルと併存的所有権モデルの関係について質問したい．両者は，①二項対立した関係，②併存的所有権モデルを排他的所有権モデルの上位のモデルと位置づけた関係，③両者は独立した関係，のいずれと考えるのであろうか.

ここで「モデルを組み合わせて捉えよう」（ペイジ 2018=2020: 2-3）という方針に従って考えると，両モデルの関係は，④財産権全体を対象として複数のサブモデルを組み合わせて説明する，という形でも理解できる．企画で前提となっている両モデルの関係は，①〜④のいずれなのであろうか．あるいはこれら以外の関係を想定しているのであろうか.

3　評　価

社会科学の計量分析において，複数のモデルが提示された場合，それをどのような基準で評価するのかも課題である．たとえばレイブ／マーチ（1975=1991: 40-59）では，モデルを評価する基準として①真であること（検証できる，複数モデルの比較），②美しさ（単純性，多産性，驚き），③倫理性（世界をよくすることに貢献することが望ましい），が挙げられている.

今回の企画では両モデル間に優劣を設けないという立場が取られているが，それぞれのモデルを適用した結果について評価（計量的に言えば説明率等）を行う必要があるのではないだろうか．また公共経済学の視点からの評価も欠かせないであろう.

4　2022 年調査の結果

私たちは，2022 年に日本人の成人を対象とした社会調査を実施した．本稿では紙幅の制約があるため，調査の詳細については松村・木下他（2024: 1-2）を参照してほしい．2022 年調査の設問（問6）では，空地の所有者が子供たちがそこで遊ぶことを注意している状況について，子供が遊ぶことを認めるべきかを尋ねている．この設問において選択肢2「いくら空いていても，この空地は私有地なのだから，所有者の許可なしに使用するのはよくない」を選んだ割合は，1976 年の調査で 56.1% であった

のが，2022年の調査で80.0%に増加している．

　ただし，この結果から，「排他的支配権モデルでこそ捉えるべき現実がある」（高村2024: 8）と言うのは実証的見地からは躊躇される．

　その理由の第一は，この設問が規範の融通への態度を測定するために作成されたものであるためである（松村・木下他 2024: 786-787）．したがって選択肢2を選んだ回答者は，土地の持ち主の発言した内容を厳格に守るべきだと考えた可能性が高く，「排他的支配権」を支持したとは限らないと考えられる．

　第二に，仮に選択肢2を「排他的支配権への支持」を示していると解釈する場合，選択肢1の「どうせ空いているのだから，子供たちが遊んだってかまわないではないか」は，「併存的所有権」を支持していると解釈すべきなのか，それとも単に「（所有権といった）権利は不要である」とする態度を示しているかについては不明である．

　第三に，「他人のものを勝手に使ってはいけない」という社会規範に従った結果，選択肢2を選んだ可能性もある．つまりこの調査結果が所有権という「権利」の支持を測定しているかは慎重に検証する必要がある．

　以上をまとめると，計量的な観点からは，各モデルの定義と概念間の関係がはっきりしないため，何をどうすれば，「排他的な所有権」が測定できるかが明らかになっていない．

III　各報告へのコメント

1　中林報告

　本報告は，農作物の生産量に関わるリスクのヘッジという視座から，所有関係を考察する興味深い研究である．しかしながら，近世における農地所有の実態を「排他的支配モデル」として捉えることの妥当性については検討の余地がある．報告によれば，近世では本百姓の所有権を保護し安定させるために強い規制が課されており，さらに当時の農地の所有権者は，個人ではなく家あるいは村であったとされる．このように土地の処分権が制約され，かつ所有主体が個人単位ではない状況を排他的支配権という概念で把握することには議論の余地を残している．したがって，ここで言及されている排他的支配権の概念内容をより明確に提示することが望まれる．また明治期以降の農地所有の状況について併存的所有権モデルによって説明することの適切性を主張する場合，当該モデルの普遍性を知りたいと感じた．

2　岩﨑報告

　イランの賃貸借契約に関する歴史的経緯を分析した示唆に富む研究である．排他的

支配権モデルを理論的枠組みとして採用する場合，本報告が指摘するように，サルゴフリーは所有権に対して制約を課す特異な制度と位置づけることが可能である．ただし，不動産に関する所有権が賃貸借契約等により制約を受ける事例は日本法においても相応に存在することから，比較法的観点からは類似の制度が他国においても存在しうると考えられる．それゆえ，本報告が前提とする所有権概念を明確に定義したうえで，日本の所有権法制への示唆を具体的に提示することが望まれる．

3 中空報告

本報告は，文化人類学の視座から所有権概念の再検討を試みる意欲的な研究である．ただし，提示された分析枠組みの適用可能性ついては，環境訴訟に限定されるのではないかという点で検討の余地が残されている．この問題は，本報告における所有権概念の操作的定義が必ずしも明確ではないことに起因する．そこで，所有権の具体的な定義づけ，および排他的支配権モデルと併存的所有権モデルの相互関係についての理論的整理が求められる．さらに，ガンジス川の環境問題を「所有権」概念を用いて分析することで得られた知見が，日本の所有権法研究に対していかなる示唆を提供しうるのかについての理論的展開が期待される．

以上が，全体シンポジウムに対する計量研究の立場からのコメントである．

〔文　献〕

Box, G. E. P., & N. R. Draper (1987) *Empirical Model-Building and Response Surfaces*, John Wiley & Sons.

レイブ，チャールズ A.／ジェームズ・G. マーチ（1975=1991）『社会科学のためのモデル入門』（佐藤嘉倫・大澤定順・築地一治訳）ハーベスト社．

松村良之・木下麻奈子・前田智彦・森大輔（2024）「続『日本人の法意識』はどのように変わったか：2022 年調査を踏まえて」北大法学論集 74 巻 4・5・6 号 1-40 頁．

ペイジ，スコット・E.（2018=2020）『多モデル思考：データを知恵に変える 24 の数理モデル』（椿広計監訳・長尾高弘訳）森北出版．

鈴木禄弥（1976）『物権法の研究』創文社．

高村学人（2024）「2024 年度企画趣旨説明詳細版」．

田中亘（2020）「財産権と経済活動──法律学の見地から」小林延人編『財産権の経済史』東京大学出版会，31-53 頁．

（きのした・まなこ　同志社大学教授）

［編集委員会注・本稿は学会機関誌編集委員会からの執筆依頼による原稿である．］

コメント：包摂的な所有権モデルに向けて

Dimitri Vanoverbeke

キーワード：所有権，歴史的アプローチ，比較法，環境問題，社会秩序，Bruno Latour

I　はじめに

　日本法社会学会が取り組む「所有権モデル」についての本企画は，10年以上前に尾﨑一郎（尾﨑 2014）が指摘した課題，すなわち川島武宜の『所有権法の理論』（川島（1987）に基づく豊かな法社会学研究を踏まえ，所有権に関する新たな理論を構築する方法を模索するという挑戦を引き継ぐものであり，極めて重要な意義を持つ企画である．

　川島は，「一種の社会批判としての近代的所有権論」（尾﨑 2014: 2）を展開し，現代法における「私的所有」という現象の必然的な発展とその整合性を探求していた．日本国内だけでなく，国際的にも所有権に注目する著名な研究が数多く取り上げられるようになった．例えば，ダグラス・ノース（Douglass C. North）は，所有権といった制度（institution）が社会秩序の維持や経済発展において必要不可欠な要素であると指摘している．しかし，ノースはそのような制度には公式的および非公式的な多様な制度が含まれており，総称して "the rules of the game"（North 1990: 3）と呼ばれる点が，今回の企画にも深く関連する．つまり，公式的な所有権法や実際に行使されている所有権が，現在の形をとるに至った背景を理解するためには，変化してきた社会的コンテクストの中で，国内外における所有権の歴史的および社会的ダイナミクスを考慮する必要がある．

　近年，直線的に進化する社会に結びつく従来の所有権理論に挑戦する興味深い研究が発表されている．現代の所有権が経済的および政治的安定にとって最善であるという論調には議論の余地があると，フランク・アッパム（Frank Upham）はその著書『財産権の大いなる誤解』で強調している．アッパムは，法的所有権が経済成長に不可欠であるという普遍的で疑いのない主張に挑戦し，「この見解は不完全であり，誤解を招き，危険ですらある」と指摘している（Upham 2018: 1）．所有権に関する神話を乗り越えるためには，所有権が歴史を通じて果たしてきた社会的役割をより深く理

解すること，そして「過去の経験を理解することが未来への対応において重要である」（Upham 2018: 5-6）と強調している．特に注目すべきは，アップムは所有権の変化を経済発展の観点だけではなく，より複雑な政治的そして社会的文脈の視点から説明している点である．確かに，本企画のそれぞれの報告においても，所有権の複雑なダイナミクスが現れている．経済的発展だけでなく，政治的，さらにはコミュニティの秩序維持や社会の平和な暮らしのためにも理解されるべきである．川島が『所有権法の理論』を書いていた時代と現在では，所有権に対する考え方が大きく異なっている．物と人の関係，自然の権利，宗教の影響，そして政治情勢の変化など，所有権をどう捉えるかにおいて無視できない新たな要素がたくさん存在していると思われる．

　上記のコンテクストを踏まえ，報告の内容とその意義を簡単に考察したい．報告では，法の役割およびその機能変化を明確にするために，特に注目すべき3つの視点が提示される．第一に，社会秩序の多様性や複雑性，そしてその維持において非公式および公式な規範が果たす役割である．第二に，長期的な分析を通じて，変化が漸進的または急激に進行する理由や因果関係を解明する．第三に，日本国外における所有権に関する研究が，日本における所有権モデルの議論に大きく貢献し得るという視点である．

　近年，法社会学において手薄であった歴史的・比較法的アプローチを強化し，隣接分野の専門家を招いたことは，この企画だけでなく，法社会学会の今後の発展にとっても大いに歓迎すべきであると考える．

Ⅱ　歴史・経済・人類学の知見を活かした 法社会学的所有権再考への提言

　中世から近代にかけて，国家の強制力が農地の所有権を保障していたが，それは排他的なものではなく，むしろリスクの分担を重視した併存的所有権形態であったことが，中林真幸報告で明らかにされている．この併存的所有権形態は，準独立的な村と中央政権のニーズのバランスを取る上で，重要な役割を果たしていた．中世から近代に至る法的構築の連続性が，村における比較的安定した社会秩序を支える「生ける法」を創出していた．村の慣行が国家法と統合されることで，「収益の増加」と「リスクの減少」という要素が，この制度の「粘着性」（"stickiness," North 1990）を強化していた．しかし，同じ法的構築の論理が，消費社会や産業の発展，イデオロギーの変化といった重要な社会的変化の中で，「ステークホルダー」の期待が裏切られ，総合的なバランスが崩れたときに，所有権構造がいかに脆弱であったかを示している．

これにより，近代日本において労働組合，農民組合，不在地主，小作人などの新たなコミュニティが形成され，土地所有者に一方的に有利な近代法的所有権体制が，リスクを引き受ける緩衝材としての機能を失い，コミュニティ全体の利益を守るためのバランスが崩れ，リスクの不均衡が生じたことが明らかにされている．

　岩﨑葉子報告は，所有権法が政治的・社会的変化のため機能不全に陥った際に，新たに形成された所有権のプラクティスのダイナミクスを長期的に説明するものであり，イランにおける「サルゴフリー方式賃貸契約」に焦点を当てている．この契約方式は，店舗やオフィスなどの商業用物件を借りる際に非常に強力な用益権を提供し，首都テヘランの主要商業地における店舗の約80％で広く使用されている．サルゴフリー方式の起源は1930年代に遡り，権利保持者が長期的かつ安定的に利益を生み出すために，物件をできるだけ魅力的かつ利益を生むものにする継続性と動機付けを保証することを目的として設計されたものである．イスラーム法における所有権の概念は，日本の所有権の進化に見られる複層的所有（つまり併存的所有権）に近い特徴を持つ．この報告は，歴史的な「シークエンス」とその因果関係を通じて，特定の公式的および非公式的な法制度やそれに関連する現実的慣習がなぜ生じ，どのように変化したかを明らかにする．また，イランにおける所有権の起源やその系譜，さらに意図せざる結果に関する説明を通じて，所有権法の理解に対して重要な示唆を提供している．

　最後に，中空萌報告は，人類学的フィールドワークを基に，インドのガンジス川における法人格訴訟と所有権の関係について論じている．特に，汚染が深刻化した時期において，特別な対策が求められた結果，ガンジス川に法的権利が付与されるに至った過程を検討している．このような自然に法的権利を付与する動きは，現在のインドで見られる現象であるが，実はクリストファー・ストーン（Christopher D. Stone）が1970年代初頭からすでに議論していたものである．ストーンは，「自然の権利」（Legal Rights for Natural Objects）を提唱し，古代ローマ法において子供が父親の絶対的な権威の下で物のように扱われていたが，時と共に権利を獲得していったと指摘している．同様に，女性や少数派が権利を得るようになり，法人や国家も法的保護を受けるようになったことを踏まえ，今後は自然にも法的権利を付与することを検討すべきであると，早くも主張している（Stone 1972）．法の歴史を通じて，新たな主体に権利が次々と拡張されていくことは，かつては一見考えにくいものであった．しかし，インドのガンジス川や日本のアマミノクロウサギに関する裁判は，より多元的，かつ包摂的に所有権が理解されるべきであるとの示唆を与えている．ここで重要なのは，法

の役割の変化である．法に対する認識は，歴史的な側面や植民地支配の影響に加え，グローバルな適正性の論理（"the logic of appropriateness," March & Olsen 1989）や，自然（ひいては財産）に関わる多様な人々の生活世界によっても影響を受ける．法は，これらの多様な世界を法制度に「翻訳」するためのプラットフォームと可視性を提供する役割を果たしている．人類学的アプローチによって，ライフコミュニティが変容する世界の文脈において，新たな法的財産や法的権利がどのように翻訳されていくかを考察することは，現代の法社会学において，所有権の古典的アプローチから大きく離れた，新たな動的所有権モデルの議論を深める契機となるであろう．

Ⅲ　さ　い　ご　に

　それぞれの報告は，時間軸を重視し，特定の政治的・経済的な社会の変遷に基づく所有権の制度と運用を，ダイナミックなシークエンス（sequences）として結びつけて論じている．また，特定の場所や時期において，フォーマルな制度およびインフォーマルなプラクティスが所有権にどのように影響を与え，その発展をどのように導いてきたかを示す複雑な歴史的経路についても詳細な分析が提供されており，これにより法社会学に対して貴重な貢献を果たしている．

　物事や所有，占有，責任に対する人々の考え方が急速に変化する中で，法社会学においても伝統的な所有権の再考が求められている．この問題に取り組むための視点として，ブルーノ・ラトゥール（Bruno Latour）が提唱する「翻訳の社会学」（"sociology of translations"）が重要な役割を果たすと考えられる（Latour 2005）．ラトゥールにとって「翻訳」（translation）とは，「因果関係を運ぶのではなく，二つの媒介者を共存させる関係」（"a relation that does not transport causality but induces two mediators into coexisting," Flower & Hamington 2022: 3）を指す．この概念は，人間と人間以外の存在，そして制度や環境の社会的コンテクストを同じレベルで捉えることを求めるものであり，媒介者（mediator）は主体である人間を超えた概念として，所有権の状況を変革し続ける役割を果たす．

　日本の歴史における併存的所有権においては，利益とリスクを分け合う主体としての人間に加え，気候変動や環境問題が国家の枠を超えて影響を及ぼす現代において，所有権法モデルをより謙虚で包括的かつ応答的なものとして再考する必要があることが示唆されている．中空報告に見られるように，所有権を単に「権利の束」として捉えるだけでなく，「ケア」（care）や「責任」（responsibility）を含む所有権の再考が重要である．このような視点は，利益とリスクを配分する権利主体という従来の枠組み

を超え，物，土地，自然などの他の存在との応答的な関係の中で生きる，より謙虚な人間観に基づく包括的な所有権モデルの探求を促すものである．

〔文　献〕

Flower, Michael, & Maurice Hamington（2022）"Care Ethics, Bruno Latour, and the Anthropocene," 7, 31 *Philosophies* 1-17.

川島武宜［1949］（1987）『所有権法の理論（新版）』岩波書店.

Latour, Bruno（2005）*Reassembling the Social: An Introduction to Action-Network-Theory*, Oxford University Press（ラトゥール，ブリュノ（2019）『社会的なものを組み直す──アクターネットワーク理論入門』（伊藤嘉高訳）法政大学出版局）.

March, James G., & Johan P. Olsen（1989）*Rediscovering Institutions: The Organizational Basis of Politics*, The Free Press.

North, Douglass C.（1990）*Institutions, Institutional Change and Economic Performance*, Cambridge University Press（ノース，ダグラス・C（1994）『制度・制度変化・経済成果』（竹下公視訳）晃洋書房）.

尾﨑一郎（2014）「全体シンポジウム　新しい『所有権法の理論』企画趣旨」法社会学 80 号 1-9 頁.

Stone, Christopher D.（1972）"Should Trees Have Standing--Toward Legal Rights for Natural Objects," 45 *South California Law Review* 450-501（ストーン，クリストファー（1990）「樹木の当事者適格──自然物の法的権利について」（岡崎修・山田敏雄訳）現代思想 18 巻 11 号 58-98 頁）.

Upham, Frank K.（2018）*The Great Property Fallacy: Theory, Reality, and Growth in Developing Countries*, Cambridge University Press（アッパム，フランク・K.（2023）『財産権の大いなる誤解──開発における理論，現実，展開』（金子由芳・入江克典訳）神戸大学出版会）.

（東京大学教授）

［編集委員会注・本稿は学会機関誌編集委員会からの執筆依頼による原稿である.］

企画関連ミニシンポジウムⅠ　所有権研究の最前線

所有権法の動態を可視化する

飯　田　　高

キーワード：所有権，ネットワーク分析，排除性，譲渡可能性，法の構造

〈要　旨〉

　日本の法制度の中で，所有権法の枠組みはどのように広がっているのだろうか．本稿は所有権の重要な性質である「排除性」と「譲渡可能性」が法体系の中で拡大する様子を可視化することを目指す．具体的には，法律の条文の間の関係をネットワークとして表現し，法のつながり方の構造とその変容を分析している．「排除性」と「譲渡可能性」のネットワークからは，それぞれ以下のことが示唆される．第一に，事前的なコントロールの重要性や組織内部のコントロールの必要性が認識されることによって「排除性」を用いた法的枠組みが拡大している．第二に，技術の進展に伴って管理や収益の対象となるものが増加し，「譲渡可能性」の枠組みも多く援用されるようになっている．所有権のモデルが含むこの 2 つの構成要素は，多様な領域にアナロジカルに適用されていると考えられる．

Ⅰ　はじめに：本報告での「所有権」

　本報告の目的は，日本の法制度の中で所有権法の枠組みがどのように広がっているかをデータによって示すことにある．特に，法令間の関係をネットワークとして描いて「可視化」する点に主眼が置かれている．

　言うまでもなく，所有権法は近代以降の法制度で重要な位置を占めている．現代においても，経済の発展や社会生活の変化を背景として，所有権法の重要性はさらに高まっていると言われる．もともと有体物を対象としていた所有権法が無体物にも拡張される，あるいは，妨害排除請求権や妨害予防請求権と類似の権利が認められるようになる，といった現象がその例として挙げられる（吉田・片山編 2014；吉田 2023）．

　本報告の関心は，この現象を視覚的に表現するとどうなるか，ということである．方法はシンプルであり，簡単に言えば「法令データをもとにネットワーク分析をしてみる」というものである．より具体的には，法令または条文の間の関係をネットワー

クとして表現し，それぞれのつながり方や構造，およびその変化を分析することになる（飯田 2023）．ただし，所有権法の規定を明文で直接に参照している条文は非常に少ない．引用が明文に出てこないため，たとえば条文間の引用関係をデータ化しても，所有権法のほんの一部しか掬い上げられない．

そこで，本報告では所有権を機能の面から捉えることにしたい．所有権にはいろいろな機能があるが，ここでは次の2つの機能に着目する．

ひとつは「排除性」，つまり「財を独占的に使用できるようにする」という機能であり，対象となる財の使用価値に関連する．財が所有権によって保護されている場合，その所有者は，他者からの介入を排除しながら，当該財を原則として自由に利用できる．これを言い換えると，「将来の事象をコントロールする権能」と表現することができる．所有権をもつ人の同意がない限り，将来の事象に対して他の人は介入できない．この機能は，法と経済学で言う property rule と同等の効果をもたらすものである（Calabresi & Melamed 1972）．

もうひとつは「譲渡可能性」，すなわち「上記の権能を他者に譲渡できるようにする」という機能である[1]．こちらは財の交換価値に関連する．譲渡は取引を通じて行われる場合が多いが，公的機関によって強制的に移転されることもありうる．

これらの「排除性」と「譲渡可能性」の概念を用いれば，前述した所有権法の枠組みの広がりはたとえば次のように捉えることができよう．保護の対象となりうる利益の多様化に伴って，そうした利益を確保できるような規律が要請される場面が増加している（個人情報や競争利益などが例）．それと同時に，多数の人々に分有される集合的利益または公共的利益を有効に保護するために，所有権法の枠組みが持ち出されることもある（消費者利益や環境利益など）．これらは「排除性」に関する事柄である．そして，商品経済の発展に伴って商品化が進行しているということもよく言われるが，こちらは「譲渡可能性」に関係する．

他方で，それとは反対向きの変化を示唆する指摘も見られる．そこでは，権利者の独占的な権利の行使を抑制するようになるという動き（空き家問題，マンションの建て替えなど），あるいは脱商品化の動きなどがしばしば言及される[2]．前者は「排除性」を抑える方向に働き，後者は「譲渡可能性」を抑える方向に働くと考えられる．

おそらく両方の動きが存在するが，問題は「どのように」変化しているのか，それぞれの動きがどの範囲で出ているのか，ということであろう．これらの変化を探究するためのひとつの手段として，法体系の中での変化を何とかして表現してみようとするのが以下の試みである（今回の報告では，広がる方向を中心に取り上げる）．

II 分析の方法

1 法令データ

本報告で使うデータは日本の法律である．政令や省令，規則は今回の分析対象からはさしあたり外している．

日本の法律に関するデータは，複数のデータベースを組み合わせて収集した．まず，内閣府が提供しているe-Govの法令検索である．このe-Govの法令検索は，現行の日本の法令（あるいは施行予定の法令）を相当程度カバーしており，テキストデータを一括でダウンロードできる点でも便利である．その一方で，過去の法令は出てこないという問題点がある．

そこで，株式会社ぎょうせいが提供しているSuper法令Webも併用した．このSuper法令Webでは，たとえば2014年4月1日時点の特許法の規定などを調べることができる．ただし，2000年ごろまでしか遡れない点と，廃止法令はe-Govの法令検索と同様に収録されていない点が難点である．

過去の法令をデジタルデータで調べられないという点はこの研究を進めるにあたって大きな問題だったが，2023年11月，名古屋大学の研究グループが過去の法令（1886年から2017年までの法律と勅令の全文）を検索できるデータベースを公開した[3]．廃止されて現在はない法律については，こちらのデータベースを利用している．

2 ネットワークデータ

ここからネットワークデータを作成するためには，法令間の参照関係や階層関係に関する情報が必要である．こうした情報はデータベース上に記録されているわけではないので，今回は手作業でネットワークデータを作成した．たとえば法令間の引用関係のネットワークは【図1】のようになる（個々の法令を点として，明文で他の法令を引用している場合に線を引く．【図1】は，2,000あまりの法律のうち，600くらいの法律のネットワークを示した図である）．この図からもわかるように，法体系は膨大で複雑なネットワークを形成している．

このようなデータをもとにして作ったネットワークで，①「排除性のある権利」の枠組みが使われている範囲がどのように変化してきているか，②「譲渡できる権利」の枠組みが使われている範囲がどのように変化してきているか，をそれぞれ調べていく（この後のⅢで①，Ⅳで②をそれぞれ扱う）．

①・②に共通する事項として，点と線で何を表しているかについて説明しておこう．【図1】で示したネットワークでは法律がノードになっていたが，以下の分析で

【図 1】現行日本法の引用関係のネットワーク（の一部）

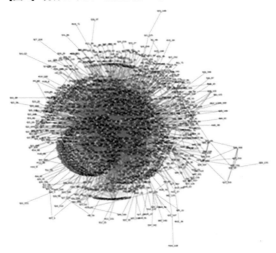

は個々の条文をノード（点）としている．なお，項や号は区別せず，たとえば同じ条文の 1 項と 2 項は同一のノードとしている．

リンク（線）は次の（ⅰ）〜（ⅲ）のいずかの条件を満たす場合に張っている．すなわち，（ⅰ）明示的に引用している場合，（ⅱ）条文の類似性がきわめて高い場合（例としては意匠法 37 条と商標法 36 条などが挙げられる），（ⅲ）同じ法令の中にあり，かつ階層関係がある場合（同じ章にある規定は双方向にリンクを張ることにした），である．

3　分析ソフトウェア

ネットワークの作成と分析にあたっては Python の NetworkX を利用している．ただし，描画については Cytospcape というフリーのソフトウェアプラットフォームも併用しており，以下の【図 3】および【図 5】はそちらで作成した図となっている．

Ⅲ　排他的権利の動態

1　ノードの抽出方法

上記①の「排除性のある権利」について分析しよう．初めに，ノード，つまり条文をどのように抽出するかが問題になるが，今回の報告では差止請求権に関する条文を

拾った．単純な検索では抽出ができない（たとえば，「差止」の語が使われていても「支払の一時差止」や「航行の差止」などは所有権と関係がない）ので，「その侵害の停止又は予防を請求することができる」，「やめることを請求することができる」，「侵害されるおそれ」などのフレーズがある条文を広めに拾い出し，所有権との関連を逐一検討している[4]．請求する主体は私人になっているものに限定した．

対象時期については，データの入手のしやすさや変化の程度を考慮して，今回は 2004 年から 2024 年までとした．

なお，重要ではあるがネットワーク上には出てこない条文も少数ながら存在する．その代表例は独占禁止法 24 条（違反行為に対する差止請求権に関する条文）である。この条文は他の法令で特に引用・言及されておらず，そのような場合はネットワークには現れない．以下の分析や結論には大きな影響をもたらさないが，ネットワークで描画されるものがすべてではないという点にはご注意いただきたい．

2 ネットワークの描画

2024 年時点でのネットワークを描くと，【図 2】のようになった[5]．主要な条文がいくつかあり，それぞれの条文がハブとなって多様な法律の条文につながっている．

この【図 2】からは，大まかにいくつかのエリアに分けられることがわかる．図の右上のエリアに知的財産関係の法律（特許法，著作権法，商標法など）の条文があり，左上および右下のエリアに消費者保護に関連する法律（消費者保護法，消費者裁判手続

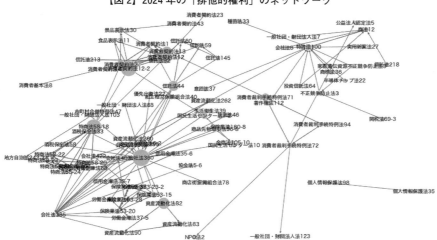

【図 2】2024 年の「排他的権利」のネットワーク

特例法など）の条文がある．さらに，左下のエリアには会社や法人に関係する法律（会社法，一般社団・財団法人法）や取引関係の法律（資産流動化法，特商法）が集まっている．

【図3】では時代を遡り，2004年，2009年，2014年，2019年時点のネットワークをそれぞれ挙げている（クラスターの様子などを見やすくするため，ノードの配置を調整したネットワークを示している）．

2004年時点のネットワークでは大別して2種類の領域があり，ひとつが知的財産関係（左上のエリア），もうひとつが組織における差止請求権（右下のエリア）である．差止請求に関しては，特許法100条，商法272条，そして商法275条の2が他の法律に頻繁に参照されていることがわかる．

その後，2006年から2007年にかけて3つの大きな変化があり，それが2009年時点のネットワークに現れている．第一に，会社法の施行である（2006年5月）．これ以降，企業や組織に関係する法律が増加し，ネットワークの密度が格段に高くなっている．特に，株主による差止請求，あるいは監査役による差止請求の制度が他の組織にも急速に導入されるようになった点が注目されよう．第二に，新しい信託法が施行され（2007年9月），そこで物権的な性質が強化されている．旧信託法は差止請求についての規定をもたなかったのに対し（ただし学説上は差止請求ができるものと解されていた．新井（2014）参照），新信託法では44条として明示的な規定が置かれた．第三に，消費者契約法が改正されて消費者団体訴訟制度が導入された，という点が挙げられる（2007年6月）．つまり，適格消費者団体に差止請求権が付与されて，「不当な勧誘」，「不当な契約条項」，「不当な表示」など，不当な行為をやめるよう事業者に対して適格消費者団体が請求できる制度が設けられた．

消費者団体訴訟制度はその後拡充され，適格消費者団体が訴訟を通じて集団的な被害の回復を求めることができる制度が加わった．これが次の2014年のネットワークの右側のほうに現れている．その他，特定商取引法が改正されて差止請求権の対象となる範囲が拡大した（通信販売や電話勧誘販売なども対象とされた）という点も，目立った変化のひとつとして指摘することができる．

2014年から2024年までの10年間はさほど大きな変化はないが，個人情報保護法（利用停止の請求），家畜遺伝資源不正競争防止法（和牛の遺伝資源を保護するための法律．品種改良によって価値が高まったことや海外流出の懸念があったことが背景）が制定されていて，それぞれの法分野の中で見ると重要な変化があったと言える．

所有権法の動態を可視化する　65

【図3】「排他的権利」のネットワークの変化（2004年以降）

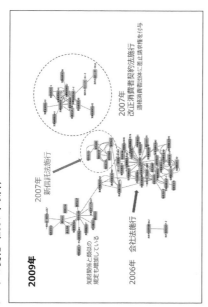
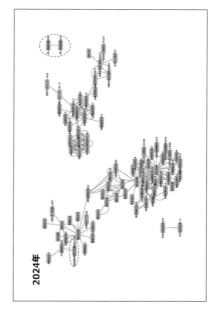
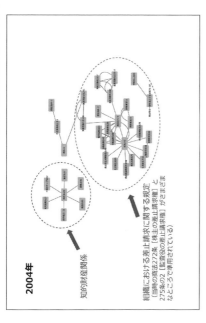
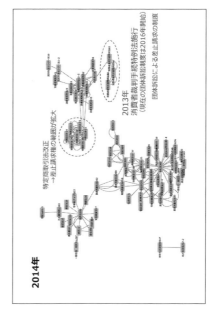

法社会学第91号（2025年）

3 小 括①

以上，排他的権利のネットワークの動態について簡単に見てきた．市場や社会においては，ある個人や法人の行為がもたらす影響の範囲が拡大するとともに，結果の予測が難しくなってきた．そのことを背景として事前的なコントロールの重要性が次第に認識されるようになっており，事前的なコントロールの手段として差止請求という手段が使われる．言い換えれば，所有権類似のルールが採用されている．特に，公共的利益を守るための差止請求が多く用いられるようになったという点は重要である．たとえば，消費者保護のための一連の法律，取締役の恣意的な判断や行動を抑制するための法律などがその例である．

それと同時に，組織の内部でのコントロールの必要性が認識されるようになり，類似の管理ルールがさまざまな組織に応用されていることも指摘できる．組織論の分野で「制度的同型化」(DiMaggio & Powell 1983)，つまり制度の構造が似たようなものになっていくという議論があるが，差止請求権の導入も制度的同型化の一例として位置づけることができるかもしれない．

IV 譲渡可能な権利の動態

1 ノードの抽出方法

次に，「譲渡可能な権利」がどのように広がっているかを同じように分析してみたい．

条文（つまりノード）の抽出方法は以下の通りである．まず，譲渡に関わる文言（「譲渡することができる」，「譲り渡すことができる」，「移転することができる」，「譲渡スコトヲ得」といったフレーズが例）を含む条文を抽出し，ひとつずつチェックした[6]．基本的に，譲渡される側が私人になっているものに限定している[7]．

こちらは1994年まで遡ってデータを収集し，ネットワークを作成したうえで分析を行っている．

2 ネットワークの描画

2024年時点でのネットワークを描くと，【図4】のようになった[8]．ここでは金融商品取引法や特許法に主要な条文が含まれていることや，いくつかのクラスターが存在することがわかる．

【図4】2024年の「譲渡可能な権利」のネットワーク

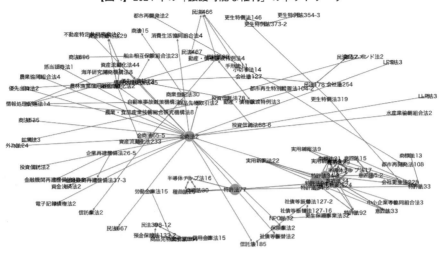

そして，Ⅲと同じようにネットワーク経年変化を示したのが【図5】である．

1994年時点のネットワークはまだ疎らで，クラスターが点在している様子が見られる．右上の領域に知的財産関係の法律，左上の領域に証券取引法2条の規定がある．このうち，証券取引法を含むネットワークは後に急激に拡大していく．

1994年と2004年のそれぞれのネットワークを見比べると，知的財産法は「島」を保っている一方で，その他の領域に大きな変動が生じていることがわかる．これは，資産の流動化・証券化のための法整備が2000年前後にさかんに行われたことを反映している．資産の流動化とは，会社や金融機関が持っている不動産や金銭債権などを有価証券化して投資家に販売し，それによって資金調達をするしくみを指す．法律的な観点から言えば，集合債権や将来債権が譲渡可能になるための基盤が整備された点がこの時期の特徴である．この動きはネットワーク上のさまざまな箇所に現れている．なかでも重要なのは資産流動化法と動産・債権譲渡特例法であり，特に前者はこの後で他のいろいろな法律に関係していくことになる．

2014年時点のネットワークでは証券取引法の名称が金融商品取引法に変わり，同時に，有価証券で扱われるものが大幅に増加していることがわかる．新しい信託法のもとで，受益権や委託者の地位も譲渡可能であることが明文化されたという点も，重要な変化のひとつだと言える．

【図 5】「譲渡可能な権利」のネットワークの変化（1994 年以降）

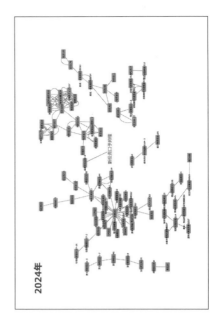

2004年

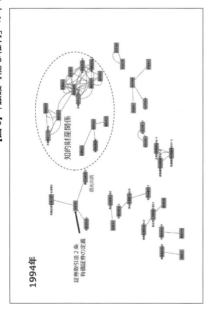

1994年

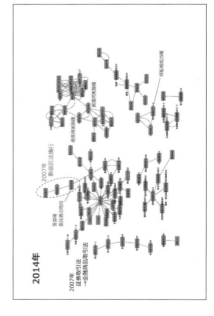

2014年

3　小　括②

　法律を通じて，取引可能な権利の範囲は着実に増加している．ただ，「法律を通じて」とは言っても，多くの場合は先に事実的な状態や慣行があり，法律が後追いでできるという経過をたどることが普通である．

　2000年代の特徴は，「小さな権利を集合的に捉えると予測がしやすくなり，したがって管理も容易になる」という性質を使った権利が増えている点にある．たとえば，クレジットカード会社は個々の利用者に対して持っている小さな債権を集合的に把握する．支払い不能が発生する確率はだいたい統計的に明らかになっているので，個々の人が支払えなくなる確率まではわからなくても，集合的には予測が可能である．このように予測可能性が高まれば，権利自体の価値も高まることになる．

　この間の法整備は，そのような権利がもつ交換価値を帰属させるためのしくみを作った，と要約することができる．対抗要件をどのように具備するか，権利をどう記録しておくかなど，技術的な側面が強いのも特徴のひとつである．結局，法律の大きな役割は権利に関する技術的な問題をクリアするという点にあると言えよう．そうした問題に取り組むために，法の領域の間で一種の技術移転が行われているのである．

V　考察と課題

1　中間的な考察

(1)　法と社会の動態についての示唆

　「社会の変化が法律の変化をもたらす」という通常想定される関係はたしかに見られる．しかし，社会の変化とあまり関係なく法（法律）が変化していく場合もありそうである．その背後には，法律間の整合性を保とうとする動きもあるが，それだけではなく，他の領域のルールが模倣されるというプロセスも寄与しているように思われる．

　所有権のモデルを構成する排除性と譲渡可能性は，理論的にはともかくとして，少なくとも制限物権や債権と比較すれば直感的に理解が容易である．そのため，排除性と譲渡可能性を構成要素とする所有権のモデルは模倣に使われやすいのかもしれない．実際には排除性や譲渡可能性の枠組み以外のしくみ，たとえば損害賠償などを利用するほうが望ましい場合でも，アナロジカルにこのモデルが使われることがある．

　特定のモデルに依拠することは，他のモデルが応用される可能性を狭めることに帰結しがちである．もし法を社会の需要によりよく適合させたいのであれば，拠って立つ所有権のモデルの厳密な検討，および，選択肢となりうる他の多様なモデルの追求

が必要となるだろう.

(2) 川島理論との関係

実は,本報告には,川島武宜の『所有権法の理論』(川島 1987, 特に第5章) の検証という宿題が課せられていた.今回の分析は現象面のみを捉えたので,現象の背後に一貫して横たわる所有権を把握しようとした川島理論とは方向性は相当に異なっている (また,対象としている時期も違う).だが,もしかすると次のようなことは言えるかもしれない.

きわめて抽象的に見れば,川島の描いた「資本としての所有権」のストーリーは基本的には妥当する.ただし,川島理論は支配・強制の要素が強まるという点を強調しているが,支配される側が「排除性」の枠組みを使ってコントロールないし抵抗する可能性はもう少し考慮されてもよいだろう.特に,団体訴訟 (弱いとされる側がまとまって権利行使) や組織の内部の役割分化 (株主や監査役が権利行使) を通じたコントロールは広く行われている.このように,別の主体の権利が結果として独占金融資本の支配を抑制するという側面が存在する.とはいえ,所有権の私的性質が自己を貫徹して現実化するという意味では,今回の報告は『所有権法の理論』と似たようなことを述べているにすぎない (と言うよりも,本報告は,『所有権法の理論』で展開されていた壮大な話のずっと手前で些細な分析をしているだけであった).

2　今後の課題

本報告は法の動態を何とかして可視化することを試みた.もとより不完全な試みであり改善すべき点は多いが,最後に課題を3点だけ示しておく.

第一に,条文の適用範囲が変わった場合は,この方法での分析は難しくなる.たとえば著作権の具体的な範囲のように,法令は維持したまま解釈を変えて当面の問題に対処するということはよく行われるが,その場合はネットワークと法の変化は連動しない.

第二に,判例の変更も直接には反映されていないので,「法」の動態の一部しか描写できていない.まず判例が変更され,その後で法改正がなされる場合も多いが,その間にはさらにタイムラグが存在することもよくある.たとえば,将来債権の譲渡は判決で早くから認められていたが (最二小判昭 53・12・15, 最三小判平 11・1・29),明文化されるまでの期間は長く,条文が新設されたのは 2017 年の債権法改正時 (2020年施行) である.

第三に,リンクを張る基準がいまだ不完全で,再考しなければならない点が残されている.今回は仮の条件を設定したが,条件に該当するかどうか,判断に迷った箇所

も少なくない．データの誤りも含めて，皆様のご指摘やご叱正をお願いする次第である．

1) 排除性と譲渡可能性との間にどのような相互関係（論理的関係や事実的関係）がありうるかについては，本報告では立ち入らない．

2) 脱商品化（decommodification）に関しては，Esping-Andersen（1990），そしてエスピン＝アンデルセンに大きな影響を与えた Polanyi（1944）を参照．法的な所有権との脱商品化の関連についての考察を含む文献として，Gerber & Gerber（2017）がある．

3) https://jahis.law.nagoya-u.ac.jp/lawdb/（2024 年 8 月 31 日アクセス）を参照．

4) 「排他的な権利」の具体例としては，特許法 100 条（「特許権者又は専用実施権者は，自己の特許権又は専用実施権を侵害する者又は侵害するおそれがある者に対し，その侵害の停止又は予防を請求することができる」）や信託法 44 条（「受託者が法令若しくは信託行為の定めに違反する行為をし，又はこれらの行為をするおそれがある場合において，当該行為によって信託財産に著しい損害が生ずるおそれがあるときは，受益者は，当該受託者に対し，当該行為をやめることを請求することができる」）などが挙げられる．

5) 誌面上では図が判読しづらいので，【図 2】から【図 5】は著者の researchmap のページ（https://researchmap.jp/read0103258）に掲載している（今後，このウェブサイトが利用できなくなった場合は，著者にご一報いただければメール等で図を提供する）．

6) 「譲渡可能な権利」の具体例としては，民法 466 条（「債権は，譲り渡すことができる．ただし，その性質がこれを許さないときは，この限りでない」），特許法 33 条（「特許を受ける権利は，移転することができる」），会社法 127 条（「株主は，その有する株式を譲渡することができる」）などが挙げられる．

7) 公的機関などの間で財産の帰属を変更するための規定（たとえば「その事業に係る経費を負担する地方公共団体に対し，普通財産を譲渡することができる」など）が多いが，それらは除外した．さらに，事業の譲渡や管轄の移転についての条文も除外している．

8) 学術大会での報告の後，著作権法 61 条（「著作権は，その全部又は一部を譲渡することができる」）がネットワークに含まれていないとのご指摘を受けた．言うまでもなくこの条文は重要であり，データから漏れているとなると分析結果が変わる可能性があった．そこでデータセットを調べ直してみたところ，著作権法 61 条はデータには含まれていたものの，リンクの条件（Ⅱ 2）に合致する他の条文がなかったためにネットワークに現れていないということがわかった（つまり，Ⅲ 1 で言及している独占禁止法 24 条と同様のことが起きていた）．実質的には重要であるのにもかかわらずネットワークに反映されないのは問題である．さらに考えてみると，著作権法は 1899（明治 32）年制定の旧著作権法の内容を引き継いでいるので，同時期に制定された旧特許法と旧著作権法の関連は強いと言えそうであり，本来であればこの点もデータ化の際に考慮する必要があったかもしれない．条文間の影響関係の表し方については再検討の余地があろう．

〔文　献〕

新井誠（2014）『信託法〔第 4 版〕』有斐閣．

Calabresi, Guido, & A. Douglas Melamed（1972）"Property Rules, Liability Rules, and Inalienability: One View of the Cathedral," 85 *Harvard Law Review* 1089-1128.

DiMaggio, Paul J., & Walter W. Powell (1983) "The Iron Cage Revisited: Institutional Isomorphism and Collective Rationality in Organizational Fields," 48 *American Sociological Review* 147-160.

Esping-Andersen, Gøsta (1990) *Three Worlds of Welfare Capitalism*, Polity Press［エスピン＝アンデルセン，イエスタ（2001）『福祉資本主義の三つの世界：比較福祉国家の理論と動態』（岡本憲芙・宮本太郎監訳）ミネルヴァ書房］.

Gerber, Jean-David, & Julien-François Gerber (2017) "Decommodification as a Foundation for Ecological Economics," 131 *Ecological Economics* 551-556.

飯田高（2023）「法の構造の定量的分析：民事法を素材として」日本法社会学会編『法社会学の最前線』3-25 頁，有斐閣.

川島武宜［1949］(1987)『所有権法の理論』岩波書店.

Polanyi, Karl (1944) *The Great Transformation: The Political and Economic Origins of Our Time*, Farrar & Rinehart［ポラニー，カール（2009）『新訳 大転換：市場社会の形成と崩壊』（野口建彦・栖原学訳）東洋経済新報社］.

吉田克己（2023）『物権法 Ⅰ〜Ⅲ』信山社.

吉田克己＝片山直也編（2014）『財の多様化と民法学』商事法務.

〔判 例〕

最高裁判所第二小法廷昭和 53（1978）年 12 月 15 日判決・最高裁判所裁判集民事 125 号 839 頁.

最高裁判所第三小法廷平成 11（1999）年 1 月 29 日判決・最高裁判所民事判例集 53 巻 1 号 151 頁.

（いいだ・たかし　東京大学教授）

［編集委員会注・本稿は学会機関誌編集委員会からの執筆依頼による原稿である.］

Visualizing the Dynamics of Exclusivity and Transferability in Property Law

Iida, Takashi

How is the framework of property law expanding in the Japanese legal system? This article aims to visualize the expansion of exclusivity and transferability, which are important properties of property rights. Specifically, it expresses the relationships among legal provisions as networks, and analyzes the structure of how laws are connected and how they change. The networks of exclusivity and transferability suggest the following, respectively. First, the legal framework using exclusivity is expanding due to the recognition of the importance of ex ante control and the necessity of internal organizational control. Second, the number of objects subject to control and profit has increased with the advancement of technology, and the transferability framework has also come to be widely used. These two components of the model of property rights seem to be analogically applied to diverse domains of law.

仮想空間と所有権の構造

角 本 和 理

キーワード：仮想空間，バーチャルオブジェクト，デジタル資産，支配可能な電子的記録，所有権， 人役権

〈要　旨〉

　本報告では，インターネット上に構築された仮想空間で様々に利用されるバーチャルオブジェクトの所有的権益のあり方について，仮想空間及びオブジェクトの構造と，所有権のモデルに光を当てて考察する．まず，従来の仮想空間とオブジェクトの構造を前提としてユーザーの権益の保護のあり方を分析すると，ユーザーと事業者の契約関係に基づく債権的利用権構成が適合的であるといえる．しかし，ブロックチェーン等によって仮想空間とオブジェクトの構造が変容しつつあることを意識するならば，物権的保護への転換が求められてもいる．この点，多様な構造・性質を持つ仮想空間やオブジェクトが併存し，ユーザー，事業者，クリエイター等の複層的・多元的な関係を整理することが求められる本問題への適合性としては，排他的所有権モデルには限界がある．そこで，併存的所有権モデルにも親しむ，非独占的な物権的権利である人役権構成がより適合的な選択肢として立ち現れる．

I　はじめに

　インターネット上に構築された仮想空間において，ユーザーが他ユーザーと交流しながら様々な体験を楽しむサービスが人気を博すようになって，早2, 30年ほどになる．そこでは，ユーザーの分身となるアバター（キャラクター）や，その衣服や道具といった動産，あるいはアバターが暮らす不動産，さらにはそれらを購入するための金銭等，様々なオブジェクトが用意されており，サービス内で一定の利用価値や交換価値を有している．

　本報告では，この種のバーチャルなオブジェクトの所有的権益（利用継続権能・有償譲渡権能等）の保護のあり方について，仮想空間及びオブジェクトの構造と，所有権のモデルに光を当てて考察する．順序としては，まず，これまでの構造を前提とした所有的権益の保護のあり方を，実際の争訟例を交えつつ分析する（II）．次に，情

報通信技術の発展をふまえたこれからの構造（のさらなる変容可能性）を意識して，所有的権益保護の今後のあり方を検討する（Ⅲ）．そのうえで，これまでの仮想空間にもこれからの仮想空間にも適応可能な法的構成の選択肢のひとつとして，人役権構成について若干の考察を行う（Ⅳ）．最後にむすびにかえて，今後の研究課題を簡潔に展望する（Ⅴ）．

Ⅱ　これまでの仮想空間の問題について

1　これまでの仮想空間とオブジェクトの構造

(1)　クローズドな仮想空間

クローズドな仮想空間とは，ある仮想空間について単一の企業が閉鎖的かつ独占的に運営している状況のことである．この環境下では，ユーザーはある空間内のオブジェクトを別の空間に移動させることはできない．現在のサービスは，ほとんどがこの構造にあたる．

(2)　これまでの基本的なオブジェクトのあり方

仮想空間のサービスでは，不動産，動産，金銭等，仮想空間の趣旨に即した多様なモノが用意されている．かかるオブジェクトのデータは，基本的には運営者のサーバー上に，ユーザーのアカウント単位で管理（各種セキュリティで保護）されている．

2　これまでの仮想空間をめぐる争訟例

(1)　米国の争訟例[1]

(a)　Bragg v. Linden Research Inc., 487 F. Supp. 2d 593（E.D. Pa. 2007）

あるサービス内の仮想不動産の帰属をめぐって，元ユーザー X が運営会社 Y およびその代表者 Z を訴えた事案である．本件で，Y は，X が不動産を不正な方法で競落したとして，X の ID を利用停止にし，不動産等を「没収」した．そのため X は，Y による ID の利用停止は不動産の所有を侵害する行為であるとして，その賠償を求めた．これに対し Y は，本サービスのユーザーは仮想不動産を「所有」するわけではなく，不動産のデータを保有するサーバーにアクセスできるライセンスを与えられているにすぎないと主張した．

本件についてはその後，Y が X のアカウントの利用停止を解除し仮想不動産を復旧させる内容の和解合意が成立したものの，権利構成については詳らかでないまま決着することとなった．

(2)　中国の争訟例[2]

(a)　北京市朝陽区人民法院（2003）朝民初字 17848 号

あるオンラインゲームのユーザーである X は，自身の利用する ID "A" の所持するゲーム内アイテムが紛失したことを発見し，また，別の ID "B" が当該サービスを運営する Y による利用停止処分を受けたことに気付いた．そのため，X は，Y に対して，ID "A" 内において紛失したアイテムについての損害賠償と，ID "B" の利用停止の解除等を求めた．これに対し Y は，まず，ID "A" については，ID の管理責任はユーザーにあり，アイテムの紛失等の責任を事業者は負わないと主張した．また，ID "B" については，当該 ID 内のあるアイテムの数量が正常な数値を超えており，違法なコピー品であると考えられるため，利用規約に基づいて利用停止にしたのであり，不当な行為ではないと主張した．

この点につき，人民法院は以下のように判示した．まず，ID "A" のアイテムの紛失については，Y にそれを防ぐ契約上の責任があるとしたうえで，当該アイテムの原状回復を認めるのが相当であるとした．次に，ID "B" については，確かに違法なコピー品を所持しており，これを消去するのは事業者として不当ではないとした．本件は，ユーザーの権限を債権（使用権）として処理したものである．

（3）日本の争訟例

（a）ゲーム内キャラクター「離婚殺人」事件（2008 年）

ゲーム内でキャラクター（アバター）同士を「結婚」させるシステムがあるサービスにおいて，ゲーム内で「結婚」していた相手に「離婚」されたことに腹を立てたユーザー Y が，ユーザー X の ID に無断でログインし，X のキャラを消去したという事案である（JCAST ニュース 2008）．その後，Y は不正アクセス禁止法違反の被疑事実により逮捕された（民事訴訟にはなっていない模様）．ただ，そもそも X は Y に任意にログイン情報を教え，自分のキャラのステージクリアを頼む等していたそうで，法的問題にすべきか疑問という声もなくはない．

（b）ドラゴンパルチザン事件（2010 年）

あるオンラインゲームのユーザー X が，自身の ID とパスワードを無断公開され，他人にオブジェクトを捨てられたとして，これを公開したユーザー Y に損害賠償を請求した事案である（日本経済新聞 2010）．損害の内訳としては，計 26 万円相当のオブジェクト 8 点や，ゲームを続けていた場合に得られたとする 2 年間の収入計 240 万円等を含め，約 350 万円と計上し，なかでも武器の一種「ドラゴンパルチザン」については 1 点 6 万 5 千円の価値があったとしていた（本件訴訟のその後の経過は不明である）．

（c）東京地判平成 24（2012）年 3 月 21 日 LEX/DB 文献番号 25492920

事業者 Y が提供するオンラインゲームにかかわるサービスを受けるためのアカウントを知人から譲り受けて使用していたユーザー X が，同アカウントについて Y により永久に利用停止処分とされたことについて，Y に対し，本件ゲームにかかわる利用契約に基づき同アカウントを利用できる契約上の地位の確認及び損害賠償を請求した事案である（消極）．

(d)　東京地判平成 26（2014）年 9 月 3 日 LEX/DB 文献番号 25521614

事業者 Y との間で Y が運営するインターネットポータルサイトの利用契約を締結し，ID の利用許可を受け，オンラインゲームを利用していたユーザー X らが，バグの不正利用を根拠に X らに対して Y による ID の利用停止措置がなされたことにつき，X ら（の一部）は利用契約で禁止される行為をしていない等として，Y に対して停止措置の解除を求めるとともに，利用を継続すれば得られたはずの利益を本件利用停止により得られなかったとして，損害賠償を求めた事案である（消極）．

(4)　小括

訴訟では，ユーザー・アカウントの利用停止（利用権の侵害）がよく問題となる．その争点は，結局のところ，利用規約に定められている規律（何が不正行為に当たるか）の妥当性である．背景事情として，ユーザーによるオブジェクトの現実の通貨での取引（RMT）がかかわっていることも少なくない．ただ，日本ではそもそも，民事訴訟に至る例は多くはない（日本における法的争訟の大半は，不正アクセス禁止法違反がらみである）．

3　ユーザーの権能の近代法（排他的支配権／物権債権峻別）モデルのもとでの検討

(1)　近代的所有権構成の意義と限界

まず，仮想空間内で「獲得」したオブジェクトについて，ユーザーに所有権の帰属を認める構成が考えられる．この立場は特に，オブジェクトによる収益や有償譲渡の権能をユーザーに認めるところに意義がある．ただし，理論的根拠としてときに援用されるロックの労働所有理論（日本の基礎理論として，森村 1995）については，本問題への妥当性には疑義がある．なぜなら，仮想空間はそもそも運営者側が作成し管理するものであり，自然環境とは異なるからである．また，近代的所有権の意義はモノの排他的支配を所有者に一意に認める点にあるものの（川島 1987: 34），本領域ではその権能の全てを認める実益はなく，適合性に欠けるうらみがある．

(2)　債権的利用権構成の意義と限界

次に，ユーザーと運営者の間の契約関係を根拠に，データの管理責任を運営者に求

める構成も考えられる（角本 2015b: 289 以下；小塚 2021: 56 以下；関 2022: 182 以下；中崎 2023: 133 以下）．本構成は，仮想空間を単一の運営者が掌握し管理するサービスにはかえって適合的である．ただし，オブジェクトの有償譲渡権能については積極的には認めないきらいがあることは否めない．また，債権的利用権という構成が，仮想空間やオブジェクトの構造が変化した場合にどこまで対応可能かは不明確であり，今後の課題となろう．

Ⅲ　これからの仮想空間の問題について

1　これからの仮想空間とオブジェクトの構造

（1）　オープンな仮想空間（？）

オープンな仮想空間とは，複数の仮想空間を相互乗り入れ可能な状態にするものをいう．この環境下では，ユーザーは，A の運営する空間から B の運営する空間へと（全ての）データごと移動できることが見込まれる．その場合，窃取されたオブジェクトのデータが元の「所有」ユーザーと何らの関係もない運営者のサービス内に到達することも考えられ，当事者の権利義務関係が複雑化する可能性が出てくる．

（2）　ブロックチェーンを応用するタイプのオブジェクトについて

（a）　ブロックチェーンによる帰属の証明

ブロックチェーンとは，暗号資産の基盤技術のひとつであり，電子的に表現される情報につき，これを複製して二重使用することを困難にし，元のアカウントから次のアカウントへと一意に移転することを実現するデジタル台帳技術のことである．応用例としては，仮想通貨，セキュリティ・トークン，非代替性トークン（NFT）等があげられる．このうち NFT とは，例えば，複製が容易かつ安価な，画像・映像・音楽等のデジタルデータの帰属をブロックチェーンで証明し，その希少性等を担保するものをいう[3]．特に仮想空間の場面では，オブジェクトが不正行為によって得られたものではないことを主に担保する．

（b）　Play to Earn（プレイ・トゥ・アーン）の「公認」？

ブロックチェーン技術を応用するオンラインゲームサービス（ブロックチェーンゲームないし NFT ゲームとも呼ばれる）の特徴は，プレイ報酬として獲得した仮想通貨や（ゲーム内アイテムの帰属関係を示す）NFT を有償譲渡することができる点に求められる[4]．このようなサービスが登場した背景としては，ブロックチェーン技術を応用すれば，その取引の手数料等というかたちで，サービスの運営者やオブジェクトのクリエイターに利益を還元することが可能となることもあげられる．

（3）　これからのオブジェクトのあり方：オンチェーンとオフチェーンの区別

　この点，対象物の帰属関係を証明する NFT と，その目的となるモノ自体は，現状ではブロックチェーンの技術的制約ゆえ，別々に存在したり管理されたりすることのほうが多いようである．次に見るように，仮想空間の問題領域においても，NFT はオンチェーンである（ブロックチェーン上にある）ものの，オブジェクトのデータはオフチェーンである（運営者のサーバーに保存されている）場合，両者の法的取扱いは異なりうることとなる．

2　仮想空間における所有権ともかかわる近時の立法動向

（1）　「支配可能な電子的記録」の物権的保護

　近時，一定の要件を充たす無体物である，「支配可能な電子的記録」（Controllable Electronic Records）ないし「支配の対象となりうる電子的記録」（electronic record which is capable of being subject to control）について，物権的な保護を認める立法的対応が世界で進められるようになっている．前者の用語を用いるものとして，アメリカの統一商事法典（UCC）第 12 編（2022 年）が，後者の定義を用いるものとして，ユニドロワ（UNIDROIT）の「デジタル資産と私法に関する原則」（2023 年）があげられる[5]．

　これらの規律は，電子的記録自体やそれが記録されるシステムが次の権限を実質的にある者に帰属させる場合には，その者に当該電子的記録の「支配」を認める点でおおよそ共通する．すなわち，ⓐ当該電子的記録から得られる実質的に全ての利益を利用できる権限，ⓑ当該電子的記録から得られる実質的に全ての利益の他者による利用を排除する権限，ⓒ当該電子的記録の支配を他者に移転する権限，以上すべてが帰属する場合である．つまり，「支配がある」といえるほどの物権的ないし物的な権限（ときに proprietary right と言及される）がシステム等によって事実上実現されている場合には，法的にもそのように取り扱われる，という建て付けになっている．

　ただ，その具体例としては，現状では，ブロックチェーンを応用した（広義の）暗号資産にほぼ限られている[6]．仮想空間のオブジェクト自体については，一定の排他的支配可能性はあっても競合（競争）性がない等として，要件を満たさないと判断される傾向にある．

（2）　オンチェーン／オフチェーンの区別に基づく二元的対応

　それでは，オンチェーンのデータとオフチェーンのデータとで二元的に対応するとは，どういうことだろうか．例えば，仮想空間のオブジェクトないしその帰属を証明する NFT が窃取された際の法的対応としては，オンチェーンの NFT は加害者や第

三取得者に対して物権的権利に基づき返還請求し，オフチェーンのオブジェクトは債権的利用権に基づき運営者に対して回復請求することが，法律構成上は本則だということになると考えられる（そのうえで，窃取者や第三取得者等関係者の利益・事情との衡量が問題となる）[7]．

Ⅳ　若干の考察

1　仮想空間におけるユーザーの権能をめぐる問題状況の整理

ここでは，仮想空間における所有をめぐる争点のうち，本ミニ・シンポジウムの他の報告との関連や差異をあぶり出すものをあらためて整理する．

（1）　アバターやオブジェクトの継続的な利用と愛着について

仮想空間では，他ユーザーとの交流等のために，アバターやオブジェクトの継続的利用が保障されなければならない．それだけでなく，ユーザーが自身の人格の延長としてアバターやオブジェクトに対して育む愛着を，所有権制度がどのように顧慮すべきかも議論される（角本 2024: 121 以下）．具体的な法的効果としては，目的物の脱商品化（吉田邦彦 2010: 33-34）や，損害賠償における慰謝料の加算（吉田克己 2023: 82）等が問題となろう．

（2）　アバターやオブジェクトの有償譲渡権能について

オブジェクト等の有償譲渡権能はどの程度実現／保障されるべきだろうか．これまで RMT については，運営者は原則否定，ユーザーは賛否両論という状況にあった．それがブロックチェーンを応用したサービスでは，運営者・ユーザーともに肯定的な雰囲気となっているように感じられる．そのため，今後はブロックチェーンを応用しているか否かですみ分けることも考えられる．ただ，愛着による脱商品化の要請との調整は求められよう．

（3）　インターネットの構造（アーキテクチャー）との関係について

インターネット上のサービスは，その“空間”の構造（アーキテクチャー）に，大きく分けて集権型と分散型の違いがあり，それによって法的対応の方向性が変わることになる．この点，サイバー空間においてアーキテクチャー（プログラム・コード）が果たす決定的な役割に注意を促したローレンス・レッシグは，その絶対性を説いたわけでは必ずしもなく，法による統御の重要性を強調してもいる（レッシグ 2006=2007: 454-460）．

そのため，仮想空間及びオブジェクトと所有権の構造を考察するにあたっては，ⓐ仮想空間やオブジェクトの構造を根拠として追認的に所有権のあり方を考察するの

か，ⓑ所有権のモデルを根拠として仮想空間やオブジェクトの構造を保守／革新していくのか，このⓐ・ⓑをどのように調整するかも問題となる．

2　人役権構成の可能性？

　仮想空間におけるオブジェクト等の取扱いをめぐるユーザーの権限について，現状を踏まえると，実質的には人役権に相当するのではないかとする見解がある（角本 2024: 129 以下）．この構成は，併存的所有権モデル（高村 2019）とも親和性のあるものでもある．

（1）　人役権とは

　人役権とは，所有者の所有権の実質を損なわない（その利用・収益を必ずしも排除しない）かたちで利用等する非独占的な物権的権利のことをいう．特約による収益権の設定／制限や，「住環境の維持」等の精神的利益に対する配慮も可能であり，譲渡や相続についても議論されている．現在，諸外国では，主に文化財等について認められる権利である．

　この人役権に相当するものとして，旧民法財産篇110条には隠居者や寡婦の保護を念頭に置いた住居権の規定があったが，明治民法では近代的所有権制度構築のため削除された（法務大臣官房司法法制調査部 1988: 48）．よって，現在は人役権の明文規定はみられない．ただ近年，立法を視野に入れた研究が盛んになっている（例えば，水津他 2018）．また，類似の権利として，2018 年相続法改正において配偶者居住権が制定されてもいる[8]．

（2）　特に仮想空間やデジタル資産の問題について

　クローズドな仮想空間とオープンな仮想空間，ブロックチェーンを活用しないオブジェクトと活用するオブジェクト，それらが併存することで，仮想空間やオブジェクトの構造・性質には一層の多様性が生じることも考えられる．今後，また新たな技術が開発・運用される可能性もむろんあろう．そのような環境下でユーザー，開発者，運営者，クリエイター等の関係を整理するためには，複層的かつ多元的な権益構成が求められることになるだろう．このような課題に対し，人役権構成は比較的適合的であるように思われる[9]．

V　むすびにかえて

　デジタル資産と所有権の関係性をみると，新たな問題に事態適合的な権能（の束）に寄せて所有権を再構成したり物権の一種を改めて創設したりする動向と，所有権のモデルを踏まえて情報アーキテクチャーを構築せんとする動向とが，ときに錯綜とし

て事態は動的に進展していることがわかる．そのため，デジタル資産をめぐる所有権制度のあり方を適切に考察するためには，理論的分析を進めるのみならず，例えば，関連サービス自体やそこで活動するユーザーの動向をフィールド調査したり，関連企業や業界団体の動向をヒアリング調査したりする等，実証的な法社会学研究が蓄積されることも大いに期待されよう．

1) 米国における争訟例に関する先行研究として，平野（2008）等．米国法における初期の学説については，角本（2014: 88 以下）参照．
2) 中国法における初期の判例・学説については，角本（2015a: 41 以下）参照．
3) 天羽・増田（2021）等参照．また NFT については一方で，不動産や食品等の現物資産の帰属関係をトークン化する試みも活発化しているものの，その動向は本報告の対象外とせざるを得なかった．
4) ブロックチェーンゲームの具体例については，福島・澤（2022: 22 以下）参照．
5) UCC 第 12 編やユンドロワの原則に関する先行研究として，神田他（2022），望月（2023），道垣内（2024）等．
6) 日本国内でも，NFT については物権的保護の対象となることを認めるべきとする議論が有力になりつつある（原 2022: 300; 原田 2023: 269 以下；大塚 2023: 575-576; 角本 2024: 135-136 等）．
7) この点，サービス / システムのあり方や問題状況によっては，オンチェーンかオフチェーンかだけを根拠に形式的に法的対応のあり方を判断すると，却って迂遠となったり当事者への配慮に欠けたりすることもあるかもしれない．状況に応じた柔軟な対応が求められることもあるように思われる（その一例としては，The DAO 事件があげられるだろうか）．
8) ただし，立案担当者によると，これは債権とのことである（堂薗・野口 2019: 18）．他方で，これを用益権（ないし人役権の一種）と解釈すべきとする学説もあり（吉田克己 2023: 1219-1220, 1351），今後の展開が注目される．
9) この構成を前提に，仮想通貨をめぐる権益構成につき対立しているように見える解釈論，例えば，これを（広義の）「財産権」と構成する見解（森田 2018）と「物権法理を準用するもの」と構成する見解（片岡 2019）とを比較すると，その実質としては，民法典に明文の規定のない人役権相当の権利をどう捉えるか考察しているという意味では，同じ地平に立っていると捉えることもできなくもないだろう．

〔文　献〕

天羽健介・増田雅史編著（2021）『NFT の教科書』朝日新聞出版．

道垣内弘人（2024）『所有権について考える』信山社．

堂薗幹一郎・野口宣大編著（2019）『一問一答 新しい相続法』商事法務．

福島直央・澤紫臣（2022）『NFT ゲーム・ブロックチェーンゲームの法制』（松本恒雄監修）商事法務．

原謙一（2022）「日本及びフランスにおける NFT（非代替性トークン）の法的性質」横浜法学 31 巻 1 号 247-303 頁．

原田弘隆（2023）「メタバース上の NFT 化された仮想オブジェクトに対する『データ所有権』構想についての一考察」札幌大学研究紀要 5 号 269-305 頁.

平野晋（2008）「Bragg v. Linden Research, Inc.」国際商事法務 36 巻 10 号 1388-1389 頁.

法務大臣官房司法法制調査部監修（1988）『法典調査会 民法総会議事速記録』商事法務研究会.

JCAST ニュース（2008）「仮想世界で起きた『離婚殺人』『内助の功』無視された『怒り』の中身」https://www.j-cast.com/2008/10/23029132.html?p=all 2024/5/5 アクセス.

角本和理（2014）「いわゆる "仮想財産" の民法的保護に関する一考察（1）」北大法学論集 65 巻 3 号 77-121 頁.

——（2015a）「いわゆる "仮想財産" の民法的保護に関する一考察（2）」北大法学論集 65 巻 4 号 39-69 頁.

——（2015b）「いわゆる "仮想財産" の民法的保護に関する一考察（3・完）」北大法学論集 65 巻 5 号 287-337 頁.

——（2024）「XR・オープンメタバース内のバーチャルオブジェクトの物権的保護の可能性と課題」関真也他編著『バーチャル空間のビジネスと知財法務の教科書』日本法令.

神田秀樹他（2022）「神田秀樹先生に聞く デジタル資産と私法に関する UNIDROIT の原則案（上）・（下）」NBL1223 号 4-14 頁，1225 号 18-26 頁.

片岡義広（2019）「再説・仮想通貨の私法上の性質」金融法務事情 2106 号 8-18 頁.

川島武宜（1987）『新版 所有権法の理論』岩波書店.

小塚荘一郎（2021）「VR 内の『物』とデジタル資産の所有権」ビジネス法務 21 巻 6 号 56-59 頁.

レッシグ，ローレンス（2006=2007）『CODE VERSION 2.0』（山形浩生訳）翔泳社.

望月健太（2023）「米国におけるデータの保護制度」21 世紀政策研究所研究プロジェクト『データに関する権利のあり方』89-109 頁 http://www.21ppi.org/theme/data/230424.pdf 2024/5/5 アクセス.

森村進（1995）『財産権の理論』弘文堂.

森田宏樹（2018）「仮想通貨の私法上の性質について」金融法務事情 2095 号 14-23 頁.

中崎尚（2023）『Q & A で学ぶメタバース・XR』商事法務.

日本経済新聞（2010）「オンラインゲームで 350 万円損賠提訴『武器捨てられた』」https://www.nikkei.com/article/DGXNASHC1403Q_U0A211C1AC8000/ 2024/5/5 アクセス.

大塚智見（2023）「NFT の私法上の性質と NFT 取引の法律関係」千葉惠美子編著『デジタル化社会の進展と法のデザイン』商事法務.

関真也（2022）『XR・メタバースの知財法務』中央経済社.

水津太郎他（2018）「ミニ・シンポジウム 人役権制度の比較法研究」比較法研究 80 巻 168-201 頁.

高村学人（2019）「共通財という新たな所有権論」法律時報 91 巻 11 号 13-18 頁.

吉田克己（2023）『物権法 I – III』信山社.

吉田邦彦（2010）『所有法（物権法）・担保物権法講義録』信山社.

（かくもと・かずまさ　立命館大学准教授）

［編集委員会注・本稿は学会機関誌編集委員会からの執筆依頼による原稿である.］

The Structure of Virtual Spaces and Ownership

Kakumoto, Kazumasa

This report examines the nature of proprietary interests in virtual objects used in various ways within virtual spaces constructed on the internet, focusing on the structure of virtual spaces and objects, as well as models of ownership. First, analyzing the protection of users' proprietary interests in virtual objects based on the traditional structure of virtual spaces and objects, it can be said that a contractual utilization rights structure based on the relationship between users and operators is appropriate. However, if we consider the evolving structure of virtual spaces and objects due to blockchain and other technologies, a shift towards property–based protection of users' proprietary interests is also required. Nevertheless, given the coexistence of virtual spaces and objects with diverse structures and characteristics, and the need to organize the complex and pluralistic relationships among users, operators, and creators, "the propriété exclusive" model seems to have limitations. Therefore, a personal servitude structure— which is also familiar with "the propriétés simultanées" model—emerges as an appropriate option for this issue.

知識経済における所有権のモデル化の意義

——「古典」と「現代」そして「批判」を超えるために——

吾 妻 聡

キーワード：包括的所有権，権原の束論，所有権崩壊論，Commons-based Peer Production，社会関係としての所有権

〈要 旨〉

本稿は，知識経済における所有権のモデル化の意義について考えるものである．Ⅰでは，社会的要請（交換取引・投資意欲の動機付け／自由・平等の実現）に対する応答という一貫した論理を「物を自由に使用・処分できる排他的権利」にみる包括的所有権論の「古典」ヴァージョンと「現代」ヴァージョンを瞥見する．Ⅱでは，オールタナティブとしての分割的所有権論の「古典」ヴァージョン（権原の束論）と「現代」ヴァージョン（所有権崩壊論およびコモンズ論）を瞥見し，これらが開拓した，所有権をめぐる概念工学・制度工学の展開，諸権原の戦略的活用を通した政策実現，分散的・分権的協働を通したイノベーション促進という種々の可能性を考察する．Ⅲでは，近年の"法と政治経済学派"の代表的論者による権原の束論の再構成の試みを参照し，公・共・私の戦略的協働のための所有権構想を更に多様にモデル化することができる概念ツールの探究を試みる．

は じ め に

本稿は，知識経済の民主化あるいは社会包摂的成長という課題を念頭において（Lothian 2017: 33-34; Unger 2019: 18），所有権のモデル化の意義について考えるものである．一方に，経済成長の制度条件に関して，投資意欲を動機付ける排他的所有か，持続的な共創を促進する開かれた所有か，あるいは政府による公共政策かをめぐる論争がある（市場 vs. コモンズ vs. 国家）．他方には，所有権の崩壊を説き，析出した構成要素の組換と配分に富・権力の集中への対抗戦略を展望する教説がある．本稿は，「所有権の原形」という観念に対する批判的姿勢をコモンズ論および所有権崩壊論と共有する．その一方で，所有権の意味喪失的理解および市場・コモンズ・国家の鼎立的構図からは距離を置く．公・共・私の複数の制度領域の戦略的協働を構想し得

る，多様だが無意味化しない所有権の基礎要素の探究が本稿の方途である．

I　包括的所有権 —— 「古典」と「現代」

1　「古典」 —— 近代的所有権の本質論

　所有権の本質を「物に対する排他的支配」にみるモデルを，本稿では，包括的所有権と呼ぶことにする（Grey 1980: 69; Unger 1987: 70-71; Unger 2015: 69-71）．最も影響力のある 18 世紀末の表現は「人が外物について請求し，行使する独占的かつ専制的な支配権であり，世界中の他のいかなる個人の権利も全て排除される」[1]と謂う（Blackstone 1765; Rose 1998: 601; クシファラス 2009: 325）．この Blackstone の換喩には，第 1 に，所有権の以下の意味における「絶対性」が暗示されている．すなわち，あらゆる権能（使用・収益・処分）の永続性・無制約性・完全性，物に対する直接無媒介の権力性，そして万人に対する排他性である（Cohen 1954: 363-374; Renner 1949: 81; クシファラス 2009: 346-348）．第 2 に，「物を支配する」権利であるとされる．人間による人間の複雑かつ重層的な支配（imperium）の消去，人間による物の支配（dominium）への整序を通した自由の確立である（Vandevelde 1980: 330-333）．より積極的に，所有とは，対象における自由意志の顕現であり，人格の自己実現の起点だとも言われよう．

　こうした包括的所有権の自由主義理論は，物の所有と交換とは人間生活の原始的な形態において既にみられる自然発生的なものだという素朴な直感に訴える（Kennedy 2011: 7）．前国家的な自然状態における資源獲得努力が語られ，その成果に排他的支配を認めることが更なる努力の動機付けとなって社会をより豊かにし，それゆえその存在意義に対する一般的承認が生ずると論じられる（自然権としての所有権）．自然状態における一時的占有（Blackstone），自然と労働の混交（Locke），交換・取引という人間の自然な傾向性の前提（Smith），実力に担保される事実上の所持（Kant），外的対象における人格の延長（Hegel），これらに所有権の萌芽は見出し得るだろう（村上 1979）．端的に，「生産［と交換］を行うインセンティブを大きくするため，排他的支配は有益」であり（Rose 1998: 607），「個人が物質世界のある部分を支配することは，自由と地位の平等を意味する」のである（Grey 1980: 74）．このようにして自由主義社会の必須の要請として把握された「物を自由に使用・処分できる排他的権利」は，19 世紀の法の科学（nineteenth century legal scien）が与える「所有・契約という自然権が構成する私法秩序／その保障のために人為的に制定される公法秩序」という公私二分論（Unger 1996: 41-46）の法的武装を伴って「現代」に受け継がれていく．

2 「現代」── 新自由主義的通念

「『明確で強い所有権』は経済成長の必須条件である」．こうした新自由主義的通念は，ワシントン・コンセンサスによって1980年代にグローバル・スタンダードに押し上げられた（de Soto 2000; Kennedy 2011: 2-10; Santos 2006: 286-89; アッパム 2023: 20; Williamson 1990）．理論的支柱の1つにDemsetzの土地私有制度の発生論／類型論がある（Demsetz 1967）．

「発生論」は，旧植民地時代のアメリカ北部深林地帯の人類学的記録をもとに，私的所有権は，新技術や市場価値の変化がもたらす「外部性」の変化への適応として生じると論じる．ヨーロッパでの毛皮需要の急増を受けて，原住民は縄張り性のある毛皮動物の狩猟に力を入れ始めた．他の狩猟者を制御できない共通の狩猟場はやがて，乱獲という外部性を与え合う状況に陥る．ところが，人類学的証拠は，毛皮貿易の中心地とテリトリー形成の最も早い地域との相関を示している．私有地の創出による「悲劇」の回避が示唆されているのである．原住民は元来，自分たちをより小さい集団に分割して土地を割り当て，狩猟を効率化する慣習を有していた．これがより確定的なテリトリーの基礎となる．テリトリーの確立は「内部化」された費用・便益に基づく捕獲量の調整を可能とし，調整を確実にするための密猟防止という要請は，最終的に，強く明確な境界の構築── 土地私有制度 ── に帰結するのである（Demsetz 1967: 349-354）．

「類型論」は，多数・多様な権利調整に関わるため取引費用・管理費用が過大となる共有制度に比べ，内部化によって費用・便益の明確な把握を可能とする私有制度は，これら費用を大幅に小さくすることができると論じる．損益に対する確実な期待が取引・交渉を動機づけ，そうした交渉が所有物の商品としての真の価値を認識させ，これが更に自由な経済活動を促進する．「古典」に沿った私的所有の擁護である（Demsetz 1967: 354-359）．

発生論は，経済（商品経済の流入）・資源（毛皮動物の縄張り性）・慣習（緩やかなテリトリーの伝統）という複数の要因の偶発的な連関を示すテーゼ ──「内部化による利得が内部化による損失を上回る［という複雑な条件が整った］とき，外部性を内部化するために所有権は発現する」── を示唆していた（Demsetz 1967: 349）．だが，類型論で強調される交渉や取引は後景に退き，慣習形成の過程 ── 折衝や命令 ── で発生したはずの取引費用は，長い時間と共に雲散霧消するかのようである．興味深い人類学的仮説から歴史性と偶発性を捨象した公式が「外部性の内部化」と「取引費用の低減」に他ならない．それゆえ，前者は後者にとっての条件だという類型論の示唆は

本来の —— 歴史偶発性の刻印を伴う —— 発生論によって反駁されざるを得ない. 外部性の内部化が困難なはずの共有地における緩やかなテリトリーの存在は, 共有資源をめぐる人々の取引・管理を通した秩序形成能力をむしろ示唆しているからである.

Demsetz の「現代性」は, 人々への影響（外部性）の統御（内部化）という問題構制を導く, 初発の所有権理解にある —— 「所有権は, 誰がどのように利益や損害を受けるか……, 誰が誰に［状況をかえるための］費用を負担せねばならないかを条件付ける」(Demsetz 1967: 347) ——. この理解は, 物に対する支配ではなく, 次章（Ⅱ）冒頭の「古典的批判」を確かに踏まえ, 利害を与えあう人間関係に焦点を当てたものである.「現代」の背後にあって, 人間関係の位相の更なる探究を遮り —— 発生論からの交渉の消去 —— 「古典」へと引き戻すのは, 社会進化論の呪縛（共有から私有へ）であり, 資源をめぐる市民の自治・社会形成力への過小評価であるように思われる. 呪縛や過小評価を払拭する方法には 2 つの方向があり得るだろう. 第 1 は, 市民の自治能力を経験的に実証して理論仮説を覆すという方向である. 第 2 は, 所有権の活用戦略や制度構想を提案して市民の自治・協働を一層支援するという方向である. 第 1 がコモンズ論に, 第 2 がリーガル・リアリズム再構成論に関わる. まずは「古典的批判」を振り返っておこう.

Ⅱ 包括的所有権批判 —— 「古典的批判」と 2 つの「現代的批判」

1 「古典的批判」

a. Property as a Bundle of Sticks (Hohfeld 1978)

20 世紀初頭の包括的所有権批判を「古典的批判」と呼ぼう. その潮流を形成したのは Wesley Hohfeld の法概念分析や Robert Hale による法権力分析である. リーガル・リアリズムの先駆となった彼らのスタイルにはプロト・リアリズムの名がふさわしい. Hohfeld は, 周知のように, 所有権は諸権原と諸効果の束であるとして, 所有権 —— より一般的には権利 —— という言葉で含意されている法律上の基本概念とその反対概念をそれぞれ 4 つに整理した. 権利・特権・権限・免責と, その反対概念としての無権利・義務・無能力・責任である.

"権利" とは, 一定の態様で行動することを他者に "要求" することのできる権原を意味する. "特権" とは, 他者に対する損害の責任を問われることなく, 一定の態様で行動することを許されていること, つまり行動の "自由" があることを意味する. "権限" とは, 自身あるいは他者が有する法律上の権原を変更することのできる権能を意味し, "免責" とは他者によって自身の法律上の権原を変更されないことの

保障を意味する．法律上の "反対関係"^(jural opposites) は以下のようである．

権利	特権	権限	免責
↓ ↑	↑ ↓	↑ ↓	↑ ↓
無権利	義務	無能力	責任

他方，法律上の "相関関係"^(jural correlatives) は以下のようであるとされる．

権利	特権	権限	免責
⇕	⇕	⇕	⇕
義務	無権利	責任	無能力

"反対"^(opposite) とは，1人の当事者は双方を同時に有すことはできないこと，つまりある者は「権利があるか，無権利であるか」のどちらかであること，あるいはまた「あることをなす特権を有するか，それをなさない義務を有するか」のどちらかであることを意味する．一方，"相関"^(correlative) とは，法関係についての2つの等しい記述である．例えば，権利と義務の関係について，「もしAがBに対して，BはAの土地Xに入ってはならないと要求する権利を有している」とすれば，その相関関係——つまり等しい法律関係——にあるのは，「BはAの土地Xに入ってはならない義務に服している」という記述である．つまり，AがBに対して権利を有すことと，BがAに対して義務を有すことは等しい．

特権と無権利の関係については，「Aが土地Xに入る自由，つまり特権を有している（この自由の享受を何人にも妨げられない）」とき，それはつまり「Bは，Aに対して，土地Xに入ってはならないと要求することができない，つまりBは無権利である」ことを意味する．このように，特権の相関概念は無権利である．

b. Critique of Public/Private Distinction

Hohfeld の以上の分析に基づいて，Hale は「人々を工場所有者のために働くように強制するのは，所有権法である」と述べる（Hale 1923: 473）．生産手段の所有者が有する財を使用する "権利／特権" や処分する "権限" は，生産手段の非所有者に対して，余剰抽出を正当な行為として尊重する "義務／無権利" や労働の成果を没収される "負担（責任）" を——国家権力を背景に——強制^(coerce)する．物に対する支配の領域へと整序されたはずの経済社会に，人に対する支配——権力——がなおも遍在している

（市場＝自由／国家＝強制の二分論批判）．この事実はまた，所有権法・契約法が構成する私法も，公法と同じく権力の発動によって資源分配がなされる作為の領域であることを示すものに他ならない（私法＝自然／公法の作為・二分論批判）．

Felix Cohen はさらに直截である（Cohen 1927: 13）．「物に対する支配権^{dominion}は同時に同朋に対する支配権^{imperium}でもあるという事実を忘れてはならない．」生産手段の所有者が余剰抽出の権原を有しているということは，当該所有者は将来の社会的生産物に「課税」する法的権限を有していることを意味する．「この課税権に，経済的に自立していない多くの人々の奉仕を命ずる権力が加えられるとき，これこそが，歴史上，政治的主権を構成してきた本質に他ならない．」所有権と主権とは同一の権力構造を有している．

"権原の束論" と "公私二分論批判" は，このようにして，所有権の断片性・作為性・権力性の認識に結びつく．プロト・リアリストが端緒を開いたのは，断片の組換や加工を通した所有権の概念工学・制度工学の可能性である．諸権原の加工・組換を通した権力構造の是正，政策実現，そのための制度設計という問題構成のもとで，所有権を多様に論じる土壌が開拓されたのである．

2 「現代的批判」ver.1 ── 「古典の死」／所有権の崩壊論

a. Disintegration of Property（Grey 1980）

今日の専門家たちは所有権を物との必然的な関係から切り離しつつ，諸権原・諸効果を組み合わせた種々の束に所有権の名を与えるようになった．それは逆に言えば，所有権が「概念枠組において一貫した範疇ではない」ことを示している．こう主張して，1980 年代以降，権原の束論を所有権の死あるいは崩壊へと結び付けたのが，批判法学派である．

Thomas Grey の仮説によれば，所有権の崩壊は，資本主義の論理それ自体の帰結である．所有権とは物についてのあらゆる権原を包括した「完全な所有」であるとしてみよう．すると所有者は，財・資源の特定の側面を意のままに分割して処分することが許される．信託のように，そうした自由な処分権を消去することすら可能である── 委託者・受託者・受益者の誰も当該財産を意のままに処分できない ──．それ自体の処分を可能とする自由な処分権を保障する経済体制においては，所有権の 分 解^{decomposition}と再合成^{recombination}が，法律家や実業家の日常業務を通して随意的に行われていくのである．このようにして，制度地勢図において支配的地位を占めるに至ったのは分割的所有権$^{disaggregated\ property}$である．

b. Property as Fetish and Tool (Kennedy 2014)

Duncan Kennedy は,「下位の権利」を論理矛盾なく引き出すことのできる統合性を有した「中心」として所有権を捉えることは,社会構築物(矛盾に満ちた偶有的な寄せ集め)を自然的事物と誤って捉える物神崇拝だと断じる.批判の矛先は,所有権に自然性や必然性をみる傾向のみならず,社会的要請に応答する「一貫した論理・統合性」を見出す傾向に対しても向けられる.包括的所有権の歴史偶発性への認識を示しつつも,なおもこれに経済成長の必須の要請という一貫した論理をみる新自由主義的通念は,物神崇拝に侵され続けている.

対して,radical left の真髄は,具体的な政策実現に奉仕する権原の戦略的利用にある.例えば,"居住への権利"は新しい所有権概念の構築を意味しない.貸主に帰属していた権原のいくつかを借主に配分し,そのことによって交渉力の格差に変化をもたらす.これが権原をめぐる交渉に更なるダイナミズムを加えていくこととなる.「所有権」が含意するのは,何らかの統合的な実体概念ではなく,束の要素の交渉・配合をめぐる道具と方法であるのだ.

c. 法/政治的含意

崩壊論が示唆するのは,「all-or-nothing としての所有」という法範疇の意義の急速な低下である (Grey 1980: 79-81).現代資本主義においては,1 つの財・資源に関して,管理職・株主・課税当局・労働組合などの複数のステークホルダーが断片化した諸権原を有す.この多元的機制は,労働者評議会・専門管理者・中央計画担当者らが包括的権能なしに影響力を保持し合う社会主義的な企業コントロールと構造上の類似性を有している.成熟した資本主義と社会主義の構想は,体制転換 (all-or-nothing) を語る必要なく接近しているのである.分割的所有権は,この意味で,抽象的なイデオロギー対立(市場=私有 vs. 国家=国有)から距離を置きつつ,所有権をより具体的に構想するためのツールを提供する.崩壊論は,諸権原の戦略的な構成と活用に道を開き,市場競争や裁判過程における実務家たちの"器用仕事"を前景化するのである.

しかし,崩壊が生み出した空隙はかえって代替的な"概念"の呼び水となった.第 1 に,「古典」が復活する."neo-Blackstonian"は,物権法定主義の情報コスト縮減機能をもとに「最適な標準化」や「再統合」の試みを活発化させてきた (Penner 1997; Merrill & Smith 2000; Smith 2012).そして第 2 に,多様な構想を伴って空隙を埋めようとする概念がある.コモンズである.

3 「現代的批判」ver.2 ── 「共の再生」／コモンズ論

a. 共の潜在力（山本 2022）

共有から私有への形態変化あるいは共有地の「囲い込み」は，市場経済にとっては資源の商品化を促し，国家財政にとっては確実な課税を可能とするために，富国のための必須の制度変革であった．このような考え方に対して，コモンズ論は，公私からの挟撃の中に胎動する「共の潜在力」を経験的研究によって明らかにしてきた．その中心にある Ostrom 学派の一連の研究は（Ostrom 1990），悲劇が生じるとされる天然資源の共有地においても，人々はローカルな知識をもとにインフォーマルなルールを形成し，入れ子状のガバナンス体制によってコモンズの効果的・効率的な運営を行ってきたことを示す．コモンズ論は，市民の自治能力への低い評価に再考を迫ってきたのである（山本 2022: 33-50）.

活力溢れる人間活動の基底にはコモンズが存在するという認識は，1990 年代以降，サイバー空間において特に語られるようになる．インターネットの普及によって組織や空間を超えるコミュニケーション・コストが大幅に低下し，知識資源を共有しながらの分散的・分権的な協働が，組織内の指揮命令に基づく報酬ベースの研究開発を凌駕するという認識が広まったのである（Benkler 2017a: 231-237; Birkinbine 2021; Frischmann et al. 2014: 11）．Demsetz の先の定式 ── 所有権の形態変化は新技術や市場価値の変化がもたらした外部性の変化への適応として生じる ── に合致した，だがその想定とは逆の流れ ── 私有から共有へ ── があると言ってよい．以下では，"法と政治経済学派"にも関与する Yochai Benkler による Commons-based Peer Production を瞥見したい.

b. Commons-based Peer Production ── 資源を共に守るコモンズから，共に創るコモンズへ ──

法とイノベーションに関する 3 つの変化が 21 世紀初頭を特徴づけている（Benkler 2017a: 232）．第 1 に，知識の流動^{flow}こそが創造的活動の鍵だという理解は，原子論的な「個」による発明から，多様なアクターの相互学習ネットワークへと関心をシフトさせている．第 2 に，金銭的動機のみならず，ユーザー自身の必要性，社会的使命感，純粋な研究関心など，知識創造のための多様な動機と情熱のダイナミックな結集に関心が集まっている．そして第 3 に，イノベーションのメッカとして，パブリック・ドメインや FOSS（Free and Open Source Software）などのより開かれたコモンズに注目が集まっている.

上記 3 つの結節点に Commons-based Peer Production（CBPP）がある．制度構造

の特徴は，（a）構想と実行の分散化，（b）多様な動機の活用，（c）統治・管理と所有・契約の分離にある（Benkler 2017b: 265-268）．（a）創造的活動は，参与者全てがプロジェクトの遂行を通してその目的・課題・解決を（再）定義する構想者かつ実行者であることを求め，参与者を"対等な同胞[Peer]"と観念する．（b）・（c）知識は暗黙的な部分に創造性の契機を宿す．それゆえ，規格化された技術や形式化された知識の保護に優れる「所有・契約」とは異なる，多様な動機を結集して知識のポテンシャルを真に引き出す「統治・管理」が求められる．"コモンズに基づく生産[Commons-based Production]"がこれを可能とする．強調点は，実験主義（迅速な実験と失敗）に基づく新たな資源と知識の共創にある（Benkler 2017a: 242）．内部化ではなく外部化（知識の開示[disclosure]・普及[dissemination]による深化），所有ではなく統治（分権的な協治[governance and cooperation]）に基づく，対等な先駆者[pioneer]と改変者[modifier]の協働というイノベーションの民主化の展望である（Benkler 2017a: 243; von Hippel 2006）．

だが，「ハッカー」たちは十分な経済的豊かさを獲得しておらず（山本 2022: 248），世界はスタグフレーションに喘ぎ続けている．更に"開かれた"，より積極的に"繋ぐ"あるいは"噛み合わせる[interlock]"所有権モデルの探究が継続されねばならない．"モデル"ないしは"理念型"とは，事実・歴史から発しつつも，具体的文脈からの切り離しと内的一貫性に意を払いつつ周到に構成された精神の構築物であり（クシファラス 2009: 340-346），"モデル化"とは，現象の複数性・多様性を正当に認識し，それら多様な現象の存在意義を諒解するための概念枠組を構築し続ける努力である．枠組の再構成，一層の多様化をも展望しながら，無意味化の一歩手前で止まる努力であると言い換えてもよい．本稿は，公・共・私を噛み合わせる戦略的協働を念頭に置きつつ，更なるモデル化のために，所有権の基礎要素を再分析するという迂回路を採ることにしよう．

Ⅲ　社会関係としての所有権 —— 法と政治経済学派の提案

参照するのは，リーガル・リアリズムの第4の波を標榜する"法と政治経済学派"の論者 Talha Syed らの Hohfeld 再構成論である（di Robilant & Syed 2022）．Hohfeld は謂う．確かに人は物を物理的に支配し使用することができる．だが，「そうした物理的な関係と法関係とは全く異なる．……あらゆる法関係[jural relations]は，その意味を明確かつ直截なものにするためには，……人間について叙述するものでなければならない」（Hohfeld 1978: 75）．所有権はあくまで人間関係の叙述に関する．所有権をめぐる人間関係は，全ての他者との関係において生じ，常に公権力が関わっている．その意味で，私的というよりも公的な意味合いを帯びた"社会関係"として所有権は把握され

ねばならない（di Robilant & Syed 2022: 226-227）.

　Hohfeld の概念分析の要諦は，単に所有権は諸権原に分割・分解できるということにではなく，"社会関係としての所有権" が相関的な利益／不利益関係によって構造化されていること，ある者の優位・利益（権利・特権・権限・免除）が，他者のこれと相関する劣位・不利益（義務・無権利・責任・無能力）を常に必ず含意していることを示すところにある（吾妻 2019: 207-208）. Syed が導出するより実益があるとされる所有権の基礎要素は，使用特権・排除権・変動権限・収用免責の4つである. その導出過程を —— 少なからぬ解釈を織り込んで —— 追ってみよう.

Step1. 所有における中心的な基礎結合："使用特権 privilege to use"

　コモンズ論の自由な使用の重視や neo-Blackstonian の「使用に関わる利益は排除する権利の前提条件をなす」という言明（Smith 2012）は，"使用 use" という "権原内容" が広く受け容れられた出発点であることを示唆する. そして，自由な使用における "自由" とは，Hohfeld の語彙では "特権" という "権原形式" を意味するのだった. このようにして "使用という内容" と "特権という形式" が結びついて "使用特権（「A の X を使用する特権」）" という構成要素 —— 形式と内容の "基礎結合" と呼ぼう —— が導出される. この基礎結合と相関関係にある —— すなわち等しい —— のは，「B の無権利（X の使用から A を排除する権利がないこと）」である.

Step 2. "排除権 right to exclude" の導出

　他者に対する損害の責任を問われることなく X を使用できることを意味する A の使用特権は，B の同様の使用特権と競合し得る. そこで，A の権原と概念上の競合がない権原を B に付与することで —— コモンズが実践レベルで両立を図るのに対して —— 概念レベルでの両立を図ろう. B には，A が使用特権と同時に有することができない権原 —— つまり "反対関係" にある権原 ——，「B の X を使用しない義務」が付与される. そしてここから，その "相関関係" にある —— それと等しい —— A の権原形式である "権利" と権原内容である "排除" を組み合わせた "排除権" が導出される.

Step 3. 使用特権と排除権の安定性を確保する "収用免責 immunity from expropriation"

　地主や資本家が小作や労働者の生産余剰を抽出する権原を留保していたように，生

産・獲得した資源が収奪・収用されるとき，Aの自由と権利（一次基礎結合）は不安定な地位に置かれ続ける．それゆえ，より安定的な自由と権利をAに保障するために，Aには，収用されない権原すなわち“収用免責”を二次基礎結合として付与することが考えられる．これと相関関係にあるのは，権原形式としての“権限がないこと・無能力 disability”に実際上の権原内容が結び付けられた「BのXを変動する権限がないこと disability to transfer」である．

Step 4. “変動権限 power to transfer”

最後に，Step 2. と同様に概念レベルでの両立を図るために，Aの“（収用）免責”の反対関係にある —— 同時に有すことはできない —— “責任 liability”をBに配分するとすれば，これと相関関係にある権原形式としての“権限 power”が導出されよう．これに基づいて，最終的に，実益のある基礎結合として資源Xに関する“変動権限”が提案されることとなる．

Syedの以上の概念分析は，いまだ曖昧な部分が多く，応用を通した一層の洗練と正当化を要するが，制度構想力を刺激する触媒以上の可能性があるように思われる．至極粗雑な予備的応用をむすびにかえる．

むすびにかえて

1 Commons-based Peer Production

Benklerは，同様の語彙を用いながら，多様なコモンズ論のコアに，(a) 広く開かれたコモンズの“使用特権”とその対称的な配分，(b)“排除権”に基づかないガバナンス構造という特徴を挙げる（Benkler 2017a: 243）．そしてCBPPは，「所有と統治の分離」という —— Berle and Means の力点を裏返した —— 観念によって，参与者に当該コモンズをめぐるプロジェクトの構想と実行を（再）定義する権限を与えるものであった．当該権限は，場合によってはコモンズの目的自体の変更を含み，ライセンス配布のあり方への決定も含む．その意味で，参与者に一定の“変動権限”を留保させる仕組である．共有資源の使用料の徴収に関わる“収用免責”の有無・程度もまた，ライセンス等で詳細が取り決められるだろう．これを試みに記述すれば，「Commons-based peer production ＝ 使用特権−排除権＋ライセンス等に基づく（収用免責＋変動権限）」となる．ただ，参与者に巨大多国籍企業が含まれる場合，共有資源の使用特権が当該企業の市場支配に共謀する事態を容易に招き得る．それゆえ，独立の機関を設けて構想と実行を（再）定義する統治権限の自立性を高め，使用特権や変

動権限に対する制約や条件付け，例えば「貢献に基づく使用」や「収益に見合った使用料の支払い」などの再配分機能を持つ断片の創出などが求められよう．

2　Rotating Capital Fund

もう一歩進めよう．公的な資源・資金をめぐって，使用特権を求めるプロジェクト・チーム群が種々の提案をなし，統治・管理する権限を配分された独立の機関がこれを審査して，社会性・革新性を持つ実験的試みに対して当該資源を一定の期間──エクイティの取得とともに──提供することを決定する．また資源の社会的循環をより確実なものとするために，プロジェクト終了後ないしは軌道に乗った後は，他のプロジェクト・チームに新たに融資できるよう一定の利率に基づいた原資を返還させる．統治・管理を行う独立の審査機構を政府とチームとの間に置く，資源の時限付き使用特権をめぐる多層的所有レジームである── Roberto Unger の Rotating Capital Fund への接近（Unger 1987: 491-502）．このとき独立の審査機関は，国民という受益者のために国家という委託者から財の運用・管理を信託された受託者として観念されることになろう（Unger 2024: 518-519）．このレジームにおいては，ステークホルダーは誰も資源を意のままには処分することができず，資源をめぐる権原配合を社会革新的なプロジェクトへと繋げることが求められるためである．

共の潜在力の一層の拡大は，公と私への対抗のみならず，公・共・私の戦略的協働レジーム構想の方向にある．

1）　訳出は，クシファラス（2009: 325）に負う。

〔文　献〕

吾妻聡（2019）「リーガル・リアリズムの精髄についての諸論攷の考察」法と社会研究4号197-216頁．

Benkler, Y.（2017a）"Law, Innovation, and Collaboration in Networked Economy and Society," 13 *Annual Review of Law and Social Science* 231-250.

── （2017b）"Peer Production, The Commons, and The Future of The Firm," 15, 2 *Strategic Organization* 264-274.

Birkinbine, B. J.（2021）"Political Economy of Peer Production," in O'Neil M., et al., eds., *The Handbook of Peer Production*, Wiley Blackwell, 33-43.

Blackstone, W.（1765）*Commentaries on The Laws of England 2.*

Cohen, F.（1954）"The Dialogue on Private Property," 9 *Rutgers Law Review* 357-387.

Cohen, M. R.（1927）"Property and Sovereignty," 13 *Cornell Law Quarterly* 8-30.

Demsetz, H.（1967）"Towards a Theory of Property Rights," 57, 2 *The American Economic Re-*

view 347-359.

de Soto, H.（2000）*The Mystery of Capital: Why Capitalism Triumphs in the West and Fails Everywhere Else*, Basic Books.

di Robilant, A., & T. Syed（2022）"Property's Building Blocks: Hohfeld in Europe and Beyond," in H.E. Smith, et al., eds., *Wesley Hohfeld A Century Later*, Cambridge University Press, 223-257.

Frischmann, B., M. Madison, & K. J. Strandburg（2014）*Governing Knowledge Commons*, Oxford University Press.

Grey, T. C.（1980）"The Disintegration of Property," in R. Pennock &, J. W. Chapman, eds., *Nomos XXII: Property*, New York University Press, 69-85.

Hale, R. L.（1923）"Coercion and Distribution in a Supposedly Non-Coercive State," 38 *Political Science Quarterly* 470-494.

Hohfeld, W. N.［1919］（1978）*Fundamental Legal Conceptions as Applied in Judicial Reasoning*, W. W. Cook, ed., Greenwood Press.

Kennedy, David（2011）"Some Caution about Property Rights as a Recipe for Economic Development," 1, 1, Article 3 *Accounting, Economics, and Law* 1-62.

Kennedy, Duncan（2014）"Property as Fetish and Tool," available at https://geo.coop/story/property-fetish-and-tool, last visited on 08/31/2024.

Lothian, T.（2017）*Law and The Wealth of Nations: Finance, Prosperity, and Democracy*, Cambridge University Press.

Merrill, T., & T. Smith（2000）"Optimal Standardization in the Law of Property: The Numerus Clausus Principle," 110 *Yale Law Journal* 1-70.

村上淳一（1979）『近代法の形成』岩波書店.

Ostrom, E.（1990）*Governing The Commons: The Evolution of Institutions for Collective Action*, Cambridge University Press.

Penner, J. E.（1997）*The Idea of Property in Law*, Claredon Press.

Renner, K.［1949］（2010）*The Institutions of Private Law and Their Social Functions*, Transaction Publishers.

Rose, C.（1998）"Canons of Property Talk, Or, Blackstone's Anxiety," 108 *Yale Law Journal* 601-632.

Santos, Alvaro（2006）"The World Bank's Use of the 'Rule of Law' Promise," in D. M. Trubek, & A. Santos, eds., *The New Law and Economic Development*, Cambridge University Press, 286-300.

Smith, H（2012）"Property as the Law of Things," 125 *Harvard Law Review* 1691-1726.

Unger, R.M.（1987）*False Necessity: Anti-necessitarian Social Theory in the Service of Radical Democracy: A Work in Constructive Social theory*, Cambridge University Press.

—（1996）*What Should Legal Analysis Become?*, Verso.

—（2015）*The Critical Legal Studies Movement: Another Time, A Greater Task*,Verso.

—（2019）*The Knowledge Economy*, Verso.

—（2024）*The World and Us*, Verso.

アッパム，F.（2018＝2023）『財産権の大いなる誤解：開発における理論，実践，展開』（金子由芳他訳）神戸大学出版会.

Vandevelde, K. J.（1980）"The New Property of the Nineteenth Century: The Development of the Modern Concept of Property," 29 *Buffalo Law Review* 325-367.

von Hippel, E.（2006）*Democratizing Innovation*, The MIT Press.

Williamson, J.（1990）"What Washington Means by Policy Reform," in J. Williamson, ed., *Latin American Adjustment: How Much Has Happened?*, Institute for International Economics, Washington, 7-20.

山本眞人（2022）『コモンズ思考をマッピングする：ポスト資本主義的ガバナンスへ』大橋正房.

クシファラス，M.（2009）「現代所有権理論に見る道具的・ドグマ的アプローチとモデル化」（薮本将典訳）慶應法学 12 号 323-352 頁.

（あがつま・さとし　成蹊大学教授）
［編集委員会注・本稿は学会機関誌編集委員会からの執筆依頼による原稿である.］

Toward the Remodeling of Property Rights in the Knowledge Economy: Classical, Contemporary, Critical, and Beyond

Agatsuma, Satoshi

This essay explores alternative models of property rights in the service of the inclusive, democratized knowledge economy. Section I. briefly examines both the "classical" and "modern" versions of unified property rights, which identify the coherent logic of responding to social and economic demands—such as motivating transactions and investments as well as realizing freedom and equality—in the development of the "exclusive, clear, and strong right to freely use and dispose of things." Section II. analyzes both the "classical" and "modern" versions of alternative theories of disaggregated property rights, such as the "bundle of sticks," "disintegration," and "commons" approaches. It explores the diverse possibilities these theories have introduced, including advancements in conceptual and institutional engineering, strategic policy implementation through the recombination and reallocation of disaggregated entitlements, and the promotion of innovation through commons–based, decentralized collaboration. Finally, Section III. references a recent attempt by a leading scholar in Law and Political Economy to reconstruct the "bundle of sticks" concept, aiming to identify conceptual tools that could further diversify the modeling of property rights. This would facilitate strategic collaboration across public, commons, and private sectors, enhancing the institutional imagination of property rights to address contemporary challenges in civil society and market economy.

放置される財（放置財）の輪郭について

——国内過疎地域の事例から——

片 野 洋 平

キーワード：過疎地域，放置資産，放置財，パトリモアン，寄付政策

〈要 旨〉

　本報告では，少子高齢化や都市部への人口集中に伴い地方で増加している「放置資産」に対し，特に「放置財」という新しい概念を提案する．「放置財」は，主に都市部に住む人々が田舎に複数所有し，管理や利用が困難となった小規模な資産であり，所有者の心理的負担や管理意欲の低下が特徴である．この新たなアプローチは，従来の資産別の管理方法とは異なり，包括的な視点を提供するものであり，地域社会の文化やアイデンティティの保護，資産の寄付による地域活性化などに寄与する可能性が示唆される．また，政策提言として，放置財の管理に向けた寄付制度の導入や，放置資産のデータベース整備の重要性についても指摘する．

は じ め に

　少子高齢化や都市部への人口集中が進む現代の日本社会において，地方の過疎地域では管理が行き届かなくなった資産が増加している．これらの資産には，放置された家屋，耕作が行われなくなった農地，管理が不十分な山林などが含まれる．こうした資産について，筆者はこれまで包括的に「放置資産」として議論を行ってきた．しかし，調査を進めると「放置資産」の中にも，特定の輪郭が浮かび上がってくることがわかってきた．本稿では，放置された資産全般を指す「放置資産」に対し，その内部にある新しいカテゴリーとして「放置財」という概念を提案する．そして，地方自治体や政策立案者にとっての課題と対応策を探求する．ここでは，片野（2024）の内容をまとめる形で，「放置財」の輪郭について考察を行う．

　さらに本稿では放置資産，放置財の有する特徴から，資産の個人的な所有を超えた，地域社会全体の社会的文化的財産としての側面について言及し，こうした特徴を持つ資産が地域社会の維持や発展にとって重要な意義を持つ可能性があることを指摘

したい.

I これまでの研究経緯

1 放置資産とは何か

筆者はこれまで「一定期間（資産によって放置されても問題のない期間は異なる可能性はある），所有者により利用する意図がみられない，また，管理されないような，山林（人工林・雑木林），農地（水田・畑），空き家，墓など」を包括的に「放置資産」として捉えてきた．これらの資産は，特に地域社会において，次第に深刻な問題として認識されるようになっている．例えば，管理が行われていない山林，耕作放棄地，空き家は，自然災害のリスクを増大させ，地域の環境や景観に悪影響を及ぼす場合も多い．また，これらの資産は，近年議論される所有者不明の土地の温床となる可能性がある.

2 いくつかの分析を経て

こうした「放置資産」を複数の経験的なデータを用いて分析したところ，いくつかの特徴があることがわかってきた（片野 2015; 片野 2016; 片野 2017; 片野 2018a; Katano 2020 et al.）.「放置資産」所有者の中に以下のような特徴を有する一つのカテゴリーがあることが分かった（片野 2024）.

① 所有地と所有者の所在地が離れている.
② 所有される資産は未把握あるいは小面積である.
③ 総じて資産に対する管理意欲が弱い.
④ 所有される資産は単一ではなく，農地，家屋など，複数存在する場合がある.
⑤ 所有者は所有する資産の管理に負担を感じている.
⑥ 所有者は所有する資産の継承者を決めていない.
⑦ 所有者は生まれ故郷に帰ることを希望していない.
⑧ 所有者は自ら利用，賃貸，売却する意思がない.
⑨ 所有者は今後の管理や利用について，本人もどうしてよいのかわからずに困っている場合が多い.

その中身には……

ⅰ） 売れない，貸せない，手続きがめんどうだなど，現実的な課題に直面している.

ⅱ） すでに亡くなった過去の親族の想いとの間で折り合いがつけられずに困

っている.

iii) 自らの子孫がどのように資産を利用，管理すればいいのか，将来の資産
のあり方に対して折り合いがつけられず困っている.

⑩ 所有者不明ではなく工夫して連絡すれば連絡が取れる.

⑪ 所有者は相続してしまっている.

⑫ 所有する資産によって地域社会や行政に迷惑がかかっている.

Ⅱ　放置財の概念とその意義

1　放置財の特徴

以上の新しいカテゴリーは筆者が包括的に言及してきた「放置資産」の中にあるサブカテゴリーとなる．これを「放置財」とみることができないかと考えている．この「放置財」という概念は，従来の「放置資産」からさらに一歩進んだ視点を提供できる可能性がある．「放置財」とは，その態様には様々なグラデーションがあるが，「主に都会の人々によって，田舎で同時に複数所有される，小さな，困った，放っておかれる資産」として定義できるであろう．この定義を分解すれば以下のようなことが「放置財」の特徴として浮かび上がってくる（片野 2024）.

① 主に都会の人々によって

資産の所在地と所有者の所在地が異なる．所有者は，中小都市を含めた都市に居住している場合が多い．資産の継承（相続）がすでに行われている場合が多い.

② 田舎で

所有者の親族がかつて地域社会で資産を所有し利用していた場合が多い.

③ 同時に複数の資産を所有される

山林（人工林・雑木林），農地（水田・畑），空き家，墓など．ほとんどの場合，小面積で複数の資産を同時に所有している場合が多い.

④ 小さな

小面積であることが多い.

⑤ 困った

所有者もどうしたらよいのか困っているが，放っておかれた地域社会でも扱いに困っている．さらに所有者は，売れない・貸せない・手続きが大変だなど，処理レベルの問題だけで困っているのではなく，過去の親族の気持ちとの心理的葛藤，これから所有することになる将来の子孫との心理的葛藤を抱えている場合が

多い.

⑥　放っておかれる

一定期間所有者によって利用する意図がみられない，また実質的に管理されないような状態である.

こうした「主に都会の人々によって，田舎で同時に複数所有される，小さな，困った，放っておかれる資産」という，「放置財」の定義は，「同時に複数」，「小さく」所有されるという特徴だけでなく，「困った」という心理的な状況が含まれることも特徴になっている．多くの所有者は，遠方に住んでいるために資産の管理が困難であるだけでなく，その資産が持つ経済的価値が低いため，管理に対するモチベーションが低下している．また，相続によって受け継いだ資産に対して，感情的な負担を感じている所有者も少なくない．これらの要因が重なり合うことで，放置財はますます増加している可能性がある.

こうした「放置財」は，資産や財に関する新しい特徴を備える概念カテゴリーではない．そうではなく，「放置財」の所有者が，あまりにも似た状況にあるため，これらの所有者に対して，何らかの標準的なアプローチを与えることができないか，という視点から生まれた政策的概念ということができる.

2　放置財の目的と重要性

以上の「放置財」概念を用いたアプローチにより私たちの社会はいくつかのメリットを享受できる可能性がある．こちらも，片野（2024）から手短に抜粋する.

第一に，「放置財」アプローチは，耕作放棄地や空き家，放置山林など，個別の資産に対する従来のアプローチとは異なり，不在所有者にとって田舎の資産全体を包括的に捉えることができる．このアプローチは，都市在住者が抱える複数の資産に関する悩みを一つの問題として捉える点で有効である.

第二に，「放置財」アプローチは，不在所有者の葛藤に焦点を当て，その葛藤に応じた柔軟な対応が可能となる．従来の資産別アプローチが所有者の葛藤に十分配慮していなかったのに対し，放置財アプローチは，資産の売却や委託など所有者のニーズに応じた解決策を提供できる.

第三に，「放置財」アプローチは，所有者不明土地問題よりも広範囲な対策を可能にし，所有者不明土地予備軍を含む問題をより根本から捉えることができる.

第四に，このアプローチは，同様の悩みを抱える人々に対して迅速かつ低コストで対応できる点が特徴である．不在所有者が抱える複数の資産問題をまとめて処理でき

るため，経済的・精神的な負担を軽減できる．

　第五に，「放置財」概念は，他の類似現象にも応用可能であり，学問的にも意義がある．たとえば，放射性物質や宇宙ゴミといった問題も「放置財」で用いた考え方を適用させることで，新たな視点からの対策が期待できるかもしれない．

　これらのアプローチは視点を提供するものであって具体的な政策を提供するものではない．しかし，こうした視点に配慮することで，それぞれの地域社会は，地域の実情に合わせた対策をとることができると考えている．例えば，後述する，寄付という政策は，「放置財」概念から着想されたものである．

Ⅲ　Patrimoine（パトリモアン：文化資産）と放置財

1　放置財所有者の二つの傾向

　ところで，これまでの筆者による考察によれば，放置財の所有者は，大きく二つに分類される（Katano et al. 2020; 片野 2024）．タイプⅠの所有者は，資産を金銭的な価値に変えることに抵抗がなく，資産価値がある場合には売却を望む傾向がある．これらの所有者は，資産に対して経済的な視点で判断を下すホモエコノミクス的傾向がある．

　しかし，タイプⅡの所有者は，先祖代々引き継がれてきた資産を所有し，それに愛着を持っているため，売却に対して抵抗を感じる．彼らは，資産を単に個人的で経済的な価値としてみるのではなく，家族や地域の歴史と結びついた地域社会全体の共同体的な価値として捉える傾向がある．このため，彼らは資産の管理に責任感を持ち，売却に対して抵抗を感じることもある．これが，放置財が管理されないまま放置される一因となっている．

2　Patrimoine と放置財のこれから

　タイプⅡの所有者は，資産を地域の文化や歴史と深く結びつけて考える傾向がある．こうした所有者は，資産は，先祖代々が所有してきたものであり，可能であるならば，将来の子孫に引き継がれるべきものであると考えている．このような資産は，地域社会全体にとっても重要な文化的価値を持ち，フランス語の「Patrimoine（パトリモアン）」に類似した概念としてとらえることができるのかもしれない．日本の地方社会においても，タイプⅡのような考えを有する者にとっては，資産は何らかの文化的価値を有しており，それが地域のアイデンティティやコミュニティの結束を支えている可能性がある．

　筆者の理解では，パトリモアンは社会全体（国）で共有される価値である．しかし，

放置財の場合，今のところ日本全体で共有されてはおらず，一部の個人と地域で共有される価値にすぎない．しかし，もし，この放置財の文化的側面を私たちが共有することができれば，地域社会の維持や発展にとって意義があるのではなかろうか．特に，地域社会においては，放置財に対するタイプⅡのような所有感覚は地域の文化や伝統を象徴するものであり，そのアイデンティティの保護を通じて，地域社会の持続性に貢献することができるかもしれない．

現実的には，経験的データからは，タイプⅡのような価値観は時代とともに減少していく様子が分かっている．しかし，タイプⅡがすべてタイプⅠに置き換わるにはまだ時間がある．この間に，所有者による地域共同社会の歴史やアイデンティティといった文化的価値が私たちが保護すべき価値の一つであると自信をもって主張できるということも，放置財を放置される財ではなく有効に使うため資源として利用するために役立つ可能性がある．

Ⅳ　放置財の管理に向けた政策提言

1　寄付による放置財の管理

放置財を寄付という形で自治体に譲渡することは，所有者の負担を軽減し，地域社会全体での資産管理を促進する有効な手段である．鳥取県日南町ではこのような寄付政策が実施され，一定の成果を上げている（片野 2018b；片野 2024）．このアプローチは，所有者と地域社会の双方にとって利益をもたらす可能性があり，特に地方自治体が資産管理の中心的な役割を果たすことが期待される．

筆者も関わってきた寄付政策は，先に提示したタイプⅠタイプⅡの所有感覚を有する所有者群に対して一定の訴求力があった．タイプⅠに対しては，資産価値の低い資産をこのまま所有することから解放するための役割として訴求力があった．また，タイプⅡに対しては，今となっては共同体を代表する存在である自治体に，先祖の想いや地域の想いを託すという形で訴求力が生まれたようだ．

寄付による放置財の管理は，地域社会の資源として活用されるとともに，地域経済の活性化にも貢献する．寄付を促進するためには，所有者が寄付に対して抱く様々な心理的な障壁を取り除くことが重要である．

2　今後の展望

放置される資産は長い時間をかけて人間が作り上げた，いわばデザインされた自然空間・社会空間である「里山」を破壊してしまう可能性がある．里山が破壊されれば，生態系の変化，水源涵養機能の低下，美しい田園風景，繰り返し維持されてきた

伝統の劣化など，私たちの社会・経済・文化に対して悪影響を及ぼす可能性がある.

　現在，農地，山林，あるいは家屋を維持するための様々な経済的支援や税の優遇がある. しかしそれぞれの支援は，様々な目的と方向性をもっていて，所有者はその都度それぞれの目的や方向性に合わせて手続きを行い支援を受けている. 本研究の知見やパトリモアン的な発想を活かせば，数多く存在する各種支援や税の優遇を，もう少しシンプルに，例えば，包括的な資産の「里山涵養地域」としてパッケージ化できるかもしれない. そのためには，どんな条件であれば里山が守られるのか，イメージの確認やゾーニングなどが必要になってくるであろう.

　さらに，放置財に関するデータベースの整備も必要である. 自治体や関係機関が放置される資産の情報を一元的に管理し，適切な対応を取るための基盤を構築することで，放置資産に関する問題の早期解決が期待される. このデータベースは，放置される資産の現状や管理状況を把握し，所有者への連絡や管理の手続きを効率化するための重要なツールとなる.

　放置される資産の問題は，少子高齢化や都市集中といった日本社会の構造的課題に深く関連している. これらの資産を放置せず，地域社会の資源として再活用するためには，所有者の意識の持ち方の再確認やわかりやすく使いやすい制度の構築が不可欠である. また，それぞれの地域社会が放置される資産をどのように管理し，次世代に引き継いでいくかについての議論を深める必要がある. 引き続き関心をもって本課題に取り組みたい.

〔文　献〕

片野洋平（2015）「不在村者による家屋管理の条件——鳥取県日南町の事例から」計画行政 38 巻 3 号 65-74 頁.

——（2016）「過疎地域における放置林の発生条件——在村者・不在村者の間伐に着目した分析」林業経済研究 62 巻 3 号 21-30 頁.

——（2017）「過疎地域に放置される不在村者の財の所有動向：所有者に対するインターネット調査から」環境情報科学 46 巻 1 号 91-100 頁.

——（2018a）「山林を中心とした過疎地域における放置資産の所有動向比較」環境情報科学学術研究論文集 32, 251-256 頁.

——（2018b）「地域社会における放置資産の実態とその対策」土地総合研究 26 巻 4 号 103-109 頁.

——（2024）『放置資産がコミュニティを毀損する——地域社会に放置された家屋・農地・山林をどう管理するのか』ミネルヴァ書房.

Katano Yohei, Greenberg Pierce, Agnone Jon（2020）"Traditional or Economic Values? Analyzing Absentee Landowner Attitudes Amid Social and Agricultural Transformation in Japan," 85 (3)

Rural Sociology 683-705.

（かたの・ようへい　明治大学准教授）
［編集委員会注・本稿は学会機関誌編集委員会からの執筆依頼による原稿である．］

The Outline of Abandoned Properties:
A Case Study of Depopulated Areas in Japan

Katano, Yohei

This paper introduces a new concept of abandoned properties, which are increasing in rural areas due to population decline, aging society, and urban migration. These properties, often small–scale and owned by urban residents, are difficult to manage, placing psychological and practical burdens on their owners. Unlike traditional asset–specific management methods, this concept offers a holistic approach, highlighting the potential for abandoned properties to be recognized as valuable community assets. It suggests that donation–based management of these properties could help preserve local culture and community identity while revitalizing rural areas. As a policy proposal, the paper advocates for establishing a donation system to transfer abandoned properties to local governments or community organizations. Additionally, it emphasizes the creation of a comprehensive database to monitor abandoned properties, facilitating more effective responses to this growing issue.

企画関連ミニシンポジウムⅡ　開かれた所有権モデルに向けて

自然アクセス制から考える併存的所有権モデルの意義と課題
——コモニング（commoning）は可能か？——

三　俣　　　学

キーワード：自然アクセス制，万人権，歩く権利，コモンズ

〈要　旨〉

　自然の恵みを享受する目的であれば，他人の所有地であっても，万人のアクセスを権利や慣習として保障している国々は少なくない．現実社会において，自然だけでなく，万人にとって重要な対象物や空間へのアクセスを作り出していく運動（コモニング）も散見される．本報告の目的は，このような不特定多数による同一空間の共同利用，すなわち自然アクセス制の具体的な事象から，併存的所有権モデルについての議論を深めることにある．そのために，まず，(1) 英国・北欧諸国の自然アクセス制の実態を概観し，(2) 同制度が「自然を破壊しない」「他者に迷惑をかけない」を二大原則とする法や慣習に根ざしており，(3) その管理には多様なアクターが関与していることを明らかにする．同時に，法や管理の仕組みだけでなく，(4) 実際に自然アクセスを楽しむ人々が，上述した二大原則を遵守する術を身に着け，自然アクセス制の維持に貢献している可能性を指摘する．以上に基づき，社会的共通資本論や共通財論を援用しながら，若干の考察を行う．

はじめに——なぜ今，自然アクセスか？

　北欧，中欧，英国などには，他人の所有地に立ち入り，自然を愛でることのできる権利や慣習が存在する[1]．本稿では，このような権利や慣習が社会で広く認知されている仕組みを自然アクセス制と呼ぶ．本研究の背景には，自然環境の商品化や破壊，それらと深く関係する私的所有権強化に対する批判的検討を行った研究がある．それらについて，以下の2点から整理しておく．

　第一は，入会権解消により，私的所有への移行を促した政策に関する研究である．特に入会権の対象である林野の私的所有化は，多様な広葉樹を主体とする里山林（農用林）からスギやヒノキの人工林（モノカルチャー）への移行を強く推し進めた．中尾

（1969）や北條（2002）らは，入会関係の解消こそが「高度化」であり，「近代化」への道筋であると説いた入会消滅諸政策を痛烈に批判している．第二は，重化学工場群による海浜の埋め立て，重金属などを伴う工場排水による海の汚染に対する抵抗として展開した入浜権についての研究である（淡路他 1978，など多数）．この両者は，複数主体による同一の土地や空間の重層的利用を否定する主体や政策への異議申し立て，という点で一致している．また，「自然は誰のものか」と問うている点でも一致している．ただ，両者において異なるのは，この問いに対する答えである．前者は共同体の構成員に限定された「みんなのもの」（メンバーシップの共同所有形態）であるのに対し，後者は不特定多数，つまり万人を意味している．コモンズ論においては，前者を「閉鎖型コモンズ」，後者を「開放型コモンズ」と呼び，議論されてきた[2]．

　本稿の目的は，「開放型コモンズ」について，1) 北欧・英国を中心に自然アクセス制を支える法や管理制度，さらには，実際にアクセスを楽しむハイカーの特性を明示するとともに，2) 現代日本における自然アクセス制の含意を導出することにある[3]．

　「開放型コモンズ」は，併存型所有権モデルの一態様であり，法学領域からも早い段階で研究がなされている．たとえば，阿部によるドイツ・スイスのアクセス権についての一連の研究（1979a，1979b，1979c），平松（1995，1999，2003）による英国研究などである．両氏の研究は，工業化によって破壊された自然に依拠して暮らす人々の権利をいかに法的に構成し守ることができるかという強い問題意識に支えられている[4]．

　自然アクセス制は，各国により異なり多様である．平松（1999）は，その許容度に着目し，①自由アクセス（散策はもとより，軽度の資源採取やキャンプ可能），②限定アクセス（立入り通行可能），③非アクセス（所有者以外立ち入りできない）の3種類に分類している．本稿は，北欧諸国に典型的な①と，英国や中欧諸国が該当する②に主たる着眼を置き議論を進める．なお，文献に関して特段の出典が明記されていない場合，英国のコモンズの歴史的展開をふまえ自然アクセス制を論じた三俣（2019），英国における二つのコモンズへの来訪者アンケート調査結果に基づく三俣・齋藤（2023），アクセス制の国際比較をまとめた三俣編（2023）に基づくものとする．

I　多様に広がる自然アクセスの実態

　自然を愛でるアクセスを万人に認める自然アクセス制の対象は，森林，丘陵地，牧草地，フットパスなどである．自然アクセスの許容度の高い北欧諸国では，遊泳，カヌー，釣りなどもなしうる川辺や海浜もその対象となる．また，季節によってアクセ

ス可能な対象は変化する．北欧諸国では，耕作期は対象外である農地も，雪に覆われる冬期にはアクセス可能な対象となる．それゆえ，人々は，ノルディックスキーなどのウィンタースポーツを楽しみ，移動手段としても活用する．自然アクセスの具体的な活動内容は，英国[5]の場合，以下のとおりである．散策をはじめ環境低負荷型の活動が多い．

表1 英国二か所のコモンズでの野外活動内容（N＝393：複数回答可）[6]

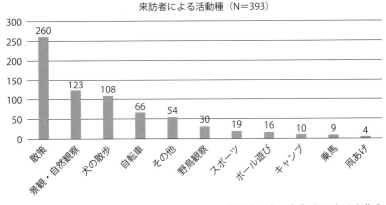

（出典）三俣・齋藤（2023）より作成

このような自然アクセス制は，どのような仕組みで成り立っているのであろう．以下では，それを支える原則や法・慣習，管理制度，自然を楽しむ人たち（来訪者）の特性の順で見ていくことにする．

Ⅱ 自然アクセスに通底する二つの大原則

不特定多数のアクセスを許容する自然アクセス制は，土地所有者と利用者の間，あるいは利用者間でのトラブルが相対的に起きやすい．自然アクセス制を積極的に認めてきた各国では，法や慣習によって，このようなトラブルを回避している．それら法や慣習は，各国の自然や文化を反映しているゆえ多様ではあるが，そこには基層をなす二つの原理が共通して存在している．それは，①自然を破壊しないこと，②プライバシーを侵さないことである．これらは，アクセス許容度のもっとも高い北欧諸国の万人権の原理でもある．北欧諸国では，万人権を法制化するか，あるいは，慣習的運

用を維持するかという議論を経て現在に至っている．たとえば，万人権に対する国民の支持の高いスウェーデンでは，「Friluftsliv と Allemansrätt の概念は，北欧ゲルマン系民族の文化の本源であり，……（中略）……自然に関する2つの哲学」であると語られている（Raadik et. al. 2010）．上記の引用文中の Friluftsliv とは野外生活，Allemansrätt とは万人権を意味するスウェーデン語である．同論文の著者らは，万人権にもとづく野外生活の営みが，北欧の思想や文化の源泉であると述べているのである．と同時に，それが，すべての人間にとって必要不可欠な権利（万人権）であるという点に，特に留意しておきたい．つまり，万人権の根底には，生存権思想が横たわっているのである．

Ⅲ 自然アクセス制を支える法・多様なアクターによる管理の実態

1 法や慣習

先述した筆者らによる共同研究での対象国の範囲で言えば，自然へのアクセスを法で規定している国には，ノルウェー，英国，ドイツ，スイスなどがある．アクセスの範囲やなしうる行為などが，法律の中で明記されているのである．

表2 アクセス制が法の中で規定されている国と法の一例

ノルウェー	野外活動法（1957年）：土地を分類したうえで，アクセス可能な条件を明示．
スイス	スイス連邦憲法（1991年）：立ち入り保障を「州が配慮することを義務づける」 26の州（カントン）の州法：それぞれに細目事項を規定 民法（1900年）：森林所有者に対する所有制限の意味が与えられている
ドイツ	連邦森林法「森林への立入り」（1975年）連邦自然保護法「田野への立ち入り」（1976年） ※入林権について明確な規定を置いていたのはバイエルン憲法（1907年）
英国 （イングランド・ウェールズ）	歩く権利法（2000年），その他，一例として，首都圏コモンズ法（1866年），財産法（1925年），国立公園およびカントリーサイド・アクセス法（1949年）など．

（出典）嶋田他（2010），三俣編（2023）に基づき作成

他方，自然アクセスを法制化せず，慣習として運用している国には，スウェーデン，フィンランドがある．慣習的運用は，上述した二大原則を満たす限り，他人の土地上での自然を自由に楽しむことができる．2つの原則に抵触するアクセス者の行為

に対しては，不動産法，刑法，自然保護法などにより罰する．つまり，自然アクセスのなしうる行為，程度，範囲などが，他法によって間接的に決められているのである．このように各国において特色ある自然アクセス制について，本稿では，次の2点を特筆しておく．

第1点目は，ドイツやスイスなどのように法が入れ子状をなし，細目事項については，現場に近い単位で，自然アクセスのなしうる行為などを規定する，という点である．万人権を慣習的に運用しているスウェーデンやフィンランドにおいても，土地所有者との間でトラブルになりやすいキャンプやスポーツ大会などを行う場合，所有者と事前に調整して実施することを政府は推奨している．あくまで，ローカルな現場で具体的な調整を行い，秩序形成を促すという構えである．

第2点目は，自然アクセスに関する権利や制度は消滅することもあれば，逆に生成されもするという点である．たとえば，エンクロージャー運動により自然アクセスの領域を著しく減少させた英国においては，19世紀から1世紀以上にわたり，自然アクセスを拡張させる歴史的展開をみた．結果，2000年歩く権利法が制定され，登記されたコモンズや高地上にも歩く権利が適用された．さらに，2009年には，海辺域にまで歩く権利を拡張する法律を制定した（詳細については，三俣 2019; 鈴木 2023）．

2　多様なアクターの関与・協働

自然アクセス制は，万人が利用できるという意味で，「オープンアクセスの悲劇」に陥る可能性が相対的に高い．その弊害を乗り越える工夫や努力が，多様なアクターによって担われていることを，英国の例から，一瞥しておく．現場における管理については，各自治体，所有者，入会権者，ランブラーズ協会やオープンスペース協会のような非営利組織など多様な主体がかかわっている．

一般的には，歩行道，アクセスランドの管理については，各カントリーエイジェンシー（イングランドの場合，Natural England）が，歩く権利の服する地図の作成義務を担い，地方自治体とその一部門をなす地方公道局がフットパスやアクセスランドの調査，評価，境界確定や変更手続きの業務を担っている．他方，土地所有者は，来訪者の歩行の妨害になる農機具などの除去や道幅の確保を義務として担う．歩く権利の服する空間が，良好にアクセス可能な状態に保たれているか否かをモニタリングすることも重要になる[7]．この点で多大な貢献を果たしているのが，英国各地に大勢の会員を擁するランブラーズ協会やオープンスペース協会などのアソシエーションである．会員たちは，組織の定例活動を通じてだけでなく，個人として行う日常的な自然アクセスを通じて，モニタリング機能を果たしている．彼らは，問題に遭遇した際，アソ

シエーションを通じて，関係省庁や自治体，所有者に対して，速やかに是正要求等を行っている（三俣編 2023）．以上までで，法や慣習，管理主体の役割についてみてきた．次に，実際に自然アクセスを楽しむ人たちにも着目して議論を進める．

3 自然を楽しむ人々が担う自然アクセスの仕組み

三俣・齋藤（2023）の英国でのアンケート調査結果では，実際に自然を楽しむアクセス者自身が，自然アクセスの仕組みを維持する一翼を担っている可能性が示唆された．その要点は次の 4 つに集約できる．①アクセス者の行う活動は，散策をはじめ，概して環境低負荷型であること，②アクセス者の多くが歩く権利を定めた 2000 年歩く権利法を知っており（83%），そのうち，同法が自然アクセスを行う上で重要であることを認識していること（93%），③アクセス者が，犬の躾の徹底（84%）やカントリーサイド・コードを遵守すること（81%）やアクセスを禁じる標識に従うこと（73%）を重要視していること，④アクセス者の多くがなんらかのトラブルに遭遇しており（87%），違反者に直接注意を促したり，アソシエーションなどの関連団体に通報したりした経験を持っている，ことである．これまで，自然アクセス制をめぐる問題として，(1)「土地所有者 対 訪問者」のコンフリクト，(2)「生業（営農者／入会権者）対 訪問者」のコンフリクト，(3)「訪問者 対 訪問者」のコンフリクトが指摘されてきた．上記のアンケート調査結果から，アクセス者が，居住地に近い自然に頻繁にアクセスし，習得した知識や自然でのふるまいによって，上記のようなコンフリクト発生の抑制に寄与している可能性が示唆された．

以上までで，自然アクセス制を支える仕組みについて論じてきた．次に，自然アクセス権や慣習が，乱開発による環境破壊の歯止めとなりうるか，という論点についても，若干の検討を試みる．

IV 自然アクセスは乱開発抑止の砦となりうるか

1 英国の場合

先述したとおり，英国の歩く権利は法律で明確に位置づけられているが，開発に対して同権利は強靭とはいえない．以下では，2000 年 3 月 20 日に下院で行われた歩く権利法案の第 2 読会における，マイケル・ミーチャー環境相の発言を確認しておく．「いくつかの俗説を否定しよう．アクセス権は，開発された土地，耕作地，庭園の立入権に適用されるようなことはない．つまり，人々がアマ畑やベゴニアの花壇をずかずかと踏み荒らすことが許されるということはない．土地所有者は，自分の土地を好きなように利用し，開発する権利を有する．つまり当該地は，その土地所有者の所有

のままである，ということだ．土地所有者は，理由の如何を問わず，年間 28 日間まで土地を閉鎖したり，立ち入りを制限したりする当たり前の権利を有する，ということである．」（Hansard website）．

2 西ドイツの場合

西ドイツのアクセス権を取り上げ，判例に基づきその法的効力について議論を進めた阿部（1979a，1979b）は，自然アクセス権を規定する法や関連法を根拠として，乱開発の差し止めが可能だとする肯定説と不可能だとする否定説を紹介している．肯定説を要約すれば，1）自然が潤沢に存在した時代と，それを切り崩してきた現代では自然環境の稀少性が異なるゆえ，その法解釈も変容しうること，2）開発等により万人権の対象である自然が消失すれば，万人権それ自身が意味をなさない，という見解を紹介している．否定説の根拠としては，（a）森林への立ち入りを認めてきたドイツの古い慣行をただ明文化したものにすぎないこと，（b）土地所有者にその社会的拘束の範囲を超える制限を課すことになること，また，補償なしにそのような制限を課すことは私的所有権の保障と矛盾すること，（c）自然に対する侵害（開発）について防御権が成立すれば，無数の人びと（万人）が他人の所有権の処分に関与できることになること，同時に，原告の範囲を特定できないゆえ不適法な訴訟を招き，法的安定性が損なわれる可能性が生じることを挙げている．以上，阿部は，私的所有権制度を認める以上，所有権行使を実質的に制約する権利はドイツでは認められていないと総括している．

V 結 論

併存型所有権モデルの一典型である自然アクセス制は，その利用はもちろん，管理面においても，「公」「共」「私」の協働のもとで成立している．併存ゆえに火種となるトラブルを乗り越えるための法や慣習が重要な役割を担っている．それらが，ローカルレベルでの秩序づくりを促し，尊重する点も重要である．同時に，自然アクセスを楽しむ人たち個々人のもつ自然アクセスの法制度的な理解，トラブル回避行動の認知，自然に対する知識や技能，そして自然の中での実際の振る舞いが，同制度を機能させるために一定の役割を果たしていることが示唆された．加えて，自然にアクセスする人の多くが，暮らしの身近な自然に反復的にアクセスしている，というローカル・コモンズ的な要素も確認できた．他方，阿部（1979a，1979b）の指摘通り，乱開発に対する自然アクセス権や慣行は，脆弱であることは否めない．しかし，平松が「所有権とは別にあるいは所有権の制限として，自然を共に利用する権利によって自

自然アクセス制から考える併存的所有権モデルの意義と課題　113

然破壊に対し一定の抑制をかけるところに意義がある」（平松 2003: 172）と論じているように，開発主体も行政も，多様な人々による多様な利用が同一空間に輻輳しているゆえに，実際の開発計画や開発認可の過程で慎重にならざるを得ないと思われる．その点を考慮に入れれば，自然アクセス制は，乱開発を阻止できずとも，抑止に寄与してきた可能性は高いのではないだろうか．

VI　若干の考察——議論のさらなる展開に向けて

　社会的共通資本を民営化する動きが，近年，加速している[8]．例えば，「公共施設や公物の運営権・利用権を切り出し，民間事業者に管理運営を包括的に委ねようとする水道法改正（2018 年），都市公園法改正（2017 年），PFI 法改正（2018 年），国有林野管理経営法改正（2019 年）」（高村 2019: 13）など，枚挙にいとまがない．吉田（2001）が指摘した日本の私的所有権の特質たる強靱性と商品化の貫徹が，より確固たる形になりつつある．このような傾向は，日本だけでなく，他国においても顕著であり，美術館など人類共通の財産が，市場原理にもとづく囲い込みの波に飲み込まれつつある[9]．山野海川などの自然環境の商品化についても同様である．

　自然の商品化のもつ「潜在的危うさ」は，現代日本の人工林が雄弁に物語っている．多種多様な樹種で構成される里山林（農用林）もまた，拡大造林政策によって，スギやヒノキの経済林になった．市場での競争力がある限り，持続的な利用と管理のサイクルが保障されるかもしれない．しかし，長らく市場で評価されなくなった日本の人工林は放置されて久しい．放置人工林は，表面こそ緑で覆われているが，森林生態面においても防災面においても，多くの問題を抱えている．放置される自然は，森林だけでなく，土地や農地にも及んでおり，自然離れを引き起こす一つのトリガーになっている．とりわけ若年層の自然離れは，前世代から引き継いできた結果でもあり，次世代に継承されていく可能性があると指摘されている（Soga & Gaston 2016）．こうした視点からも，あくなき利潤追求の対象としてのみ自然を位置づけてしまうことは危うい．

　こういった問題意識を背景に，併存型所有権モデルの議論を進めていくことは，「時代の課題」への処方箋を提供しうる．日本においては，2000 年前後から各地で広がるフットパスやトレイルづくりの試みが盛んである．学問の成果を待つまでもなく，各地で多様な主体が協働しうる空間をとり戻すコモニングの動きは，圧殺され続けてきたコモンズ蘇生を渇望する現れであり，所有や地縁を超える「新しいコモンズ」の創造でもある．筆者は，こうした併存型所有を創造していく際，1 世紀以上の

法社会学第 91 号（2025 年）

議論を重ね，閉鎖型コモンズを変容させ，自然アクセスを広げてきた英国の歴史や経験の中に，大いに学ぶ点があると考えている.

　　[付記]　本研究は，JSPS 科学研究費基盤研究 B（16H03009）の研究成果の一部である.
　　　　　また，環境経済・政策学会 2024 年大会では，金沢大学・大野智彦教授から有益な示唆を賜った.以上について，記して感謝する.

1)　筆者は，「所有の如何を問わず，誰であっても自然にアクセスし，一定の活動をなしうる権利や制度が社会的に容認されている体制」と定義している（三俣 2019: 100-101）.
2)　嶋田・室田（2010），Sandell et. al.（2010），間宮他編（2013），三俣（2019）など.
3)　本稿は，JSPS 科学研究費基盤研究 B（研究課題番号 16H03009）の成果の一部である.
4)　阿部の一連の研究の背後には，1970 年代後半から，全国で活発した入浜権運動およびそれをめぐり展開した学際的研究がある.
5)　本稿で論じる英国は，イングランドとウェールズを指す.
6)　「その他」の自由記述形式の回答には，歩く権利には含まれないモーターサイクルやブラックベリー採取などがある一方，ごみ拾い活動や子どもの自然教育など，環境保全・維持活動も含まれていた.
7)　例えば，土地所有者によって違法な立入禁止などの標識設置などがある.
8)　間宮（2015）は，社会的共通資本を市場にゆだねる新自由主義経済の思想と，非市場領域を背景として成り立つ市場経済の見立て（＝社会的共通資本の位置づけ）を明確に論じている.
9)　この点で，イタリアにおいて民法改正を射程に置いた共通財論の本格的な展開をみたことは，大変，示唆に富む（高村 2019）.

〔文　献〕

阿部泰隆（1979a，1979b，1979c）「万民自然享受権──北欧・西ドイツにおけるその発展と現状①～③」法学セミナー 23 巻 11 号 112-117 頁，12 号 77-81 頁，13 号 108-112 頁.

淡路剛久・谷川健一・華山謙（1978）「長浜町入浜権判決をめぐって」ジュリスト 671 号 126-136 頁.

Hansard website: https://api.parliament.uk/historic-hansard/commons/2000/mar/20/countryside-and-rights-of-way-bill（2024 年 8 月 30 日アクセス）.

平松紘（1995）『イギリス環境法の基礎研究──コモンズの史的構造とフォレスト法──イギリスの森林法史研究序説』敬文堂.

──（1999）『イギリス緑の庶民物語──もう一つの自然環境保全史』明石書店.

──（2003）「イギリスにおける‘歩く権利法’と自然保護──自然共用制に向けて」環境法政策学会編『環境政策における参加と情報的手法』商事法務，166-174 頁.

北條浩（2002）『部落・部落有財産と近代化』御茶の水書房.

間宮陽介（2015）「社会的共通資本の思想」現代思想 43 巻 4 号 76-87 頁.

間宮陽介・廣川裕司編（2013）『コモンズと公共空間──都市と農漁村の再生にむけて』昭和堂.

三俣学（2019）「自然アクセス制の現代的意義——日英比較を通じて」商大論集 70 巻 2・3 号 93-116 頁.

三俣学・齋藤暖生（2023）「英国イングランドにおける自然アクセス制の実態——Cleeve Hill Common と Epping Forest におけるアンケート調査を中心に」経済学論叢 75 巻 1 号 71-99 頁.

三俣学編（2023）『自然アクセス——"みんなの自然" をめぐる旅』日本評論社.

中尾英俊（1969）『入会林野の法律問題』勁草書房.

Raadik. J., Cottrell. S. P., Fredman. P., Ritter. P., & Newman. P. (2010) "Understanding Recreational Experience Preferences: Application at Fulufjället National Park, Sweden," 10 (3) *Scandinavian Journal of Hospitality and Tourism* 231-247.

Sandell, K., & Fredman. P. (2010) "The Right of Public Access: Opportunity or Obstaclefor Nature Tourism in Sweden?," 10 (3) *Scandinavian Journal of Hospitality and Tourism* 291-309.

嶋田大作・室田武（2010）「開放型コモンズと閉鎖型コモンズにみる重層的資源管理——ノルウェーの万人権と国有地・集落有地・農家共有地コモンズを事例に」財政と公共政策 32 巻 2 号 77-91 頁.

Soga, M., & Gaston. K. J. (2016) "The Extinction of Experience: the Loss of Human-Nature," 14 (2) *Frontiers in Ecology and the Environment* 94-101.

鈴木龍也（2023）「フットパスとアクセス・ランド——英国におけるカントリーサイドへのパブリック・アクセス制度の展開」前川啓治編『フットパスでひらく観光の新たな展開——あるく・まじわる・地域を創造する』ミネルヴァ書房，113-158 頁.

高村学人（2019）「共通財という新たな所有権論」法律時報 91 巻 11 号 13-18 頁.

宇沢弘文・茂木愛一郎編（1994）『社会的共通資本——コモンズと都市』東京大学出版会.

吉田克己（2001）「土地所有権の日本的特質」原田純孝編『日本の都市法 I ——構造と展開』東京大学出版会，365-394 頁.

（みつまた・がく　同志社大学教授）

［編集委員会注・本稿は学会機関誌編集委員会からの執筆依頼による原稿である.］

Significance and Challenges of the Multilayered Ownership Model From the Viewpoint of Access Rights/Custom to Nature: Can We Build the Commoning for Nature

Mitsumata, Gaku

Quite a few countries guarantee public access to nature for all as a right or custom, even on land owned by others, if the purpose is to enjoy the bounty of nature. The purpose of this article is to deepen the discussion on the multilayered ownership model from the viewpoint of the right of public access to nature. In order to fulfill its purpos, this article tries to (1) overview the actual situation of a right of public access in the UK (England and Wales) and Nordic countries, and to (2) demonstrate that these systems of access to nature are rooted in laws and customs based on the two basic principles of "not destroying nature" and "not disturbing privacy," and then to (3) clarify that a variety of actors are involved in management of the public access to nature. (4) This article also tries to point out that it is possible that people who actually enjoy nature access may have mastered the art of complying with the two basic principles mentioned above and that they contribute to the maintenance of the system of access to nature. Finally the author tries to give some discussion in line with social common capital on the basis of four focal points above.

狩猟と山野における土地所有権

高 橋 満 彦

キーワード：山林アクセス，狩猟権，狩猟自由主義，地主狩猟主義，鳥獣法

〈要 旨〉

　我が国には狩猟に際して土地所有者の承諾を必須とする慣習はなく，筆者らの大規模アンケート調査によっても裏付けられた．明治期の狩猟法制定時の論争では，ドイツのような土地所有権と狩猟権を牽連させる地主狩猟主義や猟区制度は採用されず，柵等で囲まれた土地と作付けされた農地に限って地権者の入猟承諾が必要と規定され，今に至る．規定された土地以外での狩猟者と土地所有権の関係は，地方の慣行に依ると考える．一方で，鳥獣管理のためには，土地所有者に管理捕獲活動の受忍義務を課すなどの立法的対応が必要だと思慮する．

は じ め に

　不動産が直面する現代的課題を背景に，我が国で広く受容されている所有権の不可侵性と絶対性を再考する言説（高村 2014 など）が増えているが，実際の人々の行動を通じてどのように所有権は発現するのであろうか．本稿では，狩猟[1]を主とした山野における鳥獣の捕獲と所有権の関係を分析する．狩猟はスポーツとしてはマイナーであっても，中山間地において鳥獣被害は大きな社会問題であるため，狩猟や駆除の推進が求められており，狩猟と土地所有権を巡る議論には社会的意義がある．しかし，地権者の承諾が入猟の条件となると，狩猟活動は困難となるであろう．現行の鳥獣の保護及び管理並びに狩猟の適正化に関する法律（平14法88，以下「鳥獣法」）では，作付けされている農地か，柵などで囲まれた場では，土地の占有者に承諾を求めることとしている（17条）のみだが，その解釈にも定説はない．本稿では，鳥獣害対策で注目される狩猟の公共性にも意識しつつ，土地所有権のあり方と野生動物の法的位置づけへの視角を提供する．

I　狩猟と土地を巡る現状把握

1　狩猟と土地問題の背景

　狩猟活動のほとんどは陸域で行われ，土地の権利や利用との調整が不可避となる．現在我が国においては，シカやイノシシなどによる農林被害や，クマによる人身被害などに代表される鳥獣害が社会問題化しているため，鳥獣管理の推進が標榜され，鳥獣法の改正や鳥獣被害特措法の制定などの法的対応もなされ，行政も様々な事業を展開している．鳥獣害への対応は多岐にわたるが，捕獲と捕獲を伴わない防除の二つに大別される．また防除には，田畑を電気柵で囲ったり，不要果樹を摘果したり，などの活動があげられるが，捕獲も防除も相互補完的であり，狩猟等が鳥獣害対策に重要である点に変わりはない．野生動物は移動性に長けるため，狩猟活動は広範囲にわたることもある．また，一つの地所に生息する動物が，他所に移動して被害を与えることはもちろん，繁殖力を有するため，ある場所で増えて近隣に被害を与えることもあり，広域的対策も必要となる．そのため，山林田野の土地所有が小面積で分散錯綜している（零細分散錯圃）日本では，狩猟等に際して個々の地主の承諾を得るのは困難で，後述するように，地権者の承諾を得ることなく入猟することが一般的である．しかし，動物保護団体が山林を取得して禁猟の看板を掲げ，入猟者を「密猟」として問題視する事態も散発している．彼らの論理からすると，土地所有者の承諾がない狩猟等は密猟ということになるのだが，それでは中山間地政策としても重要性を増す鳥獣管理の実施は困難となる．特に，所有者不明土地が増加している現代ではなおさらである．

2　狩猟者の行動と意識

　それでは，現実の狩猟等の現場では，地権者の承諾はどのように扱われているのだろうか．筆者は，東日本大震災後の 2012 年に，共同研究者らと東日本を中心とした 19 都県において，狩猟者の意識調査を行った（上田他 2018; 高橋 2016）．約 22,000 人からの回答があり，全国狩猟者総数の約 2 割をカバーする大規模な調査であった．この調査の要点は，福島原発事故による放射能漏出が狩猟行動に及ぼす影響の把握であったが，関連する多項目の質問をした．興味深いのは，多くの狩猟者が，狩猟に当たって地権者の承諾を得ていない点である．表にあるように，銃猟者の多くが地元の通い慣れた猟場に通っているにもかかわらず，猟場の土地所有者を知らないと回答しているのだ．東日本の山林では国有林が占める割合が多いことを考えると，なおさら高い数値である．また，縄張り意識（他人の猟場に入らない）が高いことも示された[2]．

表　狩猟者（第 1 種銃猟）の猟場に関する意識

	平均（7 件法*）
利用する猟場はだいたい決まっている	5.68（n＝12514）
猟場は居住するまたは隣接する市町村	4.98（n＝12463）
他人の猟場には入らないようにしている	4.96（n＝12453）
猟場の土地所有者が誰なのか知っている	4.12（n＝12379）

*1 全く当てはまらない…7 非常に当てはまる
（高橋 2016: 69 を編集）

3　入猟に関わる法制度

　日本の狩猟者の土地所有権を意識しない行動と意識は，猟場の土地所有形態や，地域社会における捕獲の意義などを踏まえると，実際の狩猟や駆除をするうえで必然の結果と言えるが，実定法ではどのように規定されているのであろうか．狩猟等と土地所有権に関する現行法規定は，鳥獣法第 17 条であり，「垣，さくその他これに類するもので囲まれた土地又は作物のある土地において，鳥獣の捕獲等又は鳥類の卵の採取等をしようとする者は，あらかじめ，その土地の占有者の承諾を得なければならない」と規定され，違反者には罰金 50 万円の罰則が用意されている（85 条 1 項 2 号）．この条文は，1873 年 3 月改正の鳥獣猟規則（明 6・3・18 太政官布告 110）まで遡る歴史あるものである．「鳥獣の捕獲等」とは，「捕獲又は殺傷をいう」（鳥獣法 2 条 7 項）ため，鳥獣保護管理上の捕獲も含む射程の広い重要な条文だが，筆者は以下の四つの解釈がありうると考える．

① 　自由入猟説：第 17 条で規定する土地（以下「17 条地」）以外では自由に捕獲等ができる．多くの狩猟者が支持する説であるが，反対解釈について疑義が残る．

② 　黙示承諾説：山野田園での捕獲等には黙示の承諾が推定されるが，17 条地には推定は働かず，承諾を要する．黙示の承諾を一般化するのには疑問が残る一方で，禁猟の意思表示があれば捕獲等はできないとすれば，実務上不都合が生じる可能性がある．

③ 　地方慣行説：法で土地所有者等の承諾が必要とされる 17 条地以外は地方の慣行に委ねる．バランスの取れた見解だと考えるが，慣行を見極める際には実務的な困難を伴うこともあるだろう．

④ 　17 条地保護強化説：そもそも捕獲等には土地所有者等の承諾を必要とするのが前提であり，特に 17 条地を強く保護している．米国などの状況に近い考えだ

が，日本の法制度下で 17 条地以外の土地での捕獲等に承諾を要する根拠が明らかではない．

考察に着手する前に，そもそも野生鳥獣の捕獲と土地を巡る法理をもう少し探る必要があろう．

4 地主狩猟主義と自由狩猟主義

野生動物は，毛上の草木や作物と異なり，地盤の所有権には服さず，無主物であると観念されている．しかし，無主物たる野生動物を誰が狩ってもよいのか否かを巡っては，古今東西様々な見解が錯綜している．これに関して，法理論として従来言われるのが地主狩猟主義と狩猟自由主義及び国家狩猟主義であり，前二者の概念が比較的重要だとされるので（栗生 1943: 175-182），両者の概要を説明する．

地主狩猟主義は，土地所有権と牽連した狩猟権という権利を認めるもので，鳥獣は無主物であっても，鳥獣の狩猟は，土地所有権の一部であり，土地所有者は排他的に狩猟ができるとする考えである．さらに狩猟をする権利を狩猟権として土地所有権から分離し，狩猟権を他人に貸借することも可能となる．土地所有者が狩猟権を有するという理論は，封建的貴族が独占していた狩猟を市民（土地所有者に限るが）に解放することに成功した．しかし，これにより急激に増えた新たな狩猟者により，鳥獣資源は枯渇したため，狩猟へのアクセス制限が必要となり，ドイツでは猟区制度がとられ，一定の面積以上の土地があって初めて狩猟権が行使できるとされた．この一定面積以上の可猟の土地が本来の「猟区」であり，その面積に達しない小規模な土地は，村単位などで集積され，「連合猟区」に編成され，各連合猟区に一つの狩猟権行使権が第三者に賃貸されるようになった（高橋 2008: 300-301）．近代以降の仏英も，ドイツのような猟区制度は採らないものの，狩猟をする権利は土地所有権者に属するものである．

一方，自由狩猟制度は，米国や南欧で行われていたとされる．米国では，野生動物は英国王（当時，狩猟鳥獣は王が「所有」するとされた．）に代わって主権者となった人民全体が所有するものであり，市民に平等に野生動物へのアクセスを保証し，資源を保全管理するために州に信託された財産だとされている（Freyfogle et al. 2019: 23-27）．

5 入猟アクセスの問題と狩猟の義務化

上述の分類に接すると，入猟にあたってドイツでは土地所有者の承諾が必要で，米国では不要なのではないかと思いがちだが，現実は逆である．ドイツにおいて山林田野は，土地所有者の意思にかかわらず，原則として猟区に編入されることが法定されており，猟区に編入されれば，狩猟権行使者による狩猟を拒めない[3]．さらに，狩猟

権行使者は，地方政府との協議を経て設定される狩猟計画に基づいて，毎年計画されたシカを狩猟する義務を負う．このような仕組みに狩猟に反対する地主は当然反発するが，一定数のシカ類を捕獲することが，保護管理上必要だという理由で正当化されているのである．フランスにおいても，いわゆる Verdeille 法（loi no 64-696 du 10 juillet 1964）により，多くの県では山林は，狩猟者組織による管理下に義務的に編入され，ドイツ同様に土地所有者は原則としてシカ等の捕獲を拒めない．

　一方，現代の米国では土地への権利意識が高く，無承諾の私有地への立入りを不法侵入（trespass）ととらえ，独仏のように地主に狩猟を受忍させる法もない．土地所有権には強力な排他性が認められ，"NO HUNTING" の制札だけで入猟を拒否できる等，土地所有者が猟場へのアクセスをコントロールできるため，土地所有者の意に反した猟区編入を認めるドイツよりも，現実には地主の権限が強くなっており，入猟には地主の承諾を得ることが常識化している．米国は日本や欧州と比較して狩猟圧が高く，鳥獣政策は濫獲規制が主流ではあるものの，シカ等の管理のためには私有地においても捕獲圧が必要であり，制札の意味を問い直す議論もなされている（Snyder et al. 2009）．

　結局のところ，地主狩猟主義と自由狩猟主義の違いは，土地所有権と牽連した狩猟権という概念を認めるか否かに帰結するのであるが，土地所有者に鳥獣管理に関する何らかの作為義務を課す場合には，前者の方が理論的にはハードルが下がる．森林病害虫等防除法では，森林所有者等に対する森林病害虫等の駆除命令が定められている（3 条）ものの，日本の山林や農地所有者に鳥獣駆除を義務付けるのは，実務的に無理がある上に，理論的にも土地所有権に狩猟権のような野生動物への接点がない中では，捕獲という作為義務までを課すのは受入れられないだろう．しかし，受忍義務であれば検討に値するであろう．

II　日本における狩猟と土地所有権の論争

　それでは，日本における狩猟と土地所有権の関係は，どのような法的状況にあるのだろうか．実は，狩猟と土地に関して，日本の近代法整備の課程では激しい議論がなされたことが伝わっている．時は明治 20 年代，自由民権運動が盛り上がる中，開設間もない帝国議会においてである．ことの発端は 1892 年の狩猟規則（明 25 勅令 84）である．幕末の外国人銃猟問題から始まった狩猟規制の成文法化の到達点ともいうべきものが狩猟規則であったが，それが勅令であること等に，野党（民党）が反発した．施行された直後の第 4 回帝国議会（1892 年 11 月 29 日開会）衆議院には，狩猟規則は

違憲であるとして高田早苗らによって「狩猟規則ニ関スル決議案」が提出された．狩猟規則が帝国憲法に違反するとされた点は，①独立命令制定権（9条）の逸脱，②狩猟税規定による租税法定主義（62条）の違反，③命令による所有権（27条）の侵害であった．所有権の侵害は，他人所有地への入猟を認める点に，保護鳥の指定により所有権獲得の自由を制限する点が加えられた[4]．

決議案を可決された後に，政府の意向を受けた法律案が提出されたため[5]，上記の違憲問題はほぼ解消されたが，狩猟規制や制度に関する実質的議論が活発に交わされた．特に貴族院では，猟区についての激しい論争が持ち上がった（高橋 2008）．

狩猟法案中の猟区規定は，狩猟規則と同様で，「日本臣民」は農商務大臣の免許を受けて，10年以内の期間，「免許本人及其承諾ヲ受ケタル者ノ外狩猟ヲスコトヲ得ス」としたものであった．この猟区案は，欧州の模倣，金持ちや貴族の遊興のために農民の生業を奪う，などと政府の欧化政策に批判的で農本主義的な谷干城ばかりか，法律の元祖箕作麟祥にも反対された．

確かに狩猟規則及び狩猟法政府法案の猟区制度は，ドイツ翁と呼ばれた青木周蔵の影響を受けているが，ドイツと異なり猟区に組織されなくとも狩猟は可能で，猟区の最低必要面積も定められていなかった．政府は共同狩猟慣行にも対応できると説明しており，富山県婦負郡池多村三ノ熊のように狩猟規則により猟区の免許を得たのちに，後述する共同狩猟地に移行した猟場もある．そのため，猟区制への反発は実務的というよりも，思想的，原理的なものだったのではないか．示唆に富むのは箕作の動きである．箕作の提案は，議会内外の議論を踏まえたものと思われ，猟区制に反対する一方で，入会的な共同狩猟慣行のある猟場を保護することを提案し[6]，第8回帝国議会（1895年）で成立した狩猟法（明28法20）では，猟区は廃案にしたうえで共同狩猟地の制度が創設された．猟区と箕作提案の共同狩猟地では，特定の狩猟者が特定の猟場で排他的に狩猟ができるという点では，免許料の要否以外に違いはないが[7]，後者では免許対象が共同狩猟慣行を有する者たちに限られている点で大きく異なっている（なお，箕作は議会で正月の鴨の雑煮に言及したように，網猟を意識していた．）．

関連して興味深いのは，狩猟規則が土地所有権の侵害であるという主張であろう．この主張は，狩猟規則によって誰でも他人所有地で狩猟ができるようになったという理屈であり，地主が（禁猟制札の出願や，猟区の免許を得ない限り）他人の入猟を甘受しなければいけないのは，所有権侵害だという論法である．明治維新後二十数年で，所有権意識が一定程度定着していた証左と言えなくもないが，明治新政府による最初期の狩猟法令である鳥獣猟規則（明6・1・20太政官布告25）において，他人所有

地に関する入猟禁止規定は，「他人ノ住居或ハ構内」（10条）に止まる一方，「猟ヲ禁スル地ニ非スト雖モ田畑植物ヲ踏荒シ且樹木ヲ毀損スルコトヲ厳禁ス」（12条）とあるように，他人所有地への入猟慣行は所与の前提であり，勅令により導入されたので違憲だという主張には難もあったようである[8]．たしかに改正鳥獣猟規則（明7・11・10太政官布告122）から，地券を所持する土地所有者に「制札ヲ建テ其ノ周囲ニ縄張又ハ仮囲ヲ」することで銃猟を禁止する（12条）権限を与えた．しかし，反発もあったようで[9]，狩猟規則では土地所有者は地方長官に出願を要するように改正され，狩猟法にも踏襲された．

　結論として，1892年から1895年にかけての帝国議会の論戦からは，以下の事項が認められる．①土地所有権に牽連するドイツ型の狩猟権と猟区制度の否定，②共同狩猟地の創設により，共同狩猟慣行と狩猟入会地の保護，③他人所有地への入猟を前提とする規定の継承，④地主による禁猟制札の制限．これらをもって，日本の狩猟法制では，地主狩猟主義を否定し，自由狩猟主義が採用されたと結論付けられるのだが，一部国家狩猟主義の要素や，共同狩猟慣行の法認からもわかるように村落の権利も交錯して，狩猟の実態は複雑である．

Ⅲ　考察と今後の課題

　ここまで見てきたように，狩猟と土地所有を巡っては，一般の日本人にはあまり意識されていない複雑な法関係が存在することが確認できた．しかし，冒頭に述べたように，鳥獣保護管理のために狩猟等が必要となる状況下では，何らかの指針を示すことが必要である．また，比較対象とした欧米においては，動物の権利運動の隆盛と共に，狩猟忌避が土地所有者の間にも広がっている．ヨーロッパ人権裁判所は，フランスやドイツにおいて基本的人権擁護の観点から，土地所有者の倫理的理由による私有地での狩猟の拒否を認める判決を下している[10]．

　現代日本においても，権利意識の強まりや，動物愛護を含めて価値観が多様化する一方で，所有者不明問題が顕在化しているため，鳥獣法第17条の解釈を検討したうえで，同条だけでは足りなければ，立法上の対応についても検討することとする．

　まず，鳥獣法第17条の解釈に関しては，筆者は地方慣行説が適当だと考える．所管官庁が監修した法令解説書によれば，鳥獣捕獲による土地の立入りによって，所有権や用益権を侵害することは許されない（鳥獣行政制度研究会 1979: 180）としながらも，「一般的には土地の利用権を侵害することとはならない」（環境省自然環境局野生生物課鳥獣保護管理室 2017: 124）とされている．さらに踏み込んで，「狩猟を正当な理

由なしに土地所有者等が拒否する場合には，我が国において狩猟のための立入りが慣行的にその所有者等から黙認されている現状を考えると，権利の濫用となることも予想される」（鳥獣行政制度研究会 1979: 180）とも解説されている．ただ結局のところ，私有地への入猟は民対民の私法上の関係であり，警察法規である鳥獣法は，集約的土地利用が推定される 17 条地にのみ，取締規定を設けているのである（罰則の適用についても，親告罪.）．私有地といえども山林田園への立入りに関しては，民法に照らしても統一的な処理のない日本においては，地方の慣習に依るしかないと考えるのである．

17 条保護強化説に関しては，我が国の実態に適合せず，沿革的にも狩猟法の第 4 条において，禁猟の場所（「狩猟ヲ為スコトヲ得ス」）として「御猟場」，「禁猟制札アル場所」，「公道」，「公園」などと並んで列挙されているのが「欄，柵，囲障又ハ作物植付アル他人ノ所有地及免許ヲ受ケタル他人ノ共同狩猟地」であり，単に他人の所有地とされていなかったことに留意すべきである．

自由入猟説は，狩猟法の立法者意思にもっとも近いと思われる．しかし，土地の利用形態によっては，狩猟によって他人の所有権や用益権を侵害するおそれはあり，17 条地以外の私有地は，反対解釈として自由に入猟できるというのは短絡的であるという批判が古くからある（小柳 2015: 304-306, 523）．1895 年狩猟法制定時の設計では，排他的な狩猟入会慣行がある猟場は共同狩猟地，狩猟が土地利用を支障する私有地は，地方長官に申請して禁猟地（制札）とすべきということだろうが，実際にはそのように整序はされず，多くは地方の慣習に任されてきた．現実の猟場には，地元狩猟者の縄張りの有無や，土地の状況（施業密度の濃い植林地から荒蕪地まで），捕獲等の目的（有害鳥獣駆除から純粋な遊猟まで），狩猟形態（銃猟，罠猟など）など，複雑な要素がある．かかる理由から，曖昧さが残るものの，地方慣行説が比較的よく現実を投影している．

黙示承諾説については，占有者の意思に捕獲等の可否が委ねられることに疑義がある．遡ると鳥獣猟規則では，地主は禁猟制札を立てること等により，自己所有地を禁猟にできるとされていたが，地主本人も（理屈上は）銃猟ができなくなるため，土地所有権の排他性というよりも，「人民障碍相成候場所」（明 6・1・20 太政官布告 25）という公益上の理由が強かったと推測する．その後狩猟規則以降は，地主が自己所有地を随意に禁猟にすることが排されていることは，先述のとおりである．

さて，第 17 条の解釈に一応の見解が示せたとしても，地方の慣行に従うという曖昧な状況では捕獲の現場で問題が生じるおそれがある．登録狩猟や学術捕獲などの場

合では，狩猟者や捕獲者と地権者との相互関係であると割り切ることも不可能ではないが，有害鳥獣の駆除や個体数調整等の管理目的の許可捕獲（以下「管理捕獲」）の実体は（法文上は，行政は許可処分をするだけだと解しうるものの），鳥獣行政上の目的を果たすための公的捕獲である．指定管理鳥獣捕獲事業（行政が主体となって，シカやイノシシ等環境省令で定める鳥獣を捕獲．）を筆頭に，立法を通じて公的捕獲について，地権者の意思にかかわらず捕獲が実施できることを明らかにできればよい．しかし，その規定の仕方には慎重でなければなるまい．

現行法令上で，法目的を達成するために私有地への立入り（捜査等を除く．）を認める規定はいくつかある．本問題に近いものとしては，特定外来生物法の防除事業と，種の保存法の保護増殖事業のための他人の土地への立入り規定がある．特定外来生物法では，国や地方公共団体は，「防除に必要な限度において，その職員に，他人の土地若しくは水面に立ち入り，特定外来生物の捕獲等」をさせることができるとしている（13条，17条の3）．種の保存法第48条の2も保護増殖事業のための捕獲に同様の規定をしている．しかし，民間団体等が認定を受けて防除事業や保護増殖事業を行う際には，これらの立入り規定は準用されない．また，いずれも土地の占有者等にあらかじめ「通知し，意見を述べる機会を与えなければならない」とし，占有者等が不明の際には，市町村の掲示板や官報への掲載を必要としているばかりか，立ち入る者は公務員のみで，民間事業者への委託は想定されていない．これらの規定は鳥獣法や国有財産法などの測量や調査目的規定に準じたものであろう．しかし，例えば鳥獣法第31条が規定する実地調査は，鳥獣保護区の設置などの公用制限に先立って行うものであるし，国有財産法第31条の2の測量等の調査も，隣地の権利関係や資産価値にも影響を及ぼし得る行為である可能性が高く，無主物たる野生動物の捕獲とは性格が異なるのではないだろうか．

いずれにしても，現時点で狩猟を含めた鳥獣捕獲に関する立入り規定を設けると，特定外来生物法などと同様の規定になってしまう可能性が高く，得策ではないだろう．したがって，現時点で採りうる立法的措置は，土地所有者に公的な管理捕獲への受忍義務を課すことであろう．狩猟の良心的拒否を認めた欧州人権裁判所も，基本的には私有地における狩猟の受忍を認めており，思想的な背景を伴わない拒否を認めないのが現状である[11]．したがって例えば，鳥獣法で定める指定管理鳥獣捕獲等事業，または管理捕獲のうち，認定鳥獣捕獲等事業者，あるいは鳥獣被害特措法で定める鳥獣被害対策実施隊が行うものに関しては，土地所有者は受忍義務を負う（仮に受忍しないのであれば，自ら捕獲する．）とすべきである．一見ラディカルに聞こえるかもし

れないが，比較法的にもまっとうな提案だと考えている．

［謝辞］　本稿執筆にあたって，高村学人教授をはじめ法社会学会の諸君及び古賀達也博士
　　　　（森林総研）との議論及び御教示並びに科研費による助成（JP 23K25065, JP
　　　　17K03503）に感謝する．

1)　「狩猟」は，鳥獣法では「法定猟法により，狩猟鳥獣の捕獲等をすること」と定義されている
　　（2条8項）が，本稿では厳密な定義は用いない．一般的には，狩猟者登録をして行ういわゆる登
　　録狩猟を「狩猟」，鳥獣の保護管理目的で許可を得て行う捕獲を「有害鳥獣駆除」（または「有害
　　鳥獣捕獲」）と呼び，銃刀法の規定も同様である．
2)　この調査では，狩猟動機に駆除などの公益的な意図や，保全意識（減っている鳥獣は獲るべき
　　ではない）が高いことも明らかにされた．
3)　一方で，狩猟権行使者以外の者は，土地所有者であっても，狩猟権行使者による招待がなけれ
　　ば狩猟はできない．
4)　第4回帝国議会衆議院議事速記録第11号（明25・12・13）高田早苗229-231頁．山田東次
　　235頁．
5)　貴族院議員清棲家教らが第5回帝国議会に提出．同法案は廃案となったのち，再び第6回，第
　　8回の帝国議会に提出され，第8回で成立．
6)　当時の狩猟法議論では「入会」の語は使われていないが，共同狩猟慣行は「狩猟入会」と言っ
　　てもよいと筆者は考える．
7)　狩猟規則第18条が定める猟区の免許料は，年10円（8500町歩超は100町歩ごと1円加算）．
　　共同狩猟地に免許料の定めはないが，古賀（2024：99）によれば愛知県東境共同狩猟地では公有
　　水面使用料が課された．
8)　既に農商務省は1883年に鳥獣猟の旧慣調査を府県に命じており（明16農商務省達22），「鳥獣
　　猟ヲ為ス者ハ何人ノ所有地内ト雖モ勝手ニ立入其地内ノ鳥獣ヲ猟獲スルコヲ得シヤ」云々と尋ね
　　ている．調査結果は一部が残存しているのみだが，「鳥獣猟ヲ為スモノハ何人ノ所有地内ト雖圧
　　勝手ニ立入其地内ノ鳥獣ヲ捕獲ス」（秋田県鹿角郡花輪村回答：秋田県公文書館蔵）とあるよう
　　に土地所有権と狩猟が牽連しないことがあきらかにされたと推察する（ただし，秋田県史料にも
　　ゆらぎがあり，一層の研究が必要．）．
9)　第4回帝国議会衆議院議事速記録第38号（明26・2・18）角田真平865頁．
10)　*Herrmann v. Germany*, App no 9300/07（ECtHR,6 June 2012）. *Chassagnou and Others v.
　　France*, ECHR 1999-III 21.
11)　*Chabauty v. France*, App no 57412/08（ECtHR, 4 October 2012）.

〔文　献〕

鳥獣行政制度研究会（1979）『鳥獣保護法の解説（新版）』林野弘済会.

Freyfogle, Eric T., et al.（2019）*Wildlife Law: A Primer（2nd. ed.）*, Island Press.

環境省自然環境局野生生物課鳥獣保護管理室（2017）『鳥獣保護管理法の解説（第5版）』大成出版.

栗生武夫（1943）『入会の歴史：其他』日本評論社.

古賀達也（2024）「愛知県の共同狩猟地の狩猟権と狩猟管理」入会林野研究44号96-105頁.

小柳泰治（2015）『わが国の狩猟法制——殺生禁断と乱場』青林書院.

Snyder, Stephanie A., et al. (2009) *Does Forest Land Posted Against Trespass Really Mean No Hunter Access?*, Human Dimensions of Wildlife, 14: 251-264.

高橋満彦（2008）「「狩猟の場」の議論を巡って——土地所有にとらわれない「共」的な資源利用管理の可能性」法学研究81巻12号291-322頁.

——（2016）「野生動物法とは——人と自然の多様な関係性を託されて」法律時報88巻3号66-70頁.

高村学人（2014）「過少利用時代からの土地所有権論史再読——フランス所有権法史を中心に」政策科学21巻4号81-131頁.

上田剛平他（2018）「福島原発事故による放射能汚染が狩猟及び野生動物管理に与えている影響——特にイノシシの管理に留意して」野生生物と社会6巻1号1-11頁.

（たかはし・みつひこ　富山大学教授）

［編集委員会注・本稿は学会機関誌編集委員会からの執筆依頼による原稿である.］

Hunting and Landownership in the Forest

Takahash, Mitsuhiko

As a customary practice, Japanese hunters usually do not seek consent from landowners to hunt. During the debate in drafting the Hunting Act in the 1890's, Japan's Imperial Diet rejected bills to adopt Germanic hunting principles and the hunting district (*Jagdrevier*) system, which would have established hunting rights as a privilege for the landed. Henceforth, hunting laws require hunters to seek consent only for lands fenced or with crops. Thus, it is construed that the relationship between hunters and land ownership outside of fenced or cropped areas depends on local customary practices. On the other hand, the author suggests for legislative measures to impose an obligation on landowners to tolerate wildlife management—including hunting and lethal control— on their property as it is beneficial to prevent wildlife damage, particularly with increasing number of absent landlords.

文化財・オープンソースソフトウェア・IAD フレームワーク

——開かれた所有権モデルと知的財産法学の接点——

山　根　崇　邦

キーワード：共通財論，文化財，破壊防止権，オープンソースソフトウェア，GPL

〈要　旨〉

　本稿は，文化財保護とオープンソースソフトウェア（OSS）開発を例に，開かれた所有権モデルと知的財産法学の接点を探るものである．文化財保護では，米国の破壊防止権を取り上げ，所有者の権利を法的に制限する仕組みを分析する．一方，OSS では著作権者が自発的にライセンスを通じて権利を制限し，コミュニティによる共同開発を促進する仕組みを検討する．両事例は公共利益のために排他的権利に制限を課す点で共通しているが，その方法は異なる．両事例は，知的財産法の領域でも開かれた所有権モデルが機能しうることを示唆すると同時に，公共利益と私的権利のバランスの長期的確保の難しさなど，このモデルの持続可能性に関する課題も浮き彫りにしている．今後は，これらの点に加え，法制度設計のあり方についても更なる検討が必要と解される．

I　開かれた所有権モデルと知的財産法学

　本稿は，破壊防止権に基づく文化財の保護と，著作権ライセンスに基づくオープンソースソフトウェア（Open Source Software: OSS）の共同開発の事例を素材として，開かれた所有権モデルと知的財産法学の接点を探ろうとするものである．両事例の分析に際しては，Ostrom の制度発展分析（Institutional Analysis and Development: IAD）フレームワーク（Ostrom 2005）および Frischmann らの知識コモンズ（Knowledge Commons: KC）フレームワーク（Frischmann et al. 2014）に依拠し，公共のために排他的権利に制限を課す仕組みとその特徴を明らかにする．まずは，本ミニシンポジウムの問題意識を確認しておこう．

1　開かれた所有権モデル——共通財論の所有権モデル

(1)　共通財論

本ミニシンポジウムでは，高村学人教授が提起した共通財論（高村 2019）が出発点

とされている．共通財論とは，イタリアやフランスにおいて提唱された，所有権の自由や排他性を制約する「共通財」という新たな法カテゴリーを基点とする所有権論のことである．

　共通財とは，将来世代も含む全ての人の人格の自由な発展や基本的諸権利の行使のために不可欠な財のことをいう．例えば，水，空気，森林，山岳地帯，氷山，万年雪，保全すべき海岸，歴史的建造物，文化財などが挙げられる．共通財は，財の価値・効用が所有者個人のみに帰属せず，社会全体（場合により次世代）に広がりうる財といえる．共通財は，法形式的には誰かが所有しており（公的所有，私的所有，共同所有），その所有者が使用・収益・処分に関する決定をなしうる．しかし，上記財の性質から，所有者に対して財の保全と市民のアクセス権を許容する義務が導かれる点に特徴がある．

　例えば，国家が共通財を所有する場合，財の取引や流通は制限される．また，私人が共通財を所有する場合も，所有者は財の保全義務と公衆のアクセスを許容する義務を負う．

（2）文化財の所有権と文化財保護法の構造分析――開かれた所有権モデル

　高村は，フランスにおける文化財の所有権を例にこれを敷衍している（高村 2019: 17-18）．フランスでは，城などの文化財は私的所有されている場合が多い．しかし，所有者には文化財保護法に基づく保全義務が課されており，所有者であっても文化財を破壊した場合には罰則が科される．同時に，所有者には，9月の文化財の日にその所有する文化財を公開することが奨励される．普段，公開されていない文化財についても同様であり，市民に文化財に触れあう機会が与えられる．加えて，文化財の保全を支援し，文化財の研究やガイドを行う市民団体にも，文化財の管理運営に関与する機会が与えられている．

　このような文化財の所有権と文化財保護法の構造に照らせば，文化財の所有権の特徴を次のように整理することができる．つまり，私有であっても，文化財の所有権の一部が公衆や市民団体により併存的に分有されており，公衆や市民団体は，文化財の改廃に対して司法審査を求める原告適格を有するというわけである．高村は，こうした特徴は文化財以外の共通財にも当てはまるとし，このような共通財の所有権の特徴・構造を，「開かれた所有権モデル」と呼んでいる（高村 2024）．

2　知的財産法学との接点

（1）2つの接点

以上の開かれた所有権モデルの議論は，知的財産法学と次の2点で接点をもつ．

1つが，米国連邦著作権法の中に，所有者による文化財の破壊を防止する権利が存在する点である．それが，1990 年視覚芸術家権利法（Visual Artists Rights Act: VARA）により制定された，名声が認められる視覚芸術作品の破壊防止権である（安藤 2007；大沼 2012）．これは，文化財的価値をもつ絵画（壁画を含む）等の保全義務を，文化財保護法ではなく，著作者の権利の観点から規定したものである．芸術作品の廃棄や破壊に係る所有者の決定権を著作者が制約することで，公共のための作品の保全が図られる点に特徴がある．

もう1つが，著作権で保護されるソフトウェアのソースコードに関して，開発者がそのプログラムの著作権を保持しつつも，権利を排他的，独占的に行使するのではなく，ソースコードを公開し，公衆が自由にその利用，修正，再頒布できるようにする，開かれた著作権ライセンスが存在する点である．それが，OSS ライセンスである（平嶋 2007；志賀 2014；水野 2024）．OSS では，著作権者が自発的にライセンスを通じて排他的権利を制限し，他のプログラマーらによるソースコードの自由な複製，改変，頒布を認めて，オープンな共創と改良の累加による共同開発の促進を図る点に特徴がある．

(2) IAD および KC フレームワークによる分析

このうち，破壊防止権に基づく文化財の保護については，IAD で示された要素を手がかりとして検討を試みる．IAD フレームワークは，資源管理を分析する際に考慮すべき一般的な要素（変数）と要素間の関係を包括的に図示したものであり，一種のチェックリストとして機能する．IAD による分析では，分析対象となる事例がIAD で示される各要素（e.g. 資源およびコミュニティの特性，現用のルール，行為を取り巻く状況およびアクター，相互作用とアウトカム，評価基準）に対してもつ状態を記述する手法が採られており（西川 2023: 49-67），本稿もこれを踏襲する．

一方，著作権ライセンスに基づく OSS の共同開発については，IAD を知識資源の特性に合わせて修正した KC フレームワークを手がかりとして検討を試みる．KC フレームワークは，コミュニティ主体で知識資源の生産・管理を行う事例を分析するための方法論的指針である（西川 2023: 69-91）．ただし，その分析から，知識をより良く管理するための法制度の規範的な設計指針が得られるわけでは必ずしもない（Cole 2014: 63-65）．この点に留意しつつ，KC フレームワークで示された要素（e.g. 資源と背景環境，目的と目標，コミュニティの特性，ガバナンス，相互作用とアウトカム）に照らして，OSS の分析を行う．

II　破壊防止権に基づく文化財の保護

1　資源の特性

そこでまず，破壊防止権に基づく文化財の保護から見ていこう．

破壊防止権の保護対象は，名声が認められる視覚芸術作品である．これは，その破壊が社会にとって文化の喪失と評価しうるような絵画等の原作品のことである．財の価値が所有者個人のみに帰属せず，コミュニティ全体に広がりうるものといえる．以下，法律上および判例上の定義を確認しておこう．

VARA によれば，「視覚芸術作品」とは，絵画，デッサン，版画，彫刻，専ら展示目的のスチール写真映像の原作品（200 点以下の限定版を含む）のことをいう（17 U. S.C.§101; 以下，「〜条」と略記）．建物，応用美術，職務著作物などは含まれない．壁画付き建造物の場合には，壁画が視覚芸術作品として扱われる．

一方，「名声が認められる」に関しては，法律上に定義はなく，解釈に委ねられている．判例によれば，これは，関連するコミュニティで認められるほどクオリティ，地位，力量の高い作品のことをいう（Castillo v. G&M Realty L.P. (2d Cir. 2020)）．最も重要な要素は，芸術作品としてのクオリティの高さとされ，その判断の主体は，第一義的には裁判所ではなく専門家コミュニティとされる．

2　コミュニティの特性

こうした視覚芸術作品の管理に関わるのが，所有者と著作者である．

視覚芸術作品の所有者に関しては，有名な絵画等の原作品を購入した者が，その作品を破壊ないし損壊することなどあるのかという疑問も生じうる．しかし，現実には次のような事例が存在した．一つが，ピカソの作品を購入した二人の所有者が，同作品を 1 インチ角に細切れにし，それぞれキャンバスに載せて，ピカソの真正品を買う貴重な機会として販売したという事例である．もう一つが，教会の所有者が文化的価値ある教会の壁画を白く塗りつぶしたという事例である．後者の事例のように，建物それ自体ではなく，壁画に名声が認められる場合，建物の老朽化の問題や，その占有する土地の新たな利用のニーズから，所有者が壁画ごと建物を取り壊す場合も考えられる．

一方，視覚芸術作品の著作者に関しては，自己の作品を破壊から守り，文化財たる芸術作品の保存という公益促進のために，自己の権利を行使する場合が多いと考えられる（Bonadio 2020: 200）．

3 名声が認められる視覚芸術作品の保全に関するルール

(1) 破壊防止権の内容

破壊防止権は，名声が認められる視覚芸術作品の著作者のみが有する権利である．著作者は，この権利に基づいて，作品の所有者らが自己の作品を破壊するのを禁止することができる．故意での破壊のみならず，重大な過失による作品の破壊も，破壊防止権の侵害となる（106A条（a）（3）（B））．破壊防止権は一身専属権であり（同条（b）），その存続期間は著作者の生存中に限られる（同条（d）（1））．著作者の死亡とともに権利が消滅するため，古い文化財の保護には適さない．破壊防止権の侵害に対する救済は，差止請求や損害賠償等の民事的救済に限られる（502条以下）．刑事罰の対象からは外されている（506条参照）．

(2) 破壊防止権と所有権の調整
——建築物の一部をなす視覚芸術作品の除去の例外

ただし，壁画付き建造物のように，視覚芸術作品が建築物に組み込まれ，あるいは建築物の一部になっている場合には，芸術作品の所有権のみならず，それが組み込まれた建築物の所有権の行使も制限されることになる．また，建築物の所有者が建て替え等を自由にできなくなるという意味では，土地の所有権も制限される．破壊防止権は著作者の生存中存続するため，建築物の所有者に対するこうした制限は，著作者が亡くなるまで継続し，建築物の譲受人にも承継されることになる（大沼 2012: 342-343）．

そこで，破壊防止権と所有権の調整規定が置かれている．具体的には，視覚芸術作品が建築物の一部をなす場合，その作品の破壊を伴わずに建築物から作品の除去が可能な場合には，建築物の所有者は，著作者に対し，その作品の除去を希望する旨を書面により通知し，著作者が作品の除去を行うための90日間の猶予期間を設ければ，建築物を取り壊しても破壊防止権の侵害は否定される（113条（d）（2））．

一方，建築物から視覚芸術作品を除去しようとすると，必然的に当該作品の破壊が生じる場合には，建築物の所有者は，当該作品を建築物に組み入れる当初の時点で，そのような破壊の可能性について承諾する旨の署名入りの書面を著作者から得ていない限り，著作者の同意なく建築物を取り壊せば，破壊防止権の侵害となる（113条（d）（1））．

4 名声が認められる壁画付き建造物の取壊しをめぐる紛争

こうした壁画付き建造物の所有者による取壊しが問題となった事例に Cohen 事件がある（Cohen v. G&M Realty L.P.（E.D.N.Y. 2013）; Castillo v. G&M Realty L.P.（2d Cir.

2020)）．

　1990 年代，NY 市の開発業者の Wolkoff は，その所有する廃墟化した工場建物の壁面を，合法的にグラフィティ活動ができる場所として貸し出した．2002 年，世界的に著名なスプレー缶アーティストの Cohen が，Wolkoff に対し，壁画を描くアーティストを選定するキュレーター役を買って出た．Cohen の貢献により，壁面には質の高い作品が描かれるようになり（書面未作成），スプレー缶アートのメッカになった．やがてこの場所は，5Pointz と呼ばれる観光名所になった．

　2011 年 3 月，Wolkoff は，5Pointz を解体しコンドミニアムを建設する開発計画（以下，本件開発計画）を発表した．これを受けて Cohen は，2013 年 5 月，解体を阻止すべく，NY 市歴史建造物保存委員会に対し，5Pointz の保存申請をした．しかし，歴史建造物保存法では築 30 年以上であることが登録要件とされていたため，5Pointz はこの基準を満たさないとして申請が却下された．その後，同年 8 月に NY 市都市計画委員会が，同年 10 月には NY 市議会が，満場一致で本件開発計画を承認した．そこで，Cohen が，5Pointz の多数の壁画制作者と共に，本件開発計画により破壊防止権の侵害が生じる蓋然性が極めて高いとして，5Pointz の解体の暫定的な差止めを求めて連邦地裁に提訴した．

5　行為を取り巻く状況およびアクター

　この事例では，以下のような形でアクター，ニーズ，権利が対立している．そして，そうした対立を調整するアクターとして市当局と連邦裁判所が関係する構図になっている．

対立するアクター	5Pointz の所有者（Wolkoff）vs 壁画制作者（Cohen ら）
対立するニーズ	再開発・コンドミニアム建設 vs 名声が認められる壁画作品の保全
対立する権利	5Pointz の所有権 vs 壁画作品の破壊防止権
対立の調整主体	市当局（市都市計画委員会・市議会），連邦裁判所

6　相互作用とアウトカム

（1）　市当局および連邦裁判所の判断

　市当局は，2013 年 8 月，本件開発計画を承認する条件として，Wolkoff に対し，①コンドミニアムの一部に低所得者用住居を 75 戸用意すること，②コンドミニアムの屋外に，3300 平方フィートの作品展示用パネルとストリートアート作品を描くことのできる壁面を設置すること，の 2 点を義務づけた．

これを受けた連邦地裁は，5Pointz の解体により破壊防止権の侵害が生じる蓋然性が高いことを示唆しつつも，暫定的差止命令を発令するための 4 要件のうち，差止めが公益に資することという要件を充足しないとして，Cohen らの申立を棄却した．その理由として挙げたのが，①市が観光名所になった 5Pointz を収用することもできたのに，それを選択せず，5Pointz を解体する開発計画を承認したこと，および②裁判所には VARA に基づいて 5Pointz を観光名所として保存するだけの権限がないことである．このため，本件開発計画の内容が公益に反するような不合理なものでない限り，文化財的価値をもつ壁画の著作者であっても，破壊防止権に基づいて 5Pointz の解体を差し止めることはできないとした（Cohen v. G&M Realty L.P.（E.D.N.Y. 2013））．

(2) その後の所有者および著作者の行動，連邦裁判所の判断

壁画の中には，その作品の破壊を伴わずに 5Pointz から撤去が可能なものがあった．そのため，Cohen らは，上記の差止棄却決定を受けて，5Pointz から作品の回収を希望した．しかし Wolkoff はこれを認めず，5Pointz へのアーティストの立入りを禁止し，深夜のうちに壁画作品をすべて白く塗りつぶした．そして，5Pointz の解体を開始し，更地にした．そこで，Cohen らは，破壊防止権の故意侵害を理由に，Wolkoff に対し，損害賠償を請求した．

これを受けた第 2 巡回区控訴裁判所は，Wolkoff が，撤去可能な壁画作品についても，あえて著作者に 90 日間の撤去期間を与えずに白く塗りつぶして解体したとして，故意侵害を認定した．そして，故意侵害を認定した 45 作品すべてにつき，法定損害賠償額の最高額 15 万ドルの支払いを Wolkoff に命じた（総額 675 万ドル）．判決は，このような極めて高額の損害賠償命令がもたらす，破壊防止権の故意侵害に対する抑止効果を強調している（Castillo v. G&M Realty L.P.（2d Cir. 2020））．

7 評価基準

以上のとおり，Cohen 事件では，芸術作品を損壊から守り，公共のための文化財の保全を図るという観点からみると，ネガティブなアウトカムが生じている．本件からは，公共利益の保護のあり方を決める権限の主体は，第一義的には市当局であって，裁判所ではないことが示唆される．つまり，壁画付き建造物やそのエリアに文化的価値が認められるとしても，市当局がその保存ではなく再開発を選択，承認した場合には，裁判所が破壊防止権の侵害を理由にその解体を差し止めることは困難というわけである．裁判所としては，損害賠償金の算定において，故意侵害に対する抑止を図ることができるにとどまる．

ただし，破壊防止権に基づく壁画作品の保全は適わないとしても，市当局が再開発の条件として前記 2 点を Wolkoff に義務づけた点は注目される（なお，NY 市議会は，①につき 210 戸に，②につき 1 万平方フィートに引き上げた）．これは，市当局といえども，文化財的価値をもつ芸術作品に係る公共的利益を無視することはできず，当該利益への配慮が必要となることを示唆しているように思われる（Bonadio 2020: 198-199）．

Ⅲ　著作権ライセンスに基づく OSS の共同開発

1　資源と背景環境

次に，著作権ライセンスに基づく OSS の共同開発について検討しよう．

管理対象の資源は，ソフトウェア（コンピュータプログラム）のソースコードである．コンピュータプログラムは，著作物として著作権で保護されるため，資源の初期状態としては，専有的な（proprietary）環境にあるといえる．そうした中で，開かれた著作権ライセンスが構築される背景には，次のような文脈がある（平嶋 2001: 67-70; 志賀 2014: 61）．

コンピュータプログラム創成期には，研究者やプログラマーのコミュニティにおいてソフトウェアが共有され，互いに自由にソースコードを開示して改良や頒布がされていた．しかし，1980 年代にコンピュータプログラムが著作権の保護対象とされた．また，企業が開発投資の回収や営業秘密保護を理由にソースコードへのアクセス，改変，頒布に制約を加えるようになった．その結果，開発形態も，クローズドな企業内開発にシフトし，ソースコードを秘匿した排他的な専有ソフトウェア開発が主流になった．

こうした状況に強い懸念と異論を唱えたのが，MIT 人工知能研究所の Richard Stallman である．Stallman は，クローズドモデルがソフトウェア開発にもたらす弊害を指摘し，反社会的，非倫理的とさえいえると批判した．ソフトウェアの発展のためには，さまざまなソフトウェアを広く頒布し，誰でもソースコードにアクセス可能な状態を維持しつつ，プログラマーのコミュニティによる改良に委ねる形で開発を続けていくことが必要であるとする．そこで Stallman は，創成期以来のプログラマーコミュニティの再生を企図し，1983 年にフリーソフトウェア財団を創設して，フリーソフトウェア運動「GNU プロジェクト」を提唱した（ストールマン 2003）．

2　目的と目標

著作権ライセンスに基づく OSS の共同開発の目的および目標もここにある．すな

わち，OSS では，著作権を保持しつつも，ソースコードを公開し，ライセンスという形でソースコードの自由な複製，改変，頒布を認めて，他のプログラマーによる改良や修正を期待している．そして，こうしたオープンな共創と改良の累加により，技術的に優れた，信頼性の高いソフトウェアの開発を意図して，コミュニティ主体の共同開発環境を構築している．

3 コミュニティの特性

次に，こうした OSS の共同開発に関わるコミュニティの特性について，OSS の代表である Linux オペレーティングシステムのコミュニティを例に検討しよう．Linux のコミュニティは，プロジェクトに関心と自主的忠誠を示すプログラマーらが集まったボランティア集団からなる．コミュニティの構成員は，大きく利用者，提供者，管理者に分かれ，そこには緩やかな階層が存在する．

コミュニティのメンバーシップは，オープンソースのプログラムを利用するあらゆる人に開かれている．ただし，構成員はコアである Linux カーネルの蓄積アーカイブに改良・修正コードを提供することが期待されている．コモンズの材料を利用すれば，それを改良，修正してコモンズに返すという互恵的な寄与が求められる．また，構成員は，標準的な Linux コードベースに自らの改良を含めるよう志願することもできる．ただし，どのコードが「公認の」コードベースになるかを決定するインフォーマルな共同体が存在し，その審査により，「公式」版のコードに組み込まれるのはその一部のみとされる（Merges 2004: 19）．

4 ガバナンス

こうした Linux の開発モデルは，フォーマルなルールとインフォーマルな行為規範の二つのガバナンスの仕組みによって成り立っている．

まず，フォーマルなルールは，GPL（GNU General Public License）と呼ばれる著作権ライセンスである．本来，プログラムの著作物の複製，改変，公衆送信等には，著作権者の許諾が必要である．著作権者である OSS の開発者は，著作権を放棄しているわけではなく，著作権を留保しつつ，利用者に対して GPL というあらかじめ設定したライセンス条件の遵守を求める代わりに，当該ソフトウェアの自由な利用を許諾する形をとっている．

GPL のライセンス条件の特徴は，大きく2つある．1つが，OSS の利用者に対し，利用者が改変を加えた部分についてもソースコードの提供を求める点である．もう1つが，利用者が元の OSS に自己のプログラムを組み込んで派生プログラムを作成し，頒布する場合，自己のプログラム部分も含めた派生プログラム全体のソースコードの

提供を求めるとともに，その頒布につき元の GPL 条件での頒布を求める点である．利用者は，OSS の利用をもって GPL 条件に合意したものとみなされ，利用者が GPL 条件に違反した場合は著作権の侵害となる（構成員資格も喪失する）．

一方，インフォーマルな行為規範としては，Linux カーネルの開発者 Torvalds を頂点とした薄い階層を持つインフォーマルな権威が存在する．これにより，独自性のある安定したプログラムとしての Linux の統合性が保たれている（Merges 2004: 19-21）．

5 相互作用とアウトカム

オープンソースの開発モデルは，Linux 以外にも，Android，Firefox（Web ブラウザ），DBRX（大規模言語モデル），Stable Diffusion（画像生成 AI）など，幅広い分野で用いられており，情報化社会の重要なインフラとなっている．開発された OSS の中には，商業ベースのソフトウェアに匹敵する優れたものもあり，低廉なシステム構築費用により，途上国の政府や公共機関等での採用も進んでいる（平嶋 2007: 314）．

ただし，著作権ライセンスの形態としては，GPL のような利用者に互恵的な寄与や義務を課すタイプではなく，利用者にほとんど義務を課さず，商用利用を含め，より自由な利用を認める寛容型ライセンスのほうが主流になっている．その一例が，AI・機械学習分野で広く採用されている BSD（Berkeley Software Distribution）系ライセンスである（水野 2024: 67）．

BSD 系ライセンスでは，基本的に利用者の義務は，同ライセンスで公開された OSS を頒布する際に，著作権表示とライセンス表示を行うことと無保証・免責宣言を行うことのみである．この条件を遵守すれば，利用者が自己のプログラムを組み込んで作成した派生プログラムについて，そのソースコードを非公開にして，商用利用することも許される．元の OSS に対する改変部分や他のプログラムを組み込んだ部分のソースコードの開示も要求されない．それゆえ，BSD 系ライセンスの下では，改良版についてはソースコードも含めて誰でもアクセス可能となることは保障されていない．この点で，BSD 系ライセンスに基づく開発モデルは，オープンな共創と改良の累加により優れたソフトウェア開発を行うという OSS 本来の目的には必ずしも整合しない面がある（平嶋 2001: 68）．

IV 結びに代えて

本稿で検討した文化財の破壊防止権と OSS の共同開発の事例は，公共のために排他的権利に制限を課す点で共通している．ただし，その方法は異なる．文化財では法

的強制力により所有者の権利を制限する一方で，OSS では著作権者が自発的にライセンスを通じて権利を制限している．これらの事例は，開かれた所有権モデルが知的財産法の領域でも機能しうることを示唆している．しかし同時に，公共利益と私的権利のバランスの長期的確保の難しさなど，このモデルの持続可能性に関する課題も浮き彫りにしている．今後はこれらの点に加え，法制度設計のあり方についても更なる検討が必要と解される．

＊本稿は JSPS 科研費 JP21H00668 の助成を受けた成果の一部である．

〔文　献〕

安藤和宏（2007）「アメリカ著作権法におけるモラル・ライツの一考察——文化財を保護する破壊防止権とは」早稲田大学大学院法研論集 124 号 1-26 頁.

Bonadio, Enrico（2020）"Preserving Street Art and Graffiti," in Jani McCutcheon & Fiona McGaughey, eds., *Research Handbook on Art and Law*, Edward Elgar, 194-208.

Cole, Daniel H.（2014）"Learning from Lin: Lessons and Cautions from the Natural Commons for the Knowledge Commons Get access Arrow," in *Governing Knowledge Commons*, Oxford University Press, 45-68.

Frischmann, Brett M. et al.（2014）"Governing Knowledge Commons," in Brett M. Frischmann, et al., eds., *Governing Knowledge Commons*, Oxford University Press, 1-43.

平嶋竜太（2001）「オープンソース・モデルと知的財産法——序論」相田義明・平嶋竜太・隅蔵康一『先端科学技術と知的財産権』発明協会，57-108 頁.

——（2007）「GPL（General Public License）」椙山敬士・高林龍・小川憲久・平嶋竜太編『ビジネス法務大系 I ライセンス契約』日本評論社，311-355 頁.

Madison, Michael J. et al.（2010）"Constructing Commons in the Cultural Environment," 95 *Cornell L. Rev.* 657-709.

Merges, Robert P.（2004）"From Medieval Guilds to Open Source Software: Informal Norms, Appropriability Institutions, and Innovation," *Conference on the Legal History of Intellectual Property* 1-25, http://dx.doi.org/10.2139/ssrn.661543 2024/8/31 アクセス.

水野祐（2024）「オープンソースと著作権」NBL1265 号 65-70 頁.

西川開（2023）『知識コモンズとは何か——パブリックドメインからコミュニティ・ガバナンスへ』勁草書房.

大沼友紀恵（2012）「著作者人格権の文化財保護機能の考察——アメリカ連邦著作権法およびカリフォルニア州法における所有権の制限を素材として」一橋法学 11 巻 3 号 319-348 頁.

Ostrom, Elinor（2005）*Understanding Institutional Diversity*, Princeton University Press.

志賀典之（2014）「OSS と著作権ライセンス——歴史的展開とライセンス類型の概観」情報の科学と技術 64 巻 2 号 60-65 頁.

ストールマン，リチャード（2002＝2003）『フリーソフトウェアと自由な社会』（ロングテール＝長

尾高弘訳）ASCII.

高村学人（2019）「共通財という新たな所有権論」法律時報 91 巻 11 号 13-18 頁.

── (2024)「日本法社会学会 2024 年度企画委員会企画『所有権のモデル』について」.

〔判　例〕

Cohen v. G&M Realty L.P., 988 F. Supp. 2d 212（E.D.N.Y. 2013）.

Castillo v. G&M Realty L.P., 950 F.3d 155（2d Cir. 2020）.

（やまね・たかくに　同志社大学教授）

［編集委員会注・本稿は学会機関誌編集委員会からの執筆依頼による原稿である.］

Cultural Properties, Open Source Software, and the IAD Framework: Applicability of the "Open Property Model" to Intellectual Property Law

Yamane, Takakuni

This paper explores the applicability of the "open property model" to intellectual property law, using cultural property protection and open source software (OSS) development as examples. In cultural property protection, it analyzes the mechanism of legally restricting owners' rights through the U.S. right to prevent any destruction of a work of recognized stature. On the other hand, for OSS, it examines the system where copyright holders voluntarily limit their rights through licenses to promote community–based collaborative development. While both cases share the commonality of imposing restrictions on exclusive rights for public benefit, their methods differ. These cases suggest that the "open property model" can function in the field of intellectual property law, while also highlighting challenges regarding the model's sustainability, such as the difficulty in maintaining a long–term balance between public interest and private rights. It is concluded that further consideration is needed on these points, as well as on the design of legal systems in the future.

論　説

厳罰傾向と犯罪不安が刑事政策参加の経験と意図に及ぼす影響

向　井　智　哉・綿　村　英一郎

キーワード：刑事司法参加，厳罰傾向，犯罪不安，効力感，パネルデータ

〈要　旨〉

　刑罰ポピュリズムが論じられる現代の日本においては，刑事司法・政策に市民がどの程度，そしてどのような人が関わっているかを検討することは重要な課題となっている．刑事政策参加に関連する先行研究では，厳罰傾向や犯罪不安が強い人ほど参加経験が多いことが示されている．しかし，縦断的な研究デザインを用い，変数間の因果関係を検討したものは存在しない．そこで本研究では，第1波の心理変数（厳罰傾向や犯罪不安など）が1年後に実施された第2波の刑事政策参加の経験と意図に及ぼす影響を検討した．その結果，第一に経験については，厳罰傾向および犯罪不安の効果が有意であったが，この効果は参加意図も統制したフルモデルでは有意でなかった．第二に，意図を従属変数とした分析では，心理変数の中では犯罪不安のみが有意であった．これらのことから，第一に，厳罰傾向と犯罪不安は1年後の刑事政策参加経験を導き，第二に，犯罪不安は1年後の刑事政策参加意図を導くが，第一の知見は第二の知見ほど頑健ではない可能性があると結論付けた．この知見は，社会に流通し刑事司法システムに入力される市民の意見・態度には偏りがある可能性を示唆することを論じた．

I　社会的・理論的背景

　日本が「刑事立法の時代」（川端 2004; 米田 1999）に突入したと言われて久しい．この転換が論じられた 2000 年前後には，かつて「ピラミッドのように沈黙」（松尾 2006）していた日本の立法が，「犯罪化と重罰化」（井田 2003）の方向へと舵を切ったことが指摘された．この方向性は 2020 年に入った現段階でも変わらず，不同意性交等罪の新設（2022 年）や侮辱罪の法定刑の引き上げ（2022 年）などをはじめとして，厳罰化を志向する立法は現在においても広く行われている．

　このような厳罰化を説明するための枠組みとしてしばしば参照されてきたのが刑罰ポピュリズム（penal populism）論[1]である（Pratt 2007）[2]．刑罰ポピュリズムとは，

かつて「エリート」が排他的に支配していた刑事政策の領域において，「普通の人々（ordinary people）」あるいはそれを自称する運動家などの発言権が増大するという事象を指す（Pratt 2007）．したがって，刑罰ポピュリズムそれ自体は必ずしも厳罰化を進めるわけではないが，「エリート」と比べて「普通の人々」はより厳罰的であることが多いため（Roberts et al. 2003），刑事政策に「普通の人々」が参加することによって，厳罰化が促進されたと説明される．

刑罰ポピュリズム論は，1990年代から2000年代にかけてのイギリス（Bottoms 1995）やオーストラリア・ニュージーランド（Pratt 2007）などの西欧的な社会状況を有する社会において当初提示され，イギリスにおける少年法の改正（Green 2008）や，オーストラリア・ニュージーランドにおける被害者の名前を冠した法律の成立（Pratt 2007）が刑罰ポピュリズムの実例として扱われた．そして，その後には，中国（Li 2017）やフィリピン（Kenny & Holmes 2020），韓国（Choo 2017; Lee 2020）などをはじめとするアジア諸国にも適用され，（それぞれ有効性には一定の留保や修正を付しながらも）各国の状況を説明するために用いられてきた．このように欧米以外の国にも刑罰ポピュリズム論を適用する論文が存在することは，同論の射程が欧米以外にも及ぶことを示唆している．

日本においても刑罰ポピュリズムは検討の対象とされてきた（Fenwick 2013; Kyo 2022）．たとえばMiyazawa（2008）は，被害当事者団体およびそれを支持する市民が活発に活動し少年法の改正に影響力を持ったことを例に挙げつつ，日本も刑罰ポピュリズム的な状況にあったことを主張した．また，浜井／エリス（2008）や浜井（2011）も，検察官が強い裁量権を有しているという点で日本の刑罰ポピュリズムは欧米のそれとは様相が異なるとしつつも，被害当事者団体が影響力を持ちそれに対して「エリート」の側が何らかの対応を迫られるようになったという点についてはMiyazawa（2008）と同様の指摘をしている[3]．以上のように，「普通の人々」である被害当事者やそれを支持する市民の影響力がかつてよりも大きくなったという点で，（日本における刑罰ポピュリズムについて）論者間での共通認識が認められる．

さらに，「普通の人々」の影響力は上記の議論がなされた2000年代よりも2020年代の現在ではさらに大きくなっている可能性が高い．影響力を高めた要因の1つはインターネット，特にソーシャルネットワーキングサービス（以下，「SNS」とする）の発達である．インターネット，特にSNSには，「普通の人々」が社会に情報を発信するコストを劇的に下げ，情報の拡散速度を同じく劇的に上げるという性質がある（Norris 2002）．このような性質に起因し，現在の日本では，犯罪や刑罰に関する「普

通の人々」の活動が広く拡散される例が多く見られる．たとえば，性犯罪処罰規定の改正にあたっては，強制性交等罪の改正を求めるオンライン署名活動が複数の市民団体によって展開され，14万人以上の署名者を集めた（Change.org 2019）．また，ツイッター（現X）をはじめとするSNSでは，報道された犯罪について厳しい刑罰を求める投稿が広くなされている．

　また，後に詳述するように，以上のような法的・社会的背景の変容を受け，犯罪や刑罰に関する市民の意識を検討する実証研究も近年活発に行われるようになっている．たとえば，齋藤（2018）は，「法意識」を解明することは規範的議論のための立法事実を提供するという意義があると論じた上で，各種の法定年齢についての意識を検討している．少年法について検討した佐伯（2022）や性犯罪処罰規定について検討した向井（2024）も，市民の意識が立法に影響を与える可能性があるという同様の問題意識に基づいて実証的な調査を実施している．

　以上の通り，刑事司法・政策において市民の影響力が増大していること，SNSの発達によってこの傾向はさらに強まっていること，それらを受けて市民の意識を検討する実証研究も蓄積されるようになっていることからすれば，刑罰ポピュリズムが論じられるようになった2000年代から約20年が経過した現在においても，人々がどの程度参加をしているのか，またどのような特性を有する人々が参加しているかを検討することは重要な課題である．

II　既存の実証研究とその課題

1　刑事政策参加の概念と先行研究

　この課題に対処するにあたって，刑罰ポピュリズム論には課題がある．その中でも重要な課題の1つは，同論の主張を支える実証的な根拠が必ずしも提示されていないことである．つまり，刑罰ポピュリズム論では，刑事政策に対して市民が及ぼす影響力が増大したことが主張されるが，実際市民はどの程度刑事政策に参加しているのかというこの主張を支える実証データは提供されていない．

　これに対して，刑事政策参加（criminal justice participation）の概念は，必ずしも実証データに基づいていないという刑罰ポピュリズム論の課題を克服するために提示された概念である．この概念は，「刑事司法システムでとられる行動に，直接的または間接的に影響を及ぼすことを意図してなされる活動，または結果として影響する活動」[4]と定義される（Mukai et al. 2023）．具体的な行為としては，「犯罪問題についての陳情書などに（対面またはオンライン上で）署名したこと」や「犯罪問題について

144 論 説

考えて，選挙で投票先を選んだこと」，「自分が住む地域の犯罪問題に取り組む団体・組織（防犯団体など）に参加したこと」，「SNS（ツイッターやフェイスブックなど）で，犯罪問題について思ったことを書き込んだこと」などの9項目によって測定されている（Mukai et al. 2023）．これらの項目は，どれも上記の定義に該当するため作成されている．たとえば「団体・組織への参加」を見ると，このような行為は，防犯に割く必要があった警察の負担を軽減する可能性があったり，同じく警察に市民との協力の余地を与えるという点で，警察の行動に「結果として影響する活動」に該当する．実際の測定に関しては，経験と意図が区別されており，経験は上述の行為をしたことがあるかに関わるものであるのに対し，意図は（実際にしたことがあるかどうかにかかわらず）するつもりがあるかを尋ねるものである．

なお，従来の研究において「（刑事）司法参加」として頻繁に言及されてきたのは，裁判員制度への参加（家本他 2023; 大城他 2022）や裁判官弾劾制度（柳瀬 2018）などの直接的な形態の参加が多い[5]．本研究の定義は，従来の用法ないし定義に含まれるこのような直接的な参加形態に加え，より間接的な参加形態を含んでいるという点で先行研究の定義ないし想定を拡大したものとみることができる．

刑事政策参加の概念を用いたこれまでの実証研究で示されている知見は，大きく以下の2点に要約できる．第一に，刑事政策参加の経験がある日本人は少なく，参加の意図は低い．この点について，上記9項目のうちどれか1つ以上を過去1年にあると答えた人の割合および95%信頼区間（以下，「95%CI」とする）は，10.5%（95%CI [8.4%, 12.6%]; Mukai et al. 2023），13.2%（95%CI [11.0%, 15.5%]; Mukai, Matsuki et al. 2024），15.8%（95%CI [13.2%, 18.4%]; Mukai, Brewster et al. 2024）と参加経験がある日本人は1割強であることが一貫して示されている．参加経験のある人の割合は，アメリカでは67.8%（95%CI [63.9%, 71.8%]）であることが示されているため（Mukai, Brewster et al. 2024），日本のそれは比較的に見ても低い．

第二に，デモグラフィック変数が刑事政策参加を規定する力は弱く，主に心理変数によって規定される．この知見について Mukai et al.（2023）は，回答者の性別や年齢，世帯年収，職業などを含めて回帰モデリングを実施し，これらの変数による重決定係数（R^2）は，経験・意図の両方について 0.02 であったことを示している．この結果は，デモグラフィック変数が刑事政策参加経験と意図の分散のわずか2%しか説明できないことを意味している．また，犯罪不安[6]や厳罰傾向[7]が高い人ほど，刑事政策参加の経験がある可能性が高い．この点について Mukai, Matsuki et al.（2024）は，効力感[8]や厳罰傾向，治療傾向[9]，犯罪不安などの心理変数を含めて回帰分析を

実施している．その結果，「自分は刑事司法に対して影響を与える力がある」と考える人（内的効力感が強い人）や，裁判所を信頼していない人（裁判所に対する外的効力感が弱い人），厳罰を支持する人（厳罰傾向が強い人）ほど，刑事政策参加の経験がある可能性が高いことが示された．また，意図については，内的効力感が強い人や，犯罪者の社会復帰を重視する人（治療傾向が強い人），犯罪不安が強い人ほど，参加の意図が強いことが示されている．以上の結果は，刑事政策参加は回答者のデモグラフィック変数によってはほとんど規定されておらず，（デモグラフィック変数とは独立した）心理変数によって規定される面が大きいことを示唆している．

2　刑事政策参加研究の意義と課題

(1)　意義

前節で述べたような刑事政策参加について検討することには，以下のような理論的な意義と実証的な意義がある．まず理論的な意義は刑罰ポピュリズム論と関わる．上述のように，刑罰ポピュリズム論は，刑事司法・政策に対する市民の影響力が増大したことを主張する議論である（Pratt 2007）．しかし，この主張を支える実証データは必ずしも提示されていないという課題がある．刑事政策参加について検討し，どの程度人々が，またどのような特性を有する人々が参加しているかを検討することは，上記の課題を克服し，刑罰ポピュリズムをめぐる議論をより「地に足の着いた」エビデンスベースドなものにすることが期待できる．

次に，実証的な意義について述べる．まず，上述のように刑事政策に関する市民の意識ないし態度に関する研究はこれまで広くなされてきた．特に欧米においては，1970年代以降の犯罪認知件数の増加に伴い（Garland 2001; Simon 2007），犯罪不安（Ferraro 1995; Hirtenlehner 2006; Liska et al. 1982）や厳罰傾向（Sööt & Rootalu 2017; Tyler & Boeckmann 1997; Unnever & Cullen 2010）などを中心に極めて多くの研究がなされてきた．これを受けた日本でも，犯罪不安ないし犯罪リスク認知（荒井他 2010; 阪口 2013; 島田他 2004），厳罰傾向（松原 2009; Mukai et al. 2021; 向井他 2020），死刑への支持（向井他 2021; 西村 2021; 山崎他 2014）などが頻繁に研究テーマとされてきた．これらの研究は，市民が刑事政策についてどのような意識や態度を有しているかを明らかにするものとして価値があるが，同時に限界もある．

その限界とは，これらの研究が市民の意識・態度の「入口」に着目しており，「出口」に関心を払っていない点である．つまり，これらの研究は，どのような要因が犯罪不安や厳罰傾向，死刑への支持を規定するかという市民の意識・態度の「入口」に着目している．しかし，市民の意見・態度がどのような形で法・政策に入力されるの

かという市民の意見・態度の「出口」に着目した研究も行われるべきである（向井 2023）．その理由は大きく以下の2点である．第一に，「入口」に着目する研究は，「法の創造・修正は民意に支持されていることが望ましい」といった根拠（齋藤 2018: 207）から正当化されてきた．このように「民意」に基づくとされることを根拠として行われた具体的な立法としては，2000年以降の少年法の一連の改定や 2001年の危険運転致死傷罪などが挙げられる（松原・松澤 2019）．しかし，これはあくまでも理念的・規範的な「建前」であり，実際には何らかの動機を有する個人や団体に主導される形で「法の創造・修正」が行われることはしばしばある（たとえば著作権法について山田（2011, 2016）を参照）．このように「法の創造・修正」が「民意」の直接的な反映ではなく，政治的なプロセスを経て行われるものであることを踏まえれば（Brewster 2020），「民意」がどのようなものであるか，どのように測定するべきかという従来の研究で検討されてきた問題圏だけではなく，「民意」がどのようにして政策という「出口」に向かうかを検討する必要がある．第二に，市民の意識や態度はそれらが内面にとどまる限りは政策に影響を与えることがない．したがって，内面のものである市民の意識や態度を検討するだけでなく，それがどのように行為として表出されるかを検討しなければ，政策への直接的な示唆につながらない．言い換えれば，刑事政策参加を検討することには，個人の意識・態度から政策という従来検討されてきた関係性に，外部への表出（刑事政策参加）という媒介項を導入することによって，従来の研究の視角を拡大するという意義を果たすことが期待できる（**図1**参照）．

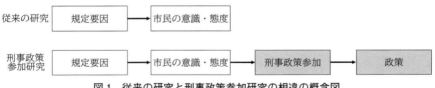

図1　従来の研究と刑事政策参加研究の相違の概念図

(2) 課題

刑事政策参加について検討することには以上のような意義がある一方，刑事政策参加に関してこれまで行われた研究には限界もある．中でも対処が必要である限界の1つは，既存の研究では横断的な研究デザインがとられており，縦断的な研究デザインをとったものが見当たらないことである．つまり，既存の研究（Mukai, Matsuki et al. 2024）では，犯罪者に対して厳しい刑罰を求め，犯罪不安が強い人ほど刑事政策参加

の経験が多い確率が高いことが示されているが，横断的な研究デザインをとる同研究では，変数間の関係が因果関係なのか，それとも単なる相関関係なのかは判断ができない．言い換えれば，同研究の知見から，「調査時において厳罰傾向や犯罪不安が強い人ほど過去1年間において参加している経験が多い確率が高い」とは主張できるが，「厳罰傾向や犯罪不安の高さが参加を導く」といった主張はできないということになる．因果関係の特定は，市民の意識・態度を検討する研究に限らず，社会科学一般において重要な課題である（キング他 1994=2004）．したがって，先行研究に存在するこの限界は縦断的な研究デザインをとる研究によって補われる必要がある．

Ⅲ　本研究の目的と研究の方略

1　本研究の目的

本研究の目的を改めてまとめると以下の通りとなる．先進諸国における厳罰化の傾向は，これまで頻繁に刑罰ポピュリズム論の枠組みで検討されてきた．しかし，この刑罰ポピュリズム論には，その議論を支える実証データが多くの場合存在しないという課題があった．刑事政策参加は，この課題に対応するために提案された概念であり，日本人の刑事政策参加は低調にとどまる，デモグラフィック変数よりも心理変数によって規定される程度が大きいといった実証的な知見が蓄積されつつある．刑事政策参加を検討することには，刑罰ポピュリズム論と関連する実証データを提供し，実証研究の裾野を広げるという理論的・実証的な意義がある．しかし，刑事政策参加研究にも課題がある．それは，刑事政策参加に関する既存の研究は横断的な研究デザインを採用しており，変数間の因果関係，特に心理変数が刑事政策参加に及ぼす影響は検討できていないという点である．

以上の議論を背景に，本研究は，縦断的なデータを用い，因果関係が検討されていないという刑事政策参加研究の課題に対処することを目的とした．

2　研究の方略

(1)　調査デザイン

この目的のため，本研究では以下の手順で調査・分析を実施した．まず調査については，変数間の因果関係を明らかにするという目的の下，2時点での時系列分析を実施した．第1波の調査は，2023年1月に行われたものであり，公開されている Mukai, Matsuki et al.（2024）のデータを用いた[10]．第2波の調査は，2024年1月に行われたものであり，第1波で回答した人のみを対象に実施された．分析には両波に回答した人のデータのみを分析に用いた．第1波・第2波ともに，ウェブ調査サー

ビスである Freeasy が用いられた．第2波を第1波の1年後とした理由は，既存の研究（e.g., Mukai, Matsuki et al. 2024）では回答者の過去1年の参加経験および今後1年の参加意図が尋ねられていたからである．なお，本研究と同じく時系列的なデータを用いて刑罰に関する意識を調査した研究では半年程度のスパンを設けるものがある（松原・松澤 2019）．他方，より広い社会意識を検討した研究の中には1年程度のスパンを設けるものも多い（Asbrock et al. 2010; Roche et al. 2016; Sibley & Duckitt 2010）．これらを踏まえると，本研究で1年間のスパンを設けることは先行研究と比較して妥当であると考えられる．

　また，ウェブ調査において努力の最小限化と呼ばれる問題があることが指摘されている（三浦・小林 2015, 2016; 高橋他 2017）．これは，回答者は一般に経済的対価（ウェブポイント等）を主な目的として調査に参加するため，回答を手早く完了するよう動機づけられ，結果として回答が妥当なものではなくなってしまうという問題である．この問題に対処するための簡便な方法として，調査ページ内にランダムに「この設問では，必ず『あまりそう思わない』を選んでください」というトラップ項目を含め，「あまりそう思わない」以外を選択した回答者を除外した（同様の手法をとるものとしては向井・湯山（2022）などを参照）．トラップ項目は第1波と第2波両方で提示された．

　なお，サンプルのバイアスをできる限り少なくするため，第1波のサンプルは，当時最新の国勢調査の年齢（5歳区切り）と性別に基づいて割り付けられていた．そのため，本研究においても，脱落によって生じた誤差はあるが，概ね代表性の高いサンプルが得られていると判断できる．

　(2)　分析デザイン

　次に分析については，刑事政策参加に対する心理変数の影響を確認するという目的の下，刑事政策参加の経験と意図を従属変数とする回帰モデリングを用いた．ただし，経験は二値変数，意図は連続変数という相違があるため，従属変数の性質の相違に応じて，経験を従属変数とするモデルではロジスティック回帰モデルを用い，意図を従属変数とするモデルでは最小二乗法を用いて推定した．

　また，縦断デザインをとる調査においては回答者の脱落が問題となる．つまり，第1波の参加者のうち，何らかの特性を有する回答者のみが回答の継続をとりやめ，第2波のデータから脱落してしまい，結果として第2波の推定にバイアスが生じてしまうという問題である（Sampson & Laub 1995）．この可能性を検討するため，補完的な分析として，第1波のデータを用いて，第2波まで回答を継続した人と，第1波で脱

落した人の間で，分析に用いた変数に何らかの差があるかを検討した．分析にはWelch の t 検定を用いた．

分析には R ver. 4.2.1 を用いた．有意水準は 0.05，Cronbach の α 係数の基準は .70 とした（Taber 2018）．

IV　調査の内容

1　調査参加者

以上のデザインに基づき，調査を実施した．その結果，第 1 波で回答を完了した 1,001 名のうち，第 2 波にも回答した人は 708 名（脱落率 29.2%）であった（図 2）．

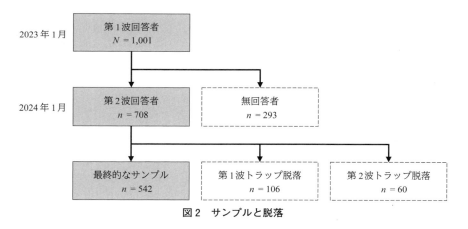

図 2　サンプルと脱落

（注）実線灰色は各ステップで残されたサンプル数，破線白色は除外されたサンプル数を示す．第 1 波の回答者は Mukai, Matsuki et al.（2024）のデータによる．

ここから上記トラップ回答で誤った選択をした人を除外したところ，第 1 波データでは 106 名，第 2 波データでは 60 名が除外された．よって，最終的に 542 名のデータが分析対象とされた．

2　調査の内容

調査には以下の内容が含まれた．これらの項目はすべて Mukai et al.（2023）と同様である．使用した全項目は表 1 に掲載される．なお，本調査で用いた項目はどれも特段の予備知識なく答えられるシンプルなものであったため，特別な教示などは行わ

150　論　説

なかった.

表 1　使用した項目

従属変数	
刑事政策参加の経験と意図[a]	
CJP1	犯罪問題についての陳情書などに（対面またはオンライン上で）署名したこと
CJP2	犯罪問題についてのデモなどの集会に参加したこと
CJP3	犯罪問題に力を入れている団体や政治家に寄付をしたこと
CJP4	犯罪問題について，公職者（警察官などの公務員や国会議員などの政治家など）に会ったり，連絡をとったりしたこと
CJP5	犯罪問題について考えて，選挙で投票先を選んだこと
CJP6	自分が住む地域の犯罪問題に取り組む団体・組織（防犯団体など）に参加したこと
CJP7	SNS（ツイッターやフェイスブックなど）で，犯罪問題について思ったことを書き込んだこと
CJP8	犯罪問題について，SNS（ツイッターやフェイスブックなど）で，人から回ってきた情報や意見を（リツイートやシェアで）拡散したこと
CJP9	犯罪問題について，警察などの公的機関に，メールや手紙，電話で苦情や要望を入れたこと
独立変数	
内的効力感（第 1 波：$M = 2.51$, $SD = 0.83$；第 2 波：$M = 2.56$, $SD = 0.86$）	
IC1	私は，犯罪についての重要な問題を理解し，評価することが得意だ
IC2	私は，犯罪についての問題に関する議論に積極的に参加できる自信がある
外的効力感（警察）（第 1 波：$M = 2.74$, $SD = 0.80$；第 2 波：$M = 2.83$, $SD = 0.83$）	
EC_PO1	警察は，市民に寄りそう努力をしている
EC_PO2	警察は，一般市民が何を考えているかを気にかけている
外的効力感（裁判所）（第 1 波：$M = 2.59$, $SD = 0.80$；第 2 波：$M = 2.64$, $SD = 0.83$）	
EC_CR1	裁判所は，市民に寄りそう努力をしている
EC_CR2	裁判所は，一般市民が何を考えているかを気にかけている
厳罰傾向（第 1 波：$M = 4.30$, $SD = 1.03$；第 2 波：$M = 4.38$, $SD = 1.05$）	
SHP1	犯罪者に対する判決をもっと厳しくするべきだ
SHP2	なぜ犯罪者への刑罰があんなに軽いのかと疑問に思う
SHP3	犯罪者への罰は厳しくすればするほどよい
治療傾向（第 1 波：$M = 3.23$, $SD = 1.00$；第 2 波：$M = 3.15$, $SD = 1.10$）	
SR1	犯罪者に対して社会復帰や更生のための援助を，もっと行なうべきだ
SR2	犯罪をした人に対して行われる，社会復帰のための援助は少なすぎる
SR3	私が裁判官なら，今以上に犯罪者の社会復帰を重視した判決を下したい
犯罪不安（第 1 波：$M = 3.55$, $SD = 0.74$；第 2 波：$M = 3.56$, $SD = 0.76$）	
FC1	社会全体の治安に対して不安を感じる
FC2	世の中で起こる犯罪に対して不安を感じる
FC3	社会の安全性に対してなんとなく不安を感じる
FC4	自分が犯罪の被害にあうのではないかと不安を感じる
FC5	自分が犯罪の被害にあいそうで怖いと感じる

[a] 意図の場合は，「署名すること」のように現在形で提示された.

（1）　刑事政策参加経験・意図

Mukai et al.（2023）によって作成された刑事政策参加を測定する項目（例：「犯罪問

題についての陳情書などに（対面またはオンライン上で）署名したこと」）を用いた．経験については，「あなたは過去1年の間に以下のようなことをしたことがありますか」と尋ね，「ある」か「ない」かの二値での回答を求めた．意図については，「あなたはこれから1年の間に，自分から進んで，あるいは人から依頼された場合に，次のような行為をする可能性はどの程度あると思いますか」と尋ね，「まったくない」(1)，「あまりない」(2)，「どちらとも言えない」(3)，「多少ある」(4)，「十分にある」(5)の5件法での回答を求めた．なお，項目中に含まれる「犯罪問題」については，意味が若干不明確であるため，「なお，以下の項目の中に含まれる『犯罪問題』については，『被害者・犯罪者の支援』，『犯罪者の処罰をどうするか』，『防犯活動』といった幅広い問題を含むものとしてお答えください」と伝え，内容を明確化した．

(2) 内的・外的効力感

Mukai, Matsuki et al. (2024) は，Groskurth et al. (2021) の作成した政治的効力感尺度を転用し調査に用いている．「以下では，犯罪に関するあなたの意見についてお聞きします」とし，「まったく同意しない」(1)，「どちらかと言えば同意しない」(2)，「どちらとも言えない」(3)，「どちらかと言えば同意する」(4)，「完全に同意する」(5) の5件法での回答を求めた．

(3) 厳罰傾向・治療傾向

向井・藤野 (2018) の刑事司法に対する態度尺度に含まれる刑罰の厳罰化因子と治療の推進化因子を用いた．「以下では，犯罪や犯罪者をどう扱うべきかについて，あなたが持つ意見をお聞きします」とし，「まったくそう思わない」(1)，「あまりそう思わない」(2)，「どちらかと言えばそう思わない」(3)，「どちらかと言えばそう思う」(4)，「かなりそう思う」(5)，「非常にそう思う」(6) の6件法での回答を求めた．

(4) 犯罪不安

荒井他 (2010) が作成した犯罪に対する感情的反応を測定する項目を用いた．「以下では，あなたが日ごろ犯罪について感じていることについてお聞きします」とし，「全く感じない」(1)，「感じない」(2)，「どちらとも言えない」(3)，「感じる」(4)，「非常に感じる」(5) の5件法での回答を求めた．

(5) デモグラフィック変数

その他の回答者の属性に関する変数として，年齢，性別 (1 = 女性，2 = 男性)，教育水準 (1 = 高校以下，2 = 短大・専門学校，3 = 四年制大学以上，4 = その他)，結婚の有無 (1 = 既婚，2 = 未婚)，子どもの有無 (1 = あり，2 = なし)，居住地，世帯年収，

152 論　説

職業の情報をウェブ調査会社から提供を受けた．居住地について，OECD（2016）は
各都道府県の人口密度に基づき，低密度（島根県，秋田県など），中密度（沖縄県，栃
木県など），高密度（東京都，大阪府など）を区別している．これに基づき，回答者の
居住する都道府県を低密度，中密度，高密度の3水準にコーディングした．世帯年収
については，200万未満，200万〜500万未満，500万〜1,000万円未満，1,000万円以
上の4水準にコーディングした．職業については，Mukai et al.（2023）に基づき，ホ
ワイトカラー（サービス業など），ブルーカラー（建設業など），無職，その他の4水準
にコーディングした．

V　結　　果

1　記述統計

（1）　サンプルの特徴

分析に先立ち，サンプルの特徴を算出した（**表2**）．全体的に見て，若干無職者が多
かった（239名，44.0%）．しかし，全体的に大きな偏りはなく，先行研究（Mukai et al.
2023）では，属性変数の効果は大きくはないことが示されているため，そのまま分析
を継続した．

表2　サンプルの記述統計

	n	%		n	%
年齢			世帯年収		
20代	35	6.5%	200万円未満	81	14.9%
30代	62	11.4%	200万〜500万円未満	226	41.7%
40代	104	19.2%	500万〜1,000万円未満	181	33.4%
50代	89	16.4%	1,000万円以上	54	10.0%
60代	103	19.0%	職業		
70代以上	149	27.5%	ホワイトカラー	167	30.8%
性別			ブルーカラー	93	17.2%
男性	280	51.7%	無職	239	44.1%
女性	262	48.3%	その他	43	7.9%
教育水準			子ども有無		
高校以下	171	31.5%	あり	318	58.7%
短大・専門学校	124	22.9%	なし	224	41.3%
四年制大学以上	243	44.8%	結婚		
その他	4	0.7%	既婚	335	61.8%
居住地			未婚	207	38.2%
高密度	366	67.5%			
中密度	134	24.7%			
低密度	42	7.7%			

（注）各変数のデータは第1波（2023年1月）時点のデータに基づく．

(2) 刑事政策参加経験・意図の記述統計

続いて，刑事政策参加の経験と意図の全体像をつかむため，それぞれの行為ごとに記述統計を算出した．割合と平均値の他，95%信頼区間も算出した．まず経験について見ると（**図3**；図中の通し番号に対応する項目は**表1**を参照[11]），**表1**に示される9つの行為のうちどれか1つ以上を経験した人の割合は第1波では12.2%（95%CI[9.4%, 14.9%]），第2波では11.1%（95%CI[8.4%, 13.7%]）であり，先行研究（Mukai et al. 2023; Mukai, Matsuki et al. 2024）とほぼ同程度の割合であった．行為ごとに見ると，最も経験率が高かったのは，CJP5「犯罪問題について考えて，選挙で投票先を選ぶこと」であり，第1波の経験率は5.7%（95%CI[3.8%, 7.7%]），第2波の経験率は4.4%（95%CI[2.7%, 6.2%]）であった．他方，最も経験率が低かったのは，CJP3「犯罪問題に力を入れている団体や政治家に寄付をしたこと」であり，第1波は0.4%（95%CI[-0.1%, 0.9%]），第2波は1.3%（95%CI[0.3%, 2.2%]）であった．

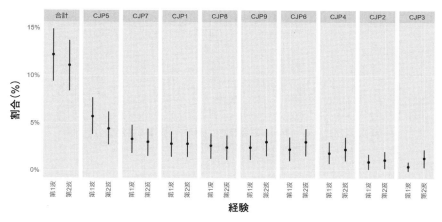

図3　両時点における刑事政策参加を測定する各項目の経験率
(注) 図中の丸は比率の点推定値，線は95%信頼区間の上限と下限を示す．

次に意図について見ると（**図4**），9つの行為の平均値は第1波では$M = 1.57$, $SD = 1.51$, 95%CI[1.63, 0.73]，第2波では$M = 1.61$, $SD = 1.54$, 95%CI[1.67, 0.79]であり，こちらも先行研究（Mukai et al. 2023; Mukai, Matsuki et al. 2024）と同程度の値であった．最も得点が高かったのは，経験と同じく，CJP5「犯罪問題について考えて，選挙で投票先を選ぶこと」であり，第1波の得点は$M = 2.02$, $SD = 1.92$, 95%CI[2.11,

1.15]，第2波の得点は $M = 1.99, SD = 1.90, 95\%CI[2.09, 1.15]$ であった．他方，最も得点が低かったのは，第1波ではCJP2「犯罪問題についてのデモなどの集会に参加すること」であった（$M = 1.41, SD = 1.34, 95\%CI[1.47, 0.75]$）．第2波ではCJP7「SNS（ツイッターやフェイスブックなど）で，犯罪問題について思ったことを書き込むこと」（$M = 1.46, SD = 0.88, 95\%CI[1.38, 1.53]$）と，CJP8「犯罪問題について，SNS（ツイッターやフェイスブックなど）で，人から回ってきた情報や意見を（リツイートやシェアで）拡散すること」（$M = 1.46, SD = 0.87, 95\%CI[1.39, 1.53]$）であった．

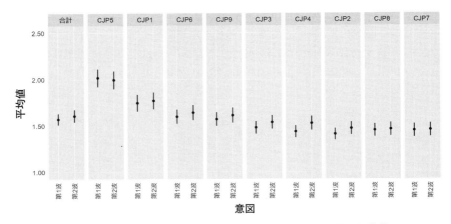

図4　両時点における刑事政策参加の意図を測定する各項目の平均値
(注) 図中の丸は平均値の点推定値，線は95%信頼区間の上限と下限を示す．

刑事政策参加の経験と意図に関する結果が先行研究（Mukai et al. 2023; Mukai, Matsuki et al. 2024）と大きな相違がなかったことからして，本研究のデータには問題がある偏りはないと判断できる．同時に，先行研究と大きな相違がなかったことからすれば，日本人の刑事政策参加の経験と意図は低調であるという先行研究の知見は頑健であると判断できる．

(3) 信頼性と単相関の検討

次に，各変数を測定するために設定された項目を合成変数として扱って良いかを確認するために刑事政策参加の経験以外の変数についてCronbachの α 係数を算出した．その結果，すべての変数の α 係数は.75以上であり，前もって設定した基準である $\alpha > .70$（Taber 2018）を上回っていた．よって，以後の分析では各変数の算術平

均を分析に用いた．また，経験は二値変数であるため Kuder-Richardson の公式 20（Kuder & Richardson 1937）を用いて信頼性係数を算出したところ，その値は .75（第1波），.80（第2波）と十分な値が見られた．よって，合成変数を作成することとしたが，刑事政策参加の経験については，**図3**に示されるように参加率は極めて低い方に歪んでいたため，単純に算術平均を用いると効果が適切に検出できない可能性がある．よって，経験については，1を「経験あり」，0を「経験なし」とするダミー変数として扱うこととした．

次に目的の検証に先立ち，第2波の経験・意図と第1波の経験・意図および心理変数の単相関係数を算出した[12]．ただし，経験については上述の通りダミー変数として扱うこととしたため，単純な積率相関ではなく点双列相関係数を求めた．その結果，**表3**に示される通り，第2波の経験は，心理変数のうち，内的効力感，厳罰傾向，犯罪不安と有意な正の相関を示した．意図もほぼ同様に，内的効力感および犯罪不安と有意な正の相関を示した．

2 回帰モデリング

(1) 刑事政策参加経験を従属変数とした分析

心理変数が刑事政策参加に及ぼす因果的影響を検討するという目的の検証のため，まず第2波における刑事政策参加経験を従属変数，第1波における心理変数を独立変数，属性変数を統制変数とするロジスティック回帰の推定を実施した．なお，第1波の参加意図も統制変数として投入した．

表3 第1波と第2波の相関係数と信頼区間

		第2波				
		経験		意図		
		r	95%CI	r	95%CI	
第1波	経験	.36**	[.28 , .43]	.29**	[.21 , .37]	
	意図	.26**	[.18 , .34]	.47**	[.40 , .53]	
	内的効力感	.11*	[.03 , .19]	.21**	[.13 , .29]	
	外的効力感（警察）	.03	[-.06 , .11]	.08	[-.01 , .16]	
	外的効力感（裁判所）	-.05	[-.13 , .04]	.06	[-.03 , .14]	
	厳罰傾向	.09*	[.00 , .17]	.01	[-.08 , .09]	
	治療傾向	.00	[-.09 , .08]	.00	[-.08 , .08]	
	犯罪不安	.10*	[.01 , .18]	.12**	[.04 , .21]	

**$p < .01$, *$p < .05$.

まず独立変数を個別に投入した M1 から M6 の結果を見ると（**表4**），厳罰傾向の影響（$OR = 1.47$, 95%CI[1.13, 1.95]），犯罪不安の影響（$OR = 1.88$, 95%CI[1.28, 2.81]）が有

意であった．他方，すべての変数を投入した M8 では，参加意図（$OR = 2.81$, 95%CI [1.91, 4.24]）のみが有意であった．なお，すべての変数を投入した M8 における VIF は 2.99 以下であったため，上記の結果は多重共線性によって得られたものではないと判断できる．

(2) 刑事政策参加意図を従属変数とした分析

次に，意図を従属変数としたモデルの推定を行った．推定法として最小二乗法を用いた以外は，前項の分析と全く同じであった．

同じくまず独立変数を個別に投入した M1 から M6 の結果を見ると（表5），内的効力感（$\beta = .15$, 95%CI[.07, .24]），犯罪不安（$\beta = .16$, 95%CI[.08, .25]）の影響が有意であった．すべての変数を投入した M8 では，第 1 波の参加意図（$\beta = .43$, 95%CI[.35, .51]）に加えて，犯罪不安（$\beta = .10$, 95%CI[.01, .18]）の影響も有意であった．なお，すべての変数を投入した M8 における VIF は 2.91 以下であったため，上記の結果は多重共線性によって得られたものではないと判断できる．

なお，有意となった結果の視覚化のため，参加経験の有無ごとに見た厳罰傾向および犯罪不安の分布を図5に，意図と犯罪不安の散布図を図6に示す．

3 脱落によるバイアスの検討

上記の結果が脱落によるバイアスに起因するものではないかを検討した．具体的には，トラップ項目で誤った選択をした回答者を除外した上で，第 1 波と第 2 波の両波に回答した回答者（両波回答者：$n = 542$）と，第 2 波に回答しなかった回答者（脱落者：$n = 249$）を分けた．そして，分析に用いた変数について両群間に差があるかについて検定を行った．経験は二値変数であるためカイ二乗検定を用いた．その他の変数は連続変量であり，また等分散性を仮定する必要はないので Welch の t 検定によって検証した．その結果，表6に示される通り，経験については有意な偏りはなかった（$\chi^2 (1) = 0.10$, $p = .76$, $\phi = .02$）．さらに，その他の変数についても，表7に示される通り，裁判所に対する外的効力感以外の変数について有意な差は見られなかった（Hedges' |d|s < 0.07, ps $> .36$）．また，裁判所に対する外的効力感も検定の結果自体は有意であったが，その効果量は $d = 0.15$（$p = .04$）であった．この値は Cohen（1992）の基準に基づけば，小さいと判断される $d < .20$ よりもさらに小さいものである．

表 4　刑事政策参加経験を従属変数としたロジスティック回帰モデリング

	M1 OR	M1 95%CI	M2 OR	M2 95%CI	M3 OR	M3 95%CI	M4 OR	M4 95%CI	M5 OR	M5 95%CI	M6 OR	M6 95%CI	M7 OR	M7 95%CI	M8 OR	M8 95%CI
内的効力感（警察）	1.20	[0.86 , 1.69]													0.87	[0.59 , 1.29]
外的効力感（警察）			0.90	[0.64 , 1.29]											1.15	[0.70 , 1.89]
外的効力感（裁判所）					0.79	[0.57 , 1.11]									0.72	[0.44 , 1.18]
厳罰傾向							1.47 **	[1.13 , 1.95]							1.38	[0.96 , 2.02]
治療傾向									1.06	[0.81 , 1.41]					1.12	[0.82 , 1.55]
犯罪不安											1.88 **	[1.28 , 2.81]			1.37	[0.85 , 2.24]
参加意図													2.69 **	[1.90 , 3.88]	2.81 **	[1.91 , 4.24]
年齢	1.01	[0.99 , 1.04]	1.01	[0.99 , 1.04]	1.01	[0.99 , 1.04]	1.01	[0.99 , 1.04]	1.01	[0.99 , 1.04]	1.01	[0.99 , 1.04]	1.02	[1.00 , 1.05]	1.02	[0.99 , 1.05]
性別　女性	(ref.)		(ref.)		(ref.)		(ref.)		(ref.)		(ref.)		(ref.)		(ref.)	
男性	1.75	[0.93 , 3.37]	1.83	[0.97 , 3.49]	1.81	[0.96 , 3.45]	1.74	[0.92 , 3.35]	1.81	[0.97 , 3.46]	2.06 *	[1.09 , 3.96]	1.46	[0.75 , 2.87]	1.57	[0.79 , 3.15]
教育水準　高校以下	(ref.)		(ref.)		(ref.)		(ref.)		(ref.)		(ref.)		(ref.)		(ref.)	
短大・専門学校	2.16	[0.88 , 5.45]	2.12	[0.87 , 5.32]	2.13	[0.88 , 5.37]	2.13	[0.83 , 5.13]	2.13	[0.88 , 5.39]	2.14	[0.86 , 5.52]	2.14	[0.86 , 5.52]	2.03	[0.81 , 5.28]
四年制大学以上	2.06	[0.96 , 4.75]	2.04	[0.96 , 4.69]	2.03	[0.95 , 4.66]	2.16	[1.00 , 4.98]	2.05	[0.96 , 4.72]	2.00	[0.93 , 4.62]	2.15	[0.98 , 5.08]	2.11	[0.95 , 5.01]
その他	6.36	[0.27 , 68.31]	5.96	[0.25 , 63.41]	5.64	[0.24 , 59.65]	6.55	[0.28 , 70.52]	6.45	[0.27 , 70.89]	4.73	[0.20 , 49.22]	4.80	[0.17 , 67.67]	4.26	[0.16 , 58.48]
居住地　高密度	(ref.)		(ref.)		(ref.)		(ref.)		(ref.)		(ref.)		(ref.)		(ref.)	
中密度	0.46	[0.19 , 0.97]	0.45 *	[0.19 , 0.94]	0.44 *	[0.18 , 0.93]	0.41 *	[0.17 , 0.87]	0.44 *	[0.18 , 0.93]	0.41 *	[0.17 , 0.88]	0.45	[0.18 , 0.98]	0.39 *	[0.15 , 0.87]
低密度	0.56	[0.13 , 1.73]	0.58	[0.13 , 1.80]	0.58	[0.13 , 1.80]	0.59	[0.13 , 1.83]	0.56	[0.13 , 1.72]	0.54	[0.12 , 1.67]	0.77	[0.24 , 2.43]	0.83	[0.18 , 2.69]
世帯年収　200万未満	(ref.)		(ref.)		(ref.)		(ref.)		(ref.)		(ref.)		(ref.)		(ref.)	
200万～500万円未満	0.92	[0.38 , 2.32]	0.92	[0.39 , 2.34]	0.93	[0.39 , 2.36]	0.93	[0.39 , 2.37]	0.91	[0.38 , 2.30]	0.98	[0.40 , 2.53]	1.04	[0.37 , 2.51]	1.04	[0.40 , 2.66]
500万～1000万円未満	0.96	[0.37 , 2.63]	1.03	[0.39 , 2.80]	1.04	[0.40 , 2.84]	0.96	[0.36 , 2.60]	0.99	[0.38 , 2.69]	1.07	[0.40 , 2.98]	1.12	[0.41 , 3.23]	1.19	[0.41 , 3.57]
1000万円以上	0.93	[0.27 , 3.13]	1.04	[0.30 , 3.50]	1.06	[0.31 , 3.54]	0.89	[0.26 , 3.02]	1.00	[0.29 , 3.33]	1.09	[0.31 , 3.72]	0.93	[0.24 , 3.40]	0.94	[0.22 , 3.66]
職業　ホワイトカラー	(ref.)		(ref.)		(ref.)		(ref.)		(ref.)		(ref.)		(ref.)		(ref.)	
ブルーカラー	0.60	[0.24 , 1.37]	0.58	[0.24 , 1.34]	0.60	[0.25 , 1.38]	0.56	[0.22 , 1.30]	0.60	[0.25 , 1.37]	0.52	[0.21 , 1.20]	0.55	[0.21 , 1.33]	0.52	[0.19 , 1.32]
無職	0.68	[0.32 , 1.45]	0.67	[0.32 , 1.42]	0.68	[0.32 , 1.44]	0.65	[0.30 , 1.38]	0.68	[0.32 , 1.43]	0.68	[0.32 , 1.44]	0.75	[0.34 , 1.65]	0.74	[0.33 , 1.68]
その他	1.26	[0.45 , 3.18]	1.27	[0.46 , 3.19]	1.33	[0.48 , 3.37]	1.38	[0.49 , 3.50]	1.25	[0.45 , 3.14]	1.24	[0.45 , 3.15]	1.08	[0.37 , 2.87]	1.21	[0.41 , 3.25]
子供有無　あり	(ref.)		(ref.)		(ref.)		(ref.)		(ref.)		(ref.)		(ref.)		(ref.)	
なし	1.29	[0.54 , 2.94]	1.32	[0.56 , 3.00]	1.32	[0.56 , 3.03]	1.28	[0.54 , 2.93]	1.31	[0.56 , 2.99]	1.32	[0.57 , 2.97]	1.40	[0.57 , 3.30]	1.44	[0.58 , 3.44]
結婚有無　既婚	(ref.)		(ref.)		(ref.)		(ref.)		(ref.)		(ref.)		(ref.)		(ref.)	
未婚	1.62	[0.73 , 3.60]	1.56	[0.70 , 3.46]	1.54	[0.69 , 3.43]	1.63	[0.73 , 3.65]	1.58	[0.72 , 3.51]	1.63	[0.74 , 3.61]	1.55	[0.67 , 3.61]	1.57	[0.66 , 3.75]
pseudo R^2	.10		.09		.10		.12		.09		.13		.13		.13	

（注）独立変数はすべて第 1 波における z データである。**$p < .01$, *$p < .05$.

158　論　説

表 5　刑事政策参加意図を従属変数とした回帰モデリング

	M1 β	M1 95%CI	M2 β	M2 95%CI	M3 β	M3 95%CI	M4 β	M4 95%CI	M5 β	M5 95%CI	M6 β	M6 95%CI	M7 β	M7 95%CI	M8 β	M8 95%CI
内的効力感	.15 **	[.07 , .24]													.03	[-.06 , .11]
外的効力感（警察）			.07	[-.01 , .16]											.07	[-.03 , .17]
外的効力感（裁判所）					.05	[-.04 , .13]									-.04	[-.14 , .07]
厳罰傾向							.05	[-.04 , .13]							.01	[-.08 , .10]
治療傾向									.06	[-.02 , .15]					.10	[-.07 , .10]
犯罪不安											.16 **	[.08 , .25]			.10 *	[.01 , .18]
参加意図													.45 **	[.38 , .53]	.43 **	[.35 , .51]
年齢	-.10	[-.21 , .01]	-.10	[-.21 , .01]	-.09	[-.20 , .02]	-.09	[-.20 , .02]	-.10	[-.21 , .01]	-.09	[-.20 , .01]	-.05	[-.15 , .05]	-.06	[-.16 , .04]
性別																
女性	(ref.)		(ref.)		(ref.)		(ref.)		(ref.)		(ref.)		(ref.)		(ref.)	
男性	.07	[-.03 , .16]	.09	[.00 , .18]	.09	[.00 , .18]	.08	[-.01 , .18]	.09	[.00 , .18]	.11	[.02 , .21]	.04	[-.05 , .12]	.05	[-.04 , .14]
教育水準																
高校以下	(ref.)		(ref.)		(ref.)		(ref.)		(ref.)		(ref.)		(ref.)		(ref.)	
短大・専門学校	.03	[-.07 , .13]	.02	[-.08 , .12]	.02	[-.08 , .12]	.02	[-.08 , .12]	.02	[-.08 , .12]	.00	[-.10 , .10]	.00	[-.09 , .09]	.00	[-.10 , .09]
四年制大学以上	.04	[-.07 , .14]	.04	[-.07 , .14]	.04	[-.07 , .14]	.04	[-.07 , .14]	.04	[-.08 , .14]	.02	[-.08 , .12]	.02	[-.07 , .12]	.02	[-.08 , .12]
その他	.04	[-.05 , .12]	.04	[-.05 , .13]	.04	[-.05 , .13]	.04	[-.05 , .13]	.04	[-.05 , .13]	.02	[-.06 , .13]	.03	[-.05 , .14]	.03	[-.06 , .13]
居住地	(ref.)		(ref.)		(ref.)		(ref.)		(ref.)		(ref.)		(ref.)		(ref.)	
世帯年収																
200万未満	(ref.)		(ref.)		(ref.)		(ref.)		(ref.)		(ref.)		(ref.)		(ref.)	
200万～500万円未満	.03	[-.11 , .16]	.02	[-.11 , .16]	.03	[-.11 , .16]	.03	[-.11 , .16]	.02	[-.11 , .16]	.03	[-.10 , .16]	.03	[-.09 , .15]	.03	[-.09 , .15]
500万～1,000万円未満	.04	[-.07 , .17]	.04	[-.07 , .17]	.04	[-.07 , .17]	.04	[-.07 , .17]	.04	[-.10 , .18]	.05	[-.08 , .18]	.05	[-.07 , .19]	.05	[-.08 , .18]
1,000万円以上	.02	[-.09 , .14]	.03	[-.08 , .15]	.04	[-.08 , .15]	.04	[-.08 , .15]	.04	[-.07 , .16]	.05	[-.06 , .16]	.03	[-.05 , .14]	.03	[-.08 , .13]
職業																
ホワイトカラー	(ref.)		(ref.)		(ref.)		(ref.)		(ref.)		(ref.)		(ref.)		(ref.)	
ブルーカラー	.03	[-.06 , .13]	.04	[-.06 , .14]	.03	[-.07 , .15]	.03	[-.07 , .15]	.04	[-.06 , .13]	.02	[-.08 , .12]	.03	[-.05 , .12]	.03	[-.06 , .12]
無職	.04	[-.07 , .15]	.04	[-.07 , .15]	.04	[-.07 , .15]	.04	[-.07 , .15]	.04	[-.06 , .13]	.04	[-.07 , .15]	.06	[-.03 , .17]	.04	[-.04 , .16]
その他	.03	[-.06 , .12]	.03	[-.06 , .12]	.04	[-.06 , .12]	.04	[-.06 , .11]	.02	[-.06 , .12]	.03	[-.07 , .09]	.00	[-.07 , .09]	.00	[-.08 , .09]
子供有無																
あり	(ref.)		(ref.)		(ref.)		(ref.)		(ref.)		(ref.)		(ref.)		(ref.)	
なし	-.02	[-.14 , .10]	-.02	[-.14 , .10]	-.02	[-.14 , .11]	-.01	[-.14 , .11]	-.02	[-.14 , .11]	-.01	[-.14 , .11]	-.01	[-.12 , .10]	-.01	[-.13 , .09]
結婚有無																
既婚	(ref.)		(ref.)		(ref.)		(ref.)		(ref.)		(ref.)		(ref.)		(ref.)	
未婚	.09	[-.03 , .21]	.09	[-.03 , .21]	.08	[-.04 , .21]	.08	[-.04 , .20]	.08	[-.04 , .20]	.09	[-.03 , .21]	.08	[-.02 , .18]	.08	[-.02 , .19]
R^2	.06		.04		.04		.04		.04		.06		.23		.25	
$adj. R^2$	.03		.01		.01		.01		.01		.03		.21		.21	

（注）独立変数はすべて第1表におけるデータである。** $p < .01$, * $p < .05$.

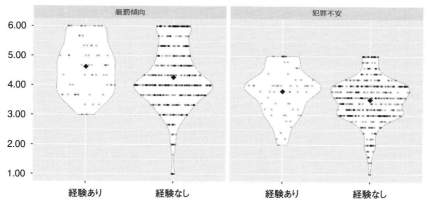

図5 第2波における参加経験の有無による第1波での厳罰傾向および犯罪不安の分布

(注) 図中の菱形は平均値を示す.

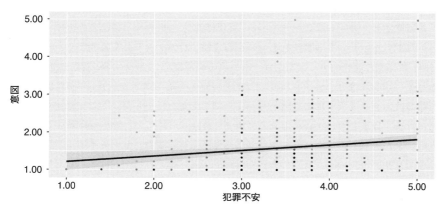

図6 第1波における犯罪不安と第2波における参加意図の散布図

(注) 図中の直線は回帰直線を示し，影は95%信頼区間を示す.

表6 第2波回答と参加経験の有無のクロス集計表

	両波回答者	脱落者
参加経験あり	66 (8.3%)	33 (4.2%)
参加経験なし	476 (60.2%)	216 (27.3%)

$\chi(1) = 0.10, p = .76, \phi = .02$. 括弧内のパーセンテージは全体に対する割合である.

160 論 説

表7 両波回答者と脱落者の間における各変数の差の検定

	両波回答者 ($n = 542$)		脱落者 ($n = 249$)		$t(df)$	p	d	95%CI		
	M	SD	M	SD						
参加意図	1.60	0.79	1.57	0.73	$t(448.51) = 0.49$	.63	0.04	[	-0.11, 0.19	]
内的効力感	2.45	0.93	2.51	0.83	$t(435.76) = -0.82$	.41	-0.07	[	-0.22, 0.08	]
外的効力感（警察）	2.77	0.78	2.74	0.80	$t(492.02) = 0.51$	.61	0.04	[	-0.11, 0.19	]
外的効力感（裁判所）	2.70	0.70	2.59	0.80	$t(543.92) = 2.05$	.04*	0.15	[	0.00, 0.30	]
厳罰傾向	4.24	1.02	4.30	1.03	$t(487.44) = -0.81$	.42	-0.06	[	-0.21, 0.09	]
治療傾向	3.20	1.01	3.23	1.00	$t(476.29) = -0.33$	.74	-0.03	[	-0.18, 0.12	]
犯罪不安	3.60	0.75	3.55	0.74	$t(476.02) = 0.91$	.36	0.07	[	-0.08, 0.22	]

（注）変数はすべて第1波のものである．$^*p < .05$.

　以上の検証の結果，両波回答者と脱落者の間の差は極めて小さなものであったことからすれば，脱落による結果へのバイアスは大きくないと判断できる．

Ⅵ 考 察

1 結果の要約と解釈

　本研究では，縦断的なデータを用い，心理変数から刑事政策参加への因果関係が検討されていないという刑事政策参加研究の課題に対処することを目的とした．具体的には，2時点の調査のデータを用い，第1波の心理変数（内的効力感，警察に関する外的効力感，裁判所に関する外的効力感，厳罰傾向，治療傾向，犯罪不安）が1年後に実施された第2波の刑事政策参加の経験と意図に及ぼす影響を検討した．その結果得られた知見は大きく以下2点にまとめられる．第一に経験については，厳罰傾向および犯罪不安の効果が有意であった（**表4**）．第二に，意図を従属変数とした分析では，心理変数の中では犯罪不安のみが有意であった（**表5**）．言い換えれば，犯罪者に対して厳しい罰を求め，犯罪不安が強い人の方がその後1年間に刑事政策に参加している確率が高く，犯罪不安が強い人は1年後に参加しようという意図が強いという結果が示された．

　ただし，第一の知見については，すべての変数を投入したフルモデル（M8）では厳罰傾向と犯罪不安の効果は有意でなかった．そのため，変数を個別に投入したモデルとフルモデルのどちらを重視して解釈すべきかが問題となるが，個別に投入したモデルの結果を重視すべきであると考える．なぜなら，フルモデルにおいては，第1波時点で「参加をしよう」という意図がある人が第2波時点で参加をしているのは極めて自然であるため，第1波における意図と第2波における経験の間には極めて強い関係性がある．そのため，この強い関係性によって厳罰傾向と犯罪不安の効果がマスク

されてしまっている可能性があるからである．ただし，フルモデルにおいても効果が残った場合と比べて，知見の頑健性が低くなるのも事実である．

また，第2波から脱落した回答者と回答を継続した回答者の間に何らかの差があるかを検討したところ，両群で有意になった変数は裁判所に関する外的効力感の1つだけであり，その効果量も無視できるほどに小さかった．この結果は，本研究のサンプルに脱落バイアスは生じていないことを示唆するものであるため，本研究で得られた知見は一定程度頑健であると言えよう．

さらに，本研究では1年前の心理変数が調査時点の刑事政策参加に影響することが示された．この結果は，心理変数の影響はたとえば数日，数週間の短期間だけでなく，1年という長期間にわたって持続することを示唆しており，より短期的なスパンで調査をした場合には，変数間の関係性は本研究で見出されたものよりも強いものとなる可能性が高い．なぜなら，期間が長くなるほど交絡・干渉要因が増えるため，変数間の関係性は通常弱くなるのが自然だからである．この調査デザインも本研究で得られた知見の頑健性を高める事情と捉えることができよう．

以上を総合的に考慮すると，本研究の結論は，「第一に，厳罰傾向と犯罪不安は1年後の刑事政策参加経験を導き，第二に，犯罪不安は1年後の刑事政策参加意図を導くが，第一の知見は第二の知見ほど頑健ではない可能性がある」とまとめるのが妥当であろう．

なお，厳罰傾向については，参加経験を従属変数とした分析（**表4**）ではその影響が有意であったのに対し，参加意図を従属変数とした分析（**表5**）では有意でなかった．この相違は，経験を持つために必要とされる労力ないし資源と，意図を持つために必要とされる労力ないし資源には相違があることに起因する可能性がある．つまり，意図の場合には，「ある行動をしよう」と思うだけで十分であるのに対し，経験の場合には，ある行動をするために必要となる知識や時間，場合によっては費用が必要になる．経験の場合には越えなければならないハードルが意図の場合と比べて高いという事情に起因して，両変数を従属変数とした分析間には結果の相違が見られたのではないかと推測される．

2　本研究の貢献

本研究の貢献は大きく以下の2点にまとめられる．第一に，先行研究（Mukai, Matsuki et al. 2024）では，厳罰傾向や犯罪不安などの心理変数が刑事政策参加と関連することが示されていた．しかし，同研究では横断的な研究デザインがとられていたため，心理変数の効果が因果関係なのか，単なる相関関係なのかは特定できていな

かった．これに対して本研究では，厳罰傾向が参加経験に及ぼす効果，および犯罪不安が参加の経験と意図に及ぼす効果は単なる相関関係ではなく，因果関係である可能性が高いことを示した．因果関係の特定が重要な課題であるため（キング他1994=2004），この知見を示したことは本研究の貢献の1つと考えられる．

第二に，厳罰傾向と犯罪不安が参加の経験を導くという知見を提示したことも本研究の大きな貢献と考えられる．なぜなら，この知見は，社会に流通し刑事司法システムに入力される市民の意見・態度には偏りがある可能性を示唆するからである．具体的には本研究で得られた知見のうち，特に参加経験を従属変数とした分析（**表4**）では，厳罰傾向と犯罪不安が1単位増加するにつれて，参加経験を有する確率がそれぞれ1.47倍（M4），1.88倍（M6）となることが示された．刑事政策の策定・運用にあたってはしばしば「民意」が考慮される（松原他 2023; 松原・松澤 2019; 西村 2021; 佐伯2022; 齋藤 2018）．しかし，本研究で得られた知見は，外部に表出された「民意」にはより厳罰的であり犯罪不安が強いという体系的な偏りが生じることを示唆している．このような偏りが望ましいものなのか望ましくないものであるかに関する規範的な評価は実証を志向する本稿の限界を超える．また，厳罰的であり犯罪不安が強い「民意」が表出されそれが刑事司法システムに入力されたとしても，刑事司法システムがそれをどのように取り入れるかどうかは別の問題であり，この点については別個の実証的・規範的検討が必要であろう．しかし，本稿で提示される知見はどのような立場をとるにせよ参照に値する知見であり，既存の研究および今後の議論に対する大きな貢献であると捉えられよう．

3　本研究の限界

以上のように本研究は心理変数が刑事政策参加に及ぼす因果的な影響を特定し，重要な貢献をなしたものと考えられるが，他方で限界もある．中でも大きな限界は，サンプルの偏りが否定できないという点である．本研究では，トラップ項目を含めることで不誠実回答を除外する，国勢調査に沿ってサンプルを割り付ける，脱落によるバイアスを検討するといった手法で，回答およびサンプルの妥当性には細心の注意を払った．これらの手続きは，一般に社会科学で採用される手続きを越えるものであるため，本研究の知見は他研究と比べれば相対的に信頼のおけるものと考えられる．しかし他方で，本研究でウェブ調査を行ったことに起因したバイアスが生じている可能性も否定できない．これによるバイアスとしては，たとえばインターネット使用者がサンプルに多く含まれ，結果としてインターネットを用いた参加（例：「SNS（ツイッターやフェイスブックなど）で，犯罪問題について思ったことを書き込んだこと」）の割合が高

く推定されていることが考えられる.

また，本研究での脱落率は 29.2% であり，関連する研究（Asbrock et al. 2010; Sibley & Duckitt 2010）と比べても良好な回収率であった他，脱落した群と脱落しなかった群の間に大きな相違は見られなかった．他方，一定の脱落が生じているのも事実である．いずれにしても，サンプリングに唯一解は存在しないため，今後の研究によって本研究の知見の妥当性・頑健性が検討されるべきである．また，本研究で取り上げた変数に加えて，たとえば法学教育を受けた経験や，法律に関連する職業への従事，法律についての知識など，刑事政策参加に影響を及ぼす変数は他にも存在する．さらに，本研究では縦断データを用いて，心理変数が刑事政策参加の経験と意図に及ぼす因果的影響を検討した．しかし，心理変数間の因果関係は十分に検討できていない他，本研究で見出された関連が何らかの第三の変数によるものである可能性は抽象的には排除できない．これらの点については，今後もデータを蓄積し，他の変数やより多くの時点のデータを用いた包括的なモデルを構築することが期待される．

最後に，本研究では，先行研究（Mukai, Matsuki et al. 2024）で見出されていた厳罰傾向・犯罪不安と刑事政策参加の関連が因果関係なのか，それとも単なる相関関係にすぎないのかを検討した．それによって示された知見は従来の研究では明らかにされていなかったものであり，この点で本研究には意義があると思われる．他方，本研究では，参加行動をしやすいことが示された厳罰傾向の高い人や犯罪不安の強い人の行動に対して社会の側や政策の側がどのように対応するかについては全く検討できていない．この点については，刑罰ポピュリズム論（Pratt 2007）との接続も含めて，今後検討が必要である．

1) Penal populism の訳としては，「ポピュリズム刑事政策」（宮澤 2007），「ポピュリズム厳罰化」（京 2016），「ペナル・ポピュリズム」（川出・金 2018）など複数のものが提案されている．翻訳せずそのまま penal populism と記述しているものもある（松原・松澤 2019: 64; 武内 2015: 30）．本研究では原語に忠実に「刑罰ポピュリズム」で統一する.

2) 立法に関する社会学的な古典研究としては，ベッカー（1966=2011）や Sutherland（1950a, 1950b）などがある．また，日本における研究としては村上（1982）や矢島・山本（1994）などがある.

3) その他，法学では，川出・金（2018: 112）が「最近の厳罰化の傾向は，ペナル・ポピュリズムに基づくものであるとの批判がなされることもある」として刑罰ポピュリズムに言及しており，武内（2015: 30）は，「2000 年以降の一連の少年司法改革」を考える上で刑罰ポピュリズムの議論が参考になるとしている.

4) この定義は，政治参加に関する Verba et al.（1995）の定義に含まれる「政治システム」を「刑

164 論 説

事司法システム」に変更して，転用したものである.

5） 特に裁判員裁判への参加については多くの実証的な研究がなされている（Fujita 2018; Naka et al. 2011; 齋藤他 2018）．しかし，刑事政策参加を測定するための項目には裁判員制度への参加は含まれていない．その理由は，経験率が極めて低いため，項目として含める意義が乏しいからである．実際，Mukai et al.（2023）では，同研究で用いられている項目が一定程度の包括性・網羅性を有するかを検討するために，「設定された項目以外の形態で参加をしたことがあるか」について自由記述を求めているが，裁判員としての参加や通報経験に関する回答はなかったことが示されている．また，裁判員制度は自ら選択して参加するものではないため，意図についても項目を作成する意義は乏しい．以上のことから，裁判員裁判への参加は刑事政策参加の定義には含まれるが，項目は作成されていない.

6） 犯罪不安は，「犯罪や犯罪と結びつけられるシンボルに対する恐怖や不安といった感情的な反応」と定義される（Ferraro 1995: 4）.

7） 厳罰傾向は，「刑罰目的にかかわらず，より厳しい刑事制裁や犯罪政策を支持すること」と定義される（Maruna & King 2009: 9; 向井・藤野 2020: 141）．この概念は，支持の程度の個人差を捉える心理的な概念であり，「より厳しい刑事政策や犯罪政策」それ自体である「厳罰化」とは区別される.

8） 効力感は，内的効力感と外的効力感に区別される（Campbell et al. 1954）．政治参加の文脈においては，内的効力感とは「政治を理解したり政治的行動に参加する能力が自分にあるという信念」を指し，外的効力感とは「市民の懸念に対する政治機関や政治的リーダーの応答性に関する信念」と定義される（Groskurth et al. 2021: 2）.

9） 治療傾向は，「犯罪者に対する教育や治療を，より推進することを支持する態度」（向井・藤野 2018: 89）と定義される.

10） このデータは以下の URL で公開されている．https://osf.io/vk35g.（2024/7/31/ アクセス）また，第 1 波のデータには回答者を識別するための ID が付されていたため，それを用いて第 1 波で回答した人のみを対象に募集を行い，回答を得た.

11） 図中の数値の正確な値は電子付録 1 および 2 として以下の URL に掲載する．https://osf.io/yhqbj.（2024/7/31/ アクセス）

12） 両波内での相関係数は電子付録 3 に掲載する．URL は同上である.

〔文 献〕

荒井崇史・藤桂・吉田富二雄（2010）「犯罪情報が幼児を持つ母親の犯罪不安に及ぼす影響」心理学研究 81 巻 4 号 397–405 頁.

Asbrock, Frank., Chris G. Sibley, & John Duckitt（2010）"Right-Wing Authoritarianism and Social Dominance Orientation and the Dimensions of Generalized Prejudice : A Longitudinal Test," 24 *European Journal of Personality* 324–340.

ベッカー，ハワード S.（1966=2011）『完訳 アウトサイダーズ──ラベリング理論再考』（村上直之訳）現代人文社.

Bottoms, Anthony（1995）"The Philosophy and Politics of Punishment and Sentencing," in C. Clarkson & R. Morgan, eds., *The Politics of Sentencing Reform*, Oxford University Press.

Brewster, David（2020）"Crime Control in Japan: Exceptional, Convergent or What Else?," 60（6）*British Journal of Criminology* 1547-1566.

Campbell, Angus, Gerald Grin, & Warren E. Miller（1954）*The Voter Decides*, Row, Peterson, and Co.

Change.org（2019）「法務大臣へ、性犯罪における刑法改正を求めます。」（https://www.change.org/p/ 法務大臣へ——性犯罪における刑法改正を求めます）2024/7/14 アクセス

Choo, Ji-hyun（2017）"Critical Review of Punitiveness Universality: Trends and Issues in Literatures," 28（2）*Korean Criminological Review* 155-179（In Korean with English abstract）.

Cohen, Jacob（1992）"Statistical Power Analysis," 1（3）*Current Directions in Psychological Science* 98-101.

Fenwick, Mark（2013）"'Penal Populism' and Penological Change in Contemporary Japan," 17（2）*Theoretical Criminology* 215-231.

Ferraro, Kenneth F.（1995）*Fear of Crime: Interpreting Victimization Risk*, University of New York.

Fujita, Masahiro（2018）*Japanese Society and Lay Participation in Criminal Justice: Social Attitudes, Trust, and Mass Media*, Springer.

Garland, David（2001）*The Culture of Control: Crime and Social Order in Contemporary Society*, The University of Chicago Press.

Green, David A.（2008）*When Children Kill Children: Penal Populism and Political Culture*, Oxford University Press.

Groskurth, Katharina., Désirée Nießen, Beatrice Rammstedt, & Clemens M. Lechner（2021）"An English-Language Adaptation and Validation of the Political Efficacy Short Scale（PESS）," 3（1）*Measurement Instruments for the Social Sciences* 1-12.

浜井浩一（2011）『実証的刑事政策論——真に有効な犯罪対策へ』岩波書店.

浜井浩一／トム・エリス（2008）「日本における厳罰化ポピュリズムと検察官」犯罪社会学研究 33 巻 67-92 頁.

Hirtenlehner, Helmut（2006）"Kriminalitätsfurcht: Ergebnis unzureichender Coping-Ressourcen? Überprüfung eines interaktiven Erklärungsmodells," 89（1）*Monatsschrift Fur Kriminologie Und Strafrechtsreform* 1-23.

井田良（2003）「刑事立法の活性化とそのゆくえ——本特集の趣旨」法律時報 75 巻 2 号 4-6 頁.

家本真実・松村歌子・竹部晴美（2023）『岐路に立つ市民の司法参加制度——英米の陪審制度から日本の裁判員制度を考える』日本評論社.

川端博（2004）「序論・刑事立法の時代のキーワード」刑法雑誌 43 巻 2 号 264-267 頁.

川出敏裕・金光旭（2018）『刑事政策 第 2 版』成文堂.

Kenny, Paul D., & Ronald Holmes（2020）"A New Penal Populism? Rodrigo Duterte, Public Opinion, and the War on Drugs in the Philippines," 20（2）*Journal of East Asian Studies* 187-205.

キング, G／R・O・コヘイン／S・ヴァーバ（1994=2004）『社会科学のリサーチ・デザイン——定性的研究における科学的推論』（真渕勝訳）勁草書房.

Kuder, G. Frederic, & Marion Webster Richardson（1937）"The Use of Cronbach's Alpha When

166　論　説

Developing and Reporting Research Instruments in Science Education," 2 *Psychometrika* 151–160.

京俊介（2016）「イシュー・セイリアンスと刑事政策——『ポピュリズム厳罰化』と『民意なき厳罰化』の政治過程」公共政策研究 16 巻 19–32 頁.

Kyo, Shunsuke（2022）"A Quantitative Analysis of Legislation with Harsher Punishment in Japan," 9（1）*Asian Journal of Law and Society* 81–107.

Lee, Hun Young（2020）*A Punitive but Non-Punitive Society: An Explanation of the Specificity of Penal Populism in South Korea*, Dissertation submitted to Victoria University of Wellington.

Li, Enshen（2017）"Penological Developments in Contemporary China: Populist Punitiveness vs. Penal Professionalism," 51 *International Journal of Law, Crime and Justice* 58–71.

Liska, Allen E., Joseph J. Lawrence, & Andrew Sanchirico（1982）"Fear of Crime as a Social Fact," 60（3）*Social Forces* 760–770.

Maruna, Shadd, & Anna King（2009）"Once a Criminal, Always a Criminal?: 'Redeemability' and the Psychology of Punitive Public Attitudes," 15（1–2）*European Journal on Criminal Policy and Research* 7–24.

松原英世（2009）「厳罰化を求めるものは何か——厳罰化を規定する社会意識について」法社会学 71 巻 142–158 頁.

松原英世・松澤伸（2019）「『民意』は刑事立法の根拠となりうるか——刑罰政策における公衆の意識構造」刑事法ジャーナル 59 巻 64–75 頁.

松原英世・岡邊健・松澤伸（2023）「人びとの刑罰意識について考える——『民意』は刑事立法の根拠となりうるか・再考」甲南法学 63 巻 3–4 号 33–58 頁.

松尾浩也（2006）『刑事法学の地平』有斐閣.

三浦麻子・小林哲郎（2015）「オンライン調査モニタの Satisfice に関する実験的研究」社会心理学研究 31 巻 1 号 1–12 頁.

——（2016）「オンライン調査における努力の最小限化（Satisfice）を検出する技法——大学生サンプルを用いた検討」社会心理学研究 32 巻 2 号 123–132 頁.

宮澤節生（2007）「民主主義国におけるポピュリズム刑事政策の台頭と日本の状況」法社会学 67 巻 143–155 頁.

Miyazawa, Setsuo（2008）"The Politics of Increasing Punitiveness and the Rising Populism in Japanese Criminal Justice Policy," 10（1）*Punishment and Society* 47–77.

向井智哉（2023）「治安に関する政治家と有権者の態度の関連」法と心理 23 巻 1 号 85–94 頁.

——（2024）「改正性犯罪処罰規定の市民意識との適合性」刑事法ジャーナル *79* 巻 155–165 頁.

Mukai, Tomoya, Brewster David, Yuma Matsuki, & Eiichiro Watamura（2024）"Comparing Criminal Justice Participation in Two Exceptional Societies: Japan and the United States." （https://doi.org/10.17605/OSF.IO/U9W7D）2024/07/17 アクセス

向井智哉・藤野京子（2018）「刑事司法に対する態度尺度の作成と信頼性・妥当性の検討」法と心理 18 巻 1 号 86–98 頁.

——（2020）「厳罰傾向とアイデンティティの不安定性の関連に対する排他性の媒介効果」法と心理 20 巻 1 号 141–149 頁.

Mukai, Tomoya, Yui Fukushima, Shigeru Iriyama, & Ikuo Aizawa (2021) "Modeling Determinants of Individual Punitiveness in a Late Modern Perspective: Data from Japan," 16 (4) *Asian Journal of Criminology* 337-355.

向井智哉・松木祐馬・木村真利子・近藤文哉 (2020)「厳罰傾向と帰属スタイルの関連――日韓の比較から」心理学研究 91 巻 3 号 183-192 頁.

Mukai, Tomoya, Yuma Matsuki, Masahiro Sadamura, & Eiichiro Watamura (2023) "Criminal Justice Participation among Japanese Adults: A Preliminary Study," 74 *International Journal of Law, Crime and Justice* 100616.

Mukai, Tomoya, Yuma Matsuki, & Eiichiro Watamura (2024) "Who Participates in Criminal Justice? An Exploratory Study in Japan," 77 *International Journal of Law, Crime and Justice* 100670.

向井智哉・松木祐馬・湯山祥・貞村真宏 (2021)「死刑への支持と犯罪不安および被害リスク知覚の関連」法と心理 21 巻 1 号 123-128 頁.

向井智哉・湯山祥 (2022)「刑罰の正当化根拠尺度 (JPS) と短縮版尺度 (S-JPS) の作成」実験社会心理学研究 62 巻 1 号 25-37 頁.

村上直之 (1982)「法の社会的形成」犯罪社会学研究 7 巻 110-134 頁.

Naka, Makiko, Yoshinori Okada, Masahiro Fujita, & Yuko Yamasaki (2011) "Citizen's Psychological Knowledge, Legal Knowledge, and Attitudes toward Participation in the New Japanese Legal System, *Saiban-in Seido*," 17 (7) *Psychology, Crime and Law* 621-641.

西村幸浩 (2021)「死刑制度に対する態度の規定要因の検討――生活不満と信頼に着目して」法社会学 87 巻 225-249 頁.

Norris, Pippa (2002) *Democratic Phoenix: Reinventing Political Activism*, Cambridge University Press.

OECD (2016) "*OECD Territorial Reviews: Japan 2016.* OECD Publishing" (http://dx.doi.org/10.1787/9789264250543-en) 2024/7/14 アクセス

大城聡・坂上暢幸・福田隆行 (2022)『あなたが変える裁判員制度――市民からみた司法参加の現在――増補改訂版』同時代社.

Pratt, John (2007) *Penal Populism*, Routledge.

Roberts, Julian V., Loretta J. Stalans, David Indermaur, & Mike Hough (2003) *Penal Populism and Public Opinion: Lessons from Five Countries*, Oxford University Press.

Roche, Sean Patrick., Justin T. Pickett, & Marc Gertz (2016) "The Scary World of Online News? Internet News Exposure and Public Attitudes Toward Crime and Justice," 32 (2) *Journal of Quantitative Criminology* 215-236.

佐伯昌彦 (2022)「少年法に対する世論の心理学的検討」法と社会研究 7 巻 55-86 頁.

齋藤宙治 (2018)「子どもの各種法定年齢をめぐる一般人の法意識」法社会学 84 巻 203-240 頁.

齋藤真由・白岩祐子・唐沢かおり (2018)「大学生における司法参加意欲の規定因――要因関連モデルを用いた検討」実験社会心理学研究 58 巻 1 号 1-14 頁.

阪口祐介 (2013)「犯罪リスク認知の規定構造の時点間比較分析――犯罪へのまなざしの過熱期と沈静化期」犯罪社会学研究 38 巻 153-169 頁.

Sampson, Robert J., & John H. Laub（1995）*Crime in the Making: Pathways and Turning Points through Life*, Harvard University Press.

島田貴仁・鈴木護・原田豊（2004）「犯罪不安と被害リスク知覚――その構造と形成要因」犯罪社会学研究 29 巻 51-64 頁.

Sibley, Chris, & John Duckitt（2010）"The Personality Bases of Ideology: A One-Year Longitudinal Study," 150（5）*Journal of Social Psychology* 540-559.

Simon, Jonathan（2007）*Governing through Crime: How the War on Crime Transformed American Democracy and Created a Culture of Fear*, Oxford University Press.

Sööt, Mari-Liis, & Kadri Rootalu（2017）"Bringing about Penal Climate Change: The Role of Social and Political Trust and of Perceptions about the Aims for Punishment in Lowering the Temperature of Punitiveness," 25 *Juridica International* 32-42.

Sutherland, Edwin. H.（1950a）"The Sexual Psychopath Laws," 40（5）*Journal of Criminal Law and Criminology* 543-554.

――（1950b）"The Diffusion of Sexual Psychopath Laws," 56（2）*Journal of Criminal Law and Criminology* 142-148.

Taber, Keith S.（2018）"The Use of Cronbach's Alpha When Developing and Reporting Research Instruments in Science Education," 48（6）*Research in Science Education* 1273-1296.

高橋伸彰・箕浦有希久・成田健一（2017）「Web 調査における Satisficing 回答者の基本属性――調査年・調査会社の比較から」関西学院大学心理科学研究 43 巻 19-24 頁.

武内謙治（2015）『少年法講義』日本評論社.

Tyler, Tom R., & Robert J. Boeckmann（1997）"Three Strikes and You Are Out, but Why? The Psychology of Public Support for Punishing Rule Breakers," 31（2）*Law & Society Review* 237-265.

Unnever, James D., & Francis T. Cullen（2010）"The Social Sources of Americans' Punitiveness: A Test of Three Competing Models," 48（1）*Criminology* 99-129.

Verba, Sydney, Kay Lehman Schlozman, & Henry E. Brady（1995）*Voice and Equality: Civic Voluntarism in American Politics*, Harvard University Press.

山田奨治（2011）『日本の著作権はなぜこんなに厳しいのか』人文書院.

――（2016）『日本の著作権はなぜもっと厳しくなるのか』人文書院.

山﨑優子・石﨑千景・サトウタツヤ（2014）「死刑賛否に影響する要因と死刑判断に影響する要因」立命館人間科学研究 29 巻 81-94 頁.

矢島正見・山本功（1994）「『有害コミック』規制運動の展開」犯罪社会学研究 19 巻 74-94 頁.

柳瀬昇（2018）「国民の司法参加の正統化原理」年報政治学 69 巻 1 号 24-46 頁.

米田泰邦（1999）「犯罪化と重罰化」浅田和茂・久岡康成・米田泰邦・高田昭正・松岡正章編『井戸田侃先生古稀祝賀論文集 転換期の刑事法学』現代人文社，702-721 頁.

（むかい・ともや　福山大学講師）

（わたむら・えいいちろう　大阪大学准教授）

※原稿受理年月日 2024 年 7 月 31 日　　掲載決定日 2024 年 11 月 13 日

The Influence of Punitiveness and Fear of Crime on the Experience and Intention of Criminal Justice Participation

Mukai, Tomoya & Watamura, Eiichiro

In contemporary Japan, penal populism is under scrutiny, and it is crucial to examine the extent to which citizens are involved in the criminal justice system and criminal policy. Individuals with stronger punitiveness and a higher fear of crime have more participation experiences; however, no studies have employed a longitudinal design to examine the causal relationships between these variables. Therefore, this study investigated the influence of psychological variables—including punitiveness and fear of crime from the first wave—on the experience and intention of participation in the criminal justice system one year later, during the second wave. The results showed that regarding experience, support for harsher punishment and the effect of fear of crime were significant, but these effects were not significant in the full model, which also controlled for participation intention. Further, in the analysis where intention was the dependent variable, only fear of crime was significant among the psychological variables. The study concluded that the tendency toward harsh punishment and fear of crime led to participation experience in the criminal justice system one year later, and that fear of crime led to participation intention one year later; however, the first finding may not be as robust as the second. This suggests that there may be a biased input of opinions and attitudes from citizens into the criminal justice system.

多変量解析による見直し条項の定量分析

――「応答的法」に向けて――

山　下　　瞬

キーワード：見直し条項，アーキテクチャ，応答的法，多変量解析，多重コレスポンデンス分析

〈要　旨〉

　見直し条項は，社会経済情勢の変化に対応して法律をモニタリングし，必要に応じてアップデートするためのアーキテクチャである．こうした捉え方は，法をより良い社会の実現に向けた道具として捉える「応答的法」の概念と整合的である．かかる見直し条項を有効活用していく前提としては，その運用実態が解明されなければならない．そこで，本研究では，多変量解析の手法を用いて，見直し条項の運用実態を定量的に分析する．具体的には，見直し条項の経年変化を観察するとともに，見直し条項の有無や見直し条項の内容について，ロジスティクス回帰分析，重回帰分析，多重コレスポンデンス分析といった多変量解析の手法を用いて分析を行った．その結果，見直し条項は，一定の割合で選択される傾向が続いていること，見直し条項の有無は，法案の種別や法分野によって影響を受けること，見直し条項の内容は，内閣提出法案を中心に標準的な内容とされることが多いことなどが明らかとなった．考察では，こうした運用実態の要因について，規制緩和やソフトローへの移行などの影響を指摘するとともに，自律的法の形骸化や法意識について言及した．

I　は じ め に

　現代社会では，社会的課題を解決するための公共政策の大半は，法律[1]の形で示されることになる（秋吉他 2020: 27-28）．しかしながら，社会経済情勢の変化に伴い社会的課題が前提としているものや社会的課題自体の内容も刻々と変化していくことからすれば，法律というものは，時が経つに連れて次第に陳腐化していくことを宿命付けられているとも言えよう．そうだとすれば，こうした社会経済情勢の変化に適時・適切に対応していくためには，法律の内容を不断に見直し，アップデートしていくことが不可欠となる．ところが，立法の実態として，法律を制定・改正することは容易

ならざることは想像に難くないであろう（茅野 2017: 193）.

　そこで，「見直し条項」，すなわち，法律の施行後一定の期間内あるいは一定期間の経過を目処に，その法律の施行の状況等をみてそれに基づいて検討を加え，必要があれば法律の見直しなど所要の措置を講ずるように政府に義務付ける規定を設けることで，法律の見直しを促すことがある（法制執務研究会編 2022: 298）. 見直し条項というものは，法律をアップデートする契機を当該法律の中にプログラミングするルールデザイン[2]のアーキテクチャ（仕掛け）[3]とも言うべきものである. こうした捉え方は，法をより良い社会の実現に向けた道具として捉えるものであり，より高次の「原理」によって「ルール」を改訂する形で実質的正義の実現を目指す「応答的法（responsive law）」（ノネ／セルズニック 1978＝1981）という目的志向性の高い概念と整合的である（佐藤・阿部編著 2022: 16-17; 六本 1986: 351）. そして，こうした捉え方に基づき，見直し条項というアーキテクチャをうまく機能させることができるならば，法律を適切にモニタリングし，フィードバックを促しつつ，アップデートを図ることも可能となるはずである. このような過程を経て，我々は，常に「正しき法」というものを探求し，実定法上に実現していかなければならないのではないだろうか（末弘 1946: 2）. そのために，まずもって見直し条項の運用実態を実証的に解明し，併せて，見直し条項の中に見られる日本社会の特質というものを考察するという試みは，法社会学的に見ても意義のあることであると考える[4]. そもそも，法社会学は，新しい立法を支える経験科学的な知識獲得の要求に答える形で生まれたものなのである（川島 1958: 14）.

　本研究では，末弘（1946: 1）が「わが国にはおよそ立法のことを科学的に研究した文献がほとんど存在しない」と厳しく指摘した点を踏まえつつ，質的な議論としては以前から指摘されていたことであってもそれを定量的に示すことには意味がある（飯田 2023: 21）との精神をもって取り組むものである.

　次節以下の構成は次の通りである. Ⅱでは，見直し条項の意義及び見直し条項に関する先行研究を整理する. Ⅲでは，分析手法，データ及び分析手順を説明し，Ⅳでは，分析結果を述べる. Ⅴでは，分析結果を踏まえた考察を行い，最後に，Ⅵとして本研究の限界及び今後の展開について述べ，本研究のまとめとする.

Ⅱ　見直し条項の意義及び先行研究

1　見直し条項の意義

見直し条項は，通常は法律の附則[5]の位置に定められることになる. また，条文の

見出し[6]の多くは，「検討」とされることから，「検討条項」と呼ばれることもある．

　見直し条項の具体的な内容は，基本的要素を組み合わせた定型的な表現がされることが多く，必要に応じて，基本的要素以外の付加的な要素を加えることがあるとされる（大島 2013: 296；寺山 2006: 172-173）．

　典型的な見直し条項は，次のようなものである．

○空家等対策の推進に関する特別措置法の一部を改正する法律（令和5年法律第50号）
　（検討）
第4条　政府は，この法律の施行後5年を目途として，この法律による改正後の規定について，その施行の状況等を勘案して検討を加え，必要があると認めるときは，その結果に基づいて所要の措置を講ずるものとする．

　見直し条項の法的性質については，政府は見直し条項がなくても，法律を取り巻く状況を踏まえて，必要があれば法律改正案を提出することができるし，むしろそれが責務であると考えられることから，特段の法律効果をもつものではなく入念的に設けられているものと言えるが，立法権者である国会の意思として，時期の目処を示して政府に検討の義務付けをするという意味をもつものと考えられている（法制執務研究会編 2022: 298）．ただし，条文の構造上，「検討を加えること」自体は義務付けられるものの，検討の上で見直しが必要ないと判断される場合は，「改正案を提出する義務」まで負うことはない（吉田・いしかわ 2009: 105）．

　近年，こうした見直し条項が法律に盛り込まれるようになった契機の一つとして，規制緩和との関係性が指摘されている．すなわち，1994年の「今後における行政改革の推進方針について（行革大綱）」（1994年2月15日閣議決定，以下「1994年閣議決定」という.）において，新たに規制に関する規定を設けるに当たっては，各府省は，趣旨・目的等に照らし適当でないものを除き，当該規制について見直す旨の条項を盛り込むこととされた影響に関する指摘である（大森・鎌田編 2011: 225; 石橋 2006: 187-188; 岡本 2016: 9）．その後も，規制緩和推進計画等において，1994年閣議決定の方針は拡充の上，継承されている（茅野 2017: 193）．特に，原則的に各省庁が作成する内閣提出法案においては，見直し条項が盛り込まれる可能性が高まっている点が指摘されているところである（岡本 2016: 11-12）．

2　見直し条項に関する先行研究

　見直し条項に関する研究は，大きく分けて，①見直し条項の政策面に着目するも

の，②見直し条項の内容面に着目するもの及び③見直し条項の諸外国の状況に着目するもの（畠山 1998; 小川 2021 など）に分類することができる．本研究では，国内の法律における見直し条項をその分析対象とすることから，以下では①及び②に関する研究を概観する．

(1) 見直し条項の政策面に着目する研究

見直し条項の政策面に着目する研究は，政治学ないし公共政策の分野に見られる．見直し条項を一つのツールと見て，このツールがいかなる機能を果たしているかを考察する研究であると言える．この点，政治学的に，見直し条項は，政治的妥協を図るためのツールとしての用いられ方と，政策デザインのツールとしての用いられ方の双方があると理解されている（岡本 2016: 7）．すなわち，前者は，法案審議において，与野党間の駆け引きのツールとして，法案中に見直し条項を定める代わりに法案に賛成するといった用いられ方のことを指し（宮澤 1997: 78; 大島 2013: 296; 中島 2020: 254）．これに対して，後者は，法律を恒久的なものとするのではなく，「将来における再点検・軌道修正の余地を十分に残すような」（足立 1994: 74），法律の修正と廃止をスムースに促すためのツールとしての用いられ方を指している（石橋 2006: 186; 岡本 2016: 7）．

見直し条項に関して，規制緩和の進展を捉える指標とする研究（原田 2012）や条例などを評価するツールとして捉える研究（出石 2006; 衣笠 2011; 牧瀬 2023; 大石 2023）についても，政策面に着目した研究に連なるものと言える．

本研究では，見直し条項をルールデザインのアーキテクチャと捉える立場に立つことから，政策デザインのツールとしての機能を重視し，法分野全般にわたり定量的な分析を行った岡本（2016）の研究及び同研究が継承する石橋（2006）の研究に着目する．

この点，石橋（2006）は，1994 年から 2005 年までに規制の新設に関して総務省行政管理局で審査された法案を対象として分析を行い，各省庁の見直しや規制に対する考え方や戦略の違いが，見直し条項の選択率に影響を与えている可能性を示した．また，岡本（2016）は，石橋（2006）の研究を承継し，2005 年から 2014 年までに成立した法案を対象として分析を行い，見直し条項が政治的妥協を図るためのツールとしてではなく，政策デザインのツールとして積極的に用いられている可能性を示した．

(2) 見直し条項の内容面に着目する研究

見直し条項の内容面に着目する研究は，見直し条項が規定する具体的な内容に着目した研究と言える．見直し条項と一口に言っても，見直し時期はどの程度の期間で設

定するのか，見直しに当たっての考慮事項はいかなる要素を盛り込むのかなど，その内容には様々なバリエーションが存在し得る．見直し条項の政策面に着目する研究は，見直し条項をマクロ的に捉えるものと言えるが，見直し条項の内容面に着目する研究は，見直し条項をミクロ的に捉えたものと言うことができるだろう．アーキテクチャとしての見直し条項を機能させるためには，マクロ的視点のみならず，ミクロ的視点も重要である．見直し条項の内容面，すなわち，条文の規定振りを研究するのは，主に立法学の分野である．しかしその多くは，立法技術的ないし法制執務的な側面から定性的な解説をするにとどまっているのが現状である（山本 2006: 177-179; 吉田・いしかわ 2009: 101-106; 大森・鎌田編 2011: 224-225; 大島 2013: 295-297; 茅野 2017: 192-197; 吉田 2017: 249-251; 中島 2020: 47-48; 石毛 2020: 245-246; 法制執務研究会編 2022: 298-300 など）．

この点，見直し条項の内容面に着目した数少ない定量分析として，寺山（2006）の研究が注目される．元参議院法制局の職員である寺山（2006）は，1976 年から 2005 年までの労働関係の法律を対象として，見直し条項の規定振りの差異に応じて「骨格部分」と「それ以外」に分類の上で分析を行い，「骨格部分」のみの基本形に近づくほど，見直し条項の実質的内容が希薄になる点を指摘している．

(3) 本研究の課題及び対応方針

先行研究を踏まえ，見直し条項に関する研究をさらに発展させるための課題及びこれに対応する本研究の方針について，以下 3 点を述べる．

第 1 に，管見の限り，岡本（2016）以降，法分野全般を対象として見直し条項の運用実態について定量分析を試みたものは見当たらない．時代は平成から令和に移り，政治状況は自民党及び公明党による連立政権が継続しているものの，安倍晋三氏による長期政権が終焉し，幾度かの首相交代など政治情勢の変化が生じている．また，グローバル化に伴う地球温暖化などの環境問題の深刻化，新型コロナウイルス感染症などのパンデミック，少子高齢化による人口減少社会の進展など社会経済情勢の変化も激しい．こうした変化に応じて，法律の見直しに対する社会的要請は高まっていると考えられる．

そこで，本研究では，岡本（2016）以降の見直し条項の運用状況，具体的には，「見直し条項の有無」として，「見直し条項の選択率」（法案に見直し条項が含まれる割合をいう．以下同じ．）及び「法案の種別」（法案が内閣提出法案か議員提出法案かの区別のことをいう．以下同じ．）について定量的な検証を行う．

第 2 に，見直し条項の内容面における分析を深化させる余地がある．先に述べたよ

うに，見直し条項の内容について定量的に分析した研究は少ない．しかしながら，見直し条項をアーキテクチャとして機能させていくためには，見直し条項に関する研究も，「見直し条項が盛り込まれているのか」という次元から，「見直し条項にどのような内容を盛り込むべきであるのか」という次元へと議論を深化させていかなければならないと考える．なぜなら，仮にわが国において，既に政策デザインのツールとして見直し条項が定着しているという実態が認められるのであれば，次のステップとして，アーキテクチャである見直し条項にどのような内容を盛り込めば見直し作業をうまくワークさせることができるのかという点が問題になると考えられるからである．実際に法律の見直し作業を行うにあたっては，見直し条項の内容が当該作業を規律する指針となるのである．つまり，法律の条文という表現上の限界はあるものの，見直し作業を行うに当たっての枠組み（フレームワーク）について具体的に条文に書き込まれていることが，ルールの見直しを実効的に行う上で望ましいと考えられるのである．この点では，労働法分野に関して見直し条項の内容に関する定量分析を行った寺山（2006）の研究を進めて，法分野全般にその対象を広げ，法分野ごと特質を比較対照することなどによって，実務における見直し条項の運用実態により肉薄することができるものと考える．

　そこで，本研究では，寺山（2006）を踏まえつつ，法分野全般について，見直し条項の内容に着目し，定量的な分析を行うこととする．アーキテクチャの観点からは，「いつ見直すのか」と「どのように見直すのか」という2つの観点が重要であると考えることから，前者は「見直し時期」（見直し条項の見直しを行う時期をいう．以下同じ．）として，後者は「詳細度」（見直し条項の内容がどれだけ詳しいのかの程度のことをいう．以下同じ．）として，2つの観点から見直し条項の内容を検証する．

　第3に，見直し条項の内容を定量分析する手法を開発する必要がある．「見直し条項の有無」というフェーズでは，2値（見直し条項の「有」と「無」）のカテゴリカルな目的変数を説明・予測するための手法（主にロジスティクス回帰分析）が用いられてきた（原田 2012; 岡本 2016）．しかしながら，「見直し条項の内容」というフェーズにおいては，「見直し条項の有無」とは異なり，2値のカテゴリな変数にとどまらないため，変数設定や多変量解析の手法に工夫が必要となる．本研究では，見直し条項の内容として，前述のとおり「見直し時期」と「詳細度」に着目するが，得点化やカテゴリ化などを通じて，量的変数及び質的変数を設定する．また，量的変数の予測に関しては，重回帰分析を用いるが，多数の質的変数間の関係性を考察する場合には，コレスポンデンス分析を応用した多重コレスポンデンス分析を用いる．コレスポンデン

ス分析は，企業のマーケティングなどにおいて，ブランドのイメージやポジショニングの調査などに用いられることが多い（川端他 2018：319-320；照井・佐藤 2022：262）．こうした経営実務で用いられる手法は，詳しい統計学の知識は不要で理解が容易である上に戦略立案に資するものであることから，立法実務にも受け入れられやすいと考えられる．また，見直し条項の内容に関する実証研究は数少ないことから，その分析は探索的なものとならざるを得ない．そのため，探索的なコレスポンデンス分析を通じて，カテゴリ間の対応関係についてその傾向を大まかに捉えることが本研究の目的に適合し，今後の研究にも資するものと考える．

（4） リサーチ・クエスチョン

これまで述べた研究の課題及び対応方針を踏まえて，本研究におけるリサーチ・クエスチョン（以下「RQ」という．）を設定する．

第1に，「見直し条項の有無」に関連するものを RQ1 として，次の3つの問いを設定した．

RQ1-1：成立した法案における「見直し条項の選択率」に経年変化が認められるか．

RQ1-2：「見直し条項の有無」と「法案の種別」との間に関連性が認められるか．

RQ1-3：「見直し条項の有無」に対して，「法案の種別」や「法案の内容」の違いによる影響が認められるか．

第2に，「見直し条項の内容」に関連するものを RQ2 として，次の3つの問いを設定した．

RQ2-1：「見直し時期」に対して，「法案の種別」，「法案の内容」及び「詳細度」の違いによる影響が認められるか．

RQ2-2：「詳細度」に対して，「法案の種別」，「法案の内容」及び「見直し時期」の違いによる影響が認められるか．

RQ2-3：「法案の種別」，「法案の内容」，「見直し時期」及び「詳細度」について，それぞれいかなる関係性が認められるか．

Ⅲ　分析手法・データ・分析手順

1　分析手法

本研究は，末弘（1946）の問題意識を踏まえて，見直し条項を経験科学的に分析することを目的としていることから，RQ に応じて，様々な多変量解析の手法を用いる．

（1）　RQ1 について

RQ1-1 については，対象期間中の見直し条項の選択率を経年的に示すことによっ

て，その傾向を確認する．この点，岡本（2016）では，見直し条項を「政治的妥協型見直し条項」と「デザイン型見直し条項」に分類した上で分析を行っているが，本研究ではそのような分類は行わない．なぜなら，岡本（2016）の研究によって，既に見直し条項のほとんどが政策デザインのツールとして法案に付与されていることが明らかとされていること[7]に加えて，本研究は見直し条項をアーキテクチャとして捉えるものであって，見直し条項がいかなる経緯で付与されたにせよ，見直し条項が付与されていること，そしてその内容自体がより重要であると考えるからである．

RQ1-2 については，独立性の検定（カイ二乗検定）を行う．独立性の検定とは，2つの質的変数が独立であるかどうかを確かめるために行われる検定である（山田他 2008: 128）．つまり，「見直し条項の有無」と「法案の種別」という2つの質的変数が独立しているか否か，あるいは，独立しておらず，互いに関連性があるのかを検証することを通じて，両者の関連性の有無を確認しようとするものである．

RQ1-3 については，目的変数を「見直し条項の有無」，説明変数を「法案の種別」及び「法案の内容」とするロジスティクス回帰分析（logistic regression）を行う．ロジスティクス回帰分析とは，2つのカテゴリを表現する質的変数を説明・予測するための手法である（川端他 2018: 262）．例えば，目的変数がアンケートの Yes/No，病気に罹患した / しないなどといった場合に用いられる．カテゴリの1つが起こる確率を p（もう一方が起こる確率は $1-p$）として，説明変数 χ を変えたときに，p がどのように変わるかを調べるものであり，二項分布のパラメータに相当する（阿部 2021: 211）．本研究では，目的変数が「見直し条項の有無」という2つのカテゴリを表現する質的変数であることから，目的変数が量的変数を対象とする重回帰分析ではなく，ロジスティクス回帰分析によることが適切である．

（2） RQ2 について

RQ2-1 については，目的変数が「見直し時期」という量的変数であることから，前述のとおり，重回帰分析を行う．重回帰分析（multiple regression analysis）は，「娘の身長」（目的変数）を，「父親の身長」と「母親の身長」という2つの要因（説明変数）によって予測しようとする場合のように，複数の変数の値を用いて，ある1つの変数の値を予測するために用いられる多変量解析の一手法のことをいう（山田他 2008: 291-293）．本研究では，「法案の種別」，「法案の内容」及び「詳細度」を説明変数とする．

RQ2-2 についても，RQ2-1 と同様に重回帰分析を行う．なぜなら，後述するように目的変数となる「詳細度」を量的変数と捉えることも可能であるからである．説明

178 　論　説

変数は，「法案の種別」，「法案の内容」及び「見直し時期」である．

　RQ2-3 については，コレスポンデンス分析（correspondence analysis）を応用した，多重コレスポンデンス分析（multiple correspondence analysis）を行う．管見によれば，これまで見直し条項に関する研究においてコレスポンデンス分析という手法は用いられてこなかったため，以下当該手法を概説する．

　そもそも，多重コレスポンデンス分析の前提となるコレスポンデンス分析とは，質的データに対してカテゴリ間の関連性を明らかにすることを目的とする分析手法である（土田・山川 2011: 239）．コレスポンデンス分析においては，バイプロットと呼ばれる図を描写して，分析者が目視することによって，カテゴリ間の対応関係について考察する．そのため，考察が主観的になりやすいという弱みはあるものの，直感的に結果が理解できる点において，変数間の連関構造を探索するような場合には有効な手法であると言われている（川端他 2018: 319-320）．

　例えば，架空の事例[8]として，各出版社から発行されている「法社会学」のテキストについてイメージ調査を行い，購入の決め手を「ブランド力」「コスト・パフォーマンス（以下「コスパ」という．）」「分かりやすさ」のうちから 1 つ選んでもらった場合に，その結果をクロス集計表にまとめたのが下表である（表1）．これをもとに，バイプロットしたものが下図である（図1）．バイプロットでは，クロス集計表を構成する 2 変数（「出版社」と「観点」）の各カテゴリ（「A 社」，「B 社」…，「ブランド力」，「コスパ」…）が平面上に配置される．この場合において，近い距離にあるカテゴリほど対応関係が強く，遠い距離にあるカテゴリほど対応関係が弱いと解釈できる（川端他 2018: 319）．そこで，バイプロットを解釈すると，B 社のテキストは，「ブランド力」によって，D 社のテキストは「コスパ」によって特徴付けられると解釈することができる．また，A 社及び C 社は，ほぼ等距離にある「分かりやすさ」によって特徴付けられると解釈することができる．

表 1　クロス集計表

出版社／観点	ブランド力	コスパ	分かりやすさ	計
A 社	41	11	67	119
B 社	84	21	54	159
C 社	54	32	72	158
D 社	32	43	42	117
計	211	107	235	553

以上のコレスポンデンス分析の考え方を応用したのが，多重コレスポンデンス分析であり，多変数で構成されるカテゴリカルデータ行列に対して，各変数に定められるカテゴリ間の対応関係を視覚的に把握することを目的とする．本研究では，「法案の種別」，「法案の内容」，「見直し時期」及び「詳細度」という各変数に定められるカテゴリ（例えば，「法案の種別」という変数においては，「内閣提出法案」及び「議員提出法案」という2つのカテゴリを有する．）間の対応関係をバイプロットにより描写し，その関係を視覚的に把握することを目的とする．

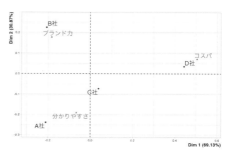

図1　コレスポンデンス分析のバイプロット

　なお，コレスポンデンス分析に関して，数式を含むより詳細な内容に関しては，ステン（1998 = 2015），藤本（2017; 2020），樋口（2019）などを参照されたい．

　以上，RQと本研究で用いる多変量解析の手法との対応関係をまとめると下表のとおりである（表2）．

2　データ

（1）　本研究では，石橋（2006）及び岡本（2016）の調査対象期間以降となる2015年の第188回国会（特別会）から2023年の第212回国会（臨時会）までの間に成立した全法案（839本）を対象として，そのすべてに対して，「法案の種別」，法案が付託される「付託委員会」及び「見直し条項の有無」を著者が確認するという方法でデータの収集を実施した．「付託委員会」は，岡本（2016）と同様に，「法案の内容」の代理変数として用いた．付託委員会は，統廃合を含め全24委員会であった．

　また，これらの作業は，衆議院ウェブサイトで提供されている「立法情報」を用い

表2　RQと本研究で用いる多変量解析の手法

RQ	多変量解析の手法	目的変数	説明変数
RQ1-3	ロジスティクス回帰分析	見直し条項の有無	法案の種別，法案の内容
RQ2-1	重回帰分析	見直しの時期	法案の種別，法案の内容，詳細度
RQ2-2	重回帰分析	詳細度	法案の種別，法案の内容，見直し時期
RQ2-3	多重コレスポンデンス分析	―	―

※　多重コレスポンデンス分析は，変数及びカテゴリ間の関係を視覚的に把握する．

て行った[9)10]．収集したデータの概要は，下表のとおりである（**表3**）．

　（2）　（1）で収集したデータのうち，見直し条項が含まれる法案（361本）については，研究方針に沿って，「見直し時期」及び「詳細度」のデータ収集を行った．

　「見直し時期」については，「3年」や「5年」といった見直し条項中の見直し時期に係る年数のデータを収集した[11]．RQ2-1及びRQ2-2では，当該年数自体をそのままを比例尺度として用いた．これに対して，RQ2-3では，RQ1で用いた年数を一定の年数ごとに区分し，「A」から「E」までの5段階の名義尺度に変換し，質的変数として用いた．「見直し時期」の尺度化についてまとめたのが下表である（**表4**）．

表3　データセットの概要

No.	法案の内容（付託委員会）	法案数	見直し条項	
			含まれる本数	含まれる割合
1	内閣	104	41	39.42%
2	総務	74	22	29.73%
3	法務	72	15	20.83%
4	外務	12	0	0.00%
5	財務金融	56	23	41.07%
6	文部科学	60	20	33.33%
7	厚生労働	91	58	63.74%
8	農林水産	69	34	49.28%
9	経済産業	44	27	61.36%
10	国土交通	82	61	74.39%
11	環境	31	24	77.42%
12	安全保障	23	1	4.35%
13	議院運営	22	1	4.55%
14	災害対策	22	5	22.73%
15	倫理選挙	23	4	17.39%
16	沖縄北方	4	2	50.00%
17	消費者問題	13	10	76.92%
18	震災復興	5	2	40.00%
19	地域・こども・デジタル	7	0	0.00%
20	憲法調査会	1	1	100.00%
21	科学技術	1	0	0.00%
22	地方創生	20	10	50.00%
23	TPP	1	0	0.00%
24	平和安全	2	0	0.00%
	合計	839	361	43.03%

表4　見直し時期の尺度化

時期	法案数	名義尺度化	割合（A～D）
1～2年	17	A	4.71%
3～4年	71	B	19.67%
5～6年	217	C	60.11%
7年以上	7	D	1.94%
なし	49	E	13.57%
平均	3.86年	合計	100.00%

「詳細度」については，先行研究（寺山 2006: 172-173; 大島 2013: 296-297; 茅野 2017: 193-197）の分類方法などを参考にして，見直し条項の内容を「基本的要素」と「付加的要素」に分類した．すなわち，基本的要素は，見直し条項に通常盛り込まれる内容として，①「検討の主体」（政府，国などの定め），②「任意条件」（必要がある場合に見直す旨の条件の設定）及び③「抽象的措置の提示」（「所要の措置を講ずる」など措置を抽象的にしか指示していない場合）の3つを，付加的要素は，見直し条項を詳細に規律する設計図の役割を果たすものとして，①「考慮事項」（見直しの際に考慮すべき事項を指示している場合），②「検討の観点」（見直しの際にどのような観点から検討するのかを指示している場合），③「検討対象の具体化」（具体的な検討対象を指示している場合）及び④「検討の方向性又は具体的措置の提示」（検討の方向性や具体的な措置を具体的に指示している場合）の4つを設定した[12)13)]．

当該分類に基づき，基本的要素のみの場合を基準として「0点」とし，基本的要素以外の要素が1つ定められるごとに「1点」を加算する方式で得点化した（最大4点）．各要素の例及び得点化の具体的方法を下表に示す（**表5**）．

RQ2-1及びRQ2-2では得点化したものを間隔尺度として用い，RQ2-3では，得点に応じて「A」から「D」の4段階の名義尺度として用いることとした．「詳細度」の尺度化についてまとめたのが下表である（**表6**）．

3　分析手順

（1）　見直し条項の有無

RQ1-1については，作成したデータセットに基づき，経年変化の割合を先行研究（石橋 2006，岡本 2016）と比較する．

RQ1-2については，「見直し条項の有無と法案の種別は独立である」との帰無仮説に基づき，5%の有意水準で独立性の検定を行い，関連性の有無を判定する．

182 論　説

表5　得点化の具体例

区分	具体例	得点
基本的要素のみの場合（例1）	○空家等対策の推進に関する特別措置法の一部を改正する法律（令和5年法律第50号） （検討） 第4条　政府は（検討の主体），この法律の施行後5年を目途として（見直し時期），この法律による改正後の規定について，その施行の状況等を勘案して検討を加え，必要があると認めるときは（任意条件），その結果に基づいて所要の措置を講ずるものとする（抽象的措置の提示）．	0点
付加的要素がある場合（例2）	○土地改良法等の一部を改正する法律（平成29年法律第39号） （検討） 第9条　政府は，土地改良事業が効率的かつ効果的に実施されるよう，土地改良制度の在り方について不断の見直しを行うとともに（**検討の方向性**），平成35年度までの間に（見直し時期），農用地の集団化その他農業構造の改善の状況その他の事情を勘案し（**考慮事項**），新土地改良法の規定について検討を加え，その結果に基づいて所要の措置を講ずるものとする．	2点
付加的要素がある場合（例3）	○こども基本法（令和4年法律第77号） （検討） 第2条　国は，この法律の施行後5年を目途として（見直し時期），この法律の施行の状況及びこども施策の実施の状況を勘案し（**考慮事項**），こども施策が基本理念にのっとって実施されているかどうか等の観点からその実態を把握し（**検討の観点**）及び公正かつ適切に評価する仕組みの整備その他の基本理念にのっとったこども施策の一層の推進のために必要な方策について検討を加え（**検討対象の具体化**），その結果に基づき，法制上の措置その他の必要な措置を講ずるものとする．	3点

※　見直し条項中の括弧書きは筆者．基本的要素及び付加的要素を示し，太字が付加的要素．
※　見直し時期は別途考慮するため，詳細度の得点には加えていない．

表6　詳細度の尺度化

得点化	法案数	割合（得点）	名義尺度化	割合（A～D）
4	2	0.55%	A	7.20%
3	24	6.65%		
2	59	16.34%	B	16.34%
1	71	19.67%	C	19.67%
0	205	56.79%	D	56.79%
合計	361	100%	合計	100.00%

RQ1-3については，ステップワイズ法（forward-backward stepwise selection method, 変数増減法）[14]に基づき，予測に有効な説明変数を，統計的基準であるAIC（akaike information criterion）をもとに選択した上で[15]，ロジスティクス回帰分析を行い，その結果を解釈する．併せて，モデル評価指標としてのHosmer-Lemeshowの適合度検定[16]及び多重共線性の確認[17]により妥当性及び信頼性を検証する．

（2）見直し条項の内容

RQ2-1及びRQ2-2については，RQ1-3と同様，ステップワイズ法による変数選択を行った上で，重回帰分析を行い，その結果を解釈する．併せて，決定係数[18]の確認やF検定[19]を行い，多重共線性の有無を検証する．

RQ2-3については，多重コレスポンデンス分析を行い，バイプロットを描写し，固有値[20]や累積寄与率[21]を踏まえて解釈を行う．

（3）分析に使用した統計ソフトウェアは，R ver4.4.1及びR studioである[22]．

Ⅳ　分析結果

1　見直し条項の有無

（1）RQ1-1

見直し条項の全体的な選択状況について，前述のとおり，調査期間である2015年から2023年までの間に成立した法案の数は839本であった．そのうち，43.0％にあたる361法案に見直し条項が含まれていた．見直し条項を含む成立法案は，1年あたり平均で40.1本という計算となる．2015年から2023年までの全成立法案中の見直し条項の選択率について経年的な変化を示したものが下図である（**図2**）．調査期間内でもっとも選択率が低かったのは，2015年である（33.3％）．逆に，最も選択率が高かったのは，2020年であった（49.4％）．

先行研究である石橋（2006: 180-181）では，1960年から2004年まで，見直し条項を含む成立法案は，1年あたり平均で6.29本（うち，1994年から2004年までは平均20.9本）であった[23]．また，岡本（2016: 8-9）では，2005年から2014年まで，見直し条項を含む成立

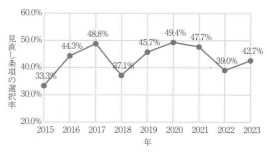

図2　成立法案中の見直し条項の選択率

184 論　説

表7　「見直し条項の有無」と「法案の種別」

法案の種別	見直し条項		合計
	あり	なし	
内閣提出法案	293	354	647
	(45.3%)	(54.7%)	(100.0%)
議員提出法案	68	124	192
	(35.4%)	(64.6%)	(100.0%)
合計	361	478	839

カッコ内は種別ごとの見直し条項の有無に関する割合.

法案は，1年あたり平均で43.0本（成立した法案は1,128本），見直し条項の選択率は，38.1%であった.

　成立法案の母数が異なるため単純な比較はできないが，見直し条項を含む法案の割合は，岡本（2016）と比較して5%程度増加している. 全体的な傾向をみると，法案に見直し条項を盛り込むこと自体は定着した運用となっており，今後も一定程度の割合で，法案中に見直し条項が含まれていくものと考えられる.

　(2)　RQ1-2

　「見直し条項の有無」と「法案の種別」との関係を確認するため，データセットからクロス集計表を作成した（表7）.

　作成したクロス集計表に基づき，5%の有意水準で独立性の検定を行った結果，「見直し条項の有無と法案の種別は独立である」との帰無仮説が棄却され，「見直し条項の有無」と「法案の種別」は関連があることが示された（$\chi^2 = 5.883, p = 0.015$）.

　法案中の見直し条項の選択率は，内閣提出法案（45.3%）と議員提出法案（35.4%）で内閣提出法案の方が高く，その差は1割程度（9.9%）であった.

　岡本（2016: 11）によれば，デザイン型見直し条項に限られるが，2005年から2014年までの間，見直し条項の選択率は，内閣提出法案（37.5%）と議員提出法案（30.8%）で本研究と同様に内閣提出法案の方が高く，その差は6.7%であった.

　およそ20年程度の推移を見ると，見直し条項の選択率に関して，内閣提出法案の方が議員提出法案よりも高いという傾向は，今後も継続するものと予測される[24].

　(3)　RQ1-3

　「見直し条項の有無」を目的変数とし，ステップワイズ法に基づき変数選択された，「法案の種別」，「法務」，「厚生労働」，「経済産業」，「国土交通」，「環境」，「安全保障」，「議院運営」及び「消費者問題」を説明変数をとするロジスティクス回帰分析を行っ

表8　ロジスティクス回帰分析の結果概要

切片・説明変数	推定値	標準誤差	オッズ／オッズ比	95% CI
切片	-.904***	(.181)	.405	[-1.264 -.556]
法案の種別	.398*	(.192)	1.489	[.025, .778]
法務	-.789*	(.307)	.454	[-1.424, -.211]
厚生労働	1.219***	(.242)	3.384	[.751, 1.703]
経済産業	.969**	(.327)	2.634	[.336, 1.627]
国土交通	1.651***	(.272)	5.210	[1.133, 2.203]
環境	1.835***	(.442)	6.268	[1.019, 2.777]
安全保障	-2.585*	(1.028)	.075	[-5.476, -1.008]
議院運営	-2.162*	(1.038)	.115	[-5.062, -.554]
消費者問題	1.744**	(.667)	5.717	[.540, 3.251]

*p<.05, **p<.01, ***p<.001.

た．VIF によって多重共線性の可能性を検討したところ，すべての説明変数におい
て2未満であり，多重共線性が生じている可能性は低いと判断した．

　次に，Hosmer-Lemeshow の適合度検定を行った結果，「モデルが適合している」
との帰無仮説は棄却されず，モデルの当てはまりの良さが示唆された（$\chi^2(5) = .490$,
n.s.）．説明変数については，いずれも5％水準で有意であり，「見直し条項の有無」に
影響を与えることが示された．オッズ[25]を見ると，「法案の内容」のうち，オッズの
高いものから，「環境」，「消費者問題」，「国土交通」，「厚生労働」及び「経済産業」
の順で「見直し条項の有無」に与える影響が大きいと言える．ロジスティクス回帰分
析の結果の概要は，上表のとおりである（**表8**）．

2　見直し条項の内容

(1)　RQ2-1

　まず，「見直し時期」を目的変数とし，ステップワイズ法に基づき変数選択された，
「法案の種別」，「詳細度」，「総務」，「農林水産」，「環境」，「議院運営」，「災害対策」，
「消費者問題」及び「震災復興」を説明変数をとする重回帰分析を行った．VIF によ
って多重共線性の可能性を検討したところ，すべての説明変数において2未満であ
り，多重共線性が生じている可能性は低いと判断した．

　モデルの決定係数 R^2 は .376，自由度決定済み決定係数は .360 であり，「見直し時
期」の分散の約4割を説明変数が説明する結果となった．決定係数に関する F 検定
は 0.1％水準で有意であった（$F(9,351) = 23.47, p < .001$）．

　切片[26]から，「見直し時期」の理論値は，3.192 年となる．説明変数では，「法案の

186 論 説

表9　重回帰分析の結果概要（目的変数：見直し時期）

切片・説明変数	推定値	標準誤差	95% CI
切片	3.192***	(.224)	[2.752, 3.633]
法案の種別	1.504***	(.217)	[1.077, 1.932]
詳細度	-.778***	(.086)	[-.948, -.609]
総務	-.673	(.347)	[-1.356, .010]
農林水産	.853**	(.286)	[.291, 1.415]
環境	.603	(.336)	[-.058, 1.264]
議院運営	-2.414	(1.567)	[-5.496, .668]
災害対策	-1.639*	(.711)	[-3.070, -.240]
消費者問題	-1.308**	(.503)	[-2.297, -.318]
震災復興	2.582*	(1.105)	[.409, 4.754]

$R^2 = .376$***

*p<.05, **p<.01, ***p<.001.

種別」（正）と「詳細度」（負）の偏回帰係数[27]の正負が逆となっている．つまり，「法案の種別」が「内閣提出法案」であるときは「見直し時期」に正の因果性を与え（「見直し時期」が長くなる），「詳細度」が高くなると「見直し時期」に負の因果性を与える（「見直し時期」が短くなる）と，それぞれ解釈することができる．

　「法案の内容」については，5％水準で有意になった説明変数でみると，法分野が「農林水産」や「震災復興」である場合には，正の因果性を与え（「見直し時期」が長くなる），「災害対策」や「消費者問題」である場合には，負の因果性を与える（「見直し時期」が短くなる）と，それぞれ解釈することができる．

　重回帰分析の結果の概要は，上表のとおりである（**表9**）．

（2）　RQ2-2

　次に，「詳細度」を目的変数とし，ステップワイズ法に基づき変数選択された，「見直し時期」，「内閣」，「法務」，「文部科学」，「厚生労働」，「災害対策」，「倫理選挙」，「震災復興」及び「地方創生」を説明変数をとる重回帰分析を行った．「法案の種別」は，変数選択されなかった．VIF によって多重共線性の可能性を検討したところ，すべての説明変数において2未満であり，多重共線性が生じている可能性は低いと判断した．

　モデルの決定係数 R^2 は .300，自由度決定済み決定係数は .282 であり，「見直し時期」の分散の約3割を説明変数が説明する結果となった．決定係数に関する F 検定は 0.1％水準で有意であった（$F_{(9,351)} = 16.74, p < .001$）．

　切片から，「詳細度」の期待値は，1.338 となる．説明変数では，「見直し期限」の

表 10　重回帰分析の結果概要（目的変数：詳細度）

切片・説明変数	推定値	標準誤差	95% CI
切片	1.338***	(.118)	[1.106, 1.571]
見直し時期	-0.206***	(.024)	[-.253, -.159]
内閣	.357*	(.145)	[.071, .642]
法務	.510*	(.226)	[.066, .954]
文部科学	.400*	(.200)	[.006, .792]
厚生労働	.528***	(.127)	[.279, .777]
災害対策	-.726	(.384)	[-1.482, .030]
倫理選挙	1.471***	(.430)	[.626, 2.316]
震災復興	1.002	(.600)	[-.177, 2.182]
地方創生	.822**	(.274)	[.284, 1.360]

$R^2 = .300$***

*p<.05, **p<.01, ***p<.001.

偏回帰係数が負となっており，「見直し期限」が短くなるほど，「詳細度」が高くなるという負の相関が示唆される．

「法案の内容」については，5％水準で有意になった説明変数でみると，法分野が「内閣」，「法務」，「文部科学」，「厚生労働」，「倫理選挙」及び「地方創生」であるときには，「詳細度」に正の因果性を与える（詳細度を高める）と解釈することができる．他方で，変数選択されたもののうちで，5パーセント水準で「詳細度」に負の因果性を与えると解釈される説明変数は認められなかった．重回帰分析の結果の概要は，上表のとおりである（**表10**）．

（3）　RQ2-3

「法案の種別」，「法案の内容」，「見直し時期」及び「詳細度」という変数及び変数に含まれるカテゴリを用いて，多重コレスポンデンス分析を行った．固有値を確認したところ，累積寄与率が第2軸まで13.461％，第3軸まで合わせても18.604％と低い水準であった．この結果は，変数内のカテゴリ数の多さ（特に「法案の内容」）が影響を与えた可能性がある．また，第3軸までの変数との相関比（η^2）は下表のとおりである（**表11**）．

この点，多次元空間でプロットを確認することは困難であることから，同程度の累積寄与率でも解釈を行っている川端他（2018: 327）などの先行研究を踏まえ，第2軸までの結果を採択することとした．出力したバイプロットは，下図のとおりである（**図3**）．

上記に加えて，累積寄与率に影響を与えたと考えられる変数（「法案の内容」）を除

表 11　相関比

説明変数 / 軸	Dim.1	Dim.2	Dim.3
法案の種別	0.493	0.541	0.641
法案の内容	0.378	0.198	0.025
見直し時期	0.687	0.493	0.528
詳細度	0.551	0.291	0.194

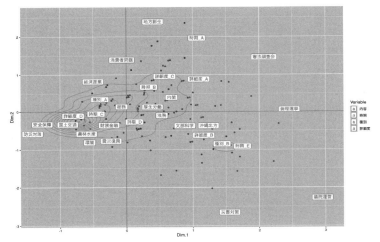

図 3　多重コレスポンデンス分析によるバイプロット

いた組み合わせで試行した結果（以下「追加分析」という．**表 12**，**図 4 ～ 7**），RQ2-2 までの分析結果及びデータセットの内容を適宜参照することで補うこととした．追加分析によれば，累積寄与率が軒並み上昇しているのがわかる．

以上を踏まえて分析を行う．まず，相関比（**表 11**）から 2 軸と変数との関係をみる

表 12　追加分析に係る累積寄与率

累積寄与率／説明変数	法案の種別＆見直し時期	法案の種別＆詳細度	見直し時期＆詳細度	法案の種別＆見直し時期＆詳細度
Dim.1	28.927	30.534	22.229	22.247
Dim.2	48.927	55.534	38.719	37.645
Dim.3	68.927	80.534	54.155	51.234

と,「法案の内容」,「見直しの時期」及び「詳細度」は,第1軸 (Dim.1) との相関が強く,「法案の種別」は,第2軸 (Dim.2) との相関が強いことが分かる.

軸の解釈としては,追加分析の結果も踏まえると,第1軸に関して,「法案の内容」については,右に,「議会運営」,「倫理選挙」など議員に関連が強いもの,左には「国土交通」,「農林水産」,「経済産業」など政府に関連が強いものが配置されるものと解釈することができる.「見直し時期」については,右に「5～6年(時期C)」以外のもの,左に「5～6年(時期C)」が配置されるものと解釈することができる.「詳細度」については,右に「詳細度D」以外の付加的要素を含む比較的詳細度が高いもの,左に「詳細度

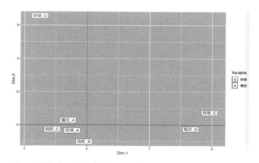

図4 「法案の種別」及び「見直し時期」のバイプロット

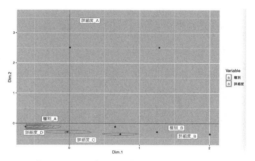

図5 「法案の種別」及び「詳細度」のバイプロット

D」として,詳細度が低い基本的要素のみのものが配置されると解釈することができる.他方で,第2軸に関して,上部には「内閣提出法案(種別A)」が,下部には「議員提出法案(種別B)」が配置されるものと解釈することができるが,相関比は他の変数と比べ第1軸との差異は少ない.そのため,右に「議員提出法案(種別B)」,左に「内閣提出法案(種別A)」が配置されると解釈することも可能である.

次に,バイプロットされた変数及びカテゴリについて解釈する.図3の右上から反時計回りに,第1象限,第2象限,第3象限及び第4象限とすると,最も特徴的なのは,第3象限である.第3象限では,密度曲線が「見直し時期が5年～6年(時期C)」及び「基本的要素のみ(詳細度D)」のところに集中し,クラスターを形成している.つまり,見直し条項の標準形態は,見直し時期が5～6年(データセットを参照すると,基本的に5年)であって,見直し条項の内容は,基本的要素のみであるものが多いと解釈することができる.このクラスターに含まれる法案の内容としては,

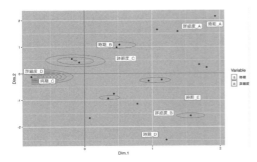

図 6 「見直し時期」及び「詳細度」のバイプロット

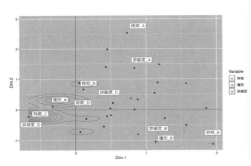

図 7 「法案の種別」,「見直し時期」及び「詳細度」のバイプロット

「国土交通」が典型的であり，同心円状に「農林水産」,「財務金融」,「環境」が配置されている．

第 1 象限では，「地方創生」と「見直し時期 1～2 年（時期 A)」「厚生労働」や「消費者問題」と「見直し時期 3～4 年（時期 B)」が比較的近くに配置されている．「地方創生」,「厚生労働」,「消費者問題」といった法分野においては，見直し時期が第 3 象限のものと比べて短めに設定されているものと解釈することができる．また，第 1 象限には，「詳細度 A」及び「詳細度 C」が配置されていることから，左の第 3 象限のクラスター付近に配置される見直し条項と比較して，詳細な内容が定められるものと解釈することができる．

第 2 象限では，クラスターないし密度曲線の延長線上に「内閣提出法案（種別 A)」や「経済産業」が配置されている．そのため，これらについては，中心となる第 3 象限のクラスターと基本的に類似の性質を有するものが多いと解釈することが可能である．

第 4 象限では，「議員提出法案（種別 B)」と「見直し時期の設定なし（時期 E)」のところに密度曲線が引かれている．議員提出法案においては，見直し規定が置かれた場合であっても，内閣提出法案と比較して，見直し時期が設定されない可能性を示している．また，「詳細度 B」と「文部科学」や「沖縄北方」が近接して配置されており，これらの法分野に置かれる見直し条項は，比較的詳細な内容が規定される可能性を示唆している．

V　考　察

1　見直し条項の有無について

（1）　これまで，多変量解析の手法を用いて，見直し条項の運用実態について，定量的な分析を行ってきた．RQ1-1 で見たように，1994 年閣議決定以降，法案中の見直し条項の選択率が増加し，その後も一定の割合で法案中に見直し条項が盛り込まれるという傾向は本研究でも認められた．そして，今後もそのような傾向は継続するものと考えられる．そこで，こうした傾向の背景となる要因について検討する．

まず，法案に見直し条項が盛り込まれるようになった要因を検討する．そもそも，見直し条項を盛り込むことに馴染む法律もあれば，必ずしも馴染まない法律もある．そのため，あらゆる法分野に等しく見直し条項が盛り込まれるわけではなく，特定の法分野に偏在する傾向が指摘されているところである（寺山 2006: 171）．本研究でも RQ1-2 では，内閣提出法案の方が見直し条項の含まれる割合が高いこと，RQ1-3 では，「環境」，「消費者問題」，「国土交通」，「厚生労働」，「経済産業」といった法分野のオッズが高く，これらの法分野に見直し条項が盛り込まれる可能性が高いことが明らかとなった．

そこで考えられる要因の 1 つとしては，従来から指摘されているところではあるが，1994 年閣議決定以降の政府の規制緩和による影響である（大森・鎌田 2011: 225; 石橋 2006: 187-188; 岡本 2016: 9）．つまり，前述のとおり，規制関連の法案を作成する各省庁は，1994 年閣議決に沿って見直し条項を半ば自動的に盛り込んでいるというロジックである（岡本 2016: 10-12）．確かに，定量分析で示された「環境」，「消費者問題」，「国土交通」，「厚生労働」，「経済産業」といった法分野は，類型的に規制法案ないし内閣提出法案が多いと考えられることから，政府の規制緩和による影響は否定しがたい．

しかしながら，類型的に規制法案が多い法分野では，地球温暖化をはじめとする環境問題，高齢化やデジタル化の進展等に伴う消費者問題，空き家や所在不明土地の問題，年金や医療・福祉の在り方，働き方改革などの問題，カーボンニュートラルに向けたエネルギー政策の問題など，社会経済情勢の変化が経常的に見込まれる．そのため，定点的なモニタリングやアップデートを通じて，法による継続的な対応が求められる分野であるとも言えるだろう．こうしてみると，実態は別にして，政府方針いかんを問わず，法律の定点的なモニタリングないしアップデートを行うためのアーキテクチャが必要な分野において見直し条項が盛り込まれているとの肯定的な見方をする

ことも可能であるように思われる[28]. いずれにせよ, 規制緩和による影響を前提としながら, 今後は, 見直し条項をアーキテクチャと捉えることで, 「規制法案と見直し条項はセットである」というフレーミングから脱却し, いかなる法律に見直し条項を盛り込むべきであるかという実質的な問いを探求していかなければならないだろう.

(2) 次に, 法案における見直し条項の選択率が 2005 年から 2023 年までの約 20 年間ほぼ一定となっている要因について検討する. この点については, 次の 2 つの要因を指摘することができる.

第 1 に, 政府による規制の総量抑制による影響である (西尾 2001：371-374, 石橋 2006：200[29]). すなわち, 規制緩和の観点から「規制の新設審査制度」というものが機能しており, 規制関連法案自体が抑制されることによって, 見直し条項の抑制につながったという見方である. もっとも, 法律に限定したものではないが, 国の規制の根拠を示す「法令根拠条項等数」は, 1994 年閣議決定以降も増加しており (総務省行政評価局 2018：1), 規制の総量抑制の効果がどこまで及んでいるのかについては, さらに詳細な検討が必要である.

第 2 に, 「ハードロー (hard law)」から「ソフトロー (soft law)」(藤田編 2008) への移行による影響である. 法律は, 言うまでもなく, 国家が形成し, 執行するハードローの典型である. これに対して, 特に, ビジネスの領域において, 企業や私人等が主導的に形成するソフトローの重要性が高まっている (官澤他 2021: 30-42). 例えば, 仮想通貨やステルスマーケティングなど新しい技術や課題に対しては, 業界団体による自主規制などのソフトローが重要な役割を果たすことも多い (官澤他 2021: 42; 山下 2024: 34). 政府としても, ガイドラインやモデル契約の公開などのソフトローをハードローと組み合わせることで課題に対処する動きが進んでいる. こうしたハードローからソフトローへのシフトチェンジ, あるいは, ソフトローの存在意義が高まったことが, 規制緩和の流れと相まって, ハードローである規制関連法案を抑制し, 間接的に見直し条項の割合を一定ならしめていると考えることも可能であろう.

2 見直し条項の内容について

(1) 第 1 に, 「見直し時期」の分析結果について考察する. まず, 「法案の種別」に関して, RQ2-1 で見られたように, 法案の種別が「内閣提出法案」であるときに「見直し時期」が長くなるという傾向は, RQ2-3 において「内閣提出法案」及び「5年〜6年 (時期 C)」付近でクラスターが発生しているように, 標準的な見直し条項が集中し, 「見直し期限」を引き上げていると考えられる. また, RQ2-3 で見られたように, 法案の種別が「議員提出法案」である場合に見直し期限が設定されにくいと

いう傾向については，「議員提出法案」の特色を指摘することができる．すなわち，「議員提出法案」は，「○○の推進に関する法律」といった理念的な意味合いの強い法案や「○○給付等に関する法律」といった救済法など，必ずしも見直しの時期を区切ることが適切でない，あるいは，短期間では見直しの目的を達成することのできない法案が類型的に多い点が影響しているものと考えられる．

次に，「法案の内容」に関して，「消費者問題」や「災害対策」では見直し時期が短く，「農林水産」や「震災復興」では見直し時期が長くなる傾向が認められた点については，法案のタイムスパンの捉え方を反映していると考えられる．すなわち，「消費者問題」は，新たな手口などに迅速に対応する必要があり，法の見直しが常に求められ続ける分野であるのに対して，「農林水産」関係では，即効性よりも長期的視点に立った施策に取り組む必要があり，法の見直しのサイクルは比較的長くなると考えられる．また，同じく防災・復興においても，迅速な対応や見直しが求められる「災害対策」のフェーズと，長期的な展望が必要な復興のフェーズでは，見直しに必要な期間も自ずと異なるものとなるだろう．そうした点が「見直し時期」に反映されているものと考えることができる．

(2)　第2に，「詳細度」の分析結果について考察する．まず，RQ2-2で見られた，「見直し時期」が短くなるほど「詳細度」が高くなるという傾向については，政府全体の見直し条項に対する関心が高まるほど見直し条項の選択率が向上する傾向があるとの原田の指摘（2012: 12）の延長線上で考えることができる．すなわち，「見直し時期」が短いほど，政府や議員の当該法案に対する関心が高く，その関心の高さゆえに，見直し条項の内容も詳細になると考えることができる．

次に，「議員提出法案」の詳細度が高い点について考察する．RQ2-2において，「法案の内容」との関係では，「内閣」，「法務」，「文部科学」，「厚生労働」，「倫理選挙」及び「地方創生」が「詳細度」に正の影響を及ぼすことが示された．またRQ2-3のバイプロットを見ると，これらの法分野は「議員提出法案」との関連性が示唆される．実際に，データセットの内容を照らし合わせると，「議員提出法案」における見直し条項の選択率は18.84%（68/361）であるところ，「内閣（29.27%）」，「法務（33.33%）」，「文部科学（40.00%）」，「厚生労働（25.86%）」「倫理選挙（50.00%）」及び「地方創生（0.00%）」と，「地方創生」を除いて，「議員提出法案」全体の選択率を上回っている．そのため，実際に「議員提出法案」に含まれる見直し条項は「詳細度」が高いと言える．

その要因としては，従来から指摘されているように，政治的妥協（宮澤 1997: 78; 大

島 2013: 296; 中島 2020: 254）の結果として様々な要望が盛り込まれることで，内容が詳しくなるという側面があるかも知れない．しかしながら，本研究では，見直し条項をアーキテクチャとして捉える観点から，見直し条項の「詳細度」は総じて高い方が将来の見直しに役立つと考える立場を取る．その意味では，見直し条項は，「議員提出法案」ないし議員の立法への積極的関与を推奨し，これに肯定的な意義を与えうる可能性を秘めている点を指摘しておきたい．

さらに，「議員提出法案」との対比において，「内閣提出法案」における見直し条項の標準的な運用について考察する．RQ2-3 のクラスターを見ると，種別は「内閣提出法案」，「見直し時期」は「5 年〜6 年（多くは 5 年）」，「詳細度」は低く，基本的要素のみとするのが，見直し条項のスタンダードとなっている．クラスターは，「国土交通」を中心として，「農林水産」，「財務金融」などが配置されていた．データセットの内容を参照すると，内閣提出法案の割合は，「国土交通（90.16％）」「農林水産（88.24％）」「財務金融（91.30％）」と，内閣提出法案全体における見直し条項の選択率（81.16％）を上回っている．こうして，「内閣提出法案」の中でもグラデーションが認められるという傾向は，各省庁の見直しや規制に対する考え方や戦略の違いが見直し条項の選択率に影響を与えているとの指摘が当てはまる（石橋 2006: 211）．アーキテクチャとしての見直し条項を機能させるためには，こうした標準的な見直し条項の運用が果たして望ましいのかという点を検討することも，今後の一つの課題と言えよう．

3 法社会学への含意について

法社会学への含意については，次の 2 点を指摘することができる．

まず，法の類型論（佐藤・阿部編著 2022: 16-17）との関係を指摘しておきたい．すなわち，わが国の法案の動静を見る限り，一定程度の割合で法案に見直し条項が盛り込まれるという運用が認められる．そして，見直し条項をノネとセルズニックが提唱する「応答的法」を実現するための道具と捉えると，「応答的法」を実現する舞台装置自体は整っているかのように思われる．しかしながら，本研究が示したように，標準的な見直し条項は，抽象的なテンプレート的なものにとどまるものである．こうして，見直し条項を盛り込む行為が過度に形式主義化しているのであれば，かかる事実を捉えて「応答的法」の実現はもとより，「自律的法（autonomous law）」が「抑圧的法（repressive law）」へと退行する兆しを看取することができるというのは，言い過ぎであろうか．

次に，法意識との関係についても若干の指摘をしておく．日本人の法意識，特に法

律の言語についての意識は，本来ことばの意味は不確定で非限定的なものだという意識を前提としているとされる（川島 1967: 46）．川島は，こうした日本人の法意識を踏まえて，「法律」の規定内容の不確定性は「解釈」という意味調整の操作によって埋められるとし，その結果，わが国では，いったん法律が制定されたあとは，法律の改正はきわめて稀にしか行われないと指摘する（川島 1967: 41-47）．この点，川島の指摘は，以前と比べて法改正が頻繁に行われるようになった現状に着目すると必ずしも妥当しないようにも思われる．しかしながら，分析結果で示されたように，テンプレート的な見直し条項が多用される運用に鑑みると，川島の本質的な指摘，すなわち，わが国では「解釈」というものを「あたかも法律の条文——条文の文言がどのようなものであれ——は，どのような結論をも生みだすところの『打出の小槌』であるかのごとく」（川島 1967: 46）捉えているという点は，現在の立法者，特に「内閣提出法案」の作成者における法意識に，現在でもなお当てはまるものと言えるだろう．

VI　本研究の限界と今後の課題

最後に，本研究の限界と今後の課題について，次の3点を指摘することができる．

第1に，検討した法案の内容に関する限界である．本研究では，見直し条項の選択率について，1994年閣議決定以降の規制緩和の影響が示唆されたところである．しかしながら，本研究では，付託委員会を法案の内容の代理変数として用いたものであるから，該当する法分野を特定することはできたとしても，当該法案が規制立法であるか否かを厳密に特定することはできない．この点については，規制関連法案に着目した石橋（2006）や原田（2012）などを参考にして検証を進める必要がある．

第2に，検討の時間的範囲に関する限界である．本研究では，「見直し条項の有無」から歩を進めて「見直し条項の内容」に踏み込んだ検証を行った．しかしながら，あくまで法案成立時点に着目した研究である点は変わらない．すなわち，見直し規定が含まれる法案のその後の見直し状況までを検証するものではない．この点，見直し条項をアーキテクチャとして機能させていくためには，その後のモニタリングにより，見直し条項の実効性が検証される必要がある．その意味では，本研究で明らかとなった見直し条項の運用実態などを踏まえて，その後の見直し状況を検証することは意義のあることであると考える．具体的には，「見直し時期までに見直しがなされているのか」，「詳細度の高低がその後見直しにどのような影響を及ぼすか」などのさらなるリサーチ・クエスチョンを検証していくことは，見直し条項に関する研究をさらに深化させるものと考える．

196　論　　説

　第3に，検討の対象範囲に関する限界である．本研究は，わが国の法律に含まれる見直し条項にその対象が限定される．そのため，今後は，地方自治体において，見直し条項がどのような運用がなされているのか，特に，国と異なる二元代表制という構造や低調と言われる地方議会における議員立法の影響など，国と地方を対比して検証することによって，わが国全体における見直し条項の運用を知ることも必要である．また，諸外国において，見直し条項に類するものが存在するのか，存在するとすればどのような内容が定められ，どのような運用がなされているのかといった比較法的な検討も必要であろう．こうした比較の視点は，見直し条項の検討に新たな視座や深みを与えるものと考える．

　以上，本研究は，見直し条項を「応答的法」を実現するためのアーキテクチャと捉える観点から，定量分析を実施し，その結果の考察を試みた．残された課題は多岐にわたるが，鋭意検討を進めていきたい．

　　［謝辞］　匿名の査読者2名からの貴重なフィードバックにより，大きな学びを得るとと
　　　　　　もに，論文の質は大幅に改善された．記して感謝申し上げる．

　1)　政省令や条例なども同様であるが，本研究では，法律を対象とする分析であるため，法律のみ記載する．
　2)　最近では，ルールデザインやルールメイキングといった言葉が広く使われるようになり，研究も進んでいる（松尾 2017; 官澤他 2021; 江崎 2022 など）．
　3)　アーキテクチャ（architecture）は，構造などと訳されるが，ルールデザインとの関係では，規制に関する制約条件のうちの一つと捉える見解が注目される（ローレンス 2006＝2007: 174）．ただし，本研究では，定めたルールを定点的にモニタリングし，必要に応じてアップデートをするための「仕掛け」（道具概念）というような意味で用いる．
　4)　さらには，一般的・理論的視覚から法令作成作業を捉える法政策学（平井 1995）にも関係するものと言える．
　5)　法令は，本則と附則とに分けられ，本則には本体的規定が置かれ，附則には本則に付随する内容を定める規定が置かれる（法制執務研究会編 2022: 75）．
　6)　見出しとは，条文の内容を簡潔に表現して，条文の右肩に括弧書きにして付けられたものである．見出しを付けることによって，条文の規定している内容の理解と検索の便に供しようとするものである（法制執務研究会編 2022: 186）．
　7)　岡本（2016）によれば，調査対象期間において，見直し条項を含む成立法案のうち，実に94.2％が「デザイン型見直し条項」によって占められていた．
　8)　川端他（2018: 316-317）の事例を基に作成した．
　9)　データの収集は，2024年7月1日から同月5日までの期間に行った．

10) 「e-Gove 法令検索」（https://laws.e-gov.go.jp/）において，現行法令を XML 方式でダウンロードすることは可能であり，分析を行う上で有益であるものの，附則を含め，改正された条項は現行条文中に溶け込むことから，「立法情報」を用いることとした.

なお，「e-Gove 法令検索」中の法令の分類について照会したところ，システム内部での管理情報であるため，コードとして開示することはできないとのことであった（2024 年 7 月 2 日時点）.

11) 見直し時期が複数定められている場合は，見直し時期の定点的なモニタリングの観点から，最も短い時期を選択した.

12) ①「考慮事項」と②「検討の観点」を同一の要素と捉えるものも多いが，見直しにあたっては，「どのような事情を考慮するのか」という視点と「どのような観点から検討するのか」とは異なると考えたため，別の要素として捉えた.

13) 付加的要素を示す文言が条文中に存在しても，抽象的な内容にとどまる場合は，付加的要素とはみなさず，得点は付与しなかった.

14) 切片のみの（説明変数のない）モデルを基に，予測に有効な説明変数を 1 つずつ追加していく方法をいう（川端他 2018: 110）.

15) AIC が最小になる説明変数の組み合わせを探索した.

16) Hosmer-Lemeshow の適合度検定は，データ上に認められる変数間の関係が，モデルで想定される変数間の関係でどれくらいうまく表現されるかを評価する方法である（川端他 2018: 269）.

17) 指標は VIF（Variance Information Factor; 分散拡大要因）を用いて判定を行った．VIF は 2 未満であることが推奨される（川端他 2018: 73-74）.

18) 目的変数の分散のうち，説明変数で説明できた割合を表す（川端他 2018: 74）.

19) 母集団において「偏回帰係数 β がすべて 0」という帰無仮説に関する検定を行う（川端他 2018: 74）.

20) 固有値（eigenvalue）とは，平面を構成する各軸（次元）が，データの分散をどの程度説明しているかを示す値をいう（川端他 2018: 321）.

21) 累積寄与率とは，全分散に占める，各軸の固有値の割合（寄与率）の累積値をいう（川端他 2018: 321-322）.

22) R のコードについては，川端他（2018）のほか，多重コレスポンデンス分析に関しては，「sugioka_R」が公開しているコードを参考にした（https://sugioka.wiki.fc2.com/）．R や Python など汎用的なプログラミング言語を用いるメリットは，こうしたインターネット上に公開されているコードなどのサポートを得やすいというところにもあるだろう.

23) 石橋（2006）の記述を基にして岡本（2016: 9）が計算したものを用いた.

24) ただし，本研究では，成立した法案の条文に基づいて分析をしているところ，内閣提出法案が国会で修正される場合があり，その場合は議員修正が通常である．そのため，内閣提出法案と議員提出法案との見直し条項の有無の差異は実質的に縮小するものと考えられる（この点については，匿名の査読者からご教示いただいた．深謝申し上げる.）.

25) 係数や切片の値を指数変換することであり，係数に関しては，他の説明変数の値を固定したもとで当該説明変数が 1 増加したとき，「目的変数が 1 となる」オッズは何倍となるかを示す（川端他 2018: 266）.

198　論　　説

26)　切片は，説明変数の値がすべて 0 であるときの目的変数の期待値と解釈される（川端他 2018: 75）．

27)　偏回帰係数は，それ以外の説明変数を一定にしたときに，当該説明変数の値を 1 増加させたときの，目的変数に期待される変化量と解釈される（川端他 2018: 75）．

28)　規制があるから見直し条項が定められるのか，あるいは，アーキテクチャが必要だから見直し条項が定められるのかという見方は，「鶏が先か，卵が先か」と同じ議論をしているかも知れない．本研究の分析結果を見ると，実態は前者のように見えるが，今後は後者のような運用が求められるのではないだろうか．

29)　規制の新設にあたっては，各省庁の大臣官房に加えて，内閣法制局，総務省行政管理局及び財務省主計局がそれぞれの所掌事項に基づき厳格な審査を行うとされており，当該審査制度が規制の抑制につながる点を示唆している．

〔文　献〕

阿部真人（2021）『データ分析に必須の知識・考え方　統計学入門——仮説検定から統計モデリングまで重要トピックを完全網羅』ソシム．

足立幸男（1994）『公共政策学入門』有斐閣．

秋吉貴雄・伊藤修一郎・北山俊哉（2020）『公共政策学の基礎（第 3 版）』有斐閣．

江崎貴裕（2022）『数理モデル思考で紐解く　RULE DESIGIN——組織と人の行動を科学する』ソシム．

藤本一男（2017）「対応分析のグラフを適切に解釈する条件——Standard Coordinate, Principal Coordinate を理解する」津田塾大学紀要 49 号 141-153 頁．

――（2020）「対応分析は＜関係＞をどのように表現するのか——CA/MCA の基本特性と分析フレームワークとしての GDA」津田塾大学紀要 52 号 169-184 頁．

藤田友敬編（2008）『ソフトローの基礎理論』有斐閣．

原田久（2012）「政策類型論・再考——規制政策は政治を規定するか？」季刊行政管理研究 138 号 4-15 頁．

畠山武道（1998）「サンセット法の成果と展望」会計検査院研究 17 号 23-38 頁．

樋口耕一（2019）「計量テキスト分析における対応分析の活用——同時配置の仕組みと読み取り方を中心に」コンピューター＆エデュケーション 47 巻 18-24 頁．

平井宜雄（1995）『法政策学（第 2 版）』有斐閣．

法制執務研究会編（2022）『新訂ワークブック法制執務（第 2 版）』ぎょうせい．

飯田高（2023）「法の構造の定量的分析——民事法を素材として」日本法社会学会編『法社会学の最前線』有斐閣，2-25 頁．

石橋章市朗（2006）「法案作成過程における規制の新設審査の分析」関西大学法学論集 56 巻 2・3 号 175-221 頁．

石毛正純（2020）『法制執務詳解（新版Ⅲ）』ぎょうせい．

出石稔（2006）「徹底比較！自治立法の動向を探る　第 5 回——検討・見直し条項——条例の定期点検」ガバナンス 2006 年 11 月号 118-120 頁．

官澤康平・南知果・徐東輝・松田大輝編著（2021）『ルールメイキングの戦略と実務』商事法務．

法社会学第 91 号（2025 年）

川端一光・岩間徳兼・鈴木雅之（2018）『R による多変量解析入門——データ分析の実践と理論』オーム社.

川島武宜（1958）『法社会学（上）』岩波書店.

——（1967）『日本人の法意識』岩波書店.

茅野千江子（2017）『議員立法の実際——議員立法はどのように行われてきたか』第一法規.

衣笠章（2011）「評価法務の課題——法制評価の実践から見る効果と課題」北村喜宣・山口道昭・出石稔・磯崎初仁編『自治体政策法務——地域特性に適合した法環境の創造』有斐閣，230-241頁.

ローレンス・レッシング（2006 = 2007）『CODE VERSION 2.0』（山形浩生訳）翔泳社.

牧瀬稔（2023）「自治体法務と地域創生——政策型思考のススメ第 16 回——議会基本条例における評価の視点」ガバナンス 2023 年 7 月号 50-51 頁.

松尾陽編（2017）『アーキテクチャと法——法学のアーキテクチュアルな転回？』弘文堂.

宮澤宏幸（1997）「見直し条項」立法と調査 201 号 78 頁.

中島誠（2020）『立法学：序論・立法過程論（第 4 版）』法律文化社.

西尾勝（2001）『行政学（新版）』有斐閣.

ノネ，フィリップ／フィリップ・セルズニック（1978 = 1981）『法と社会の変動理論』（六本佳平訳）岩波書店.

小川有希子（2021）「フランス生命倫理法における『見直し条項』——その法的位置づけと機能に関する憲法学的考察」帝京法学 34 巻 2 号 171-198 頁.

大石貴司（2023）「自治体法務と地域創生——政策型思考のススメ 第 19 回——評価法務としての見直し条項」ガバナンス 2023 年 10 月号 50-51 頁.

岡本哲和（2016）「政策デザインとしての見直し条項——国会における利用とその規定要因」政策創造研究第 10 号 1-20 頁.

大森政輔・鎌田薫編（2011）『立法学講義（補遺）』商事法務.

大島稔彦（2013）『立法学——理論と実務』第一法規.

六本佳平（1986）『法社会学』有斐閣.

佐藤岩夫・阿部昌樹編著（2022）『スタンダード法社会学』北大路書房.

総務省行政評価局（2018）「許認可等の統一的把握の結果について」https://www.soumu.go.jp/main_content/000557749.pdf）2024/7/30 アクセス.

ステン・エリック・クラウセン（1998 = 2015）『対応分析入門——原理から応用まで——解説◆R で検算しながら理解する』（藤本一男訳）オーム社.

末弘厳太郎（1946）「立法学に関する多少の考察——労働組合立法に関連して」法学協会雑誌 64 巻 1 号 1-15 頁，［再掲］法律時報臨時増刊 53 号 14 号 14-20 頁.

寺山洋一（2006）「労働法の分野における見直し条項について——見直し条項に関する体系的考察の試み」季刊労働法 212 号 170-184 頁.

照井伸彦・佐藤忠彦（2022）『現代マーケティング・リサーチ——市場を読み解くデータ分析（新版）』有斐閣.

土田昭司・山川栄樹（2011）『新・社会調査のためのデータ分析入門——実証科学への招待』有斐閣.

200 論　説

山田剛史・杉澤武俊・村井潤一郎（2008）『R によるやさしい統計学』オーム社.

山本庸幸（2006）『実務立法技術』商事法務.

山下瞬（2024）「弁護士からみた環境問題の深淵 第 37 回──ステルスマーケティング規制の概要と対応──環境マーケティングの視点を踏まえて」環境管理 60 巻 1 号 34-41 頁.

吉田利宏（2017）『新法令解釈・作成の常識』日本評論社.

吉田利宏・いしかわまりこ（2009）『法令読解心得帖──法律・政省令の基礎知識とあるき方・しらべ方』日本評論社.

（やました・しゅん　東京大学大学院博士課程／弁護士）
※原稿受理年月日 2024 年 7 月 31 日　　掲載決定日 2024 年 11 月 13 日

Multivariate Quantitative Analysis of Review Clause:
Toward Responsive Law

Yamashita, Shun

The review clause is an architecture for monitoring and updating laws as necessary in response to changing socio–economic conditions. This way of looking at it is consistent with the concept of 'responsive law', which sees law as a tool for realising a better society. As a prerequisite for the effective utilisation of such review clauses, their operational reality must be clarified. In this study, the operational status of the review clauses is analysed quantitatively using multivariate analysis techniques. Specifically, changes in the review clauses over time are observed, and the presence or absence of review clauses and the content of review clauses are analysed using multivariate analysis methods such as logistic regression analysis, multiple regression analysis and multiple correspondence analysis. The results revealed that the review clauses continue to be selected at a certain rate, that the presence or absence of review clauses is influenced by the type of bill and legal field, and that the content of review clauses is often set as standard content, mainly in bills submitted by the Cabinet. In the discussion, the factors behind this operational reality are pointed out, such as the influence of deregulation and the shift to soft law, while reference is made to the formality of autonomous law and law–consciousness.

法社会学第 91 号（2025 年）

マスメディアと弁護士像

――2000 年以降の日本における弁護士記事と法情報調査を用いた探索的検討――

郭 　 薇

キーワード：法情報，弁護士，メディア，内容分析，情報行動調査

〈要　旨〉

本稿は，新聞報道における弁護士像の特徴とその伝達効果を考察するものである．社会構成員の法に対するリアリティを形成する上で，メディア上の言説は重要な役割を果たす．この前提の下で，メディアコンテンツにおける法現象の記述は，1980 年代以降，「法とポップカルチャー」や「法律家の広報戦略」，二つの問題領域において論じられてきた．しかしながら，これらの先行研究では，文芸作品または裁判報道が検討対象とされたものの，法律家に関する言説一般の論調の推移がシステマティックに分析されていない．

筆者は，代表的な法律家である弁護士の活動に関わる新聞報道に着目し，それらの記事は弁護士活動のどの部分に焦点を当て，そこにどのような弁護士像が描かれているかを検討する．具体的に，2000 年 1 月 1 日から 2021 年 12 月 31 日までの期間に，弁護士の言動が言及された朝日新聞と日本経済新聞の記事を対象とし，記事の主題，記述のスタイル，弁護士の表象について通時的な分析を行う．さらに，法律関連情報の収集や考え方に関するウェブ調査の結果を通じて，前段の弁護士記事の伝達効果を探索的に考察する．

Ⅰ　は じ め に

2000 年代初頭の司法改革（日本）においては，積極的な情報提供は国民の司法参加の向上に寄与するとされた[1]．情報公開を含む情報化社会の進展に伴い，法学の分野において一般向けの情報提供が議論されるようになった（郭 2020b）．後述するように，一般向けの法に関わる情報（以下，法情報）の発信は，単に法知識の一方的な伝達ではなく，情報媒体（メディア）や読者の事情にも左右される．この点から，法情報の流通過程を解明する必要性が示唆される．しかしながら，規範的要請を超えて，そもそも社会の中で法情報がいかに伝えられているか，またその伝え方によって人々

の認識が変わるかについては，本格的な検討がまだ少ない．以上の問題意識を踏まえて，本稿は法情報の発信の主な担い手である弁護士に注目し，新聞記事に見られる弁護士に対する記述スタイル（弁護士像）[2]とその広がりについて検討する．

Ⅱ　先行研究

　弁護士を含む法現象に対するメディアの記述スタイルは，1980年代から法律学と文化研究の分野でしばしば扱われてきたテーマである．こうした研究は，法（law/lawyer）とポップカルチャー（popular culture），または法律家自身の広報戦略，二つのアプローチに分けられる．以下では，これらのアプローチに沿って先行研究を確認し，本研究の位置づけを明らかにする．

1　法とポップカルチャーに関する研究

　1980年代のアメリカでは，マスメディアを含むポップカルチャーのコンテンツを通して，法制度や法学に関する社会の認識を探求する動きが見られた．Anthony Chase（1986: 533-534）は，アメリカの社会と政治に深く関わる専門職である法律家が政治家と同様に大衆文化の影響を受けると指摘した上で，マス・メディアを含む大衆文化における法あるいは弁護士のイメージ研究の必要性を示唆した．この論考では，Chase は人々がメディア報道，文学作品，映画・ドラマやポップミュージックから読み取れる法制度や弁護士に対するイメージのほか，法に関わるコンテンツそのものが権威批判的なジャーナリズム志向と刺激的なストーリーを求めるエンターテイメント性に左右されることも論じていた．また，法文化論の視点から法とメディアの関係性を考察した Lawrence Friedman（1989: 1578）は，①マスメディアのコンテンツが法文化の一部であり，そこには法または法律家に関する理解や評価が含まれる，②マスメディアは単に現実に存在する法（現象）の写し鏡ではなく，そこでの情報が人々の法使用行動に影響を与えることがある，と説いた．

　文化理論（cultural theory）を用いて弁護士に対する社会の態度を明らかにする内容分析（例えば Mezey & Mark 2005）が見られる一方，法とポップカルチャーの研究は既存の制度に対する問題提起を志向することもある．例えば，テレビドラマを対象とする分析においては弁護士キャラクターの苦悩を描写することにより，弁護士倫理規定の不透明性を浮き彫りにする試みが見られる（Asimow 2009: 893-894）．

　上記の理論を参照した東アジアの事例研究は，複数確認される．Cheng-Tong Wang ら（2014）は，Friedman の分析枠組みを採用し，中国（大陸地区）の代表的な法律系新聞紙である『法制日報』の報道記事（10,000件以上）を素材にし，刑事裁判

に関わる弁護士への記述スタイルを調査した．そこでは，個別事件の弁護人以外に
も，法律（知識）の解説者そして刑事事件の容疑者／被疑者といった弁護士の多様な
キャラクターが抽出されており，報道された事件の処理結果に対する記事の立場（賛
同か反対か）が弁護士への評価（擁護か批判か）と正相関したことが明らかになった．
また，Leon Wolf（2015: 202-203）は，「北の国から」（日本テレビ，1981-1982 年），「ビ
ギナー」（フジテレビ，2003 年），「リーガル・ハイ」（フジテレビ，2012 年または 2013 年）
など人気のテレビドラマに見られる弁護士の人物造形を検討し，田舎に馴染まない大
都市からの脅威（threat）的な存在から，紛争処理を介して社会の中にある不正義の
是正や対立する利益の調整を行う専門家へと，弁護士イメージの変遷を描き出した．

　法とポップカルチャーの研究群は，ポップカルチャーの中の法・法律家を，法意識
の形成と裁判所の言説分析を地続きのものとして論じており，批判法学の潮流につな
がっている．そこから得られる知見は以下の通りである．第一に，新聞を含むマスメ
ディアはポップカルチャーの一種であり，そこで見られる弁護士の記述スタイルを当
該社会の構成員の弁護士理解を図る指標として捉える．第二に，マスメディアにおけ
る弁護士の記述スタイルと法律家の自己認識との間にしばしばズレが見られる．第三
に，マスメディアにおける弁護士の記述スタイルは制作側に左右される場合があり，
時代や地域または記事の目的によって変化する．したがって，マスメディアにおける
弁護士像は，法律家の一方的な情報提供ではなく，メディアと読者との相互作用によ
って形成されるように理解できる．

　しかしながら，上記の研究群に方法論上の課題が残されている．まず，法文化の解
明を目指す分析では，メディアにおける弁護士像の形成・流通過程は明らかにされて
いない．メディアにおける弁護士像が多様であり，移り変わるものであるなら，それ
は現状の反映だけではなく，コンテンツの生産状況によっても変わる可能性がある．
また，分析対象は人気の高い作品に集中する傾向がある．その結果，裁判の審理，と
りわけ刑事弁護のような道徳性が強く，登場人物間の衝突を可視化しやすい，いわゆ
るドラマ性を持つ法現象に注目しがちである．この点において，従来の法とポップカ
ルチャー研究は，メディア言説における法の表象を限定的に捉える恐れがあるように
思われる．

2　法律家の広報戦略に関する研究

　そもそもメディア側がインタビューなどを介して弁護士と接触せず，弁護士に関わ
る記事を独自で制作するのは考えにくい．こうした状況を踏まえれば，弁護士という
法専門職がいかに，なぜ情報発信に関わるかという分析も必要になる[3]．

204　論　説

　近年，弁護士がSNSなどネットメディアを活用しながら社会問題に対して情報発信を行い，政策や法制度の問題点を提示し改革を促す事例は複数報告されている（谷口 2024: 14-17; Farrell 2013 または Fabio 2020）．そこでは，法律知識を含む法情報の提供によって，社会変革に積極的に関わる弁護士のあり方が論じられている．

　また，公益のための情報提供以外に，自分自身のイメージ向上，いわゆる広報（PR）という視点から弁護士による情報発信を捉えることができる．1980年代以降，弁護士広告の解禁をめぐる議論や政策変更は各国で見られた．日本においても，弁護士の商業広告が解禁された2000年以降，弁護士会または民間企業による弁護士紹介サービスをはじめ，弁護士によるメディア出演や弁護士個人のSNS利用が増えている[4]．近時，質問紙調査の手法を用いた研究では，日本において情報発信によって弁護士が選ばれやすくなることや，弁護士の情報提供に対する評価が概ね好意的であることは報告されている（村山 2024: 123-124）．

　しかしながら，商業広告が弁護士への評価向上に貢献するかについては，実に論争的である．アメリカでは，弁護士広告解禁後，営利のための法情報に触れる機会が増えることにつれて，弁護士に対する人々の評価が低下すると推測する学者はいる（Re 1994）．また，1977年合衆国連邦最高裁判所が弁護士広告の禁止に対する違憲判決（Bates v. State Bar of Arizona）を下した後の30年間に，世論調査のデータにより弁護士が良い品格を持つと思う人の数は36%から22%まで減少したという研究結果が出されている（Hyland Jr. 2011）．

　情報発信と弁護士の評価に関する先行研究はやや錯綜しているが，弁護士依頼の促進など，情報提供が果たす役割に焦点を当てることが共通している．しかしながら，ここではメッセージの内容自体に関して十分に検討されていない．前節の知見が示唆するように，法情報のコンテンツは，受け手や社会の法意識，そしてメディア環境に左右されることがある．その知見から，（例えば弁護士）発信者の意図通りに法情報が流通されることは必ずしも自明ではないように思われる．言い換えると，広報戦略とは別に，メディアにおいて弁護士がどのように語られているのか，つまりメディア言説における「弁護士」像の構成を理解するのはまた重要である．

Ⅲ　研究デザイン

　先行研究では，社会における弁護士イメージを表出する媒介として，主に娯楽作品や刑事事件の報道を扱っていた．その中に，法分野を限定せず，メディアコンテンツ一般を観察対象とする弁護士表象の研究はほとんど見受けられない．また，法律家広

報に関する先行研究から，法制度または法的サービスを広く知らせる手段として弁護士自身の情報提供の存在を確認できる．法情報の機能面を意識してメディア上の弁護士像の表出に対する包括的検討を目指し，本稿は，まず今日の日本においても社会的信頼の厚いメディアである新聞記事[5]における「弁護士」というカテゴリーの使用文脈を網羅的に調査する（以下，研究1）．次に，弁護士記事の伝達効果を検討するために，新聞という限られた情報を対象とした研究を，WEB質問紙調査を介して，より大きな情報の受け手集団とも関連させて弁護士の活動を紹介する新聞記事の記述スタイル（主題と内容構成）が持つ効果を探求的に検討する（以下，研究2）．その狙いは，個別の内容やその伝達効果の解明を超えて，情報の流通過程を沿う形で，弁護士のメディア表象の形成に作用するメディアと受信者との相互作用を分析することにある．

研究1と研究2は，記録文書と情報の受け手の行動および態度，異なる研究対象を調査・分析するものである．以下では，それぞれの分析方法と調査結果を示した後，両者の知見を基に総合的な検討を行う．

Ⅳ　研究1：弁護士に関わる新聞記事の内容分析

1　分析の視角とデータ

新聞における弁護士像の形成を分析するために新聞記事の内容分析を行う．具体的に，2000年1月1日から2021年12月31日まで，全国紙である『朝日新聞』と『日本経済新聞』（日本産業新聞を含む）の全記事の見出しを対象とし，「弁護士」というキーワードによる検索を行った（以下，弁護士記事）[6]．収集の結果，『朝日新聞』から7,733件，『日本経済新聞』から4541件を得た．樋口耕一氏が開発したKH-coderを用いて，収集したデータの形態素解析を行った．今回のデータに対しては，内容分析の考え方（有馬 2021: 8-11）をベースとしつつ，2段階を分けて，すなわちテキストデータを単語やフレーズなどの単位に分割し出現頻度などを分析する計量テキスト分析と弁護士記事の内容構成を分析する質的分析を実施した．

新聞記事に関しては，即時性と紙面のスペースの制約によって，出来事の概略をまず示した上，それに続いて重要度の高い順に沿って事件の経過と説明を行うスタイルが一般的であるが，見出しは出来事の要点を示す概略の部分に当たる（大石他 2000: 100-102）．こうした構成上の特性を踏まえると，報道文章の中で最も読まれ，かつ内容の要点が反映される見出しを分析対象とすることで，弁護士記事の全体的な傾向を把握できるように思われる．また，4大全国紙の弁護士記事に関する全体の報道量の推移から見れば，特に『朝日新聞』と『日本経済新聞』の弁護士記事は安定的に供出

206 論 説

されているようである[7]．加えて，会社経営など経済関連の報道に力点を置く『日本経済新聞』を『朝日新聞』と比較分析することで，各メディア自身の立場・報道方針が弁護士記事に与える影響も検証できると考える[8]．

　まずは，計量テキスト分析を通じて，弁護士記事の主題に対する全体の見通しを浮き彫りにする．今回のデータには，個別の裁判や法改正など，出来事を淡々と客観的に記述するストリートニュース型の記事が大多数であるため，全体を把握するには計量テキスト分析が適している．具体的に，時期による内容・主題の変化を意識しながらテキストの対応分析を行う．この対応分析は，クロス表に集計されたカテゴリーデータの行と列の関係を解析するものである[9]．今回の記事データについては，カテゴリーデータ（掲載時期）と見出しの中の頻出語（名詞）を同時に計算し，両者の関係を原点との距離でグラフにした（右掲図1と図2）．これらのグラフにおいて，掲載時期によるグループ同士が近い位置にあることは，それぞれのグループの見出しに含まれる語が似通っていることを意味する．また，原点 (0,0) から見てあるグループの方向に布置される語は，そのグループの見出しに特に多く出現したもの，すなわち特徴語として捉える．

　さらに，テキスト計量分析から探求しにくい記述スタイルに関しては，記事が弁護士のどの部分にどのように焦点を当てるのかについて質的内容分析を検討する．ここでは，データの中の特集記事に着目する．ストリートニュースと異なり，特集記事は一定の期間にわたって複数の記事で構成されており，出来事について異なる観点からの意見・解説を用いて多面的な記述スタイルを採用する[10]．記者または編集部が自ら企画を立て，より主体的に報道することができることから，特集記事は新聞の実践を代表する報道類型とも言える．分析の際に，弁護士（活動）に対する共通した記述スタイルを重視する．具体的に，①誰が弁護士記事を書いているのか，②弁護士またはその実践がどのように記事に埋め込まれるのか，③記事の物語における弁護士の役割とは何か，といった点から内容分析を進める．

2　弁護士記事における主題の分布と変遷[11]

　本節では，『朝日新聞』と『日本経済新聞』における弁護士記事全体の特徴を概説する．図1と図2は，弁護士記事を収集した日本経済新聞コーパス（総抽出語数98,010語，異なり語数8,111語）と朝日新聞コーパス（総抽出語数131,352語，異なり語数9,462語）における対応分析の結果を反映したものである．この対応分析を通して，それぞれの時期における見出しの特徴（語）を視覚的に表現できる．

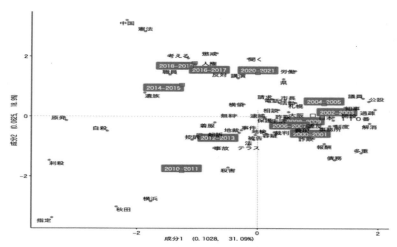

図1 計60回以上に出現した名詞の対応分析（『朝日新聞』）

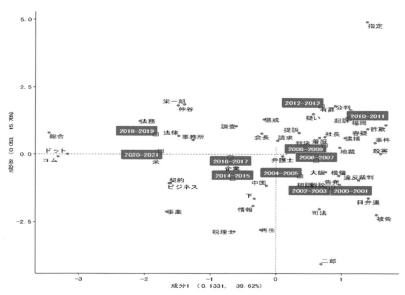

図2 計60回以上に出現した名詞の対応分析（『日本経済新聞』）

208 論　説

　第一に，2000〜2009 年においては，データの中に『朝日新聞』と『日本経済新聞』いずれも裁判または法律相談関連の記事が多く見られる．**図 1** と**図 2** に示されるように，その時期の特徴語が相対的に原点（0,0）の近くに集まっており，平均的に使われた単語が繰り返し現れていることが分かる．**図 1** では，「裁判」「訴訟」といった司法活動を表す言葉や，「事務所」「相談」「費用」「110 番」といった弁護士が提供する法律相談に関連する言葉は『朝日新聞』の記事に言及されたことが見て取れる．**図 2** の『日本経済新聞』においても「裁判」「訴訟」「相談」といった特徴語を確認できる．したがって，この時期においては，メディア間の差異が大きいとは言えないと推測する．

　第二に，2010〜2013 年においては，裁判報道という方向性が概ね維持されていたが，「事故」，「殺害」（**図 1**）または「逮捕」，「詐欺」（**図 2**）という特徴語からみれば，弁護士が被害者あるいは加害者として関わった刑事事件への言及が見て取れる．また，「着服」（**図 1**）または「懲戒」（**図 2**）が 2012〜2013 年の近くに現れることで，弁護士の非行（不祥事）を報道した記事の増加が示唆される．

　第三に，2014〜2021 年においては，両紙の記事主題に顕著な差異が現れたものの，共に「脱裁判」という方向でテーマの多様化が確認された．『朝日新聞』では，「人権」「講演」が多く使われたことから，公益性の強い社会問題を発信する弁護士が多く取り上げられたが，その時期のグループの近くに「懲戒」が配置されることで弁護士懲戒も依然として記事に多く言及されていたことが分かる．それに対して，『日本経済新聞』では，「企業」「法務」の出現が示されるように，弁護士記事にビジネスの話題が多く含まれるようになったことが示唆される[12]．

　以上のように，裁判（特に刑事訴訟），法律相談や弁護士の非行といったテーマは弁護士記事の共通項でありながら，裁判外の紛争処理から企業の経営活動まで幅広いトピックが言及されている．概ね 2010 年代以降に，法廷外の弁護士の活動や行動が主要な報道対象になった．この点から，弁護士の職域が拡大していくことにつれて，両新聞の弁護士記事においてテーマの差異がより鮮明になってきたように思われる．

3　新聞の中の弁護士像：特集記事の内容分析

　以上の通り，弁護士記事の主題は概ね共通しているが，近年，政治や社会問題を得意とする『朝日新聞』とビジネスシーンに注力する『日本経済新聞』に掲載された内容の違いも確認された．次では，データの中の特集記事を対象とし，その記述スタイルを分析する．今回のデータにおいて，3 本以上の記事から構成された特集記事の企画件数に関しては，『朝日新聞』が 25 件，『日本経済新聞』が 36 件となっている．

法社会学第 91 号（2025 年）

（1） 記事の執筆者

　弁護士の言及を含む特集記事の執筆者は，弁護士と新聞記者，二つのタイプに分けられる．前者はすなわち弁護士の投書[13]（弁護士の署名記事）である．『朝日新聞』と『日本経済新聞』の特集企画のうち，それぞれ 11 件（42%）と 15 件（44%）は弁護士が執筆したものである．異なる新聞にもかかわらず，両者の特集記事の 4 割ほどは弁護士の投書をそのまま掲載したこととなっていた．

　弁護士が執筆した特集記事には，弁護士自身の生い立ちや職歴から，時事問題に関わる法的論点の解説や担当する案件の回想まで多様な内容がみられる．後述のように，同じく法的問題を解説しても，執筆者個人の活動に基づいて説明する記事と，法制度の枠組みや学説といった知識一般の紹介を用いて論じる記事が混在している．この点から，弁護士の投書には執筆者の個性がより反映されていると言える．また，『朝日新聞』の場合，地域記事の枠で地方の弁護士が執筆する記事が多く掲載されていた．一方，『日本経済新聞』の場合，特集記事の地域性はほとんどみられないが，より専門性の高い『日経産業新聞』には弁護士の寄稿が多く掲載されていた．

　他方，弁護士の投書に比較して，新聞記者が執筆した記事に共通なスタイルがみられる．その中で，法改正や訴訟に対する解説記事，または記者による弁護士のインタビュー記事が多く確認される．特に裁判報道においては，裁判に対する評価の情報源として，代理人である弁護士の発言はしばしば紹介されていた．弁護士のコメントは，裁判結果の受け止め，控訴の有無あるいは裁判員裁判の影響など，固定した事項に収斂される傾向がある．以下の記事では，法廷での被告人や裁判官の言動や傍聴者の様子が紹介された後，検察側，弁護側，遺族側，裁判員側など裁判に関わる人々の反応に注目している．その中で弁護士に対する言及は次の通りである．

　（抜粋 1）

　朝日新聞 2011 年 10 月 26 日朝刊「（裁判員法廷@熊本）命の重さ，考え苦しむ，熊本・宇土強殺に死刑判決／熊本県」

　（前略）

　判決後，弁護人の大村豊弁護士は報道陣に「自首の成立が認められなかったのは残念．本人も覚悟はしていたが，厳しい判決だった」と語った．一方で「審理時間は十分だった．裁判員の皆さんは大変だったと思う」と述べ，判決内容に裁判員裁判の影響は特に感じなかったという．控訴については「被告本人と相談して決める．弁護士としては（重大な判決なので）控訴を勧める」と話した．

210 論 説

　以上の検討から，日本の新聞報道においては，弁護士は単なる情報源に留まらず，記事の作り手として関わることがわかる．また，一般の裁判報道よりも，ニュースの背景を深掘りし詳細な解説が求められる記事においては，弁護士が直接発信する傾向が強いかもしれない．弁護士記事においては，新聞的言説の固有の編制に完全吸収されることなく，トピックや語り方の選択を通じて弁護士自身が個性を表現する余地はある程度残されていると推測する．

　(2)　弁護士の造形

　次に，特集記事における「弁護士」というカテゴリーの使用について検討する．筆者は，データを目視で熟読し，記事内容の具体的な特徴を整理する．前節の検討から分かるように，弁護士記事には法的問題の一般的な解説だけではなく，弁護士個人に言及する場合がある．つまり，法に関する情報・知識の提示の有無または割合（以下，「知識志向」）と弁護士個人の経験や意見の提示の有無または割合（以下，「人物志向」）という記述スタイルの差異が見られるかもしれない．したがって，主題の重複度および知識志向・人物志向の傾向から，両紙の弁護士記事（企画特集）の内容を 5 つのタイプに分類できる（**表** 1）[14]．いずれの新聞においても，特集記事の多くは時事問題を解説する報道であった．この点においては，法的話題に対する「情報提供者」という弁護士のイメージが強いように思われる．

表 1　弁護士（特集）記事の内容類型および分布状況

類型	記述スタイル	朝日新聞の企画本数 （執筆者）	日本経済新聞の企画本数 （執筆者）
タイプ I	架空な事例や一般的な設問に対する解説	1（弁護士）	5（記者），4（弁護士）
タイプ II	特定の弁護活動に言及する裁判報道	4（記者）	1（記者）
タイプ III	法制度の枠組み一般に関する解説	5（記者），2（弁護士）	10（記者），3（弁護士）
タイプ IV	弁護士個人の経験や活動に基づく解説	4（記者），8（弁護士）	5（記者），4（弁護士）
タイプ V	法実務以外の活動（趣味など）に関する紹介	1（弁護士）	3（弁護士）
			分類不能：1

　第一に，特集記事における弁護士は情報や知識そのものと一体化されることがある．その典型例は，模擬法律相談のような，法律問題の Q&A 記事（タイプ I）である．このような記事群に関しては，弁護士個人に関する描写を極力控えるのは特徴である．例えば，抜粋 2 の記事には，回答者である弁護士の経歴や担当した事案は一切提示されていなく，知識の提供にとどまる．

法社会学第 91 号（2025 年）

（抜粋 2）

日本経済新聞 2017 年 5 月 29 日朝刊「海外 M&A の注意点——弁護士大久保涼氏，情報取得時，法違反の恐れ（論点解題）」

　日本企業による外国企業の買収が加速する一方，不祥事の発覚や巨額損失の計上などの例も多い．資産査定や海外子会社管理の不備も指摘される．M & A（合併・買収）の専門家に失敗例の傾向と対策を聞いた．

（聞き手は編集委員　瀬川奈都子）

　——なぜ，海外企業の買収で失敗例が目立つのでしょうか．

　「典型的な要因は 2 つある．1 つ目はビジネス戦略の甘さ．現地の景気予想がはずれたり，PMI（買収後の統合作業）が稚拙だったりして当初の事業計画が実現せず，相乗効果を出せなくなる．2 つ目は高値づかみ．国内市場が頭打ちで売り手市場のため，事業会社はファンドなら手を出さないような値段でも買うことがある」（以下略）

　次に，弁護士が代理人として関与する（刑事）裁判の報道（タイプ II 〜 III）である．上記の抜粋 1 はタイプ II の実例になる．そこからわかるように，弁護士の弁護方針やその活動が言及されることで，タイプ I に比べると裁判報道では弁護士個人の活動が紹介されている．ただし，そのような記事の焦点はあくまでも裁判の様子または判決の内容にある．そこに登場する弁護士に対しては，報道対象とされる事案の弁護方針以外の，弁護士個人の法制度に対する主張や活動を伝えることが第一義に求められていないように読み取れる．

　第二に，上記の表からわかるように，弁護士個人の情報を積極的に回避する類型は全体的に少ない．それに対して，解説を目的としながら，弁護士個人の活動を言及するタイプ III の記事はより多く確認される．以下の記事では裁判員制度の導入が弁護側にもたらす変化が描かれている．

（抜粋 3）

朝日新聞 2010 年 3 月 13 日朝刊「裁判新世紀　迫る「第 1 号」審理：2）整理手続き，慎重に／新潟県」

　弁護側の変化は，公判前整理手続きにとどまらない．法廷でも新たな試みを目にすることになりそうだ．

　これまでの冒頭陳述や弁論などは，弁護士が事前に準備した書面を読み上げるだけだった．だが，富山地裁で昨年 10 月に行われた裁判員裁判では，弁護側はメモを持たずに冒頭陳述した．また全国各地の地裁では，冒頭陳述や弁論などの際に，要旨をパソコン用発表ソフトを使ってモニターに映し出す工夫がされるなど，傍聴席からは分かりにくかった

212 論 説

これまでの裁判が様変わりしつつある.

　三浦弁護士も，すでに自分の事務所職員を裁判員に見立て，語りかけるような話し方での冒頭陳述や弁論の練習を始めている．これまで，事前の練習などはほとんどやることがなかったというが，「下を向いて書面を読むだけでは，裁判員には伝わらない．学校の先生のように語りかけるようなイメージで行いたい」と話す．公判では，裁判員の視覚に訴える資料も用意する予定だ.

　この記事のリード文は，変化の所在を提示することで，裁判員制度における弁護側の状況を簡潔に伝えている．その後，他の地域や全国の状況を俯瞰したうえで，個別の弁護士による行動や語りを通じて，裁判員制度が導入された後に法廷でのプレゼンスの効果がより意識されたことを示している．この記事においては，弁護士が中立の第三者として制度を解説するのではなく，関係者として司法改革現場の状況について説明する役割を果たすように見える.

　類似した記述は，日本経済新聞の記事においても確認される．例として，以下の法曹人口拡大に関する記事を挙げる．この記事は，個別の弁護士の語りを用いて，司法アクセスの不便によって処理できない法的紛争の存在を伝えている.

　　（抜粋 4）
　日本経済新聞 2007 年 11 月 15 日朝刊「第 8 部改革の苦しみ（4）法曹人口拡大に反旗（試される司法）終」
　　（前略）
　法律家不足から市民や企業に司法の支援が届かず，「二割司法」と批判されてきた法曹界．東京など大都市に弁護士が集中する一方，増員反対の声が上がった地方で，司法の救済が及ばない悲劇がいまもある.
　「もっと早く赴任していれば……」．昨年十月に国が設置した日本司法支援センター（法テラス）の新潟・佐渡法律事務所に東京から移った富田さとこ弁護士が悔やむ事件がある.
　四十代の息子を自殺で亡くした母親が開設早々の同事務所を訪れた．持参した茶封筒にはヤミ金融業者への振込伝票の束．調べると，振込額は法律上必要な返済額を超え，自己破産すら必要ない状況だった．富田弁護士は，「相談できる弁護士がいれば自殺は防げたかもしれない」と話す.

　第三に，相当数の特集記事は弁護士個人の実践とその意義にフォーカスしている．出来事の時系列的な説明とは異なって，弁護士自身の実体験あるいはその経歴を介して，法的問題や法律家の活動を伝えるという内容構成（タイプⅣとⅤ）は特集記事の

中に確認されている．このタイプは日本経済新聞の特集記事全体の 33% であり，地域報道が示す割合が大きい朝日新聞の特集記事全体の 52％ までにのぼる．この点から，新聞の違いにも関わらず，弁護士の属人的な側面は特集記事の中によく取り上げられていたことがわかる．

　次に，このような弁護士記事がどのような要素によって構成されているかを深掘りしていく．弁護士の投書である抜粋 5 と抜粋 6 には，執筆した弁護士自身の経歴，弁護士の活動を志向する動機，関連する法規定および法改正の内容，執筆者が実際に関わる法実務の様子が含まれていた．その中で，読者の反応に関する想定（「法律は争いごとの時にしか出てこず，自分に関係ないと思っている方が多いのでしょうか」）や直接の声かけ（「気になった時には弁護士ら専門家にご相談ください．」）が加えられることも確認できる．

　（抜粋 5）
朝日新聞 2022 年 11 月 3 日朝刊「（司法 Voice）不動産も法律も身近な存在　弁護士・中川源力さん／京都府」
　私は弁護士業と不動産業のどちらも営んでいます．私の祖父が始めた不動産業の 3 代目で，不動産に携わる中で法律の重要性と面白さを感じ，弁護士を志し，二足のわらじを履くことになりました．
…（中略）…
　私が不動産の購入のお手伝いをしたお客さんが「法律が難しいし，争うこともないから自分に縁遠い存在」と話していました．この方は，購入から 1 年もしないうちに亡くなりました．遺産の整理をしようとした際，遺言書などはなく，相続人を探すところから始まりました．事前に遺言書や遺言執行者について弁護士に相談していれば，スムーズに進めることが出来ます．また，自宅購入後に離婚することになって財産分与の相談を受けたこともありました．このように不動産には法律がつきものなのです．
　不動産も法律も身近で必要な存在です．人生の節目に法律は欠かせません．気になった時には弁護士ら専門家にご相談ください．

　（抜粋 6）
日本経済新聞 2015 年 4 月 3 日夕刊「倒産の修羅場に立つ（5）弁護士瀬戸英雄さん（人間発見）」
　バブル崩壊までの日本の倒産法は，戦後，米国をまねた大会社向けの会社更生法の他には，大正時代に作られた「和議法」がベースのはなはだ時代遅れなもので「和議は詐欺」と揶揄（やゆ）されるありさまでした．

214 論　説

　このため 90 年代の後半，私もメンバーに加わった法制審議会で倒産法の大幅な見直しが進められ，2000 年に民事再生法が施行されました．
…（中略）…

　債権者，株主，従業員に大きな迷惑をかけるのですから，軽々に倒産してもらっては困ります．しかし日本が資本主義の国である以上，一定の数の倒産は避けられません．ならばその社会的ダメージはできるだけ少なくした方がいい．そして倒産という修羅場でもがき苦しんだ人々が，一日も早くやり直せる社会にしたい．そんな思いでこの仕事に取り組んでいます．

　これらの記事では，法的論点（遺産相続と倒産手続）について論じられているが，具体的な法解釈や対策についての解説は限定的である．それに対して，執筆者自身はこの問題との関わり（「私が不動産の購入のお手伝いをしたお客さん」，「私もメンバーに加わった法制審議会」）や弁護士の介入がもたらす積極的な効果（「事前に遺言書や遺言執行者について弁護士に相談していれば，スムーズに進めることが出来ます」，「倒産という修羅場でもがき苦しんだ人々が，一日も早くやり直せる社会にしたい」）について言及している．ここでは法律知識の伝授より，弁護士個人の物語を介して生活の中における法実務の意義が強調されているように読み取れる．

　上記の二つの記事においては，扱っている法的問題（分野）は異なるものの，当事者に寄り添う弁護士のあり方を前提とするよう読み取れる．このように「助ける弁護士」と「助けられる当事者・依頼者」に基づく語り方は，弁護士個人に注意を向けさせる一方で，法が高度な知識体系ではなく，日常生活や産業のニーズに応え，社会の常識または動向に共鳴するものとして用いられている．上記の記述スタイルは，弁護士という法専門職の社会的意義を引き立てる役割を担っているように見える．

　さらに，記事数自体は少ないが，弁護士の職務以外の生活もしばしば紹介される（タイプⅤ）．具体的に，次の記事から確認する．

　（抜粋 7）
　朝日新聞 2014 年 12 月 6 日朝刊週末「（飲むには理由がある）名物はうまいもの!? 弁護士・山本博」
　日本の鰻（ニホンウナギ）は今年，絶滅危惧種になった．値段も近年，鰻登りの傾向が続いてきた．鰻の稚魚の名物料理がスペインにあって，すごくおいしいと料理のガイドブックに書いてあったので食べに行ったことがある．フライかスープ仕立てで，わずか数センチの稚魚自体，味がそうあるわけではない．（以下略）

（抜粋 8）
日本経済新聞 2020 年 12 月 8 日夕刊「弁護士熊崎勝彦（2）父親が大事にしていた写真－出征中，軍服に縫い付け転戦（こころの玉手箱）」

　1942 年，岐阜県下呂市で農家の長男として生まれた．自分のまわりに，検事や判事，弁護士といった法曹関係者はだれもいない．法律よりも，昔からの道徳観や連帯感，思いやりといったものがしっかり根付いている地域だった．

　高校を出たら地元で働き家業を継ぐ──．これが父親の願いだった．自分が興味を持つようにと耕運機を買ってくれたこともある．（以下略）

　他の特集記事に比べると，上記の記事には法的論点がほとんど含まれていない．抜粋 7 はうなぎ料理の紹介であるが，それが弁護士の投書として掲載されたことは興味深い．なぜなら，弁護士という肩書きを有する権威性が，彼が関わる法実務以外の活動にも及んでいる可能性をこの記事が示唆するからである．抜粋 8 は特定の弁護士の自伝であるが，現に社会問題を解決するための情報が提示されたわけではない．弁護士個人の生活にもニュースヴァリューがあると解するのであれば，法的問題ではなく，弁護士個人に対する読者の関心が前提となるはずである．つまり，新聞記事に登場する一部の弁護士は，法情報の提供を担う法専門職の枠を超えて，公的人物あるいは有名人として扱われているように考えられる．ここでは，弁護士の公的イメージと私生活が交錯して描写されており，読者の視線が彼ら個人の活動に一層集中している．

　上述の量的または質的言説分析の結果によって，弁護士記事の内容を以下のように類型化できる．すなわち，①実際の事件・裁判に関する報道，②既存の法制度に関する紹介・解説，③日常生活またはビジネス上の紛争処理に関する紹介・解説，④懲戒など弁護士の不祥事（非行），⑤弁護士個人の（法）実務経験の紹介，⑥弁護士個人の生活ぶりあるいはキャリアの紹介，である．

　また，内容分析からは，扱ったトピックが異なるが，記事の中の弁護士に対する記述スタイルの共通性が確認された．それは，弁護士と名乗る人物の経歴や活動を通じて，法律知識や法実務が投影される傾向である．弁護士記事は法的問題をめぐる知識の紹介だけではなく，法専門職である弁護士の人物像にも注目している．ただし，『日本経済新聞』（特集記事）は，『朝日新聞』よりやや知識志向が強いように見えることにも留意されたい．

216 論 説

そして，弁護士の非行（懲戒処分など）に関しては，全体の計量分析結果に見られる主要なトピックであるのにも関わらず，特集報道においてその言及をほとんど確認できない．そこに登場した弁護士は，当事者のニーズを汲み取り，日常生活の紛争処理からビジネス支援またはリスク管理を担うサポーター的な役割を担っているように見えるが，弁護士業界にとってのネガティブな情報であり，弁護士自身の犯罪または不祥事を詳しく報道する姿勢はいずれの新聞においても見られなかった．

V　研究2：2021年法情報調査からみた弁護士情報の流通

1　調査概要とデータ

筆者[15]は2021年11月27日から12月2日にかけて，法律関連の情報に対する考え方や現状に関する調査（以下，2021年法情報調査）を実施した[16]．2021年法情報調査では，回答者の人口学的属性のほか，以下の内容を尋ねた（**表2**）.

表2　2021法情報調査の質問項目概要

①	新聞（WEB版も含む）の購読状況
②	各メディアの利用状況
③	異なる法律家に関する情報を得ている程度（裁判官，検察官，弁護士，司法書士，法学系の研究者）
④	弁護士に関連する情報（研究1で得られた弁護士記事の主題）の収集状況
⑤	メディアを利用した法情報の収集状況
⑥	（研究1で得られた弁護士記事の内容構成から推測する）法情報収集において重視する要素
⑦	法利用の経験
⑧	法教育の経験
⑨	法と権利に対する主観態度
⑩	各法律家に対する信頼度
⑪	印象に残る弁護士に関する報道（自由回答）

本稿の主な分析対象は，②～⑥の中に弁護士に関連する情報の収集とそれに対する考え方である．②，④と⑤におけるメディアの類型は，「令和3年度情報通信メディアの利用時間と情報行動に関する調査」（以下，令和3年度情報行動調査と表記する）（総務省情報通信政策研究所 2022）を参考した上で，ネット上の情報媒体をさらに細分化

して「ニュース WEB サイト（Yahoo ニュースなど）」と「WEB 掲示版（5 チャンネルなど）」を追加した．また，先行の調査において非法律家の社会構成員で，法知識・情報に対する低認知度が一貫して示される[17]ことを踏まえ，2021 年法情報調査では，「どちらともいえない」という中立的な選択肢に回答が集中してしまうことを避けるため，4 段階評価で質問紙を作成した．

調査はクラウドソーシングサービスサイト Crowdworks に登録している日本在住者を対象に行った．同サイトでは登録者が自由に募集要項を閲覧し，回答するかどうかを決定する，いわゆる「非確率抽出法」による募集方式が行われた．調査票はオンラインアンケートシステム Qualtrics によって作成された．最後まで回答した回答者には協力謝礼として Crowdworks システムを通して 165 円の報酬（システム使用料・税込み）が一律に支払われた．

まず，調査の結果を報告する．1,002 人の回答を収集した[18]が，無作為抽出法による令和 3 年情報行動調査と比較して回答者の特徴を検討する．本調査の回答者には女性がやや多く（57.49％），30 代～40 代の労働人口が多い（62.38％）が，60 代以上の高齢者が非常に少ない（4.49％）．また，回答者の最終学歴に関しては高校卒 28.74％，大学・短大卒 63.77％，大学院卒 5.99％となっている．比較対象の調査より教育水準はやや高い．職業に対しては会社員と回答する人が最も多い（契約・派遣社員を含めて 28.04％），自営業・自由業（19.36％），専業主婦・主夫（19.26％），学生（4.69％）という非雇用者が多いことも指摘したい．これらの特徴は，クラウドソーシングサービスに頻繁にアクセスし，依頼を引き受けられるユーザーと合致するものと考えられる．つまり，回答者は，ある程度の文化水準とコンピューター技能を有し，かつ比較的に時間を自由に支配できる人々であると推測する．

次に，回答者全体のメディア利用状況について説明する．家庭単位で新聞を購読している（WEB 版購読も含む）回答者は，全体の 30.9% であり，令和 3 年度情報行動調査に示された新聞の利用率 39.3%，新聞社の有料ニュースサイトの利用率 4.2% に比べてやや低い結果となった[19]．メディアの利用頻度（「あなたは以下のメディアをどれくらい視聴したり閲覧したりしていますか？」）を質問したところ，**表 3** に示されたように，「ニュース WEB サイト」の利用頻度が最も高く，次に「テレビ」と「動画投稿サイト」といった映像メディアである．オンライン調査の場合，インターネット利用者が主対象とされるため，本調査で見られるネットメディア利用の高頻度は調査方法の特徴に影響されるかもしれない．

218 論 説

表3 各メディアの利用頻度に対する回答結果 (N=1002)

	平均	標準偏差	最小値	最大値
新聞	1.890	1.129	1	4
テレビ	3.003	1.046	1	4
ラジオ	1.624	0.902	1	4
雑誌	1.591	0.749	1	4
ニュース WEB サイト	3.393	0.800	1	4
ブログ	2.021	0.928	1	4
WEB 掲示板	1.672	0.925	1	4
SNS	2.875	1.053	1	4
動画投稿サイト	3.015	1.014	1	4

　一方，令和3年度情報行動調査では，「ポータルサイトによるニュース配信」の利用率が最も高く（75.5%），次いで「ソーシャルメディアによるニュース配信」（49.5%），「紙の新聞」（39.3%）の順となっている．したがって，ネット情報をよく利用する傾向が一般的に見られることで，本調査の回答者の傾向は例外的なものではないと推測する．

　また，近い時期に実施された法律関連の意識調査（松村他 2021）に比べると，本調査の回答者のうちに，裁判を経験した人は3.09%しかおらず，非常に少ないと言える[20]．

2　弁護士情報の接触状況と内容の主題

　本調査では，新聞で掲載された弁護士記事の影響を探求するために，弁護士を含む法情報の接触傾向について尋ねた．そこで得られた回答に対して，新聞購読者と非購読者を分けて弁護士情報に対する接触や認知の差異を検討する．

　まず，全体の状況を確認しよう．「あなたは以下の法律家に関する情報をどのくらい得ていますか」を尋ねたところ，**図3**に示されたように，全ての法律家に関する情報へのアクセスが少ないものの，新聞購読者（約3割）とそれ以外の回答者を比較する場合，弁護士情報へのアクセスには統計学的な差異が見られなかった（t=-1. 57; n. s)[21]．

　次に，研究1から得られた弁護士記事の7つの主題を踏襲した形で，「あなたは以下の弁護士に関連する情報をどのくらい得ていますか」を尋ねた．**図4**に示されるよ

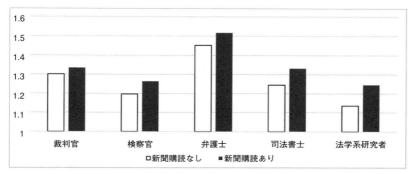

図3 新聞購読者/非購読者間の各法律家に関する情報獲得の平均値の差

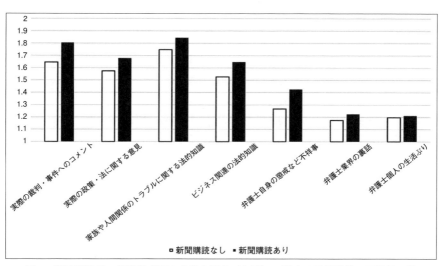

図4 新聞購読者/非購読者間の弁護士記事（主題）に関する情報獲得の平均値の差

うに，全体的に「家族や人間関係のトラブルに関する法的知識」が最も多く，次に「実際の裁判・事件へのコメント」，「ビジネス関連の法的知識」の順で弁護士関連の情報は相対的に得られていることがわかる．

新聞購読者[22]と非購読者を分けて検討する際に，両者の尺度の平均値を比較したところ，新聞購読者が非購読者より弁護士記事の主要なトピックに接触している傾向が見て取れる．全7項目のうち，有意な群間差が認められるのは次の項目である．「実

際の裁判・事件へのコメント」（t=-3.2）と「弁護士自身の懲戒など不祥事」（t=-4.37）
に関しては，非購読者の情報獲得は有意に低かった（p<0.001）．ほかにも，「実際の政
策・法に関する意見」（t=-2.16）と「ビジネス関連の法的知識」（t=-2.56）に関しても
非購読者の情報獲得が有意に低かった（p<0.05）ことを確認できる．

3　法情報の収集に対する考え方

　研究1から，弁護士記事においては，人物と知識という二つの主要な構成要素が見
受けられる．受け手がそれぞれの要素を重視する内容構成をどう評価するのかを知る
ために，「メディアを通して法律に関する情報を探すとき，あなたは以下のことをど
れくらい重視しますか」という質問を尋ねた．選択項目のうち，「情報が専門家によ
って提供されているか」，「情報源が信頼できるか」そして「情報が実体験に基づくも
のであるか」を発信者の属性や経験など属人的な性質，「情報へのアクセスのしやす
さ」，「情報のわかりやすさ」と「情報が最新のものであるか」を提供された情報自体
の特徴に関するものとして設けている．それに対して，回答者の平均値に関しては，
「情報のわかりやすさ」（3.52）と「情報源が信頼できる」（3.75）がやや大きいが，い
ずれの項目でも平均値は4点尺度のうち3以上であったことで，上記の要素が全て重
要視されているとも読み取れる．

　この質問の結果を研究1の知見につなげていくために，回答者の中でどのようなメ
ディアを利用する人がどのような要素を重視するかを検討する．法情報の収集に使う
メディアと情報の重視要因との相関係数を**表4**に示す．まず，ネットメディアを用い
るほどわかりやすさやアクセスしやすさに期待していることに対して，新聞を利用す
るほど情報源の信頼性を重視する傾向は有意に強い（p<0.001）．また，コンテンツ類
型から見れば，映像コンテンツ中心のメディア（テレビ，ニュースWEBサイドと動画
投稿サイド）を利用するほど情報の分かりやすさを有意に重視する傾向があった
（p<0.001）．

　そして，WEB掲示板を除いて，映像や活字情報を問わず，メディアの利用者は実
体験を重視する傾向が示された．ただし，ラジオは有意傾向にとどまっていることに
留意されたい．研究1から，実体験を強調するような内容構成は情報源（弁護士）個
人への関心につながることが分かる．この点を踏まえると，より情報自体の属性（分
かりやすさ）を重視するネットメディアの利用者も発信者の人格的な側面に注目する
可能性が見えてくる．一方，ブログを除くネットメディアでは，専門家による情報提
供は特段に重視されているわけではない結果も示された．法律家の発信かどうかはと
もかく，法情報において発信者が自らの経験を披露することは，新聞のみではなく，

ほかのメディアにおいても求められるかもしれない.

表4 各メディアの利用と情報収集上の重視要因との関連性の検証 (N=1002)

	わかりやすさ	アクセス	専門家が提供	情報源の信頼性	実体験に基づく	最新
新聞	0.004	0.002	**0.088***	**0.125*****	**0.109*****	0.060 †
テレビ	**0.153*****	**0.076***	-0.023	0.013	**0.090***	0.059 †
ラジオ	**-0.207***	-0.029	-0.025	**-0.082****	0.061 †	-0.004
雑誌	**0.067***	0.049	0.038	0.046	**0.105*****	0.008
ニュース WEB サイト	**0.180*****	**0.124*****	0.046	0.075	**0.080***	0.074
ブログ	**0.157*****	0.177	**0.080***	0.042	**0.095****	-0.0004
WEB 掲示板	0.024	**0.130*****	-0.047	-0.027	0.020	**0.064***
SNS	**0.097****	**0.180*****	0.040	0.030	**0.074***	0.037
動画投稿サイト	**0.129*****	**0.105*****	-0.201	0.049	**0.090***	0.009

† $p<.1$; * $p<.05$; ** $p<.01$; *** $p<.001$

VI 総 合 考 察

本研究では,『朝日新聞』と『日本経済新聞』を分析対象として弁護士に関する新聞報道の実態を多角的に検討するとともに,法情報調査を用いて新聞記事の記述スタイルの伝達効果も合わせて分析した.先行研究の知見を踏まえながら,新聞での弁護士像とその情報としての影響力について分析の結果から検討する.

第一に,研究1に示されたように,新聞記事に登場した弁護士は専門知識を解説するだけではなく,紛争当事者のニーズや感覚に寄り添う人物として描かれていた.そこでは,新聞記事において「支援を必要とする当事者・依頼者」と「支援を提供する法律家」という構造が多く使用されていたことがわかる.このような弁護士像は,先行研究で指摘した弁護士造形の一つ,すなわち個別の事件処理に携わる「代理人・弁護人」というキャラクターに近いように思われる.本研究の結果は,2000年代以降の娯楽作品に見られる,紛争処理における役割が強調される弁護士イメージの浸透を指摘した Wolf（2015）の分析とも親和的である.

ただし,特集記事においては,弁護士自身が主な情報源となり,弁護士の発言や活動の様子があますことなく描かれているが,それに対して当事者や依頼者自身の言動に関する記述は少ない.加えて,記事主題の分布（図1と図2）に示されたように,弁護士の非行あるいは不祥事に関する報道は少なくなかったが,出来事の深掘りを目指し,解説中心の特集記事においてそのテーマへの言及は稀である.これらの点は,フィクション作品を検討対象とした先行研究では言及されていなかった.

222 論　説

　上述のような記述スタイルの含意については，弁護士像をめぐる議論の変遷を照らして検討する．1980 年代以降，弁護士サービスの商業性に注目し，弁護士と依頼者との間の対等的な関係に基づいて当事者主権を強調する新たな弁護士像が提唱されてきた（和田 2022: 327-335，武士俣 2006 または 2024）．その議論は主に弁護士側の振る舞いや職域の変化に関心を寄せるものである．ところが，弁護士像に関しては，単に弁護士側の問題ではなく，それに対する依頼者の理解または社会での受容も重要な論点である．研究 1 に示されたように，詳細な解説を含む特集記事から弁護士の活動に対する当事者の態度を知ることは容易ではない．むしろ，そこには利他性ならびに公益性を強調する弁護士の自己認識が色濃く反映されている．その現象は，（研究 2 に示唆された）情報源の信頼性が期待される新聞媒体の特性によるものなのか，それとも専門職の権威に敬意を払う読者の意識の反映なのかについてはさらなる調査が必要であるが，少なくとも，弁護士に対する異議申し立てを含む，当事者の主体的な振る舞いが社会の中に共有・推奨されていることは，こうしたメディア言説から読み取れるとは言い難い．

　第二に，弁護士像の構築に対するメディアの影響力は，特定の立場によって意図的に操作することではなく，弁護士像をメディアコンテンツの枠に嵌めることで一定の方向へ仕向ける作用にあると指摘できる．先行研究では，現実をそのまま反映するのではなく，メディア側が独自の法・法律家のイメージを構築できると繰り返し指摘されている．本研究においても，主題の選択を通じて各新聞が伝える内容の特色が確認された．例えば，日本経済新聞にもローカルの司法活動や刑事捜査に関する相当数の報道がみられるが，『朝日新聞』に比較して，企業法務など経済活動に関わる法的問題を重点的に伝えており，より客観的な情報提供に力を入れていたようにみえる．しかしながら，両紙においては，弁護士をめぐる報道の姿勢に似通っている点がある．それは，弁護士は時事に関連づけて法的問題を解説する，知的議論を展開する一方で，数多くの特集記事には弁護士個人の活動や経歴が取り上げられている．紛争当事者への共感を強調する弁護士像は，こうした記事において属人的事項を多用することと連動している[23]．つまり，弁護士記事においては，主観的な体験・感情と専門知識とが対立するのではなく，後者が前者を媒介して読者に訴えかけている．

　もともと法律家という専門職集団が法情報を多く独占するため，非法律家との間に情報の格差が生じやすい．弁護士記事には，情報格差に由来する受け手との距離を人格的要素の使用によって埋める戦略が窺われる．研究 2 の結果が示したように，人格的要素への重視はネットメディアの利用者の中にもある程度見られる．それがほかの

法社会学第 91 号（2025 年）

メディアが新聞の記述スタイルを参照した結果なのか，それとも読者のニーズに応じた一般的なパターンなのかについては，本稿の調査だけでは判断できないが，人格的要素を重視する内容構成がメディア横断的な傾向であることは示唆されている．

　第三に，新聞記事が法情報の伝達を促進することは示唆されるが，その効果は限定的である．司法アクセスの改善策として，法情報の提供はしばしば言及される（例えば橋場 2024: 260-261）．このような議論を踏まえると，司法アクセスの観点から本研究の含意を検討することが必要であろう．2021 年法情報調査では研究 1 で抽出された弁護士記事の主題を尋ねたところ，僅かではあるが，全ての類型において新聞購読者は非購読者より情報にアクセスできたことが分かった．この点においては，マスメディアの報道が人々の法情報へのアクセスを改善できないとは言えない．しかしながら，メディアを介する法律家情報への接触は全体的にあまり多くないことに留意されたい．回答者は日常生活や職場に近い人間関係の法情報を最も多く入手できたようであるが，その次に実際の裁判や新しい法制度の情報に多く接触している．それに対しては，新聞の弁護士記事においては，裁判や法改正が最も報道量の多い主題になっている．以上の現象を整合的に捉えると，今日の日本において，多くの人々は主体的に法情報を取捨選択できるが，日常生活からやや離れる司法また法改正の情報に関しては，マスメディアから比較的に影響を受けているように考えられる．もしその推測が正しいのであれば，「情報発信を通じて，人々の法・法律家に対する理解を促進する」と期待される，メディアを用いた広報の効果は，受け手の主観的な態度（どのような要素を重視するか）または環境の要因（生活環境との関わり）に制約される可能性がある．

VII　結びに代えて

　最後に，今後の方向性を提示して，むすびにかえたい．

　まず，先行研究は弁護士への言及を司法に対する言説の一部とみなしているが，本研究が示したのは，弁護士情報は直ちに実際の紛争の法的処理に関連していない多様な文脈においても使用されていることである．発信側の分析（研究 1）と非法律家である受け手の情報行動に関する分析（研究 2）を組み合わせることで，社会の法意識を静態的に示す弁護士表象論を超えて，メディアを介して発信された法情報の可変性とその効果を考察することができた．残された課題として，情報行動の一般的な傾向と別の次元にある，弁護士のキャリア形成における情報発信の意義や，具体的な情報発信に対する受け手の実際の反応はいまだに解明されていない．今後，それらの課題

に対して，事例分析やシナリオ実験などの手法を用いながら引き続き弁護士情報発信の効果を検討する．

　次に，プロフェッショナルの議論では，「専門性」を知識の把握や応用に基づくものとして捉えるのが一般的である[24]．本研究においては，弁護士という典型的なプロフェッションを描く際に，一部の記事において「知識離れ」あるいは「知識回避」とも言える傾向が確認される．従来の議論で想定された「専門性＝知識」ではなく，メディアにおいて専門職の権威が感情などを含む主観的なものを通して構築されることの意味を確認していく必要があろう[25]．今後，弁護士の情報発信を起点としつつ，弁護士にとどまらず専門家（職）情報のあり方を検討し続けていきたい．

　　[付記]　本研究は JSPS 科学研究費 19K13580 及び 23K01206 の研究助成を受けた成果の一
　　　　　　部である．
　　[謝辞]　匿名の査読者 2 名から大変有益な修正意見をいただいた．紙上にて感謝を申し上
　　　　　　げる．

1）　司法制度改革審議会（2001）では司法の国民的基盤を強化するために「司法に関する情報公開
　　の推進」が提案されている．また，日本弁護士連合会も司法アクセスの拡充の施策として広報活
　　動を挙げている．日本弁護士連合会（2019）．
2）　「弁護士像」の類似表現として，「弁護士モデル」（渡辺 2018: 287-291，和田 2022: 291-307），
　　「弁護士役割」（武士俣 2006: 192-194; 加藤 2000: 1-21）や「弁護士のイメージ」（村山 2024:
　　114-118）がある．日本においては弁護士倫理の観点から弁護士像を考察してきた経緯があり，
　　弁護士モデルまたは役割といった規範論の意味で弁護士像を捉える場合が多い．一方，事実論で
　　は，弁護士のイメージから弁護士像を検討する場合もある．本論においては，マスメディアにお
　　ける弁護士像を事実と規範を架橋する概念として扱う．メディアには客観的事実を伝える報道と
　　同時に，情報の提供によって実質的に活動の指針を提示する，つまり社会規範の存在を知らせる
　　側面も持っているからである．
3）　弁護士の情報発信をめぐる研究については，刑事弁護に関する法廷外言説や商業広告について
　　一定の研究蓄積があるが，主に司法活動や弁護士業への影響が問題とされている．これらの先行
　　研究のレビューとして，郭（2020a: 5-9）を参照されたい．
4）　弁護士（会）の広報活動とその位置付けについては，武士俣（2024: 612-645）．
5）　近時のメディア行動調査においても多くの人は信頼できる情報源として新聞を挙げている．総
　　務省情報通信政策研究所（2022）を参照．
6）　組織としての弁護士会の活動に関する報道は数多く見られる．弁護士個人の独立性を鑑みて，
　　弁護士会の公式イベントは弁護士活動全体を反映するものではないように思われる．弁護士会活
　　動中心の記事，すなわち見出しに「弁護士会」を含む報道を除外する．
7）　下記の図に示されたように，2000 年以降に弁護士の数が増加している一方，いずれの新聞紙に

おいても弁護士記事数の変動が小幅にとどまることが分かる．

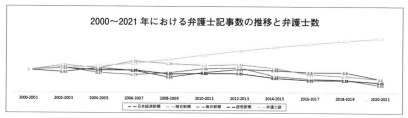

8) 近時，ユーザーが複数のメディアを利用する，いわゆる雑食性はよく見られるが，その点に対しては後述の 2021 年法情報調査の分析を通して若干言及する．
9) 対応分析は複数のテキストについてそこに現れる話題の特徴を分析する手法の一つである．具体的な計算方法及び分析について，金（2009: 154-155）．なお，分析結果の解釈方法について，樋口（2019）を参照．
10) 特集記事（special feature）の定義とその機能について，大石（2000: 182-184）．
11) 以下の分析を実施した際に，年代別の特徴語リスト（上位 10 語）および語の前後の文脈（テキストの文面）を合わせて確認した．
12) 「ドット」，「コム」，「栄一郎」といった言葉は，新たな法務ビジネスモデルとして，弁護士情報のポータルサイドを運営している弁護士ドットコムの活動を言及する際に使用されている．
13) 弁護士の署名記事の中で，自ら原稿を新聞社に持ち込む投稿と新聞社による依頼を受けた寄稿に分けることができる．しかしながら，筆者が同時期に実施した弁護士会広報に対するインタビュー調査から分かったのは，各弁護士会が地元の新聞記者に対して捜査や裁判に関わる知識や情報を定期的に提供する一方，新聞側がプレスリリースや原稿依頼の形で弁護士会の広報活動に協力するケースがよく見られるということである．この点を鑑みて，特集記事に対して「投稿」と「寄稿」を区別せずに，署名情報を基に「弁護士の投書」と表記する．
14) 唯一の例外は，2019 年 4〜5 月に日本経済新聞が掲載した「法務点景」と題した特集記事である．そこでは，弁護士バッジやスーツケースなど弁護士がよく使用する物品に焦点を当てて，職業としての弁護士の特徴が紹介されている．
15) 本調査においては，筆者が調査の項目や具体的な分析課題を提示した上で，オンラインアンケートの作成や回答者の募集また収集したデータに対する統計的な処理は名古屋大学情報学部李楊研究員（社会心理学専攻）が行った．ここにて感謝の意を表した．李には科学研究費の規則に基づいて，協力に対する謝金を支払った．また，李から統計分析結果の読み方に関するアドバイスをいただいたが，ここで示した調査結果の解釈は筆者が検討したものである．
16) 下記の URL に本調査の質問紙および回答の生データを格納した．https://osf.io/y69tz/?view_only=1d2da3b752a149d4ac9c22a2c5a04996 2024/11/18 アクセス．
17) 法知識に関する研究状況は，六本（2024: 93-94）．
18) インターネットへのアクセス問題によって，母集団全体の特性を明らかにするウェブ調査にバイアスが生じやすいとされる（クーパー 2000＝2019: 24-31）．また，調査会社が用意するボランティア型のアクセスパネルを使用するため，たとえ年代や地域などの抽出条件を設定しても母

226 論　説

集団としての当該集団を正確に反映しているとは限らない．このような課題や制約を踏まえて，本研究ではこの調査を「日本におけるメディア利用者の法情報収集の事例研究」として位置付け，新聞記事分析の結果を検証するために使用する．確率標本を前提としない公募型ウェブ調査の利用方法について，山田編著（2023: 16-20）を参照されたい．

19)　本調査の回答者の中に高年代の人が比較的に少ないことに起因するのではないかと推測する．

20)　松村等（2021）の調査では，設問 Q6B「あなたは裁判所を利用したり，裁判所に行ったりしたことがありますか．自分で利用した場合だけでなく，傍聴や付添いや証人として行った場合も含めて答えてください」に対して，「当事者として裁判・調停をした」と回答した人が 12.5％，「当事者以外の関係者として裁判や調停に関与した」と回答した人は 2.9％である．

21)　新聞購読者と非購読者の間に有意な差が見られる法律家情報もある．法学系研究者に関しては，非購読者の情報獲得は有意に低かった（p<0.001）．また，検察官と司法書士に関しても，同様な傾向が見られる（p<0.05）．

22)　本調査の回答者のうちに，朝日新聞の購読者は 85 人，日本経済新聞の購読者は 44 人である．サンプル数が少ないため，新聞別の計量的分析は断念した．ただし，前節の分析が示した通り，弁護士記事に共通項が多いため，新聞購読者の一般的な傾向を探求することで代替的に記事の伝達効果を検討できると考える．

23)　弁護士はもともと人物の職業を表す，人称性を表す用語である．それをキーワードにして記事の収集を行った本研究は，方法論的に，人物志向の高い内容に偏るバイアスを抱えるかもしれない．ただし，結果において知識の提供に徹した記事も一定数抽出されたことから，弁護士を主な情報源にした記事は必ずしも弁護士個人の報道ではないとも言える．

24)　知識のコントロールによって職域の正統性（「管轄」）が保たれることを指摘するのは，Abbott（1989）．このような考え方は，（職業）社会学のみではなく，法学においても言及されている．例えば，近年，憲法学の専門職言論（プロフェショナル・スピーチ）理論においては，専門職を知識コミュニティに定義した上で，その職務に関連する情報発信は公共圏の意見表明でも，商業的取引の提案でもなく，専門的知見を伝える独自の言論類型と見なす立場がある．Haupt（2016: 1245-1254, 1291-1293）または井上（2020）．日本の弁護士に関しては，弁護士職務基本規程の第 7 条は，「弁護士は，教養を深め，法令および法律事務に精通するために，研鑽に努める」と定めている．ここでの研鑽は，法律知識にとどまらないものの，知識の把握を通じての実現が想定されている．日本弁護士連合会弁護士倫理委員会編著（2017: 19-20）．

25)　法社会学においては，法的紛争処理の現場における感情管理（和田 2004）や関係者の属人性が果たす役割（橋場 2021）は既に言及されている．それに対して，本稿における感情言説は直接当事者（依頼者）の反応ではなく，第三者（マスメディア）の期待に現れる．主観的側面の重視は紛争処理のコミュニケーション技法ではなく，法律家の正統性を支える社会構築的な要素を示唆する．紙幅のため，詳細な検討は近時に公表予定の別稿に譲る．

〔文　献〕

Abbott, Andrew（1988）*The system of profession*, University of Chicago Press.

有馬明恵（2021）『内容分析の方法［第 2 版］』ナカニシヤ出版．

Asimow, Michael（2009）*Lawyers in Your Living Room!: Law on Television*（*Kindle version*），

American Bar Association.

武士俣敦（2006）「弁護士の役割と展望」和田仁孝編『法社会学』法律文化社，167-205 頁.

――（2024）「弁護士業務の市場形成とプロフェッショナリズム」福岡大学法学論叢 68 巻 4 号 586-670 頁.

Chase, Anthony（1986）"Toward a Legal Theory of Popular Culture," 527 *Wisconsin Law Review* 527-570.

クーパー，ミック P.（2013=2019）『ウェブ調査の科学：調査計画から分析まで』（大隅昇他訳）朝倉書店.

Fabio, De Sa E Silva（2020）"From Car Wash to Bolsonaro: Law and Lawyers in Brazil's Illiberal Turn（2014-2018)," 47（S1）*Journal of Law and Society* 90-110.

Farrell, James（2013）"social media for social change lawyers: an Australian housing right lawyer's experience," 20（2）*International Journal of the Legal Profession* 209-221.

Friedman, Lawrence（1989）"Law, Lawyer and Popular Culture," 98 *Yale Law Journal* 1579-1606.

郭薇（2020a）「専門家による情報発信と言論『規制』」情報法制研究 8 号 4-15 頁.

――（2020b）「法情報の『大衆化』とその課題：法情報学の射程をめぐる一試論」情報ネットワーク法レビュー 19 号 167-183 頁.

橋場典子（2021）『社会的排除と法システム』北海道大学出版会.

――（2024）「司法アクセス――トラブルに直面した際の人々の行動規定要因とは」飯考行編著『ディスカッション法と社会』八千代出版，258-269 頁.

Haupt, Claudia E.（2016）Professional Speech, 125 *Yale Law Journal* 1240-1303.

樋口耕一（2019）「計量テキスト分析における対応分析の活動――同時布置の仕組みと読み取り方を中心に」コンピュータ＆エデュケーション 47 号 18-24 頁.

Hyland Jr., William G.（2011）"Attorney Advertising and the Decline of the Legal Profession," 35（2）*The Journal of the Legal Profession* 339-384.

井上嘉仁（2020）「プロフェッショナル・スピーチ（専門職言論）の類型化の意義――知識コミュニティ理論からのアプローチ」広島法学 43 巻 4 号 166-204 頁.

加藤新太郎（2000）『弁護士役割論［新版］』弘文堂.

金明哲（2009）『テキストデータの統計科学入門』岩波書店.

松村良之他（2021）「裁判員裁判と法の素朴理論：2020 年調査に基づいて」北大法学論集 72 巻 3 号 563-608 頁.

Mezey, Naomi & Mark C. Niles（2005）"Screening the Law: Ideology and Law In American Popular Culture," 28（2）*Columbia Journal of Law & The Arts* 91-186.

村山真維（2024）「小特集：弁護士への信頼と選択」法と社会研究 9 号 130-134 頁.

日本弁護士連合会（2019）『日弁連七十年』https://www.nichibenren.or.jp/library/pdf/jfba_info/publication/70kinenshi_2-4.pdf 2024/7/30 アクセス.

日本弁護士連合会弁護士倫理委員会編著（2017）『解説 弁護士職務基本規程（第三版）』日本弁護士会.

大石裕他（2000）『現代ニューズ論』有斐閣.

228　論　説

Re, Edward D.（1994）"The Causes of Popular Dissatisfaction with the Legal Profession," 68 *ST. JOHN'S Law Review* 85-195.

六本佳平（2024）「法社会学再訪（一）」法学協会雑誌 141 巻 7 号 52-95 頁.

司法制度改革審議会（2001）「司法制度改革審議会意見書──21 世紀の日本を支える司法制度」https://lawcenter.ls.kagoshima-u.ac.jp/shihouseido_content/sihouseido/report/ikensyo/index.html 2024/7/30 アクセス.

総務省情報通信政策研究所（2022）「令和 3 年度情報通信メディアの利用時間と情報行動に関する調査報告書」https://www.soumu.go.jp/main_content/000831289.pdf 2024/7/30 アクセス.

谷口太規（2024）「公共訴訟の意義と機能，存立条件に関わる幾つかのことについて」法律時報 96 巻 10 号 12-17 頁.

和田仁孝（2004）「『感情』の横溢と法の変容」法社会学 60 号 1-13 頁.

──（2022）『法社会学』新世社.

Wang, Cheng-Tong., et al.（2014）"Advocates, experts, and suspects: three images of lawyers in Chinese media reports," 21（2）*International Journal of the Legal Profession* 195-212.

渡辺千原（2018）『訴訟と専門知：科学技術時代における裁判の役割とその変容』日本評論社.

Wolff, Leon（2015）" When Japanese Law Goes Pop," in Leon Wolff., et al., *Who Rules Japan? Popular Participation in the Japanese Legal Process*, Edward Elgar Publishing, 185-206.

山田一成編著（2023）『ウェブ調査の基礎：実例で考える設計と管理』（電子書籍）誠信書房.

（かく・び／ Guo, Wei　北海道大学准教授）
※原稿受理年月日 2024 年 7 月 30 日　　掲載決定日 2024 年 11 月 13 日

Mass Media and the Image of Lawyers:
An Exploratory Study based on Legal Information Research and
Newspaper Coverage of Lawyers in Japan since 2000

Guo, Wei

This article examines the image of lawyers in the newspaper media and the features of their acceptance. Media discourse plays an important role in shaping the reality of law in current society. Based on this underlying assumption, the description of legal phenomena in media content has been discussed since the 1980s in two areas : 'law and popular culture' and 'PR(public relations) strategies of lawyers.' However, these previous studies have not systematically analyzed the trends of media discourse on the legal profession in general, although literature works or court reporting have been the subject of review.

This author focuses on newspaper coverage of the activities of lawyers, a representative legal profession, and examines which parts of the legal profession's activities these articles focus on and what images of lawyers are identified in them. Specifically, the study targets articles on Asahi Shimbun and Nihon Keizai Shimbun from 1 January 2000 to 31 December 2021 in which the activities of lawyers are mentioned, conducting a diachronic analysis of the article's subjects, style of description and the way lawyers are described. Then, through the results of a web survey on the collection and consciousness about law–related information, the level of acceptance of the aforementioned lawyer articles will be explored.

230 論 説

公安委員会による警察に対する統制の強化

——2000 年代以降の制度改革の成果と失敗——

許 仁 碩

キーワード：警察，統制，公安委員会，政権交代，制度改革

〈要 旨〉

　国家公安委員会は，警察を統制し，その政治的中立性を確保するために戦後設置された機関である．1955 年以降の自民党長期政権時代には国家公安委員会の役割に対する懐疑的な見方が広まっていた．2000 年前後の一連の警察不祥事の発覚と市民による批判の高まりを承けて 2000 年に警察法が改正され，公安委員会による統制機能が強化された．すなわち，公安委員会は市民からの苦情を受け付けることができるようになった他，警察から監察報告を受け，必要があれば監察を指示できるようになった．2009 年には民主党政権の誕生とともに，非自民党が任命する国家公安委員長と国家公安委員も誕生した．本稿は，こうした新しい時代の国家公安委員会の働きの実態を考察した．具体的には，2008 年 –2014 年の国家公安委員会議事録を分析し，議論の全体的な傾向，とりわけ警察による監察報告をめぐって公安委員会で行われた議論について分析した．また，公安委員会への警察に関する苦情申立等の制度を利用して警察の不祥事の問題に取り組んでいる市民や法律家，ジャーナリスト等にインタビューし，公安委員会による警察統制の実態にアプローチした．その結果，公安委員会による警察統制の強化という所期の目的はなお十分には達成されていないこと，それは公安委員会と警察との関係の構造的特性に起因しているらしいことが判明した．公安委員会の警察統制機能を強化するためになお一層の改革が必要である．

Ⅰ は じ め に

　近代国家において国民は様々な権限を政府に託している．定期選挙による民主主義的な授権に限らず，国民は様々な方法で政府の「責任」を確保することができる．「責任」は国民が政府に対して「一定の任務を課し，その任務を果たせなかったときに処罰によって報いることで終わる関係ということである」（真渕 2009: 238）．そして，「責任」を確保することは，政府の行動を「統制」することでもある．その方法

法社会学第 91 号（2025 年）

には制度的なもの（議会，裁判所など）と非制度的なもの（マスメディア，利益団体など）があり，いずれも重要であるが，行政による不正に対応し予防するための実効性ある統制体制の整備はとりわけ重要である（真渕 2009: 260）.

　特に犯罪捜査の実力部隊である行政機関，すなわち警察，に対する統制の実効性の確保は民主主義国家において重要かつ困難な課題である．日本では，2000 年以降，一連の警察不祥事をきっかけに警察改革が行われることになった．公安委員会による警察の統制も改革の対象となり，数十年ぶりに制度が改正された．かねてより形骸化が批判されていた公安委員会の機能が強化され，厳格な警察管理が行われることが期待された．具体的には，警察とは独立の機関として市民を代表する公安委員会が，警察自身による監察の報告を受け内容をチェックしたり，必要な監察を警察に指示したりすることによって，不正の隠蔽を防止し実効的な統制を実現するというものである．しかし，この改革が所期の成果を産んだかどうかについては議論がわかれており，実証的に解明されてもいない．本稿では，この課題に取り組む．

II　先行研究と歴史的な背景

1　警察の行動統制と監察

　警察に対する行動統制，とりわけその不正の摘発は，他の行政機関に対するものより困難だと考えられている．なぜなら，犯罪捜査機関である警察は汚職，横領などの公務員犯罪も捜査するが，犯罪者が警察内部者の場合身内意識や組織防衛のため隠蔽することがあるからである．また捜査活動に不可欠な機密性が悪用されて，警察外部からの監督が無力化されることもある．さらに実力部隊としての警察がその権限を濫用すれば，選挙介入，検閲，社会運動弾圧などを通じて外部からの統制を阻むことも可能である（戒能 1960: 252）．だからこそ，本来警察が守るべき民主主義を警察自身が破壊することを防ぐために，市民による警察の統制が必要となる（広中 1973: 442-450）.

　現実の警察は，ロボットのように機械的に法律に沿って行動する機関でも恣意的に公権力を振り回す機関でもない．様々な要因に規定されながら自律的に行動する組織である．警察の行動を統制するためには，その行動の規定因子から検討する必要がある．主な因子としてこれまで指摘されてきたのは，内部要因としての「組織」や「文化」と，外部要因としての「政府」や「世論」である（Porta & Reiter 1998: 10）．例えば，刑事警察の行動は，内部の教育や指揮命令や実績に加えて，外部の弁護士，検察官，裁判官及び世論にも影響されているという指摘がある（宮澤 1985: 393-394）.

あるいは，警邏警察の警察官は住民との関係への配慮という外部因子によって行動を制約されていると同時に，内部固有の論理に基づく業績評価が警察官の活動志向を大きく左右している（村山 1990: 324,439-441）.

しかしながら一般に，閉鎖性の高い実務家集団である警察は，外部からの責任追及に反発する傾向が強い．不祥事が明るみに出て警察の正当性が揺らいだ際に身内を強く守ろうとする姿勢はしばしば社会の批判を受けている．だからこそ，警察の責任を追及しその改革を訴える弁護士や世論が警察内部に影響を及ぼす仕組みを構築することが統制の実効化につながると，Epp は指摘する（Epp 2009: 32）.

Porter & Prenzler（2012: 153-154）は，警察外部からの統制と内部における統制との関係を分類する理論モデルを提示している．すなわち，①内部監察モデル（Internal Affairs Model）：外部の統制組織を設けず，警察内部の監察担当部局が監察を担う，②市民審査モデル（Civilian Review Model）：警察から独立の外部組織が警察内部の監察の結果を審査（review）する，③市民統制モデル（Civilian Control Model）：警察から独立の外部組織が独自に警察の統制を行う，の3モデルである．EU 圏では警察に対する民主主義的な統制を強化するために，政府が独立の外部組織を設立して市民統制モデルに移行する傾向が強い．また，外部組織による統制の実効性を考えるうえで，警察の不祥事による被処分件数の推移自体以上に勤務評価制度や教育研修制度の改善が重視されている（Porter & Prenzler 2012: 152, 167）.

警察にとって，③市民統制モデルのように，外部組織が監察に強く関与する制度は不都合である．他方，①内部監察モデルのように監察が完全に内部で完結してしまうと，透明性や説明責任の欠如の問題が生じやすくなる．警察統制のあり方は，市民社会と国家権力の関係を反映する．日本の検察審査会は一般に検察の判断を支持する割合が高いもののそのダイナミックな審議が検察への実効的な統制につながってもいることを実証した Johnson（2023: 178-181）のように，抽象的な制度論に終始せず警察統制実務の実態，とりわけ公安委員会の実務を検証することが必要である.

2 公安委員会の歴史

戦前の日本の警察は国民の権利の抑圧をしばしば行った．「国体」護持という大義名分のもとで社会主義，反天皇制などの政治勢力を壊滅させることが警察の任務とされた．取締対象は宗教，労働争議，小作争議，在日朝鮮人，国民の厭戦感情，戦時経済統制への不満へと拡大し，警察は日本社会全体への監視・取締体制を強化した．その結果，国民は政治問題を議論する自由，または政治集会または結社に参加する自由を十分行使できず，戦前の民主主義体制は機能不全に陥った（荻野富士夫 2020: 392-

412)．そのため，戦後，GHQ は日本警察の民主化を重要政策の 1 つとしていた（高木 2014: 349-350）．

敗戦後に行政機構の再編が進む中で，警察事務を参与・監督できる警察委員会の新設によって警察自身による統制という枠組みを温存しようとした内務省に対し，GHQ（連合国軍総司令部）は当初その方向性を認めず，分権化を徹底しようとしていた．しかし，1947 年の二・一ゼネスト騒動など治安情勢の混乱に見舞われ，総司令部公安課は内務省案を考慮するようになり，それまで警察を管理する中央機関であった警保局を公安庁に改組する案を採った．他方，分権化にこだわった総司令部民政局はそれを認めず，1947 年 6 月に成立した片山内閣を支援し，公安課に対抗した．その結果，公安庁ではなく，民間人の委員で構成される合議制組織である国家公安委員会の設置が決まったのである（伊藤 2003: 54-64）．

1947 年 12 月 8 日に，いわゆる旧警察法が成立した．人口 5000 人以上の自治体が「市町村警察」をもち，その他の地域は「国家地方警察」が管轄する．国家，都道府県，市町村にそれぞれ公安委員会を置き，各警察の運営管理と警察長官の任免を行う．委員は行政の長が議会の同意を得た上で任命する（高木 2014: 347-348）．しかし，この体制は確かに民主的，分権的であるが，効率低下と警察力分散のデメリットも有していた．これに対し，国家公安委員会を保安省や国家公安監理委員会に再編する案も出されたが，いずれも実現しなかった．1954 年の修正により現行警察法が成立した．国家地方警察本部長官と警視総監の人事案について，公安委員会は内閣総理大臣に意見を聴取する．国家公安委員会委員長を国務大臣とし，警察庁が新設され，道府県警察本部長の任命は国家公安委員会が道府県公安委員会の同意を得た上で行うことになった．以後数十年間にわたって公安委員会制度はほぼ変更されずに維持されることになった（高木 2014: 352-360）．2000 年以降の改革がなされる前の時期の公安委員会について，あまり積極的に権限を行使しようとせず会議での質問・発言で警察にわずかな影響を及ぼすに止まっていると指摘があった（ベイリー 1991: 232）．

3 2000 年の警察改革と公安委員会の強化

1999 年から 2000 年にかけての一連の警察不祥事の結果，警察への市民の不信感が極めて高まることになった（篠原 2001: 3）．公安委員会も形骸化していると批判された．これを承けて 2000 年に国家公安委員会が発足させた「警察刷新会議」は「警察刷新に関する緊急提言」を発出し，その中で「公安委員会の活性化」，すなわち管理概念の明確化と監察，管理機能の強化の必要性を謳った（警察刷新会議 2000）．これを踏まえて，国家公安委員会と警察庁が取り纏めた「警察改革要綱」に従い，2000

年に警察法一部改正案が可決された．その結果，国と都道府県の公安委員会が警察庁，都道府県警察に監察を指示できるようになった．また，警察の法令違反事案の公安委員会への報告が義務づけられた．さらに，警察内部に公安委員会を補佐する担当部署（都道府県公安委員会は地方警察の総務部，国家公安委員会は警察庁長官官房が担当する）も設置された（滝澤 2001: 32-37）．

　2000 年以降一連の法改正によって，公安委員会による警察に対する統制について政府側の見解がある程度明確になった．すなわち，事前に大綱方針を決め，それに基づいて事前事後の監督管理を行うというものである．具体的には，国家公安委員会規則の制定や警察庁通達の審議などにより大綱方針を決める．また，懲戒，監察に関する報告を警察から受けたり，監察について警察に指示したりする（荻野徹 2009: 123-125）．さらに，警察法第 78 条によって公安委員会に市民が苦情を出す制度も整備された．公安委員会が市民の苦情に基づいて警察に対して監察を指示することも制度的には可能になった．要するに，前述の Porter & Prenzler（2012）のモデルに従えば，戦後実質的に長く続いていた①内部監察モデルが，制度的には②市民審査モデルに移行したということである．改革論議の過程では③市民統制モデル的な主張もなされたが制度化には至らなかった．

4　現行制度における公安委員会の管理機能に対する評価

　2000 年以降，公安委員会のメンバーの任命に行政と議会が共に関わることで民主主義的な正当性が担保されている．また，警察から監察の報告を受けたり新たな監察を指示できたりすることは，権限の強化を意味している．他方で，公安委員会は独立の事務局を持たず，独自に調査できる権限，人員と専門性も欠如しているという指摘もある（Ho et al. 2021: 40-44）．

　現行制度に対する批判的な意見として，まず，警察の内部監察に対し第三者機関または部外者が関与する仕組が排除されたことへの疑問がある（原野 2001: 38）．公安委員会は警察に対し監察を指示することができるようになったとはいえ，監察を実行するのは相変わらず警察内部の監察官である．客観性と独立性において問題が残る．また，委員会の実態についても批判がある．日弁連のアンケート調査により，公安委員の候補者を決める際に警察本部の意見や推薦を求める慣行が一部の自治体にあることが明らかになっている．警察関係者以外を公安委員に登用すべきという制度理念に抵触しかねない．また，法改正の直後の 2001 年に神奈川県と奈良県の公安委員会が警察に監察を指示したものの，神奈川県ではその後も警察不祥事が続いている．公安委員会の指示による監察の実効性に疑義が呈されている（日本弁護士連合会 2003: 118-

121).

一方で，国家公安委員会と警察庁の評価書（2005）によると，2000 年 1 月と比べ 2005 年 4 月時点では，警察庁内部で国家公安委員会を補佐する部署の職員は 5 人から 13 人に増えた．河合（2008: 687）は 2000 年の警察改革によって補佐体制が整備され，警察庁からの十分な情報提供によって公安委員会が議論できるようになったと指摘している．例えば，平成 16 年の道路交通法改正に関し，国家公安委員会での議論が警察庁交通局による改正案の見直しに繋がったことに，警察に対する民主的統制の一端が現れているという．

また，荻野徹（2009: 128-129）は 2008 年に行われた国家公安委員会の議事概要から委員による警察庁に対する「異議」を抽出した．その結果，計 47 回の会議において 20 件の異議が見つかった．荻野は「国家公安委員会が世上いわれるような警察当局の見解を追認するだけの機関ではなく，常態的に批判的な視点を持ち続けているといういちおうの仮説を立てることも許されるのではなかろうか」と述べている．

すなわち，法改正以降の公安委員会の管理機能に対し評価が分かれている．公安委員会の管理機能は十分に活性化したのか，あるいはさらに市民統制モデルに踏み込む必要があるのか判断するためにも，公安委員会の実務の状況を実証的に検証する必要がある．

Ⅲ　分析の対象と方法

1　対　象

公安委員会には各都道府県の公安委員会と国家公安委員会があるが，本稿では全国の警察を監察することができる国家公安委員会を分析の対象としている．政権交代が行われた時期（自民党政権（2008-2009）→民主党政権（2009-2012）→自民党政権（2012-2014）と推移した 2008 年～ 2014 年)[1] の国家公安委員会について検証した．中立性を担保するため公安委員会の委員からは警察関係者が排除され，さらに任命には議会の同意が求められている．議院内閣制の日本では，内閣が提出する公安委員候補者を政権与党が多数を占める国会が否決することは少ない．他方で，公安委員の任期と政権交代は独立なため，政権交代後の与党が国家公安委員長を新たに任命できても，国家公安委員の全員を更迭させることができるわけではない．つまり，国家公安委員会の委員構成と政権与党（議会多数派）のねじれによって，中立性ないし独立性が担保される仕組となっている．2008 年から 2014 年までの国家公安委員会の構成と委員たちの背景は，以下の通りである．

236　論　説

表 1：国家公安委員会の構成（2008-2014）

2007.12- 2009.12	吉田信行	葛西敬之	長谷川眞理子	田尾健二郎	佐藤行雄
2009.12- 2010.5	吉田信行	葛西敬之	長谷川眞理子	田尾健二郎	高木剛
2010.5 - 2011.2	山本剛嗣	葛西敬之	長谷川眞理子	田尾健二郎	高木剛
2011.2 - 2013.3	山本剛嗣	前田晃伸	長谷川眞理子	田尾健二郎	高木剛
2013.3 - 2014.12	山本剛嗣	前田晃伸	長谷川眞理子	奥野知秀	高木剛

作成：筆者

注：下線は民主党政権が任命した国家公安委員，長谷川眞理子は元は自民党政権による
　　任命だが民主党政権によって再任された．

表 2：国家公安委員会委員の背景一覧（2008-2014）

名前	背景
吉田信行	前産経新聞社専務取締役
葛西敬之	JR 東海代表取締役会長
長谷川眞理子	総合研究大学院大学教授，行動生態学[2]
田尾健二郎	前広島高等裁判所裁判官
佐藤行雄	元外交官，前東京瓦斯株式会社取締役
高木剛	元日本労働組合総連合会会長
山本剛嗣	元日本弁護士連合会副会長
前田晃伸	みずほホールディングス社長
奥野知秀	前共同通信社代表取締役社長

作成：筆者

　表 1 と**表 2** が示すように，2008 年—2014 年の公安委員会はその時々の政権与党が
任命した委員が逆に少数派となっている時期が多かった．

2　資料と方法

　（a）　本稿が用いる主な資料は，国家公安委員会のウェブサイトで公開された 2008
年 -2014 年間の国家公安委員会議事概要である．議事概要の分析方法として，公安委
員会による統制の実効性を検証するうえでは，馬場（2019）が用いている基準が参考
になる．すなわち，行政の意に反する要求を司法など外部組織が行政に対して提出し
たかどうか，行政はその要求に従ったかどうかである（馬場 2019: 152）．警察が国家
公安委員会の要求に対してどのように応答しているかを確認することで，国家公安員
会による警察統制の実効性を把握する．

まず，前述荻野徹（2009: 128）に倣って，公安委員が警察に対して出した「意見」を抽出した[3]．そして，「意見」を，次の3つに分類した．①疑義：報告または現状の問題点を指摘したり説明を求めたりしたもの．委員が明示的な修正要求には至らないが，「現状には問題がある」，「どうしてこういう問題が出たのか」などと言った表現で追及している場合が該当する．②提言：報告または現状について委員が自身の見解を明確に提示したもの．報告内容に明確に反対してはいないものの，「こうするべきではないか」，「このように改善してほしい」などと指摘している場合が該当する．③反対：質問や発言ではっきり警察の見解を批判したり改善を求めたりしているもの．

次に，これらの「意見」に対して警察官が実際にどのように応答したか検討した．応答は，内容によって以下の4つに分類できる．①説明：警察としての立場を変えずに，追加説明で委員の了承を求めたもの．②検討：持ち帰って検討する，後また回答するなどとしたもの．③修正：その場で立場を変え直ちに修正するか修正を検討する意思をはっきり示したもの．④無回答：議事録で警察担当者の返答を確認できなかったもの．

（b）　また，公安委員会は2000年の警察法改正[4]によって市民からの苦情を受理できるようになった．独立性と管理権限を持つ公安委員会による確実な調査が期待されている．さらに，警察は公安委員会に内部監察の結果を報告しなければならなくなったため，市民やメディアは公安委員会を通じて間接的に警察監察の情報を入手することも可能になった．つまり，公安委員会は自ら警察を統制するだけではなく，市民やメディアによる警察統制をサポートする機能も制度的には有している．そこで，筆者は2020年から2021年にかけて苦情申立制度を利用したことがある当事者や，監察の内部事情に通じている元警察官へのインタビューも実施した．インフォーマントは以下の通りである（情報はインタビュー当時のもの）[5]．

表3　インフォーマント一覧

番号	性別	年齢	インタビュー日	背景
1	男性	60代	2020.8.5	弁護士
2	男性	30代	2020.12.16	苦情申立をした市民
3	男性	50代	2020.12.23	ジャーナリスト
4	男性	50代	2021.1.14	ジャーナリスト
5	男性	80代	2021.1.15	元警察官

作成：筆者

238 論 説

Ⅳ 分析と考察

1 議事録における意見と応答

2008 年度〜 2014 年度の 7 年間の国家公安委員会の議事録から，合計 1260 件の「意見」が抽出された（**表 4**）．相応の数であり，国家公安委員会が「警察当局の見解を追認しているだけ」とは断言できないことがわかる．2008 年には 30 件しかなかったものの，2009 年に 100 件を超え 2012 年にはピークの 342 件に達した．国家公安委員会での議論が活発になったことがうかがえる．その後，徐々に減少し 2014 年に 170 件となった．

「意見」の内訳だが，疑問点への説明を求める「疑義」の割合が一番多い．直接に警察を批判し修正を求める「反対」は一番少ない．件数自体が少ないだけではなく，2013 年以降は 0 件となっている．具体的に意見や代案を述べる「提言」の割合も 2012 年から大きく落ち込み 2013 年以降は一桁にまで減少した．全体的な傾向として，国家公安委員会での議論は，能動的な「提言」や「反対」から受動的な質問の提起に移行してきたことがうかがえる．

公安委員の「意見」が必ずしも政策の修正には繋がっていないことも見て取れた．すなわち，**表 5** にあるように，委員の「意見」を承けて警察が政策を「修正」した状況（河合 2008；荻野 2009）は極めて少数である．2012 年以降，「修正」を警察が承諾した事例はゼロ件となっている．「検討」は一定割合存在するが，実際に検討した結果が議事録で確認できることはほとんどない[6]．つまり，委員が提出した「意見」に対する警察側の応答の大半は警察担当者による「説明」であり，公安委員会は当該「説明」を聞いた上で結局原案を承認している．

表 4　年度別各類型意見数，割合

年度	総数	疑義（％）	提言（％）	反対（％）
2008	30	15 (50)	10 (33)	5 (17)
2009	112	56 (50)	51 (46)	5 (4)
2010	105	59 (56)	39 (37)	7 (7)
2011	255	169 (66)	73 (29)	13 (5)
2012	342	288 (84)	47 (14)	7 (2)
2013	246	223 (91)	23 (9)	0 (0)
2014	170	157 (92)	13 (8)	0 (0)
合計	1260	967 (77)	256 (20)	37 (3)

作成：筆者

表5 公安委員による意見に対する各回答類型数，割合

年度	総数	説明（%）	検討（%）	修正（%）	無回答 （%）
2008	30	14 （47）	7 （23）	6 （20）	3 （10）
2009	112	49 （44）	22 （20）	8 （7）	33 （29）
2010	105	69 （66）	7 （7）	2 （2）	27 （26）
2011	255	192 （75）	28 （11）	1 （0.4）	34 （13）
2012	342	271 （79）	32 （9）	0 （0）	39 （12）
2013	246	153 （62）	44 （18）	0 （0）	49 （20）
2014	170	98 （58）	43 （25）	0 （0）	29 （17）
合計	1260	846 （67）	183 （15）	17 （1）	214 （17）

作成：筆者

　もちろん，以上のような観察から公安委員会の警察統制機能が不十分だと即断することはできない．荻野（2009: 124）が指摘するように，議論の場は公式会議だけでなく，非公式の会合などで協議が行われることが少なくない．非公式な働きかけにより公安委員が警察の行動を修正させることも不可能ではない．本稿では資料の制限によって非公式協議の実態を把握できていないが，委員の影響力を過小評価することは避けなければならない．

　さらに，警察に対する統制は，制度的なものに限られない．それと連動するものとして非制度的な統制の回路もある．公安委員会の制度上の役割は警察政策に関する審議であるが，その審議を通じて情報が市民に伝達される．市民やマスメディアの関心が喚起されその視線が警察に向かうことになる（阿部 2001: 48-54）．2000 年に発出された「警察刷新に関する緊急提言」も「情報公開で国民に開かれた警察を」と明記していた（警察刷新会議 2000）．

　しかしながら，仮に非公式，非制度的な回路を通じての影響力がそれなりにあるとしても，全体としてみれば公安委員会の警察に対する統制機能が十分に働いているとは言えないと評価できると考えられる．そもそも，警察官僚が厳密に練り上げた報告と草案に対し専門外の個々の公安委員がそれを精査して対案を提出することは至難である．「疑義」の提示と「説明」による応答で終わるのがむしろ自然であろう．厳密なエビデンスがないままに公安委員の意見に従って警察が安易に行動を「修正」することは逆に予期せぬ支障をもたらしかねない．

　確かに，荻野（2009: 127）が論じるように，民間人の感覚を公安委員が示すことは無意味ではなく，正鵠を射ることもある．また，警察行政の専門家ではなくても，行動生態学など個々の委員の専門分野に基づく発言が参考になる場合もあったようである．しかし，やはりそれは例外的であり，公安委員の感覚や個人的見解だけで警察庁

の政策を修正させることは困難かつ稀である.

　一般的に，政策をめぐって建設的な議論を行うためには協議の参加者がおしなべて対等な政策能力を持つことが必要である. だからこそ，例えば，官僚組織たる行政府と議論するために，国会議員に政策秘書が配置される. 同様に公安委員会に係る補佐体制（公安委員会を補佐する部署の警察内部への設置）は，委員と警察庁との政策能力の差を補正するために措置されたものである. しかし，本稿が扱った資料を見る限り，公安委員が補佐体制から情報や研究成果を得た上で発言しているとおぼしき例は見当たらなかった. そもそも委員が支援を要請していないのか，それとも要請しても十分な情報が提供されていないのか，資料上の制限もあり詳細は不明である. 公安委員が補佐体制を十全に活用しつつ警察と政策について論議するという期待された姿が実現された様子はない.

　とはいえ，表4が示すように，2008年から2010年にかけては「提言」と「反対」が併せて5割近くを占めていた. 2008年の「意見」数はまだ少なかったが，2009年になると大幅に増えたことは先に見たとおりである. Johnson（2023: 182-184）が，「検察審査会」について，件数そのものが少ないものの例外的な「強制起訴」の事例に注目することで制度の問題点を炙り出したように，この期間に国家公安委員会に何が起きていたのか，どのような「意見」が提出されたか，インフォーマントへのインタビュー結果により適宜補足しつつ，次に見る.

2　政権交代と警察政策に関する議論の活発化

　2009年に着任した民主党政権の中井洽国家公安委員長がその任にあった期間（2009.9.16-2010.9.17，鳩山由紀夫内閣，菅直人内閣）は，公安委員の間でも，また公安委員会と警察との間でも，最も意見対立が起きていた時期だった. 当時公安委員会で起きていた主な論争を以下概観する.

　当時の日本政府は，EUとの刑事共助協定を推進していた. しかし，死刑の可能性がある罪に関して共助を拒否できるとする規定，いわゆる「死刑条項」をめぐって，警察が強く反発した. 公安委員会において葛西敬之委員（自民党政権による任命）も「*国の主権，尊厳を傷付けてまで結ぶ捜査上の実益はないと思うし，国の刑法体系に影響を及ぼす危惧もあることを看過すべきでない*」と強く批判した[7]. 田尾健二郎委員（同）も「*その選択肢として死刑に関する罪を条約の対象から外し，同罪の捜査共助については従来どおりのやり方を継続することも実務的には考えられるのではないか*」とした[8]. 中井洽公安委員長が，死刑条項で刑事共助協定締結に反対することは外交上の問題になりかねないと公安委員たちの説得にあたったが，失敗に終わった.

また，取調の可視化も議論の対象になった．当時「市民的及び政治的権利に関する国際規約（B規約）」の対日審査の結果，日本政府に取調の可視化を推進すべきとの勧告が出されていた．それに対して葛西敬之委員は「*私の聞くところによれば，この手の国際機関の審査では，こちらがいくら真摯に対応しても，聞く耳を持たないという対応をされることがある*」と批判した[9]．当時の民主党政権は可視化を公約としていたので，勧告を承けて取調可視化の準備を進めていたが，そのような政策方向を盛り込んだ対日審査フォローアップの内容に対し，佐藤行雄委員は「*新政権の政策との関連だが……我々が委員長との間で合意した予算措置における表現と違うのではないかと思う*」と反対した[10]．その結果，関連文書の文言は対日審査報告書と日本国内の刑事司法政策とを切り離す形に修正された．ちなみに，インフォーマント1によると，取調可視化をめぐって当時の公安委員会は二つ新たな役割を担っていたという．一つは苦情申出制度を通じての取調に関する市民からの苦情の申立の受理である．実際に公安委員会によって受理されても状況が直ちに改善したわけではないが，以前のような門前払いよりは良くなった．もう一つは，国家公安委員長が取調可視化政策に反発する警察との議論を辞さなかったことで，ある程度警察の譲歩を引き出すことができたことである[11]．

刑事司法だけではなく，警察の監察体制も議論された．2010年に国家公安委員長は警察の非違行為に関する内部監察の充実強化を提案し，公安委員会での審議を求めた．これに対し，葛西敬之委員は「*……監察の強化が有効なのだろうか．使命感，士気の高揚とか規律の厳正について考えなくてはならないのではないか*」と反論した．警察庁長官も「*平成12年の警察改革以降，内部監察の機能は強化されており，それなりに機能しているのではないかと思う*」と消極的な態度を示した．そこで，公安委員長は「*制度として作るのが大事だと思う．一遍にできるものではないので御議論いただければと思う*」と慎重に締めることとなった[12]．

以上のように，当時の中井洽国家公安委員長は，日EU刑事共助協定の締結，取調可視化の推進及び警察監察体制の強化など民主党政権の公約を実現するため，公安委員会で次々と議題を提起していた．他方，自民党政権が任命していた公安委員は民主党の政策方向を批判し，政治改革の波から警察を守ろうとした．こうしたことにより公安委員会での議論が一時的に活発になったことがうかがえる．

こうした政策をめぐる委員会内部の意見対立は，2010年9月17日に岡崎トミ子氏に国家公安委員長が交代した後著しく減少した．2012年から自民党が与党に返り咲いて以降も，民主党政権が任命した委員が警察政策に対して積極的に提言したり反対

242 論 説

したりした様子はうかがえない．自民党政権は警察とのパイプが元々太く基本的な考え方も一致しているため，国家公安委員会で警察政策を議論すること自体が回避されたためと推測される．

公安委員会における議論の低調さが警察に対する統制機能の低下に繋がっていることが窺える象徴的事例が，2010 年の「国際テロ対策に係るデータのインターネット上への流出事件」である．テロ対策のためモスク張り込みなど在日ムスリムの監視や個人情報の収集を行っていること[13]を示す警察内部資料の流出は，イスラム教徒 17 名による国および東京都に対する国会賠償訴訟の提起[14]や，国連自由権規約委員会による深刻な懸念の表明と勧告（OHCHR 2014a: 10），国連人種差別撤廃委員会による「法執行機関関係者による民族的あるいは民族宗教的プロファイリング」[15]に関する勧告（OHCHR 2014b: 12）など，波紋を呼んだ．事件が発覚した直後の 2010 年には，公安委員会でも，「*本件に対する捜査及び調査の徹底，個人情報が掲出された者に対する保護その他の警察措置及び情報保全の徹底・強化の 3 点につきしっかりやっていただきたい*」[16]との発言がなされ，岡崎トミ子公安委員長は「*これら 3 点について国家公安委員会の総意としての指示とする*」と指示した．国家公安委員会が個別の事件について被害者の保護まで明確に指示するのは，異例であると言われている[17]．

しかし，結局公安委員会は警察による特定宗教へのプロファイリングと監視の問題を十分に議論しなかった．国連の二つの勧告は議題にすらならず，結果的には，「*公安情報の管理責任を指摘されており，情報を管理する現場の担当者には仕事に対する責任の重さをしっかりと受け止めていただきたい*」という 2014 年の奥野知秀委員の発言[18]に現れているように，個人情報「流出」の問題が指摘されただけであった．これは警察自身が認めている問題に過ぎなかった．国連から指摘される深刻な人権侵害の問題を前にしても，公安委員会は警察に対する統制機能を果たそうとしなかったのである．

3　監察報告に関する議論

次は警察内部の監察に関する公安委員会における議論を見てみよう．国家公安委員会に対してなされる監察報告は，主な監察の取扱い事案と監察計画，成果，データ報告等により構成される．2008 年 -2014 年の間に，公安委員の側からの要請で監察が発動した例はない．他方，**表 6** に示す通り，内部の監察の警察による報告は頻繁に行われており，委員たちも一定の関心を抱いていることがその発言からうかがえる．内部監察と公安委員会の連携強化という改革の成果は一定程度見て取れる．

とはいえ，監察報告が頻繁に行われているというだけで公安委員会が十分な警察統

制機能を果たしていると言えるわけではない．監察報告の事例によって，公安委員たちの発言傾向はかなり異なるからである．

表6 監察報告が行った会議数，及び報告を受けて委員が発言した会議数

年度	監察報告あり（回）	委員発言あり（回）
2008	38	20
2009	35	12
2010	34	13
2011	35	8
2012	37	18
2013	35	10
2014	31	11

作成：筆者

　まず，飲酒運転や窃盗など個々の警察官の非違行為に対し，公安委員たちは再発防止を求めはするものの，ほとんどの発言の内容は警察官個人の素質・教養と長官の監督責任に言及するにとどまる．例えば，ある警察官の懲戒免職処分の報告を受けた佐藤行雄委員は「*懲戒処分の対象となる事案を減らすためには，教養，監察に加えて，警察官として採用する時の資質のチェックも大切である*」と述べるだけである．非違行為者個人の資質に問題を単純化する視点は，パワーハラスメントの対策に問われた時の警察庁長官の「*パワーハラスメントをするような人物は完璧主義者が多い．言動の基準が分かっていればいいのだが，このあたりは実例を示して教え込んでいかないといけない*」という回答にも見られるものである[19]．組織全体に対する監察体制の強化など制度的な改革はほとんど議論されずに終わっている．

　また，取調の不正など刑事司法に内在する人権問題については，再発防止を求めるどころか，捜査員の士気を配慮して過重な処分を避けるよう求める発言が公安委員によりなされることさえあった．例えば，特別公務員暴行罪等による告訴が地検になされた不当取調事案に関し，田尾健二郎委員は「*あまり指導を厳しくしすぎることによって取調べが萎縮したり，担当官が萎縮するということは好ましくないので，そこはよくバランスを取って行うべきだろうと思う*」と述べている[20]．

　他方，2010年に千葉[21]，神奈川[22]，福井[23]，石川[24]，広島[25]，山形[26]，静岡[27]，及び岩手[28]県警の不適正経理問題が相次ぎ報告された．2000年以降に警察の裏金問題が社会的に広く認識されていたため，委員は報告を受ける度に再発防止策の提出を要求した．例えば，吉田信行委員は「*不適正な経理処理をしないようにその都度指導しているが，これが止まらないのが非常に気になる．将来の展望をどう考えて*

244 論 説

いるのか」と対策を要求した．その発言に対して，警察庁官房長は「警察庁も会計監
査の時に（会計検査院）同様の手法で見ており，警察庁の監査で判明したものもあ
る」と弁明した[29]．長谷川眞理子委員は「不適正経理問題については，報告のたび
に『これで終わりだと思う』旨の説明を受けているが，今後も，新たな事案が発覚す
る可能性はないのか」と質問した．その質問に対して，官房長は「ほとんど調査が尽
くされたと考えている」という答弁を繰り返している[30]．要するに，警察内部の不
正に係る当事者への処分はその都度委員会に報告されるものの，制度改革に繋がる議
論は低調なままである．

　以上のような傾向について，インフォーマント5は警察内部に設置された監察官の
役割に問題があると指摘している：

　　監察官室の主要な任務というのは，警察職員の非違非行の調査，それから処分の決定み
　たいなことを仕事にしているけど，しかしその目的は何かというと，決して組織をよくす
　るためということじゃないですよ．違うんですよ．重要な役割は組織防衛．だから訟務官
　制度もそうでしょう．訴訟で絶対に負けちゃいけないの[31]．

　もちろん，公安委員会に報告する義務がある以上，監察官がいくら組織を守ろうと
しても，完全に隠蔽することは不可能である．実際，公安委員会の議事録には頻繁に
監察報告が掲載されている．

　警察庁通達「懲戒処分の発表の指針」[32]第二条は，発表対象を「（1）職務執行上の
行為及びこれに関連する行為に係る懲戒処分（2）私的な行為に係る懲戒処分のうち
停職以上の処分（3）（1）及び（2）に掲げるもののほか，行為の様態，行為の公務内外
に及ぼす影響，職員の責務等勘案し，国民の信頼を確保するため発表することが適当
であると認められる懲戒処分」と定めている．国家公安委員会に対する懲戒事案等の
報告基準について，「地方警務官や警察庁職員に係る懲戒事案等に加え，地方警察職
員についても懲戒免職相当事案その他社会的反響の大きい事案」と定めている．しか
し，「国民の信頼を確保する」や「社会的反響の大きい」など判断基準は曖昧である．
公安委員も非違事案の報告基準に疑問を呈したことがある[33]．インフォーマント3
は自身の取材経験に基づき，その判断基準について以下のように述べる．

　　今までのケースを考えると……もう発信しちゃうかも．例えばSNSに書いちゃうもしれ
　ないとか，そういう恐れがあるから，おそらくはそれでもうこれは隠せないだろうという

公安委員会による警察に対する統制の強化　245

形になるんじゃないかと思いますね．被害者とか，あと目撃者とか[34]．

　すなわち，①被害者がいる，②目撃者がいる，③インターネットなどですでに情報が出回っている，という三つの類型が公表されやすいとする．つまり，監察官室が情報統制を十分にできない事案が公表対象になっているのではないかというのである．

　なお，警察の不祥事が明るみに出て，マスメディアや世論が注目し警察の対応に批判が及ぶことがある．2000 年の警察改革のきっかけは，一連の不祥事が世論の怒りを買ったことであった．警察からの監察報告を受けても公安委員会と警察の情報格差は完全には埋まらないが，市民やマスメディアが，公安委員会の議論を通じて公式情報を入手し，各自の活動で警察の不正を追及することは理屈の上では可能である．言わば，外部からの警察統制のもう 1 つのルートである．しかし，これもまた容易ではない．メディアによる公安委員会への取材は警察庁と同じく記者クラブを通さなければならない．記者クラブに属さないジャーナリストは公安委員会から情報を十分に入手できない[35]．インフォーマント 3 は次のように述べる．

　　記者クラブに加盟していない記者が直接警察官や何かに取材するのはタブーとされていて，向こうは何を聞いても答えない……情報公開請求とか，あといわゆる独自の取材申し入れを続けるしかない……（情報開示請求すれば）一応出てくるけど，懲戒審査委員会でもって最終的に当事者が懲戒処分を決めるんですけど，その会議の議事録はこれまで 100 ％真っ黒です．

　また，公安委員会が提供する情報もそのほとんどは警察が提供する内容と同一である．警察による黒塗りや資料未作成を理由とする不提供など，情報入手が阻害されがちという問題もある[36]．

V　結　　論

　2000 年以降の警察改革において公安委員会による警察統制機能の強化が志向されたことは確かである．国家公安委員会の議事録でも，公安委員たちが警察庁に「意見」を提出することは少なからずあった．しかし，それが警察統制に果たす実効性はなお十分とは言えない．全体の議案でも警察による監察報告でも，結果的に原案が承認・可決されて終わることがほとんどである．非公式な協議の場で公安委員が一定の影響力を行使した可能性もゼロではないが，少なくとも公式会議における委員の意見

法社会学第 91 号（2025 年）

246 論　説

が警察政策を明確に動かしたケースは非常に少ない．

　自民党から民主党に政権与党が交代した当初は，国家公安委員会における議論が活性化した．当時の民主党政権が従前とは異なる関連政策を推進しようとしたためである．しかし，この時期に重大な不祥事が起きた際に，公安委員会は踏み込んで警察に具体的な指示を出した事例があったものの，取調の可視化など制度改革に関して自民党政権が任命していた公安委員たちの支持を得られなかった．内閣による警察の直接指揮を抑止するという公安委員会制度の理念は，逆説的だが民主党政権初期には実現したとも言える．一方，民主党政権が任命した公安委員が，自民党が与党に返り咲いたあとに国家公安委員長と激しく議論することはほとんどなかった．2000 年以降の制度改革によっても，公安委員会と警察との関係の構造的特性が大きく変化することはなかったわけである．

　そもそも個人としての公安委員と官僚組織としての警察庁との間には政策策定能力，情報収集能力に差があることは否めない．警察の政策や決定に建設的な異議や対案を提出するためには相応の情報収集，分析，調査が必要であるが，公安委員個人でそれを遂行することは不可能である．補佐部門が設けられているが，その運用は警察庁に一任されており，警察と独立の調査分析を行うことは期待できない．監察官が問題なしと言い切ったり一定の事案を報告から除外してしまったりすれば，公安委員が隠蔽された問題を発見するのは困難である．公安委員会の議事概要を読む限り，現行の補佐体制の支援によって警察政策を公安委員が修正させた事例はない．一般市民及びマスメディアも警察の統制において重要な役割を担い得るはずだが，必要な情報の入手には困難が多い．

　以上の検討を踏まえるならば，公安委員会に独立事務局を設置することを再考してもよいように思われる．これまで独立事務局設置論は「屋上屋」と批判されてきたが，警察機関が補佐するという現行の体制の問題点は明らかである．実効性がある警察統制を公安委員会が行うためには，公安委員自らが警察の提案と報告を検証でき，根拠ある修正案を提示するだけの情報収集・分析能力が必要である．独立事務局が必要であると考える所以である．

　そもそも警察に対する純粋に外部からの監察には実効性がないという指摘もある．しかし，外部の観点を入れることと，監察業務をすべて外部の事務局に移すことは同じではない．公安委員の要請により事務局の調査官が警察の内部監察に参加したり関連書類を調査する権限を得たりするなどのやり方もあり得る．

　警察は当然独立事務局の設置にこれまで同様反対するであろう．しかし，公安委員

会と警察機関の間により健全で建設的な緊張関係を作ることで，警察統制機能を実質化することが必要である．新藤（2017: 207-215）による原子力規制委員会の研究によると，行政委員会に事務局を設置することで監督機能の強化が目論まれたが失敗に終わったという．その理由は，事務局に配置される原子力規制庁の職員は元々原発を推進していた各省庁から出向しており，かつ，ノーリターン・ルールも守られず元の組織に戻っているからである．さらに，幹部職に公安警察官僚を置き反原発運動への対応を行わせているという疑惑も指摘される．このことをふまえると，事務局の人材の確保は警察とは独立のルートから行うべきであることがわかる．

　また，検察審査会は，メンバーの構成及び組織の役割について公安委員会と異なっているものの，非専門家である構成員が官僚組織の決定をチェックする組織という点では類似している．情報，実務経験及び専門知識が優れている官僚組織に対し実効性があるチェックを行うため，チェック対象から独立した専門知識と情報の獲得は両組織に共通の課題である．検察審査会の場合に，事務局は裁判所職員で構成される．さらに審査補助員（弁護士）を委嘱できる．また，強制起訴となった場合に，検察官役として指定された指定弁護士は，検察官に嘱託して間接的に検察事務官や司法警察職員を指揮できる．公安委員会についても裁判所など警察から独立した機関の職員を事務局に配置し，審議上の必要に応じて外部の専門家に補助員として業務を委嘱することは，一考に値する．

　もちろん，外部の事務局または補助員が直接自ら警察を監察することは困難であり，監察官室との協力体制を構築することが必要である．情報開示の決定も公安委員会がなすことが望ましいが，容易ではない．人員の独立性，予算の確保，官僚の反対などの，原子力規制委員会と検察審査会がともに抱えている問題は，公安委員会の場合も同様である．しかし，本稿が示したように，公安委員会に形式上の権限を与えるだけではその統制機能の実現には不十分である．詳細な制度設計については他日を期したい．

[謝辞]　本稿執筆にあたって，公安委員会に苦情申立する経験のある当事者及び弁護士，警察及び公安委員会への取材経験のあるジャーナリスト，及び内部で公安委員会への対応経験のある元警察官，へのインタビューを行った．事柄の性質上お名前を挙げることはできないが，ここに御礼を申し上げる．
　　　　　本稿は，Hong Kong Policy Innovation and Co-ordination Office Public Policy Research Funding Scheme「Police Oversight: International Debates & Explora-

248 論 説

tion of An Appropriate Mechanism for Hong Kong」（研究代表者：Lawrence Ka-ki, Ho）及び日本学術振興会科学研究費補助金・若手研究「『越境』の植民地治安体制と民族問題——戦前台湾人活動家の取締を中心に」（課題番号：22K13275，研究代表者：許仁碩）の成果である．本稿の内容にかかる責任は全て著者が負うが，Lawrence Ka-ki Ho 助教授，Jason Kwun-hong Chan さん，Garth den Heyer 教授，Arata Hirai 講師，Ying-tung Chan さん，Chin-hang Mui さん，Angus Siu-cheong Li さん，Helen Li さん，及び Henson Hong-sang Kwok さんと行った調査と議論は本稿の基礎になった．成稿までに日本法社会学会 2022 年度，2024 年度学術大会の参加者，尾崎一郎教授，村上裕一教授，Lawrence Ka-ki Ho 助教授，及び郭薇准教授から頂いたコメントから学んだものは大きい．データ整理及び執筆の過程では大瀧雅史さん，渡口紘子さん，柏木彩奈さん，冨田奏さんの貢献があった．また，二名の匿名の査読者の方より，大変有益なコメントを頂いた．ここで記して感謝の意を表する．

1) 国家公安委員会の議事録が 2008 年から初めて公表されるようになったため，分析対象を 2008 年以降とした．
2) 行動生態学者として知られているデイリー／ウィルソン（1988＝1999）の訳者でもある（長谷川寿一と共訳）．
3) 本稿では「意見」を「警察に説明，回答または修正など応答を要求する発言」と定義する．つまり，応答を求めず，単なる感想や称賛を述べる発言は意見として計算しない．なお，同じ議題に複数委員発言または返答がある場合，発言数と発言者人数にもかかわらず，一律 1 回と計算する．
4) 2000 年警察法改正の主要な内容は，①都道府県または国家公安委員会に対し文書により警察官の職務執行について苦情を申出ることができる（警察法第 79 条），②警察の運営に住民の意見を反映させる警察署協議会の設置（警察法第 53 条の 2 第 3 項），③公安委員会監察機能の強化：(a) 公安委員会は監察について指示できる，(b) 公安委員のうちに監察状況の点検を担当する委員を指名できる，(c) 当担当委員の補助として，警察職員を監察調査官に指名できる（警察法第 43 条の 2），④警察職員の法令違反を公安委員会に報告する（警察法第 56 条第 3 項），⑤公安委員会委員の再任回数を制限（国家公安委員会：1 回，都道府県公安委員会：2 回）する（警察法第 40 条第 2 項），というものである．
5) 本インタビューは，Hong Kong Policy Innovation and Co-ordination Office Public Policy Research Funding Scheme "Police Oversight: International Debates & Exploration of An Appropriate Mechanism for Hong Kong"（2020 年度，研究代表者：Lawrence Ka-ki, Ho）の助成を受けて実施した．実施にあたっては研究代表者である Ho が所属している The Education University of Hong Kong で設置される Human Research Ethics Committee から研究倫理審査の承認を受けている（承認番号 2019-2020-0210，承認を受けた日付：2020.1.23）．各インフォーマントのインタビューの実施者は，①平井新，許仁碩，②平井新，許仁碩，③許仁碩，④平井新，許仁碩，⑤

公安委員会による警察に対する統制の強化　249

　　　許仁碩である．匿名の条件でインタビューを行った．なお，現役の警察官や警察関係者にもインタビューを申し込んだが，すべて断られた．

6)　「検討」の事案について，その結論がそれ以降の会議で審議にかけられている例がないか追跡してみたが，殆ど確認できなかった．結論自体が提出されていないのか，会議以外の方法で公安委員に伝えられているのか，確認することができない．

7)　平成 21 年 10 月 29 日定例委員会．

8)　平成 21 年 11 月 5 日定例委員会．

9)　平成 20 年 11 月 6 日定例委員会．

10)　平成 21 年 11 月 19 日定例委員会．

11)　インフォーマント 1 インタビュー．

12)　平成 22 年 1 月 14 日定例委員会．

13)　収集される情報の範囲は住所，生年月日などの基礎情報から，交友関係，モスクへの立ち入り状況，行動パターン，関連団体など監視によって得た情報まで及んでいた．原告は，全国のイスラム諸国出身者約 72000 人の個人情報が収集されたと指摘した（高橋 2014: 201-202）．

14)　東京地裁はデータの流出によるプライバシーの侵害と名誉の毀損を認めて東京都に計 9020 万の損害賠償の支払を命じたが，イスラム教徒への情報収集自体についてはテロ対策としての正当性を認めた（東京地裁平成 26 年 1 月 15 日判決）．のちの東京高裁による二審判決（2015）及び最高裁判決（2016）も一審判決の見解を踏襲した．事件の詳細及び一審判決の評釈は（高橋 2014）参照．

15)　犯罪捜査において，データなどを基に犯人の特徴や犯罪の性質を分析し，犯罪行為に関わった可能性の高い人物を特定する手法のこと．法執行機関が客観的な基準や合理的な正当化事由によって動機づけられておらず，人種，肌の色，出身や宗教などに依拠して捜査活動を行うプロファイリングは問題視されている．

16)　平成 22 年 12 月 9 日定例委員会．議事録では本発言は「各公安委員より」となっており，発言者を特定できない．

17)　「テロ捜査資料流出　外国人らの身辺安全を徹底　国家公安委が異例の指示」産経新聞，2010.12.9 付朝刊．

18)　平成 26 年 1 月 26 日定例委員会．

19)　平成 26 年 6 月 19 日定例委員会．

20)　平成 22 年 11 月 14 日定例委員会．

21)　平成 22 年 2 月 4 日定例委員会．

22)　平成 22 年 2 月 25 日定例委員会．

23)　平成 22 年 4 月 22 日定例委員会，平成 22 年 5 月 6 日定例委員会．

24)　平成 22 年 7 月 8 日定例委員会．

25)　平成 22 年 7 月 8 日定例委員会．

26)　平成 22 年 9 月 30 日定例委員会．

27)　平成 22 年 10 月 21 日定例委員会．

28)　平成 22 年 11 月 19 日定例委員会．

29)　平成 22 年 2 月 25 日定例委員会．

250　論　　説

30)　平成 22 年 7 月 8 日定例委員会.
31)　インフォーマント 5 インタビュー.
32)　平成 16 年 4 月 15 日警察庁内人発第 152 号.
33)　平成 21 年 1 月 8 日定例委員会.
34)　インフォーマント 3 インタビュー.
35)　インフォーマント 3 インタビュー.
36)　インフォーマント 2 インタビュー. インフォーマント 2 によると, 公安委員会に情報開示を請求しても, 公安委員会事務局の警察官から「いつも担当者が委員に口頭のみで説明しているので, 公安委員会として開示できる資料を持っていない」と伝えられ, 開示請求の取り下げを求められることがあるとのことである.

〔文　献〕

阿部泰隆 (2001)「警察腐敗の防止策——警察刷新会議の緊急提言と国家公安委員会の警察改革要綱を中心として」篠原一編『警察オンブズマン』信山社, 39-76 頁.

馬場健一 (2019)「行政は司法判断に従うか?——情報公開からみる日本の法治行政の実情」法社会学 85 号 151-180 頁.

ベイリー, ディビッド・H (1991=1991)『新・ニッポンの警察』(金重義之・柳澤昊訳) サイマル出版会.

デイリー, マーティン／マーゴ・ウィルソン (1988=1999)『人が人を殺すとき : 進化でその謎をとく』(長谷川真理子・長谷川寿一訳) 新思索社.

Epp, Charles R. (2009) *Making Rights Real: Activists, Bureaucrats, and the Creation of the Legalistic State*, The University of Chicago Press.

原野翹 (2001)「現代警察法の論理と警察法改正」日本の科学者 36 巻 11 号 540-545 頁.

広中俊雄 (1973)『警備公安警察の研究』岩波書店.

Ho, Ka-Ki Lawrence, et al. (2021) *Policing the Police in Asia: Police Oversight in Japan, Hong Kong, and Taiwan*, Springer.

伊藤正次 (2003)『日本型行政委員会制度の形成——組織と制度の行政史』東京大学出版会.

Johnson, David T. (2023) *Japan's Prosecution Review Commission: On the Democratic Oversight of Decisions Not To Charge*, Palgrave Macmillan.

戒能通孝 (1960)『警察学』岩波書店.

河合潔 (2008)「警察の民主的統制という仕組みの現在とその課題」安藤忠夫等編『警察の進路——21 世紀の警察を考える』東京法令出版, 650-695 頁.

警察刷新会議 (2000)『警察刷新に関する緊急提言』.

国家公安委員会・警察庁 (2005)『総合評価書——警察改革の推進』.

真渕勝 (2009)『行政学』有斐閣.

宮澤節生 (1985)『犯罪捜査をめぐる第一線刑事の意識と行動 : 組織内統制への認識と反応』成文堂.

村山眞維 (1990)『警邏警察の研究』成文堂.

日本弁護士連合会 (2003)『だいじょうぶ? 日本の警察——検証　警察改革』日本評論社.

荻野富士夫 (2020)『特高警察体制史——社会運動抑圧取締の構造と実態　増補新装版』明誠書林.

法社会学第 91 号 (2025 年)

荻野徹（2009）「国家公安委員会による警察庁の「管理」について」公共政策研究 9 号 120-132 頁.

OHCHR（2014a）『日本の第 6 回定期報告に関する総括所見』（https://www.mofa.go.jp/mofaj/
files/000054774.pdf）2024/12/1 アクセス.

――（2014b）『日本の第 7 回・第 8 回・第 9 回定期報告に関する人種差別撤廃委員会の総括所見』
（https://www.mofa.go.jp/mofaj/files/000060749.pdf）2024/12/1 アクセス.

Porta, Donnatella D., & Herbert Reiter（1998）*Policing Protest: The Control of Mass Demonstrations in Western Democracies*, University of Minnesota Press.

Porter, Louise E., & Tim Prenzler（2012）"Police oversight in the United Kingdom: The balance of independence and collaboration," Vol.40 Issue 3 *International Journal of Law, Crime and Justice* 152-171.

新藤宗幸（2017）『原子力規制委員会――独立・中立という幻想』岩波書店.

篠原一（2001）「警察を考える――序に代えて」篠原一編『警察オンブズマン』信山社，2-15 頁.

高木勇人（2014）「警察における政官関係と公安委員会制度」関根謙一等編『講座　警察法第一巻』
立花書房，345-395 頁.

高橋義人（2014）「公安テロ情報流出被害国家賠償請求事件：東京地判平成 26 年 1 月 15 日（第一
審），平成 23 年（ワ）第 15750 号等」白鴎法学 21 巻 1 号 199-221 頁.

滝澤幹滋（2001）「法令解説 公安委員会の管理機能を強化――併せて民意を反映させるため警察署
協議会を設置 警察法の一部を改正する法律」時の法令 1639 号 32-41 頁.

（しゅ・じぇんしゅお／ Hsu, Jen-shuo　北海道大学助教）
※原稿受理年月日 2024 年 8 月 1 日　　掲載決定日 2024 年 11 月 23 日

The Reality of Police Oversight in Japan: Study of the National Public Safety Commission during the Party Rotation from 2008 to 2014

Hsu, Jen-shuo

The National Public Security Commission (NPSC) is a statutory body in Japan established after WWII overseeing the police and ensuring its political neutrality. However, there has been widespread skepticism over its power in police oversight since the Liberal Democratic Party was in power in 1955. Calling for its reforms has been a crucial agenda by the end of the millennium year in response to the growing citizens' concern over the accountability of police. There was a party rotation and the Democratic Party historically formed its government in 2009 and introduced the amendment of the Police Act in 2000. The NPSC was empowered and could review the investigation completed by the police internally, and even proactively start its own investigation if necessary. Since 2009, both ruling and opposition parties have their members in the NPSC to ensure the diversity and representation of the commission. This qualitative study aims to investigate if the amendments to the Police Act and the change of administrations sufficiently empowered the NPSC. Reflections from the police complainers who NPSC has called upon for cases were solicited; At the same time, the opinions of the complainants and lawyers were analyzed to determine the strengths and limitations of this oversight mechanism that has been running for more than half a century.

252 論　説

法社会学の中の法解釈論

——「法解釈論の社会学」の沿革・方法論・射程——

澤　出　成意人

**キーワード：法社会学の理論と方法，法解釈論，法解釈論の社会学，ドイツ法社会学，
機能分析**

〈要　旨〉

　近年，法社会学の理論と方法の自覚的主題化が活性化している．その中で法社会学の学的固有性を「法学・法実務批判」に見出す見解も登場する．しかしながら近年の議論では，法学を直接の対象とする法社会学研究の理論と方法について，正面から主題化されていない．このような議論状況に鑑みて，本稿では法学あるいは法解釈論を法社会学的研究の対象にするような経験的研究の方途を探ることを課題として設定する（Ⅰ）．そのために，まずドイツの法社会学における法解釈論を対象とする経験科学的研究の試みをいくつか紹介した上で，「法解釈論の社会学」の学説史的意義とその具体的な方法を示す（Ⅱ）．その上で，等価機能主義的社会学の観点から，「法解釈論の社会学」の射程を考察する（Ⅲ）．そして最後に「法解釈論の社会学」とこれまでの日本の法社会学の取り組みが接続可能であることを示唆する（Ⅳ）．

Ⅰ　議　論　状　況

　近年，法社会学の理論と方法を意識的に主題化する試みが活発的になされている．このことを最も象徴的に示すのが，日本法社会学会 2023 年度学術大会における全体シンポジウム「法の理論と法の現場」（内容については，特集 2024 参照）である．同シンポジウムは，法社会学の名の下に展開されている様々な理論的・方法論的立場の反省を課題として設定している．また，2015 年以来，法社会学者らの手によって公刊されている『法と社会研究』誌上の継続的な取り組みも，法社会学の理論と方法の自覚的主題化という動向に少なからず関わっている．同誌では創刊にあたって，法社会学研究が「法理論・法政策の発展になくてはならない存在となっている」現在にあって，「法社会学研究は自らの拠って立つ理論と方法をあらためて主題化し，考察を深める必要に迫られている」（太田・佐藤 2015: ⅰ）という問題意識が示されている．同

法社会学第 91 号（2025 年）

誌は，創刊から現在に至るまで毎号，法社会学の理論と方法を主題化するような論文を「巻頭論文」として掲載し続けている．法社会学の理論と方法の自覚的な主題化それ自体が法社会学研究の一環であることは，ある意味当然と言える．しかしその取り組みが組織的・継続的に行われていることは，現代的特徴として指摘できよう．

　以上の動向の中で，法社会学の「学的固有性」に重点を置いた，馬場健一による法社会学の定式は注目に値する[1]．馬場は，法社会学の学的固有性を「法学・法実務批判」に求めた上で，法社会学を次のように定式化する．

　　「法社会学は，近代以降の法を対象とする社会科学であり，その中核となるのは，法学・法実務を含む法現象を批判的に考察する，改革志向を有する法の社会学である．このような意味で法社会学は，単なる領域社会科学でも領域社会学でもない，固有の本質を持つ社会科学の独立した一分野である．」（馬場 2024: 31）

　この法社会学の定式には，次の3つのポイントがある．第1に，法社会学の対象を「近代以降の法」（及びその作動環境である近代社会）としていることである．それによって，例えば「前近代」の法や「未開の地」の法は法社会学研究の守備範囲の外に置かれる一方で，同時に「近代社会と近代法への自省の学」（馬場 2024: 20）という特性を法社会学に与えている．第2に，法社会学は改革志向を有するとしていることである．改革の客体は直ちには判然としないものの，単なる事物の観察を超えた，批判的な考察により得られる知見の含意を，観察対象に与えることが目的とされている．第3に，法社会学の批判対象である法学・法実務が，同時に分析の対象とされていることである．このことと第2の点を合わせて考えると，法社会学にとって法学・法実務という存在は，批判的な考察対象であると同時に改革の客体でもある，ということになろう．したがって法社会学の目的は，少なくとも1つには，法学・法実務に対する経験的考察を行うと同時にそれらの改革・改良を促進させること，と整理できる．

　このような馬場の「法社会学」[2]理解をめぐっては，意見が分かれるところだろう[3]．しかし，あくまで筆者の感覚の限りではあるが，法社会学に既存の法学・法実務に対する（さまざまなレベルでの）批判という側面はある——これを法社会学の「学的固有性」とするコンセンサスを得られるかはともかく——のではないだろうか．ただし馬場は，批判の対象であるはずの法学——より精確には法律学——に対する経験的考察について，具体的な理論と方法を提示しているわけではない．またそもそも，近年の法社会学における理論と方法に関する一連の議論の中で，法律学に対する経験的考察

254 論　説

の理論と方法について議論が深められているとは言い難い．管見の限りでは，法社会学の研究テーマを儀礼・論証・基底に求める長谷川（2023）のみである．このうち，法律学あるいは法解釈論に対する経験的考察と関わるテーマは論証である．しかし研究例を挙げるにとどまり（長谷川 2023: 19-20），具体的な理論と方法が提示されているわけではない．

　このような議論状況は，近年の法社会学の理論と方法の議論において，法律学ないしは法解釈論が継続的かつ組織的な関心を抱かれなかったことに起因するかもしれない．とは言え，それらを対象とした研究あるいは対象にしようとした取り組みもないことはなかった．思いつくままに列挙すると，上に紹介した長谷川貴陽史の綱領論文の他に，川島武宜による一連の研究（川島 1964 など），戦後の法解釈論争の影響を大きく受けた日本法社会学会 1959 年度シンポジウム「『通説』の法社会学的考察」（特集 1959），石村善助や広中俊雄による法解釈学の（法）社会学の必要性を指摘するもの（石村 1966; 広中 1988），広渡清吾による法解釈学の知識社会学的研究（広渡 1986 など），司法過程において法解釈論の説得力（「法技術的錬磨」）を「実証的変数」として捉えようとする宮澤節生らの構想（宮澤 1994: 120; 淡路 1986: 17 も参照），平井宜雄の「法的議論」論（平井 1989）に対して法社会学的な応答を試みた「法社会学的法律学」の模索（特集 1992），そして近年では，船越資晶による批判法学の議論を用いた実際の法解釈論の構造分析（船越 2001; 2001-2002）や常松淳による不法行為法解釈論の社会学的分析（常松 2009），などを挙げることができる．

　ここで，日本の法社会学研究史を踏まえた，如上の諸研究の詳細な整理・検討・総括をする準備はない．しかし近年でも，実定法学の法社会学研究の必要性は——民法学者に触発されながら——改めて主張されている（高村 2018: 179）．法社会学の法律学への無関心という状態も多かれ少なかれ指摘されている（飯田 2019: 163; 尾崎 2023: 7; 馬場 2024: 5 など）ことも，この主張と少なからぬ関係があるだろう．これらの議論にも鑑みて，そして法解釈論・法律学の法社会学研究の理論と方法に関する議論をより具体的な次元で展開することを目的として，本稿ではあえて別の角度から法律学あるいは法解釈論を法社会学的に分析する方途を検討する．「別の角度から」というのは具体的には，戦後ドイツ法社会学において法解釈論を対象とした研究の検討を通じてその方途を探る，ということを意味する．周知のように，ドイツでは法解釈論という概念が法システムにとって重要な位置を占めている．この伝統に呼応して法社会学においても——決して主流にはなりえなかったが——，法解釈論を対象とする経験科学的研究が目指されてきた．本稿はこれらの諸研究のうち，社会（科）学的手法を

法社会学第 91 号（2025 年）

用いて法解釈論を研究しようとしてきた特色的かつ興味深い取り組みを概観する[4].
そのため叙述に際しては，研究領域全体の情報の網羅性というよりも，いくつかの諸
研究が，いかなる社会学的方法論を用いて法解釈論に対してアプローチをしたかを記
述することに重点が置かれている．本稿で紹介する諸研究は，そのような性格を有す
るものに限定される．その中でも，本稿では近年主張されている「法解釈論の社会学
(Soziologie der Dogmatik)」を，法解釈論を対象とする法社会学研究のための1つの
モデル・ケースとして捉え，その具体的な視角と方法論を紹介する（Ⅱ）．そしてこ
れと同時に，そのプログラムに内在する論点を機能主義的社会学の観点から検討する
（Ⅲ）．最後に，検討を加えた上での「法解釈論の社会学」の意義を，これまでの日本
の法社会学研究で獲得された問いとの接続可能性を論じる形で，提示する（Ⅳ）．

　本論に入る前に，本稿における「法解釈論（Rechtsdogmatik）」の語用について述
べておきたい[5]．法解釈論という言葉を用いて，相互に関連するが分析的には区別可
能な営みが議論されている．例えば，ある実定法の体系的な解釈を志向する理論枠組
みを指すこともあるし，あるいは論者によってはより一般的な次元における法解釈論
の基礎理論（いわゆる法解釈方法論）も含むのかもしれない．そのような種々の営みを
包含するために，法解釈論が，法理論的観点から「関連する学説も含めた法的行為及
び決定の体系全体」（Ballweg 1972: 44）——この定義は法社会学研究（Klausa 1975:
101）でも採用されている——と定義されたり，あるいは社会学的観点から「法が何
であるかについての言明を作るという制度的に正統化された諸実践」（Boulanger
2020: 1369）と定義されたりしている．これらの定義は確かに例示的に列挙した「法
解釈論」的営みを包含するものであるが，そうであるが故に法解釈論概念の不明確さ
に拍車をかけているように思われる．

　このような注解釈論概念の性格を踏まえて本稿では，「法解釈論」について包括的
ながら厳密な定義を施す，という方針を採ることはしない．その代わりに，本稿で
「法解釈論」という用語を用いるとき，それは「ある実定法の体系的な解釈を志向す
るための理論枠組み及びそれに関する諸実践」を緩やかに指すことにする．法律学で
はその対象となる実定法の意味解明がその作業の中心にあるが，その際に条文そのも
のからは必ずしも導かれない概念及びそれらにより構築された体系を用いることはし
ばしばある．例えば2017年改正前の民法724条後段における不法行為による損害賠
償請求権の制限期間の性質を時効ではなく除斥期間とする解釈方法——これ自体は最
大判令和6・7・3でも堅持されている（本判決の除斥期間に関する検討として，香川
2025を参照）——も，法解釈論として捉えることができよう．重要なのは，条文から

256 論 説

は一義的に導かれない概念（「除斥期間」）を用いて解釈実践をしていることである．これらの諸概念は専門的な法学教育を受けなければ知ることすらできない，日常生活における言語とは切り離されたものであることが多い．とりわけ近代西洋法を継受した日本においては，「法」はあっても「法学」という概念は欠落していたため（内田 2018: 29），このことはさらにクルーシャルな意味を持つ．いずれにせよ，それらは川島が言うところの「独特の仲間用語」（川島 1972: 24, 強調は原文）に他ならないのである．

　このように法解釈論を捉えると，いわゆる法解釈方法論そのものからは差し当たり区別されて考えられよう．もちろん一貫した法解釈方法論に基づき具体的な条文の解釈論をするということは理論上考えられるものの，そこまで容易ではないと思われる．戦後の法解釈論争の台風の目であった来栖三郎の問題提起――「法の一般理論」と「現実の解釈問題」との乖離（来栖 1999: 24）――は，このことによる．したがって，むしろ法解釈方法論と区別した独立の対象として法解釈論を捉え，相互の関係については個別の事例検討を通じて経験的に明らかにすべき問題であると考えられよう[6]．

Ⅱ　「法解釈論の社会学」の学説史的位置付けとその方法論

1　ドイツ法社会学と法解釈論

　上に述べた意味合いの法解釈論を念頭におき，本稿ではそれを法社会学の対象とする方途を探る．ドイツ語圏の外でも法解釈論を法社会学の対象にすることの意義を認めるものがあるものの（例えばCotterrell 2006），本稿ではドイツ法社会学における法解釈論を対象とする法社会学的研究の紹介に留める．もっとも，ドイツ法社会学において法解釈論を対象とする法社会学研究には多種多様なアプローチが見られるのは上述の通りである．

　(1)　法社会学の研究対象としての法解釈論――試行錯誤の痕跡――

　もちろん，法解釈論を直接の対象としない法社会学研究においても，法解釈論あるいは法学説は一定の位置付けを与えられている．例えばそれは，テオドール・ガイガーの所論（Geiger 1964）の中に見出される．ガイガーは，実際の法生活の中で貫徹されるという意味で拘束性を有している法規範はいかにして予測されうるか，という「拘束力の予測（Verbindlichkeitskalkül）」の問題について論じる（拘束力の予測については，東大ガイガー研究会 1965 参照）．ガイガーは拘束力の予測の資料として，まず具体的な生活関係に関わる判例を挙げる（Geiger 1964: 280）．しかし法律が新しく，規範を予測するために十分に豊富な判例がない場合もある．そのような場合には，立

法社会学第 91 号（2025 年）

法過程における（議会や法専門家による）議論や，立法機関の言葉についての共通の常識及び言葉の日常的な用いられ方，あるいは社会の一般的な法状態の基本的水準が予測のための資料となるという（Geiger 1964: 284）．しかし上記いずれの場合においても，ガイガーは「法学的な学説意見の意義は些細なものとして扱われるべきではない．拘束性の予測にとってそれは並外れて（außerordentlich）重要な役割を果たす」（Geiger 1964: 284）としている．このように，「法解釈論への明白な批判者」（Schulz-Schaeffer 2004: 162）あるいは「極端な行動主義的方法論」（六本 1979: 38 注 19）を採用したと評されるガイガーも，法解釈論の存在を無視することはしなかったのであった．

このように法解釈論を直接の対象としない法社会学研究においても，ある場合にはその意義が語られることがあった．しかしドイツ法社会学では，特色のある社会（科）学的手法を用いて，より直接的な経験的対象として法解釈論を分析しようとする取り組みが観察される．

そのような研究としてまず挙げるべきなのは，ニクラス・ルーマンの比較的初期の法解釈論の機能分析である．その内容を一言で表すなら，法解釈論あるいは伝統的な法律学の社会学的擁護となろう．1 世紀以上前から淵源を有しそして現代でも，社会学的法律学・利益法学・目的論的解釈の必要性は主張されている．これらの「結果志向の法思考」は，結果に対して基本的に無関心でいる（かのような）法解釈論への批判という側面を有する．このような批判に対してルーマンは法解釈論の機能を分析することによって，法解釈論を擁護しようとするのである．

法解釈論あるいはドグマという概念には，否定の禁止という特徴がしばしば伴い，それゆえに一般的に否定的なニュアンスを帯びる．しかし社会学的に見れば，あらゆるコミュニケーションが否定の禁止を前提にして成り立っている．それゆえに，ルーマンにとっては法解釈論の特徴づけとして単なる否定の禁止という特徴づけのみでは不十分であり，さらに法解釈論の積極的な諸機能も浮かび上がらせなければならない．ルーマンによれば，法解釈論の積極的な機能とは，「否定の禁止を調整する方法を通じて，テキストと体験の活用に際して柔軟性（Flexibilität）を必要な水準まで高めることの中に存する」（Luhmann 1974: 15＝ルーマン 1988: 14，ただし訳書の表現を変えさせていただいているところがある；以下同じ）であること，つまり「法解釈論の機能は，〔…〕経験とテキストとの関わりについての自由を増大させること」（Luhmann 1974: 16＝ルーマン 1988: 14，強調は原文；以下同じ）という．単純化すると，ルーマンは法解釈論の機能（の 1 つ）を自由の増大に見ている．これと並んで，「他の諸事例

における決定を勘定に入れた一貫性のある制御（Konsistenzkontrolle）」（Luhmann 1974: 19＝ルーマン 1988: 18）も法解釈論の機能であるとする．これは，ルーマンが法あるいは法システムを時間的次元・内容的次元・社会的次元の3つの次元で「整合的に一般化された規範的行動予期」（Luhmann 2008: 100=1978: 112，強調は原文）と見ていることに関わる．法システムは，社会に対して抗事実的予期の機能及び紛争解決の働き（Leistung）を充足するために，社会における紛争への決定に時間的に先立ってインプットを行わなければならない．そのインプットを行うものこそが，法システム内部にある法解釈論に他ならない．ルーマンは，法解釈論は「法システムへと持ち込まれる法的紛争についての情報を加工することに役立ち，それに伴って紛争規制を事後処理する〔法〕システムの機能充足に応える」（Luhmann 1974: 27＝ルーマン 1988: 31）としている．その反面で同時に，法解釈論はアウトプットすなわち結果に対しては相対的に無関心となる．この点こそが「結果志向の法思考」からの法解釈論に対する批判であったわけである．「結果志向の法思考」からの批判に対してルーマンは，予測が裏目に出ることが多いこと，過去と比較して未来は非常に複雑性の高いこと，目的を原理とすることは平等という正義に反することなどを理由に，法解釈論を擁護する（Luhmann 1974: 35-39＝ルーマン 1988: 43-49）．

　以上のルーマンの法解釈論に対する姿勢は，基本的に後期になっても継承されていると思われる．その中で本稿の視角から興味深いのは，いわゆるオートポイエティック・ターンを遂げた後にもルーマンは，法社会学がこれまで法学の補助科学として扱われたことによって「社会学は法理論に全く影響を与えなかったし，法解釈論に対してはほとんど効果を与えなかった」（Luhmann 1999: 2）という認識を示していることである．ルーマンはその理由を，「法解釈論についての適合的な社会学は存在しない」（Luhmann 1999: 2）ことに求める．この認識からルーマンは，法的論証について社会システム論的分析を行う（詳細については，福井 2002: 第5章参照）．

　ところでこのルーマンの「法解釈論についての適合的な社会学は存在しない」という一文は，法解釈論を社会学的に研究しようとする論者らによってたびたび引用される（Schulz-Schaeffer 2004: 149; Boulanger 2020: 1364 n.12）．このことが示唆しているのは，法解釈論についてのルーマンの社会システム理論的考察と，法解釈論を経験的に研究しようとする論者との間に関心上の相違があること，である．後者は経験的研究に「使い勝手のよい」道具立てを求めるところ，前者が駆使する社会システム理論を経験的分析にすぐに「使える」ものとは考えないだろう．従って，法解釈論を経験科学的に分析しようとする論者は，別の道具立てを求める必要があったのだと考えら

れる．ルーマンの一文の引用は，むしろ社会システム理論の「使い勝手の悪さ」を示しているのである．

　如上のルーマン理論への評価が与えられている中で，法解釈論の法社会学研究の古典として一目置かれているのは（Schulz-Schaeffer 2004: 169; Boulanger 2019: 175 n.6），エッケハルト・クラウザによる「法律学[7]の科学社会学のプログラム」（Klausa 1975）である．

　クラウザによると，従来の裁判社会学において優勢であった法と裁判は分離されうるという認識によって，法学と法は相互に分離し得ないという認識が十分に注目されてこなかったという．クラウザは法学が法を産出するという理解にたち，産出物である法を理解したいならばその生産者にも取り組む必要があることを主張する．そしてその取り組みを経験的に行うための法社会学的基礎として，科学社会学の議論を受け入れなければならないとする（Klausa 1975: 100）．

　科学社会学そのものにも一定の歴史と様々なアプローチがあるところ，就中クラウザが注目しているのはトマス・クーンの議論（Kuhn 2012＝クーン 2023）である．周知のようにクーンが念頭に置く科学とは，自然科学を主に指す．この点クラウザは，科学社会学において議論されていた「科学者コミュニティ」という視角は「法律学においても容易に転記されうる」（Klausa 1975: 101）とする．また，クーンの議論のインパクトの1つは「通常科学」を支える「パラダイム」の存在の指摘にあったが，クラウザにしてみればそれはある種教義的（dogmatisch）なものである．それゆえに，クーンらの自然科学についての指摘は，法解釈論にも徹頭徹尾妥当するものであり，そして新しいパラダイムの出現についてのクーンの指摘――すなわち新しいパラダイムは従来のパラダイムよりも簡にして要を得るという意味で審美的なものであることが重要であるという指摘（Kuhn 2012: 154＝クーン 2023: 237）――は互いに競合している法解釈論的構成にも同様に（あるいは自然科学以上に）当てはまるとする（Klausa 1975: 105）．

　もちろんクラウザも自然科学と法解釈論との間の差異について無視しているわけではない．この差異は，「アノマリー」（Kuhn 2012: 57＝クーン 2023: 98）の出現の仕方において顕現する．自然科学の場合，アノマリーの出現は通常科学の危機の到来を意味し，結果的に事実認識の方法が変わることもある．それに対して法律学はこのような事実的なアノマリーの発見というものはほとんどない．その代わりに，規範的なアノマリーは法解釈論を震撼させることがあるという．この点でクラウザは，いわゆる通説的な法解釈論が次の2つの理由からその正統性を失うという興味深い指摘をして

いる（Klausa 1975: 106）．すなわち1つは準拠集団の見解が変わることであり，もう1つは通説が基礎として利用している「常套文句（Topos）」が説得性を有するものとして考えられなくなっていることである．いずれにせよ，従来通説であった法解釈論が「科学者コミュニティ」——法律家・法学者集団と言い換えられるだろう——において欠陥のあるものとして現れることに，クラウザは法学における「アノマリー」を見ているようである．

　クラウザが提唱する法律学の科学社会学以前にも，法律学の歴史社会学研究と呼べるものはあった．しかしながらクラウザによれば，それらは時に法律学を全体社会の次元で分析し，より広範な法解釈論の内容に立ち入ることなくその成立の諸要因を導出してきたという（Klausa 1975: 108）．この「マクロ社会学的」次元に加えてクラウザは，「社会心理学的」次元や「制度社会学的」次元そして「個人伝記的」次元もあることを主張する（Klausa 1975: 110）．分析の諸次元を腑分けすることで，クラウザはより経験的に豊かな研究を志向する．

　こうしてクラウザは，「科学社会学の道具立てが法社会学に〔…〕全体的な観点から法律学の内容を研究することができる」（Klausa 1975: 118）と主張し，法学者の社会的出自や組織の特徴，法学者が産出するテキストの党派性，あるいは法学部・（米国の）ロースクールの威信序列（Prestigeordnung）についての（科学）社会学研究を行っている（Klausa 1981）．ただしクラウザによる法律学の科学社会学は，全く反響を呼ばなかった（Boulanger 2019: 175 n.6; 2020: 1373 n.89）．とはいえ，法解釈論を法社会学研究の対象とすることを主張する論者にとっては貴重な先行研究であることは間違いない（Schulz-Schaeffer 2004: 169）．

　クラウザの法解釈論の科学社会学の試みが反響を呼ばなかったからといって，それは法解釈論に対する経験科学的研究の意欲が途絶えたことを意味しない．その研究意欲は，社会構築主義的社会学から生じた．社会構築主義は，既存の法社会学研究が「紙の上の法（law in book）」と「作動上の法（law in action）」の差異に着目するにとどまり，社会的に構築されているはずの裁判手続の総体を解明できない，という批判を行う．この「社会構築主義的な克服の努力」（Schulz-Schaeffer 2004: 163）は，エスノメソドロジー・会話分析の手法を用いてなされた．社会構築主義的・相互行為主義的な観点からすると，裁判は日常的な言説から距離をおいた法的紛争を生み出し当事者は法律に屈服する，というイメージとして捉えられるものではない．確かに裁判は評議という形で行われており裁判官がコミュニケーションを（一見）支配してはいるものの，その関係は決して垂直的ではなく当事者や裁判官などの相互行為の中で発

生している（Morlok & Kölbel 2000: 403），というのである．

　要するに法産出の際に固有の社会的あるいは相互行為の文脈に注意を払わなければならないという「ミクロ社会学的＝相互行為主義的な」（Schulz-Schaeffer 2004: 164）見方がここで示されている．ここで興味深いのは，その動向の中で，法解釈論の存在を勘案したようなエスノメソドロジー・会話分析の欠如が問題視されていることである．マーティン・モーロックとラルフ・ケルベルは，従来のエスノメソドロジー・会話分析によって「いかなる知識がいかなるプロセスによって流れ込むのか」は辿ったものの，「裁判所の事件や判決が成立する際に法はいかなる役割を果たすのか」については辿っていなかったという（Morlok & Kölbel 2000: 405-406，強調は原文）．それと並んで，「法解釈論的構造が〔裁判所における相互的な〕行為に連関していることが過小評価されているのみならず，裁判所の決定が法規範に社会的な存在をもたらすということの輪郭がぼやかされている」（Morlok & Kölbel 2000: 406）とする．法規範あるいはその法解釈論は，単なる裁判所の事例の集積ではないにもかかわらず「これまでのエスノメソドロジー・会話分析にとって独立した研究対象ではなかった」（Morlok & Kölbel 2000: 406）．

　モーロックらはこのように，裁判をはじめとする法的な領域の中での相互行為の分析において，法解釈論が過小評価されているという理解を示す．その結果一方では法律の注釈書や解釈論の行為実践的意義を見抜き，「いかなる次元においても，裁判官の作用と法律学の知識との結合は生じている」（Morlok & Kölbel 2001: 294）ことを確認する．他方でモーロックらは，その結合は不文律ながらも職業的に社会化させる「ハビトゥス的コード化（Habitus-Kodifizierung）」（Morlok & Kölbel 2001: 301）によって実現されるとする．この点インゴ・シュルツ＝シェッファーは，そのような考え方の中に，結果的に実務に関係する専門知識と，実務とは関連がなくただ生活から遊離したと見られる学問的な専門知識と，を分けて考えることになりかねない可能性を見出す．そして結局この「二重分割」は，現実における法と法解釈論の「デュアリズム」の亜種なのではないか，と指摘する（Schulz-Schaeffer 2004: 164）．もっともモーロックらは，ハビトゥスとしてコード化された法律学的専門知識（つまり法解釈論）が裁判所の決定作用を構造化しているという知見を提出している．ただこの点に，シュルツ＝シェッファーはモーロックらの両義的な姿勢を見てとっているのである（Schulz-Schaeffer 2004: 150 n.8）．

　本稿において法解釈論はいわゆる学説に限定されないものの，それと密接に関わることは言うまでもない．それゆえ，学説あるいは法学的知的生産物に対する経験的研

262　論　　説

究も注目するに値しよう．そのような研究の中でも，ここではとりわけ定量的分析の手法を用いたものを2つ紹介する．

　1つは，1945年から1969年までの西ドイツにおける法学の教授資格論文提出者を対象とした統計分析（Rüther 1972）である．この研究では，1945年から1969年までに提出された法学の教授資格論文に関する記述統計の作成と，それを踏まえた教授資格論文手続や大学講座の後継者の選抜及び育成（あるいは後継者の実質的な確保と招聘戦略）についての基礎となるデータの獲得が目的であった．具体的な研究方法は，上記期間の教授資格論文提出者に対して，次の3つの次元の質問を答えさせた．第1は提出した論文の学問分野・題目・提出時期及び教授資格認可（venia legendi）の程度及び提出先の大学などの教授資格論文に関する情報を，第2は教授資格論文提出者の学歴とこれまでの（法律関係以外のものを含んだ）経歴を，第3は教授資格論文提出者の社会的出自（すなわち両親の学歴や生まれた場所，あるいは政党の会員資格の有無）を，それぞれ答えてもらうものであった．この調査は72％の回答率を記録し，私法分野の教授資格論文が多いこと，教授資格論文の数は増加傾向にあること，分野ごとに教授資格論文が提出される大学が異なることなどが示された．しかしこれらの知見より重要なのは，下層あるいは田舎（Dorfgemeinde）出身の教授資格論文提出者はほとんどおらず，また女性の割合が総じて1.5％にとどまることを示したことである（Rüther 1972: 189-190）．この知見は，法解釈論がいかなる階層により生産されているのかを考察するにあたって，示唆的である．

　もう1つは，『ドイツ国法学者学会誌（*Veröffentlichungen der Vereinigung der Deutschen Staatsrechtslehrer*）』内の1949年から1982年までの報告において，カール・シュミットとヘルマン・ヘラーがどの程度引用されているか，を分析するもの（Voigt & Luthardt 1986）である．すなわち引用分析あるいは内容分析という計量的手法を用いて，ワイマール時代の国法・憲法理論が戦後の国法学においてどの程度引用されており[8]，その引用にいかなる（とりわけ積極的あるいは消極的な）態度が示されているのかが，分析されている．そこでは結果として，ヘラーよりもシュミットの方が引用される頻度が高く，例えばヘラーの『国家論』が引用される際には否定的な態度は表明されないことなど，経験的な知見が得られている．

　以上2つの定量的分析を紹介したが，それらにおいて学説あるいは法学的知的生産物に対して定量的分析が行われていることそのもの，そして法解釈論の影響を定量的に示そうとする発想が（特に計量テキスト分析の手法が発達・普及していない1980年台の時点で）出てくることは，特筆すべきことである．

(2) 法社会学における法解釈論への「無関心」

　ここまでドイツ法社会学における法解釈論を対象とした経験的研究を紹介し，法解釈論について様々な経験科学的手法が試されたことを確認した．もしかしたら当時流行していた方法——科学社会学（クラウザ）やエスノメソドロジー（モーロックら）——を，法解釈論の法社会学研究に応用しようとしたと見ることもできるかもしれない．また，従来の法社会学研究そのものとは異なった，法学者の問題意識から以上の研究が出された側面があることも指摘できよう．例えば Voigt & Luthardt（1986）は，分極化傾向著しい当時の西ドイツ政治の中で，憲法解釈を独占する国法学者が政治的現実への影響力を有している状況において，社会において支配的な政治的意見が国法学説にも反映されているのではないかという問題意識の中でなされた引用分析であった．このように法解釈論を対象とする経験的研究は，既存の法社会学的研究の限界を指摘したり，あるいは切実な問題意識と結びついたりしたものであったと言える．

　しかし同時に，如上に示した法解釈論あるいは法律学を対象とした法社会学的研究は，決して戦後のドイツ法社会学の主流とは言えない．そもそも上に紹介したそれらの諸研究は断片的に発生しているために，確固たる連続性を見出すことは困難である．経験的学問分野としての確立以来，むしろドイツ法社会学では刑罰・犯罪社会学や裁判（官）社会学が主流であり，法社会学はむしろ補助学問の役割を担っていたとも指摘される（Luhmann 1999: 2）．もちろん裁判において法の解釈は最重要の営為であるが，ドイツ法社会学において（司法制度改革の影響もあり）盛行した裁判官研究では裁判官の社会的出自や政党支持をはじめとする裁判官の法外在的な側面が前景化される（裁判官研究の概観について，Rottleuthner 1987: 101-111＝ロットロイトナー 1995: 173-189 参照）．例えば上で紹介した Rüther（1972）などは，このような裁判官社会学の問題系からの派生と考えることもできる．しかしいずれにせよ，戦後ドイツ法社会学において，法解釈論が直接の・独立した法社会学の研究対象になることは全体として見れば僅かであったと言って良いだろう．

　この法解釈論への社会学の「無関心（Desinteresse）」について，シュルツ＝シェッファーは法社会学の黎明期以来の発展との関係で論じている．シュルツ＝シェッファーの見るところ，近年のドイツの法社会学において，法解釈論の影響を独立変数として着目する裁判官の決定行為に関する経験的研究はないという（Schulz-Schaeffer 2004: 151）．そしてその理由を，法社会学が有してきた次の３つの発展方針に求める．それは第１に「法解釈論」像を（単純化かつ擬似化された）「概念法学」とする理解が——現代の法解釈論における目的論的解釈・利益衡量論の採用にもかかわらず——法

264 論　説

社会学の黎明期以来今日に至るまで維持されていること，第2に経験的法社会学研究が「作動上の法」を「紙の中の法」からのズレに焦点を当ててそれを観察する社会学として当初から本質的に定式化されていたこと，そして第3に「強制理論」——これはマックス・ウェーバーを淵源とする[9]——を基盤とする社会学的な法理解が法的論証の認知論的意義に関する問いを後景に退かせたこと，この3つである．シュルツ＝シェッファーは，この法社会学の黎明期以来維持されてきた3つの発展方針によって法社会学が法解釈論に無関心であり続けたと主張する（Schulz-Schaeffer 2004: 151）．

　(3)「法解釈論の社会学」

　シュルツ＝シェッファーは（法）社会学が法解釈論に対して無関心であったことを相当説得的に記述しているように思われるのであるが，その結論は次のようなものである．すなわち，法社会学は法解釈論に対して正面から検討対象としてこなかったが，それは従来，固有の（つまり法律学とは異なった）法へのアプローチとして法社会学を定式化してきたことに大きく依存している．この固有のアプローチとしては例えば，法社会学を解釈論的法律学への対抗プログラムとして性格づけることや，法学的法概念とは異なった社会学的法概念を発展させること，あるいは判決への経験的効果に注目することなどを挙げることができる．しかし「同時に，法解釈論を法社会学の対象領域から除外することは法現象への社会学的な接近の不可避な結果ではなく，反対に法解釈論を〔対象として〕取り入れることを主張することこそが重要である」（Schulz-Schaeffer 2004: 169）とする．そして現状の法社会学における法解釈論への無関心は，シュルツ＝シェッファーにあっては詰まるところ「より複雑な研究の萌芽へ向かう必然的な発展段階」（Schulz-Schaeffer 2004: 169）として捉えられてしまうのである．

　このシュルツ＝シェッファーの結論は，法解釈論を対象とする法社会学研究の方途を探索する者にとってはやや物足りないところがある．もっとも，シュルツ＝シェッファーの関心は，法解釈論に対する無関心という観点からの一貫した法社会学の発展史的記述とそれによる従来の法社会学研究の相対化である．そうであるならば，法解釈論への（法）社会学的分析の方途を求めるのはないものねだりであって，外在的なのかもしれない．とはいえ，そのような方途を求める法社会学者にとっては切実な希求となる．以上の議論状況の中で，クリスチャン・ブランジェが提唱する「法解釈論の社会学」は法解釈論に対して「中範囲の理論」（この社会学的用語についてはⅢで後述）を志向した社会学的手法によって研究することを目指している（Boulanger 2019: 180）．これは，法解釈論を対象とする法社会学研究にとっても1つのモデル・ケース

法社会学第91号（2025年）

を示していると言えよう.

ブランジェの分析枠組についてはすでに紹介しているが（澤出 2024: 146-150），本稿における関心との関連で概観しておくことにする．ブランジェは前提として，法の素人にとっても法解釈論は重要であることを指摘する（Boulanger 2019: 173）．その意味において，従来の——シュルツ＝シェッファーが挙げたような——法の社会的作用に関心を置く法社会学の発展方針の中に，法解釈論の社会学も取り入れることができそうである．しかしブランジェが提唱する「法解釈論の社会学」は，むしろ社会的作用を有する以前の段階に焦点を合わせている．すなわち，実際に法解釈論がいかなる社会的作用を有しているかそれ自体を問うものではなく，その前提であるところの法解釈論の生産条件及び生産メカニズムに着目する（Boulanger 2019: 175）．その意味でブランジェの「法解釈論の社会学」は，前述したクラウザの法律学の科学社会学のプログラムに接近している．ただ決定的に異なるのは，「法解釈論の社会学」が中範囲の理論構築を志向し，法解釈論の生産・伝達（及びそれらの条件・メカニズム）に分析の焦点を当てていることである．

ブランジェは「法解釈論の社会学」にとってとりわけ重要であるポイントとして，次の3点を挙げる．それはすなわち「時空間的な文脈への注意，制度的な枠づけの諸条件の算入，そして法解釈論の生産者への着目」（Boulanger 2019: 180）である．

第1の時空間的な文脈とは，基本的には法解釈論が実践されている時代や地域のことを指す．これが法解釈論にとって重要なのは，特定の法領域における法解釈論はそれぞれの「特殊な形態（Form）」を有しており，それが「言説や思考パターンに影響を与える長い歴史的発展及び経路依存性の結果」（Boulanger 2019: 180）の産物に他ならないからである．つまりある時代・地域における法解釈論の実践がいかなる経路によって現在の形態をとるかという歴史的次元への着目が，時空間的な文脈への注意という視点なのである．

第2の制度的な枠づけ条件とは，特定の事情に応じて法解釈論が具体化・産出される制度的形態のことを指す．この場合の制度とは，裁判所などの法制度のみに限定されるのではなく，大学（とりわけ法学部やロースクール）も含んでいる．いずれの場合においても，ここで重要なのは正式な規範というよりも，むしろ実際に法解釈論の実践を非公式に形づけているルールのことである（Boulanger 2019: 181）．このようなルールが，裁判所の判決内容やスタイルに影響を与えることがある．このことをブランジェがあえて言うのは，そのルールの一部が法解釈論であると捉えているからだと考えてよいだろう．

266 論　説

　第 3 の法解釈論の生産者への着目とは，法解釈論の権威や師弟関係などに対する具体的な個別的観察を意味する．これらへの着目の狙いは，従来断絶されていると前提視されていた学説と実務の横断・架橋・接続を認識することにある．つまり学説から実務への伝達可能性に注目することが重要になってくる．そのような伝達可能性があるものが法解釈論に他ならない．ここでブランジェは合理的選択理論から次のような仮説を提示する．すなわち，「法解釈論の生産は，〔…〕需要と供給の法則に従う」（Boulanger 2019: 182-183）．この理論的仮定から翻って，ある法解釈論が生産された過程や，実務に伝達された（あるいはされなかった）理由を主題化することができるのである．

　以上のように「法解釈論の社会学」は，上述したドイツ法社会学における法解釈論を対象としようとする法社会学的研究と比べても，法解釈論・その生産者・その担い手を，経験的かつ（検証可能な範囲で）理論的に捉えようとする点で際立っている．また，シュルツ＝シェッファーにあっては提示されなかった具体的な研究の方針・着眼点が明示されており，法解釈論を社会学的に考察するにあたって参照すべき研究の方途であると位置付けられる．

2　具体的なデータ収集方法

　ところでブランジェは法解釈論を対象とする経験的研究の方法論にも触れている（Boulanger 2020: 1373-1375）．上述のように，法社会学では法解釈論を対象としようとする経験的研究がわずかにとどまっていた．ブランジェによれば，近年の法解釈論の担い手に着目した経験的研究は法社会学ではなくポリティカル・サイエンスにおいてなされているという（Boulanger 2020: 1373）．つまり，ブランジェあるいは「法解釈論の社会学」が実際に行ってきた手法というよりも，その候補を挙げていると考えた方が良い．ブランジェは大きく 2 つの方法を挙げている．

　第 1 に，サーベイ調査やインタビューあるいはエスノグラフィといった経験的手法である．これらの方法を用いることにより，価値ある経験的データの蒐集が期待される．もっとも，これらの調査を行うことは，時間的・金銭的コストが伴う上，法学者および（とりわけドイツの）法律家が自らの仕事の非法的要素を開示することに意欲的でないこともあって，ほとんどなされない．これに加えて，例えば重要な判例を作り上げた裁判官に対してインタビュー調査等を行うことは「法解釈論の社会学」の立場からすると法解釈論のブラック・ボックスを開ける上では推奨されるべきところ，そのような調査もなかなかできない——あるいは限られた法律家のみが行える——のが現状である．しかしそのような調査上の障壁を乗り越えれば，そこから得られた

データは大変貴重なものであることは言うまでもない.

　第2に，法解釈論のテキストに立ち戻るという方法もある．要するに法解釈論を「読む」ということになるのだが，ブランジェは「読む」ことについても2つの読み方があるという（Boulanger 2020: 1374）．1つは「精読（close reading）」である．この読み方は，「個々のテキストの意味に注意を払い，法解釈論的思想の発展・拡散・変換を，それが存在する社会的文脈と突き合わせて追跡する」（Boulanger 2020: 1374）ことになる．精読を実践する研究において強調されるのは，法解釈論の発展にとって有意味な，法解釈論に関わる伝記的詳細や，学問上の系譜，諸制度間の競合，そして歴史的事実の重要性である．精読と対をなすもう1つの読み方は「遠読（distant reading）」である．これは，大量のテキストを（しばしばアルゴリズムを用いて）統計的手法を用いて，距離を置いて読む——というよりもむしろコンピュータに「読ませる」——ことを意味する．遠読にも例えばトピック・モデリングや因果推論，ネットワーク分析など様々な種類があるが，いずれの場合においてもテキストがデジタル化されていることが前提条件となっている（これらの点について，飯田 2021 も参照）．現状において遠読が可能な対象は限定されているものの，ブランジェは「法解釈論の「ビッグ・データ」が入手可能になれば，法解釈論の形象（figure）の発生及び発展や引用ネットワーク並びに学問的系譜を追跡することができるのと同時に，従来では質的研究で行われてきた研究も探究することができる」（Boulanger 2020: 1375）とする．ちなみにブランジェ自身は，直近ではこの遠読のアプローチを用いた研究を行っている．具体的には——いずれも法解釈論に対する分析ではないが——，1974 年創刊の『法と社会ジャーナル（*Journal of Law and Society*）』を素材として，イギリス法社会学の発展を計量テキスト分析（より精確には bibliometric analysis）により明らかにしようとする研究（Boulanger et al. 2024）に加わっていたり，あるいは1970・1980 年代におけるオイゲン・エールリッヒ受容（Ehrlich-Rezeption）を中心としたドイツ法社会学の計量テキスト分析による学説史研究（Boulanger 2024）も行っている.

　以上が「法解釈論の社会学」の具体的な方法論である．さしあたりこれらは，一般的に論じられている法社会学における方法論の範疇に入るように思われる．法社会学研究の手法としてサーベイ調査・インタビュー調査・エスノグラフィがあることに異論はないだろうが，学術的なテキストも含めた法に関わるテキストの分析も法社会学の方法の1つとして紹介されている（森 2022: 28）．この法社会学の方法の多様性に関連して，阿部昌樹は「利用可能なデータや分析方法はどのようなものでも利用しようというスタンスで，これまで研究に取り組んできた」という意味で自らの研究姿勢

268 論　説

を「恥知らずの折衷主義」として振り返る（阿部 2020: 4）．社会学においても様々な
データを「フルに動員して」問題を考察していくことが求められているようである
（北田 2022: 254）．こうした法社会学・社会学に見られる研究姿勢は，「法解釈論の社
会学」におけるそれとも通じるところがある．

Ⅲ　若干の検討――中範囲の社会理論としての「法解釈論の社会学」

　ここまでドイツの法社会学において法解釈論を直接の対象としようとする経験科学
的研究を紹介し，そのモデル・ケースとしてブランジェによる「法解釈論の社会学」
の構想とその経験的手法を紹介した．しかしながら，「法解釈論の社会学」には理論
的な検討の余地が残されているように思われる．ここでは近年の社会学において有力
に主張されている機能主義的社会学の観点から，それぞれ検討を行っていく．
　ここで機能主義的社会学の観点から検討を行う理由は，次のとおりである．すなわ
ち，上述の「『法解釈論』を研究する際に意義のある経験的諸現象」（Boulanger 2019:
180）と並んで，ブランジェは法解釈論の諸機能についても論じている．すなわちブ
ランジェは，計算可能性を通じた安定化，適合及び変換，法システムの自律性を維持
すること，そして法適用者の負担軽減，という4つの法解釈論の機能を挙げる
（Boulanger 2019: 183-188; 澤出 2024: 165 も参照）．これらの「機能」とは，まさにロ
バート・マートンやルーマンらが展開する機能分析におけるそれと同義に用いられて
いると見なせる．それに加えて，ブランジェは「法解釈論の社会学」を中範囲の理論
として志向してもいる．それゆえに，ブランジェが重視し「中範囲の理論」とする法
解釈論の経験的諸現象の分析と，法解釈論の機能分析がいかなる関わりを有するかが
問題となるが，この点についてブランジェ自身は詳らかにしていない．もっとも，ブ
ランジェは行為者中心的なアプローチと機能分析は主題化される問題が異なるという
意味で，ある種の「分業」があると捉えているようである（澤出 2024: 167-168 注4）．
しかしながら，機能分析の「復権」（北田 2022: 55）を宣言する近年の社会学を参照
すると，必ずしも両者は分割した形で考えられるものではないと思われる．この点に
おいて，ブランジェの提唱する「法解釈論の社会学」は機能主義的社会学により再構
成される余地を残しているのである．
　「法解釈論の社会学」の再構成に資する限りにおいて，等価機能主義的社会学の議
論にここで触れておく．社会学者の北田暁大は，学問的な「専門社会学」と通俗的な
「コメンテータ社会学」を分ける分水嶺として，「等価機能主義」を提示する．北田
は，等価機能主義こそが専門社会学を貫く「学的固有性」であると主張する（北田

2022: 17).

　北田によると，等価機能主義的社会学の分析対象は「参与する人びとが相互に「これはコミュニケーションである」と思える（伝達意図がある）ことを前提におりなされる身体や発話の動静の意味的な行為の連接」（北田 2022: 40）であるとする．ある出来事が相互行為のタイプとして捉えられるときに，その相互行為が属する文脈としての全体が想定される．それゆえに，等価機能主義のもとでは，分析する対象の全体と単位が論理的に同時に決定される．さらにその単位（及び全体）は，ある準拠問題に即して特定化される（北田 2022: 42）．

　等価機能主義の最も大きな特徴は，機能から対象を説明することであるが[10]，このような機能的説明は目的論的説明と紙一重であり現状追認だと批判されてきた．このイデオロギー批判に対して，マートンは機能分析のパラダイムを示すことで克服しようと考えたのであった（Merton 1968: 104-108＝マートン 1961: 45-50）．以上の議論を踏まえると，機能的説明には手続が必要になる．三谷武司は，ルーマンの緻密な読解を踏まえて，等価機能主義を次のように説明する（三谷 2023: 243）．すなわち，(1)分析対象が１つの解決となるような準拠問題を任意に１つ立て，(2)その準拠問題に対して同様に解決となりうる別の諸可能性を探索して機能的等価物の集合を作り，(3)等価的機能物同士の異同を別の様々な観点から検討する，という段取りにより構成される比較の方法論と説明する．この三谷による機能的説明は，次のようにより分節化して説明することができる（北田 2022: 145）．

　　①　分析対象を設定する
　　②　それが解決の１つになるような問題（準拠問題）を作る
　　③　この準拠問題の別の解決（分析対象の機能的等価物）を探索する
　　④　別の準拠問題を立てる（複数可）
　　⑤　これらの準拠問題に関して先の機能的等価物同士を比較する

　北田はメディア論の機能分析をこの機能的説明の例としている（北田 2022: 244-245）．まず分析対象として電話が設定される（①）．遠隔のコミュニケーションの手段として例えば手紙という手段もあるが（③），電話という存在は，遠隔のコミュニケーションの短時間での伝達という当時の人々に共有されていた準拠問題（社会問題）を解決したものであった（②）．その意味で電話は「通話」という機能を持っていた

ということができる．しかしながら，歴史を紐解くと電話には通話以外の機能（通信・放送）が当時の人々にとって構想されていたことがわかる．そこから，「誕生時に電話に期待されていた・使用されていた機能とはどのようなものであったか」という別の準拠問題が立てられる（④）．ここで通信・放送の機能的等価物が探索されることになる．そして，電話は通話以外にも様々な機能が期待されていたにもかかわらず，それらがなぜ後背化した（あるいは通話機能が残った）のかを，他のメディアとの関連で分析されることになる（⑤）．このように機能的説明は，「他でもありうる」——このことは容易に代替可能であることを意味しない——機能的等価物との比較・考察を行うものである．

　ところでマートンは，「中範囲の理論」を提唱したのであった．マートンによれば中範囲の理論とは，「日々の調査の中で豊富に知られる・小さいながらも必要な作業仮説と，社会行動・社会組織・社会変動の観察される均一性（uniformities）をすべて説明しうる単一の理論を発展させる包括的な体系的努力，との間にある諸理論」（Merton 1968: 39＝マートン 1961: 3，ただし Merton 1968 から直接訳した）[11]と説明される．この中範囲の理論を北田は，次のような「標語」として理解する．すなわち，「準拠問題によって「マクロ〔全体〕にもミクロ〔相互行為〕にも」なりうる意味連関・理由の体系を明示せよ，という要請であると考えるべき」とし，機能的説明の「相棒」となるものとなる社会理論のことだとする（北田 2022: 263）[12]．北田は社会問題研究のラベリング理論や，社会運動論における資源動員論，あるいは「新しい社会運動論」なども「中範囲の（社会）理論」とする（北田 2022: 262-263）．「法解釈論の社会学」も，このような意味での中範囲の社会理論として捉えられうる（そしてブランジェ自身もそのように構想したのであった）．このように考えた場合に，検討すべき論点をいくつか見出すことができる．

　まず第1に，「法解釈論の社会学」が主に扱う関心領域そのものが問題となる．上述のようにブランジェは，一方では法解釈論を法社会学の対象とする意義を実務における結果，つまり社会的効果に求めながら，他方で着目するポイントそのものは，法解釈論を産出する，時代及び地域的文脈・具体的な制度的条件・生産者・実務への伝達とする．これらは法解釈論の社会的作用・効果・結果そのものではなく，その前提となる知識としての法解釈論の生産条件・生産過程・実務への伝達過程への着目と言い換えることができる．つまり，北田がいう意味における相互行為としての法解釈論の意味理解が主眼となっていることになる．

　これと関連して第2に，「法解釈論の社会学」は何に対する法解釈論の機能を問う

のかが問題となる．相互行為としての要素が定まったら論理的に同時に全体も定ま
る，というのが等価機能主義の知見であった．このことと，「法解釈論の社会学」が
法解釈論の意味理解をその主題とすることに照らして考えてみると，ここでの「全
体」とは様々であると考えられ，それは経験に開かれたものである．もっとも，参与
する人々が法解釈論の意味が相互に理解できることを前提に行為をすることができる
範囲に限定されるはずである．このことを踏まえると，その「全体」の候補は例えば
法律家・法学者集団を挙げることができる．これらの集団には，法解釈論の意味が相
当程度共有されていることが前提となっている．便宜的にこのような集団を「法解釈
共同体」とすると（常松 2009: 27 参照），「法解釈論の社会学」が問題にする法解釈論
の機能とは，1 つには，法解釈共同体にとっての機能ということになる．

　もちろん法解釈共同体にとっての法解釈論の機能を問うほかにも，例えば社会にと
っての法解釈論の機能を問うことも考えられる．そもそも法解釈共同体についても，
法曹集団と法学者集団などの下位集団に分化していることも大いに考えられる．とこ
ろで法解釈論の社会的機能について例えば飯田高は，「人々の利害を議論の俎上に載
せて調整ないし止揚する，という機能」，あるいは「経験的・客観的な事実を立法や
裁判に反映させて法制度の円滑な作用を促す機能」を挙げる（飯田 2023: 147）．これ
に加えて――ブランジェが指摘したように――，裁判の結果の計算可能性の担保機能
を充足することもあるかもしれない．その意味で，ブランジェが提示する法解釈論の
諸機能には，社会に対する機能と法解釈共同体に対する機能が混在していることがわ
かる．しかしこのことは非難されるよりもむしろ，法解釈論という相互行為に対応す
る「全体」が経験に開かれていることを示しているとも言えよう．

　以上のように等価機能主義的社会学の知見を踏まえてブランジェの「法解釈論の社
会学」を検討してはじめて，それは法解釈論の機能を分析するための中範囲の社会理
論と捉えることができるといえる．

Ⅳ　法解釈論の法社会学研究の（再）駆動へ向けて

　本稿では，法解釈論を対象とする法社会学的研究を行うための方途として，ブラン
ジェによる「法解釈論の社会学」を，ドイツ法社会学におけるその学説史的位置付け
と合わせて，意義や方法論について紹介した．そして，この「法解釈論の社会学」は
再構成の余地を残すことを主張した上で，機能主義的社会学の議論を参照しながらそ
の再構成を検討した．その結果，「法解釈論の社会学」はむしろ北田が言うところの
中範囲の社会理論として捉えられることができ，等価機能主義に基づいて法解釈論の

272 論　説

機能が分析されるべきことを主張した.

　以上の検討から,「法解釈論の社会学」が着目する点が多少なりとも明らかになった. すなわちそれは, ある法解釈論の特定の準拠集団にとっての意味を理解すること, である. 例えば, なぜある法解釈論が唱えられているのか, 影響のあるものとして受け止められているのか, あるいは逆に支持されなかったのか, などを経験的側面から問うことになろう. この経験的側面とは, 例えばある法解釈論を判決結果の「実証的変数」(宮澤 1994: 120) として捉える見方とは異なる. また, 法解釈論それ自体の解釈論的優越を (経験科学の知見に基づき?) 評価するのでもない. むしろ, ある法解釈論の評価がなぜ・いかにしてその評価たりえているのかを経験的に分析することが志向されよう. 法解釈論を軸として, 法解釈共同体などの準拠集団のあり方を理解し, ひいては準拠問題に応答することを目指すのが,「法解釈論の社会学」のプログラムである. 言うまでもなくこの作業には法解釈論に対する批判的視座が不可欠であり, その意味で馬場が言うところの法学・法実務批判の1つの形になるのではないだろうか.

　とはいえ,「法解釈論の社会学」はドイツの法社会学から発したものである. この取り組みが, 日本の法社会学のいかなる問いに接続可能か. 答えは一様ではないが, 筆者は, Ⅰでも触れた, 1959年4月10日に中央大学で行われた日本法社会学会の「「通説」の法社会学的考察」と題されたシンポジウムで提出された問いを再考できるのではないかと考えている. 同シンポジウムでは, 次のような問題設定がなされた. すなわち, ある法規について複数の法解釈が成立するにもかかわらず, ある解釈が「通説」として「客観的」に「解釈者集団」の中で承認されているのはいかにしてか, という問題設定である (唄 1959: 45). この問題設定には様々な論点が混在していたために議論自体は生産的に行われなかったようであるが (石村 1959: 61; 我妻 1968: 3), この法解釈論あるいはその中の支配的な見解 (「通説」) についての根本的な問題設定について,「学会始って以来「未曾有」といわれるほど多数の参加者を得て, 長時間にわたり終始熱心な討論がおこなわれた」(石村 1959: 61) という. このことから, 同シンポジウムは多数の法学者の関心を集めたことが窺える.

　このシンポジウムで提起された問いは, 確かに法解釈論に従事する者に対しては根源的なものである. しかしながら, 同シンポジウムの成果と課題はその後の法社会学の中で検討されることはほとんどなかった. 管見の限りでは, 冒頭でも触れた石村による「法学の社会学」(石村 1966: 22) の構想が唯一のものだと思われる. そして石村の構想も, あくまで構想の提案に留まったものであった. 本稿で示した研究の方途

法社会学第91号 (2025年)

は，このシンポジウムに発露されるところの日本の法学者・法律家自身による自省的関心とも接続されるはずである[13]．この根源的な問いを社会学が用意する道具立てを用いて継承することこそに，「法解釈論の社会学」の意義があると筆者は考える．本稿で行った検討に引きつけて言えば，法解釈論に関わる諸問題についての理解可能性を向上させる社会学的観察・経験的知見の提供という点に，「法解釈論の社会学」は法（律）学・法実務にとっての意味を見出すことが可能ではなかろうか[14]．そしてその限りにおいて，法社会学研究の中に位置付けられる．

言うまでもなく，本稿で行った作業はそのような意義を獲得するための序説的検討にすぎない．「法解釈論の社会学」という中範囲の理論を携えて，法解釈論に対する法社会学研究を（再）駆動させていくことが，今後の課題となる．法解釈論の法社会学の経験的駆動や法社会学の理論と方法に関する議論にとって，本稿でのささやかな取り組みが何らかの一助となれば幸いである．

[謝辞]　本稿の初稿・補正稿について，匿名の査読者2名から大変有益かつ詳細なコメントをいただいた．コメントによるフィードバックこそが，著者にとっての激励となりそして本稿にとっての何よりの養分となった．また，査読委員会からも有益なご指摘をいただいた．紙上にてそれぞれ御礼申し上げたい．
[付記]　本研究はJSPS科研費 23KJ0644 の助成を受けた研究成果の一部である．

1)　もっとも，馬場自身はすでに2000年に法社会学の固有性について論じている（馬場 2000）．従って馬場（2024）は，理論と方法の自覚的主題化という近年の動向のみならず，馬場（2000）の延長線においても捉える必要があるだろう．
2)　ここで法社会学と社会学の関係も問題になるかもしれない．この点馬場は，（狭義の）法社会学を「法の社会学」と捉えたときに，法社会学の固有性を掴み出すことができるとする（馬場 2024: 18）．馬場によれば，その固有性こそ法学・法実務批判に異ならないが，他方でその方法論は社会学のものを援用することを認める（馬場 2024: 29）．本稿において紹介する，ドイツ法社会学において議論されている「法解釈論の社会学」も，主に社会学の方法論を援用しながらも法学に対する経験的研究に基づいた批判的考察を志向する点で，法社会学に含まれると言える．ところで社会学の主軸は等価機能主義にあるとする北田暁大は，「社会学とは，社会問題とみなされうる事柄を，社会の成員が異なるカテゴリーや理由に着目しつつ，記述・分析し，社会問題の他なる解決法を指し示していく学問」（北田 2022: 28）とする．この北田による社会学の定式と馬場による法社会学の定式（とりわけ法社会学の「問題解決の志向性」）との間の相同性は——馬場（2024）が北田（2022）をしばしば参照していることも含めて——示唆的である（北田が提唱する等価機能主義についてはⅢで後述する）．
3)　査読者から，筆者の「法社会学」をめぐる視角はやや狭すぎるのではないかという指摘をいた

274 論 説

だいた．具体的には，「近代以降の法」を法社会学の対象とすべきという見方は「一つのあり得る立場」ではあるものの，第1に古典的な法社会学理論（マックス・ウェーバーやニクラス・ルーマン）も古今東西の・あるいは原始的な法を扱っていること，そして第2に法解釈論についても前近代と近代の重層関係がドイツ法学から主張されていることに鑑みれば，近代以前の法および法解釈を素材とした諸研究にも目を配ることは必要であるということである．この主張について，投稿者も（そして投稿者が依拠している馬場もおそらく）否定しないどころかむしろ首肯する（だろう）．近代以降の法を考えるときに，「前近代」の法を「比較」分析するというのは考えられうる1つの方策である．そして筆者が法解釈論の社会学の必要性を主張しているのも，ドイツ法学の成果（古典的業績として，村上 1964）を見ればこそである．ただし筆者は，主に近現代日本における法解釈論の（歴史）社会学的側面にその関心を置いている．法学そのものを近代化において継受しなければならなかった日本において，西欧社会で発展した思考様式である法学に堆積する「中世以来の伝統」が内在していたと考えることは難しい．むしろその断絶及びその克服に大きな意味があることが重要である．このことが，日本の法社会学の存在理由にも関わることは言うまでもない．

4) ドイツ法社会学における法解釈論を対象とする研究を渉猟するにあたり，それらのレビュー論文としての性格も有する Schulz-Schaeffer（2004）を参考にした．インゴ・シュルツ＝シェッファーの専門は法社会学ではなく，イノベーションの社会学や技術社会学あるいは科学社会学であると思われる．少なくとも法学を専門とはしない社会学者であるが（あるいはむしろそうであるがゆえに？），研究対象としての法解釈論の欠如という視角からのドイツ法社会学の知識社会学的記述が相当程度実現できているように思われる．

5) Rechtsdogmatik の訳語も問題となる．邦語訳の候補として「法解釈論」の他に，「法解釈学」や「法教義学」，「解釈構成」，あるいは「法ドグマーティク」などを挙げることができる．本稿では便宜的に，トイブナー編（1995＝2011）などで採用されている，「法解釈論」という言葉を Rechtsdogmatik あるいは Dogmatik の訳として採用する．

6) ヴァイマル共和制のドイツ私法学において，ドイツ民法（BGB）242条（契約の信義誠実条項）を一般条項として解する学説と厳格に解する学説の対立は，自由法論を承認する立場と法律実証主義的立場との間の「方法論的基準」の違いにより決まるという指摘（広渡 1986: 189）は，そのような研究例である．

7) クラウザは研究の対象を法学（Rechtswissenschaft）一般ではなくその部分である法律学（Jurisprudenz）としている（Klausa 1975: 101）．クラウザが言うところの法律学ではない法学としては，法哲学・法社会学・法理論を挙げることができる．要するにクラウザが対象とする「法律学」も，法律学者と裁判官が関与する法解釈論のことを指しているのであり，従ってその対象範囲は本稿における法解釈論と同一と考えて良いだろう．

8) Voigt & Luthardt（1986: 140）における分析の操作でやや興味深いのは，両者の死期に鑑みて——ヘラーが1933年に没するのに対してシュミットは1985年まで生き延びる——「機会の平等」を少しでも確保するために，1934年以降のシュミットの著作の引用は分析の対象外としていることである．

9) ウェーバー自身が法生活の学問化を遂げた後の近代法を対象とした社会学的観察を行っていることはいうまでもない．例えば，ウェーバーは西洋における法及び訴訟の「形式的諸性質」の最

後の発展段階として，専門の法学教育——その内実は文献に基づいた形式的・論理的な訓練である——を受けた「専門法律家（Fachjuristen）」により体系的な法制定あるいは裁判がなされることを指摘する（Weber 1980: 504＝ウェーバー 1974: 509）．ここでは「強制」という要素から近代法の特質が考察されているわけではない．

10)　周知の通り機能的説明は，「ある部分 x が，x を含む全体 y に対して機能 f を持つがゆえに存在する」という説明方法を採用する．このような説明方法は社会学において馴染み深いが，その手法を借用する法社会学においても機能的説明はしばしば用いられる（例えば，尾崎 2019 など）．

11)　本文で示したように，マートン（1961）の原著である第 2 版においても中範囲の理論の定義があるが，Merton（1968）ではそれに若干の変更が加えられている．第 3 版である Merton（1968）では中範囲の理論をめぐって詳細な加筆が行われ，新たに「中範囲の社会学理論について」という章が追加されている．ただし中範囲の理論の定義そのものについては，第 2 版と第 3 版で実質的な相違はないと考え，マートン（1961）において中範囲の理論の定義が付されている箇所も併記することにした．ちなみにマートン（1961）では中範囲の理論は次のように定義されている．「中範囲の理論とは，日々繰返される調査などで豊富に展開されている，小さな作業仮設と，経験的に観察される社会的行動の，非常に多くの画一性をできれば導出しうるような主要な概念的図式を内容とする包括的思弁とを媒介する理論」（マートン 1961: 3）．

12)　同じく社会学者である佐藤俊樹は，マートンがいうところの「中範囲」とは「厳密な概念ではなく，他のケースにも応用できる拡張可能性と部分的な検証可能性を自覚的に用意せよ，ぐらいの意味ではないか」（佐藤 2011: 264 注 12）とする．

13)　近年の動きで示唆的なのは，不法行為法の解釈論を社会学的に観察した常松（2009）に対する書評の中で，民法学者である吉田克己は規範論における（法）社会学と法律学の「協働関係」について問題を提起していることである（吉田 2011: 215）．本稿で示した「法解釈論の社会学」の立場からは，この「協働関係」は法律家集団が抱える準拠問題においてのみ成立しうるものであるということになる．

14)　このような取り組みを「社会学的啓蒙」（Luhmann 2018＝ルーマン 1988）と言ってもいいかもしれない．法律学に対する社会学的啓蒙の役割を法社会学の中に——少なくとも法解釈論の社会学の中に——見出そうとするのが本稿の試みであるとも言える．ところで，社会科学の知見を駆使して既存の解釈論の「代替案となる法解釈論（Alternative Dogmatik）」（Teubner 2022: 650）を示すようないわゆる社会学的法律学も，法システムのポテンシャルを拡張しようとする限りでは，「法解釈論の社会学」とその機能を同じくする（まさに法解釈共同体にとっての機能的等価物であるかもしれない）．このような社会学的法律学と本稿で示した「法解釈論の社会学」がいかなる関係にあるかについては，今後の課題としたい．

〔文　献〕

阿部昌樹（2020）「経験的法社会学の研究実践」法と社会研究 5 号 3-28 頁．

淡路剛久（1986）「民事法の領域から——新しい権利の生成をめぐって」法社会学 38 号 8-18 頁．

馬場健一（2000）「法社会学基礎論覚え書き——『固有の法社会学』は可能か」神戸法学雑誌 49 巻 3 号 299-336 頁．

——（2024）「法社会学とはどのような学問か」法と社会研究 9 号 3-36 頁．

276 論 説

唄孝一 (1959)「『通説』の法社会学的考察——問題の所在」特集 (1959) 42-46 頁.

Ballweg, Ottmar (1972) "Rechtsphilosophie als Grundlagenforschung der Rechtswissenschaft und der Jurisprudenz," 2 *Jahrbuch für Rechtssoziologie und Rechtstheorie* 43-49.

Boulanger, Christian (2019) "Die Soziologie juristischer Wissenproduktion: Rechtsdogmatik als soziale Praxis," in Christian Boulanger, et al. Hrsg. *Interdisziplinäre Rechtsforschung: Einführung in die geistes- und sozialwissenschaftliche Befassung mit dem Recht und seiner Praxis*, Springer, 173-192.

—— (2020) "The Comparative Approach of Legal Doctrine: Thoughts on a Research Programm," 21 (7) *German Law Journal* 1362-1377.

—— (2024) "Ehrlich-Rezeption in der Rechtssoziologie der 1970er und 1980er Jahre," in Marietta Auer, & Ralpf Seinecke, Hrsg. *Eugen Ehrlich: Kontexte und Rezeptionen*, Mohr Siebeck, 359-394.

Boulanger, Christian, et al. (2024) "The Journal of Law and Society in Context: A Bibliometric Analysis," 51 (1) *Journal of Law and Society* 3-27.

Cotterrell, Roger [1998] (2006) "Why Must Legal Ideas Be Interpreted Sociologically?," in *Law, Culture and Society: Legal Ideas in the Mirror of Social Theory*, Routledge, 45-63.

福井康太 (2002)『法理論のルーマン』勁草書房.

船越資晶 (2001)「法的議論の社会学へ向かって——批判法学の再定位」法社会学 55 号 175-191 頁.

—— (2001-2002)「意思表示理論の脱物神化 (1)・(2 完)——批判法学による錯誤法解釈論」法学論叢 149 巻 4 号 28-50 頁, 150 巻 4 号 43-66 頁.

Geiger, Theodor [1947] (1964) *Vorstudien zu einer Soziologie des Rechts*, Luchterhand.

長谷川貴陽史 (2023)「儀礼・論証・基底——法社会学における法の概念と考察対象に関する試論的考察」法と社会研究 8 号 3-27 頁.

平井宜雄 (1989)『法律学基礎論覚書』有斐閣.

広中俊雄 (1998)「法解釈学と法社会学」法社会学 50 号 201-213 頁.

広渡清吾 (1986)『法律からの自由と逃避——ヴァイマル共和制下の私法学』日本評論社.

飯田高 (2019)「法社会学——『社会』を通じて法を捉えるために」南野森編『法学の世界 (新版)』日本評論社, 154-163 頁.

—— (2021)「法の構造と計量分析」社会科学研究 72 巻 2 号 3-25 頁.

—— (2023)「法学説の社会的機能」高村学人他編『入会林野と所有者不明土地——両者の峻別と現代の入会権論』岩波書店, 147 頁.

石村善助 (1959)「討論の紹介と感想」特集 (1959) 61-65 頁.

—— (1966)「『固有の法社会学』の領域について (1)——法社会学基礎理論のための覚書」東京都立大学法学雑誌 7 巻 1 号 1-33 頁.

香川崇 (2025)「除斥期間の判例変更の意義」ジュリスト 1605 号 61-66 頁.

川島武宜 (1964)『科学としての法律学』弘文堂.

—— (1972)「法社会学と法律学——相互反撥と相互受容」川島武宜編『(法社会学講座 3) 法社会学の基礎1』岩波書店, 9-29 頁.

北田暁大 (2022)『実況中継・社会学——等価機能主義から学ぶ社会分析』有斐閣.

Klausa, Ekkehard（1975）"Programm einer Wissenschaftssoziologie der Jurisprudenz," in Nico Stehr, & René König, Hrsg. *Wissenschaftssoziologie: Studien und Materialen*, Westdeutscher Verlag, 100-121.

──（1981）*Deutsche und amerikanische Rechtslehrer: Wege zu einer Sozilogie der Jurisprudenz*, Nomos.

Kuhn, Thomas S. [1962]（2012）*The Structure of Scientific Revolutions*, 4th ed., The University of Chicago Press（＝クーン（2023）『科学革命の構造（新版）』（青木薫訳）みすず書房）.

来栖三郎［1956］（1999）「法の解釈における制定法の意義──その一　法と法源──」同『法とフィクション』東京大学出版会, 23-78 頁.

Luhmann, Niklas（1974）*Rechtssystem und Rechtsdogmatik*, Kohlhammer（＝ルーマン（1988）『法システムと法解釈学』（土方透訳）日本評論社）.

──（1999）"Recht als soziales System," 20 (1) *Zeitschrft für Rechtssoziologie* 1-13.

──［1972］（2008）*Rechtssoziologie*, 4. Aufl., VS Verlag für Sozialwissenschaften（＝ルーマン（1978）『法社会学』（六本佳平・村上淳一訳）岩波書店（翻訳の原典は 1972 年の初版））.

──［1967］（2018）"Soziologische Aufklärung," in *Soziologische Aufklärung* 1: *Aufsätze zur Theorie sozialer Systeme*, 9. Aufl., Springer VS, 79-114（＝ルーマン（1988）「社会学的啓蒙」『（ニクラス・ルーマン論文集 1）法と社会システム──社会学的啓蒙（改訳版）』（土方昭監訳）新泉社, 71-124 頁（翻訳の原典は 1974 年の第 4 版））.

Merton, Robert K. [1949]（1968）*Social Theory and Social Structure*, 3rd ed., Free Press（＝マートン（1961）『社会理論と社会構造』（森東吾他訳）みすず書房（翻訳の原典は 1957 年の第 2 版））.

三谷武司（2023）「社会学的啓蒙の論理」北田暁大・筒井淳也編『（岩波講座　社会学 1）理論・方法』岩波書店, 233-251 頁.

宮澤節生（1994）『法過程のリアリティ──法社会学フィールドノート』信山社.

森大輔（2022）「法社会学における『方法』」佐藤岩夫・阿部昌樹編『スタンダード法社会学』北大路書房, 21-30 頁.

Morlok, Martin, & Ralf Kölbel（2000）"Zur Herstellung von Recht: Forschungstand und rechtstheoretische Implikationen ethnomethodologischer（Straf-）Rechtssoziologie," 21 (2) *Zeitschrift für Rechtssoziologie* 387-417.

──（2001）"Rechtspraxis und Habitus," 32 *Rechtstheorie* 289-304.

村上淳一（1964）『ドイツの近代法学』東京大学出版会.

太田勝造・佐藤岩夫（2015）「『法と社会研究』創刊にあたって」法と社会研究 1 号 i - ii 頁.

尾崎一郎（2019）「所有権概念の社会的機能──包摂と暴走」法律時報 91 巻 2 号 83-87 頁.

──（2023）『個人化する社会と閉塞する法』日本評論社.

六本佳平（1979）「法の社会学的理論 (1)」法学協会雑誌 96 巻 12 号 1-39 頁.

Rottleuthner, Hubert（1987）*Einfürung in die Rechtssoziologie*, Wissenschaftliche Buchgesellschaft（＝ロットロイトナー（1995）『現代ドイツ法社会学入門』（越智啓三訳・六本佳平監修）不二出版）.

Rüther, Bernd（1972）"Die rechtswissenschaftlichen Habilitationen in der Bundesrepublik zwischen 1945 und 1969: Eine Statistik," 27 (7) *JuristenZeitung* 185-191.

278 論 説

佐藤俊樹 (2011)『(叢書・現代社会学⑤) 社会学の方法——その歴史と構造』ミネルヴァ書房.

澤出成意人 (2024)「日本における人格権とその諸機能に関する法社会学的考察——『法解釈論の社会学』を手がかりにして」法社会学 90 号 143-172 頁.

Schulz-Schaeffer, Ingo (2004) "Rechtsdogmatik als Gegenstand der Rechtssoziologie: ‚mit noch mehr Recht'," 25 (2) *Zeitschrift für Rechtssoziologie* 141-174.

高村学人 (2018)「コメント (大村民法学からの示唆)——法社会学を広げるために」法社会学 84 号 176-182 頁.

Teubner, Gunther (2022) "Auf Umwegen: Zum Privatrecht als Gesellschaftsverfassung," 30 (3) *Zeitschrift für Europäisches Privatrecht* 648-659.

トイブナー，グンター編 (1995=2011)『結果志向の法思考——利益衡量と法律家的論証』(村上淳一・小川浩三訳) 東京大学出版会.

東大ガイガー研究会 (1965)「法律学の経験科学的基礎《12》——テオドール・ガイガー著『法社会学のための準備研究』の紹介」法学セミナー 111 号 40-47 頁.

特集 (1959)「『通説』の法社会学的考察」法律時報 31 巻 8 号 42-65 頁.

——(1992)「法社会学的法律学の可能性」ジュリスト 1010 号 11-46 頁.

——(2024)「法の理論と法の現場」法社会学 90 号 1-58 頁.

常松淳 (2009)『責任と社会——不法行為責任の意味をめぐる争い』勁草書房.

内田貴 (2018)『法学の誕生——近代日本にとって『法』とは何であったか』筑摩書房.

Voigt, Rüdiger, & Wolfgang Luhthardt (1986) "Von Dissidenten und Klassikern: Eine Zitationsanalyse der Veröffentlichungen der Vereinigung der Deutschen Staatsrechtslehrer," in Erk Volkmar Heyen, Hrsg. *Historische Soziologie der Rechtswissenschaft*, Klostermann, 135-155.

我妻栄 (1968)「学説と電算機」ジュリスト 40 号 2-6 頁.

Weber, Max [1922] (1980) Wirtschaft und Gesellschaft: Grundriss der Verstehenden Soziologie, 5. rev. Aufl., Studienausg., besorgt von Johaness Winckelmann, J. C. B. Mohr (=ウェーバー (1974)『法社会学』(世良晃志郎訳) 創文社 (翻訳の原典は 1972 年版)).

吉田克己 (2011)「常松淳著『責任と社会』」法社会学 74 号 211-216 頁.

〔判 例〕

最高裁判所大法廷令和 6 (2024) 年 7 月 3 日判決 (令和 5 (受) 1319 号)・裁判所ウェブサイト搭載.

(さわで・ないと　東京大学大学院博士課程／日本学術振興会特別研究員)

※原稿受理年月日 2024 年 7 月 30 日　　掲載決定日 2024 年 12 月 24 日

Rechtsdogmatik als Gegenstand der Rechtssoziologie: Bedeutung, Methoden und Begrenzung der „Soziologie der Dogmatik"

Sawade, Naito

In den letzten Jahren hat es eine aktive und bewusste Thematisierung Theorie und Methoden der Rechtssoziologie gegeben. In diesem Zusammenhang hat sich die Auffassung herausgebildet, dass die wissenschaftliche Eigenartigkeit der Rechtssoziologie in „der Kritik an das Rechtswissenschaft und die Rechtspraxis" zu finden ist. In diesem Zusammenhang sind jedoch rechtssoziologische Forschungen gegen der Rechtsdogmatik bzw. der Rechtswissenschaft wenig durchgeführt worden. Angesichts dieser Diskussionslage, in vorliegenden Beitrag wird die Wege dadurch versucht, die die Rechtsdogmatik zum Gegenstand rechtssoziologischer Forschung macht, dass der in deutsche Rechtssoziologie entwickelten „Soziologie der Dogmatik" (Christian Boulanger) kritisch betrachtet. Zu diesem Ziel stelle ich zunächst einige Ansätze empirisch Forschung zur Rechtsdogmatik in der deutschen Rechtssoziologie (Niklas Luhmann, Ekkehard Klausa u.a.) vor, um dann die historische Bedeutung der „Soziologie der Dogmatik" und ihrer konkreten Methoden darzustellen (Ⅱ). Die Reichweite der „Soziologie der Dogmatik" wird dann aus der Perspektive der äquivalenzfunktionalistischen Soziologie (Robert K. Merton, Akihiro Kitada u.a.) diskutierst (Ⅲ). Nachdem ich schließlich argumentiert, dass die verbindbar Problematik mit der „Soziologie der Dogmatik" in der japanischen Rechtssoziologie bisher existiert (Ⅳ).

書　評

尾崎一郎著『個人化する社会と閉塞する法』

(日本評論社・2023 年)

阿　部　昌　樹

Ⅰ　書名に則して読む

　書籍はすべからく書名に則して読むべきであるとしたならば，本書は，「個人化する社会」と「閉塞する法」について論じた書物として読まねばならない．ただし，本書には，*Autonomy of Law within Individualized Society* という書名の英訳が付されている．著者は読者に，「閉塞する法」というフレーズは法が自律している，あるいは自律しつつあるという意味で理解するように，また，そうした「法」を「個人化する社会」に内在するものとして理解するように求めているのであろう．そうした前提に立って本書を読み進めていくと，本書の中核となる著者の基本的な認識を示していると読解可能な箇所を，容易に見出すことができる．

1　個人化する社会

　まず「個人化する社会」については，以下の部分がそれに該当する．

　……都市的空間の共同性は，多様なアクターによる，個人的で選択的／自省的／人為的な，コミットメント（規範の構築／遵守と互酬的共同性意識と管理コストの投入）によって支えられざるをえなくなる．いうなれば，都市の共同性は，個々の個人の選択によって，私に対しても公に対しても，対自的に，構築され維持される「共」としての性質を帯びることになる．共同性は最初からあるものではなく，自覚的に選び取りコミットすることでかろうじて維持できるものなのである．……自覚的なぶん強固だが，コミットしない多様なアクターがいること，退出もまた選択可能であること，持続的なコスト負担を伴うこと，といった点においては脆弱な共同性である（147 頁）．

　ある地域に暮らす人々のすべてが，地縁的共同体に全人格的に包摂されているという状態は，今日においては想定しえないということである．著者のこうした認識は，主として，著者が 1990 年代に行ったフィールド調査で得た知見に基づくものである

282 書　評

が，こうした認識に異論を唱える者は，ほとんどいないであろう．地縁的共同体が，その構成員のすべてを全人格的に包摂するような状態は，前近代的な，外部との交流がほとんどない，構成員が相互に同質的で，小規模な地域社会においては想定可能であるとしても，今日においてはもはや想定し難いことは，ほぼ自明であると言ってよい．

重要なのは，地縁的共同体の強固な紐帯から解放された人々は，相互の結び付きを欠いた砂粒のような存在になるのかどうかである．著者は，そのようには考えていない．地域に暮らす人々はそれぞれに，地域の境界を越えて，様々なネットワークを形成しており，地縁的共同体は，各人が帰属するかどうかを選択することが可能な，多様なネットワークのひとつにすぎないというのが，著者の認識である．そうした認識は首肯できるものであるが，しかし，そうした認識を縮約的に表現するために「個人化」という語を用いると，あらぬ誤解を誘発しやすいように思われる．人々は昔も今も相互に繋がっており，ただ繋がりのパターンが変化しているにすぎないのである．

語の選択はさておき，より問題視すべきなのは，著者が人々を結び付けるネットワークのそうした変化に，過度に悲観的な評価を下していることである．著者は，ネットワークの多様化や選択可能性の高まりが，地域社会における構成員の協働による課題解決を困難にすることを随所で指摘するとともに（1章，2章，3章，5章），同じ変化が，ネグリとハートが主張する〈帝国〉に対する「マルチチュード」の抵抗の可能性を低下させると論じている（4章）．また，そうした変化が，法的諸制度の社会的諸課題への応答を困難にするとも考えているようである（6章）．

著者のこうした悲観的なスタンスには，より楽観的なスタンスを対置させることができる．ネットワークの多様化や選択可能性の高まりは，地域社会が直面している課題を解決するために多様なルートから多様な資源を調達することを可能にするかもしれないし，〈帝国〉に対する「マルチチュード」のゲリラ的な抵抗の可能性を随所に発生させるかもしれない．そしてさらには，法的諸制度を，そうした変化した社会状況に適合的なものへと変化させていくかもしれない．悲観論はけっして，人々を結び付けるネットワークの変容についての著者の認識の，必然的な帰結ではないのである．著者は，「マルチチュード」が「馴致できない力をもっているということ」をネグリとハートが立証していないことを批判するが（128頁），立証不足という批判は，著者の悲観論にも妥当するように思われる．

2　閉塞する法

次いで「閉塞する法」についてであるが，以下の論述を，著者の認識を端的に示したものと見なしてよいであろう．

……原理的に，法は法であるかぎりトートロジカルな自己構築と自己正統化，「現実」認識の誤り（「現実」との「gap」），さらには「統御」の機能的限界，を避けることはできず，これは必ず（すなわち構造的問題として），法「外」からの批判，さらには法システム内部者による自己批判を誘発するが，結局それを踏まえた反省的法実践を積み重ねるしかないこと，となる（207頁）.

法のこうした有り様を，著者は「閉塞」でもあり「自律」でもあると見なしているということが，書名とその英訳に込められた意味であろう．

著者は，こうした「閉塞／自律」した法に対する「法『外』からの批判」と「それを踏まえた反省的法実践」として平成期の司法制度改革を捉え（7章），「法システム内部者による自己批判」として，一部の実定法学者による「法と経済学」の視角に定位した法解釈の実践（9章）や，ルーマンのシステム理論を換骨奪胎するかたちで展開されているトイプナーの「社会学的法律学」（10章）を検討の俎上に載せる．また，「『主体的法形成』による『法のクレオール』」に普遍的な正義の実現可能性を見出そうとする試み（8章）や，人間の本質的社会性から正義の諸原理を導出し，それを基盤としてあるべき法を構想しようとする試み（11章）に対して，批判的な眼差しを注ぐ．

それらの取り組みのすべてにおいて，著者は，「法『外』」的な価値や理念に依拠して，あるいは「法『外』」的な理論や方法を動員して，法を変えようとしたり，法の発展方向を提示しようとしたりする営為の成功可能性に対して，悲観的なスタンスを採っている．そうした姿勢は，法は「閉塞／自律」しているという著者の認識の必然的な帰結であるとともに，著者が「個人化」という語で捉えた社会の現状が「共同性」や「公共性」を実現する可能性に対する，著者の悲観的なスタンスと符合するものでもある．

問題は，法は，著者が考えるように「閉塞／自律」しているのかどうかである．著者は，主としてルーマンのシステム理論に依拠して，部分システムの機能分化が進行した現代社会においては，一つの部分システムにすぎない法は，必然的に「閉塞／自律」せざるをえないと考えているようであり，先に引用した箇所で用いられている「原理的」という語は，そうした必然性を含意しているように思われる．しかしながら，それとはまったく反対の理解も可能である．今日の社会において法は，「法『外』」的な価値や理念，あるいは市場の動向や政権政党の政治的な思惑といったものへの感応性を高め，そうした「法『外』」的なものに従属するようになっているという理解

である.

　いずれの理解が正しいかは，経験的なデータに基づいて判断すべきであろうが，著者は，法が「閉塞／自律」していることを示すデータを提示しているわけではなく，法が「閉塞／自律」しているという認識を，論考の出発点として前提としている．もちろん，論文や著書で事実として扱っている事象のすべてをデータによって裏付けることは実際には不可能であり，それゆえ，ある範囲の事実を，真実性を証明する必要のないものとして扱うことは，容認されねばならない．しかしながら，「閉塞する法」という表現を書名に含む本書において，異論の余地がある法の「閉塞／自律」を自明の真実であるかのように扱うことは，やはり問題であろう．

　「個人化する社会」に関しては，「個人化」という語の適切性はともかくとして，社会的ネットワークの多様化や選択可能性の高まりを，近隣騒音紛争やマンション管理をめぐる居住者相互間のトラブルの実態を経験的データとして提示したうえで，指摘している一方で，「閉塞する法」に関しては，著者が考えるような意味で法が「閉塞／自律」していることを示すデータが提示されていないのは，論述のバランスを失しているように思われるのである．

　たとえば，司法制度改革を取り上げた 7 章は，2005 年までの事実の分析にとどまっているが，司法制度改革が実施段階に移行した後の，現在に至るまでの経緯を詳細に記述したならば，そうした経緯を，法が「閉塞／自律」していることを示すデータとして扱うことができたかもしれない．インターネットを媒介とした相互監視と分散的制裁の今日的な実態を論じた 16 章は，そこで論じられている実態を，法が「閉塞／自律」していることを示すデータとして扱うような分析へと繋げていくことが可能であったように思われる．いずれの章も，そうした展開に至っていないのは，残念なことである．

　さて，ここまでは本書を書名に則して読んできた．これまでに言及した各章の他に，「自己欺瞞的法主体」という論争喚起的な概念を提示した 12 章も，書名に則して，「個人化した社会」に暮らす人々は「閉塞する法」とどのように関わっていくべきかを提示した章として読み，そうした処方箋の妥当性を検討することが可能であろう．その一方で，本書には，書名に則して読むと，なぜ本書に収録されたのか理解し難い論考も収録されている．「法の主題化」という概念や「文化」という概念を，それぞれ，どのように用いるべきかを主題とした 13 章と 15 章や，ベルギーと台湾における現地調査のレポートである 14 章が，そうした章に該当する．それらの章を軽視すべきではないとしたならば，本書は，書名に則して読むべきではないのかもしれな

い.

Ⅱ　書名に抗して読む

本書には，著者自身が，本書を書名に抗して読むように求めているかのような記述が含まれている．法学を学び始めて間もない学生を主たる読者として想定して，法社会学とはいかなる学問なのかを解説した論考を，「始まる前に終わる」と改題して収録した「序章」のなかの，以下のような一節である．

> 今，私たち一人ひとりにできるのは，法律学を学び，法律を実践するプロセスで感じる個人的で微妙な違和感に言葉を与え理論的に把握し自覚することなのかもしれない（7頁）．

著者は，こうした記述を含む論考を本書の冒頭に置いたのは，「『この本の著者は結局何をしていたのか』についてとりあえずのイメージをつかんでいただきたいからである」と述べている（7頁）．この記述を額面どおりに受け取るならば，本書は，著者が，30年以上の期間，法学部という知的環境に法社会学者として身を置き続けるなかで感じた，「個人的で微妙な違和感に言葉を与え理論的に把握し自覚」しようと努めてきた，その記録として読むべきであり，書名にはさほどの意味はないということになる．

すなわち，「個人化」や「閉塞」といった語に囚われることなく，書名に抗して，著者の法社会学者としてのキャリアの様々な時点で，その時々に感じた「個人的で微妙な違和感」を言語化し，それを，法社会学という学問にとって取り組む意義のある理論的な検討へと繋げようとした，その学問的営為の軌跡として本書の各章を読むことが，著者が期待している読み方なのかもしれない．

そうした読み方をすると，本書を通読することで，著者がどのような事象に違和感を抱いてきたのかが，よくわかる．著者の違和感の対象には，地縁的共同体を諸々の地域課題の万能の解決策であるかのように称揚する言説であったり，〈帝国〉に対する抵抗の可能性を「マルチチュード」に見出すネグリとハートのスタンスであったり，司法制度改革の政治課題化やそれへの対処のなされ方であったりと，様々なものが含まれている．「法の主題化」や「文化」といった概念のこれまでの用いられ方や（13章，15章），アントワープの重罪院の法廷に掲げられている壁画にも（14章），著者は違和感を覚えている．

著者は，それらの諸事象に関して，まずは「個人的で微妙な違和感」として感知さ

286 書　評

れたものが，著者自身の純粋に「個人的」な感覚にしか根拠付けられないものではなく，多くの法社会学者に共有可能な，そしてまた共有されるべきものであることを，何とかして示そうと努めている．著者が「言葉を与え理論的に把握」する営みと表現しているのは，そうした努力に他ならない．

「個人的で微妙な違和感」が研究の萌芽となり得ることは，多くの法社会学者の認めるところであろう．「個人的で微妙な違和感に言葉を与え理論的に把握」するというアプローチは，法社会学という学問への取り組み方として，けっして奇妙なものではない．本書は，そうしたアプローチで取り組んだ著者の法社会学者としての研究実践の成果の集大成であり，そのようなものとして読まれることを著者は期待していると，序章の記述は示しているように思われる．

そうであるとしたならば，問われるべきなのは，著者が，「個人的で微妙な違和感に言葉を与え理論的に把握」することによって，当初は「個人的」であったものを，学界の共有対象とすることに成功しているかどうかであろう．

この問いに対する答えは，学界の共有対象とするということが，何を意味するかにかかっている．学界の共有対象となるとは，著者が抱いた違和感に法社会学者の多くが共感するということであると考えるならば，著者の試みは道半ばであると言わざるを得ないであろう．本書の各章を構成する論考のそれぞれの起点となっている著者の違和感の一つひとつに，それぞれの章を読み終えた後に，どの程度の共感を覚えるかは，法社会学者の間でも各人各様であろう．章によっては，対象となっている事象に著者が違和感を抱いていることに違和感を抱く法社会学者も，少なくないのではないかと推測される．

その一方で，ある事象に違和感を覚えた法社会学者がいるという事実と，その法社会学者がその事象に違和感を覚えた理由とを学界に広く知らしめることが，学界の共有対象とするということの意味であるとしたならば，本書は，著者の違和感を学界の共有対象とすることに十分に成功していると言ってよい．それはすなわち，自身の違和感をそうした意味で学界の共有対象とすることが，著者が本書を編んだ意図であるとするならば，著者の意図は十分に達成されているということに他ならない．

（あべ・まさき　大阪公立大学教授）

THE SOCIOLOGY OF LAW   No.91

Model of Property

CONTENTS

Plenary: The Model of Property for Socio-Legal Analysis

What is the Model of Property ? .... Takamura, Gakuto

Property Systems in the Late Medieval, Early Modern, and Modern Periods:

    Relational Contract and Third–Party Enforcement, Joint Property and

    Exclusive Property .... Nakabayashi, Masaki

'Shop–lease Contract with *Sar–qoflī*': the Customs and Laws of Modern Iran .... Iwasaki, Yoko

Reconsidering the Ownership Model through the "Rights of Nature":

    Giving Legal Personhood to the Ganges River .... Nakazora, Moe

Comment: From a Quantitative Research Viewpoint .... Kinoshita, Manako

Comment: Toward an Inclusive Model of Property Rights .... Dimitri Vanoverbeke

Symposium Ⅰ : The Frontiers of Socio-Legal Research on Property

Visualizing the Dynamics of Exclusivity and Transferability in Property Law .... Iida, Takashi

The Structure of Virtual Spaces and Ownership .... Kakumoto, Kazumasa

Toward the Remodeling of Property Rights in the Knowledge Economy:

    Classical, Contemporary, Critical, and Beyond .... Agatsuma, Satoshi

The Outline of Abandoned Properties: A Case Study of Depopulated Areas

    in Japan .... Katano, Yohei

Symposium Ⅱ : Toward an Inclusive Property Model

Significance and Challenges of the Multilayered Ownership Model

From the Viewpoint of Access Rights/Custom to Nature:

    Can We Build the Commoning for Nature .... Mitsumata, Gaku

Hunting and Landownership in the Forest .... Takahashl, Mitsuhiko

Cultural Properties, Open Source Software, and the IAD Framework:

    Applicability of the "Open Property Model" to Intellectual Property Law .... Yamane, Takakuni

Articles

The Influence of Punitiveness and Fear of Crime on the Experience

    and Intention of Criminal Justice Participation .... Mukai, Tomoya & Watamura, Eiichiro

Multivariate Quantitative Analysis of Review Clause:

    Toward Responsive Law .... Yamashita, Shun

Mass Media and the Image of Lawyers:

    An Exploratory Study based on Legal Information Research and

    Newspaper Coverage of Lawyers in Japan since 2000 .... Guo, Wei

法社会学第 91 号（2025 年）

The Reality of Police Oversight in Japan: Study of the National Public Safety
  Commission during the Party Rotation from 2008 to 2014 .... Hsu, Jen–shuo
Rechtsdogmatik als Gegenstand der Rechtssoziologie:
  Bedeutung, Methoden und Begrenzung der „Soziologie der Dogmatik" .... Sawade, Naito
Book Review
Ichiro Ozaki, *Autonomy of Law within Individualized Society* .... Abe, Masaki

The Japanese Association of Sociology of Law 2025

〈学会記事〉

日本法社会学会　2024年度学術大会

1．日程　　　第1日　5月17日（金）13：30 − 17：00
　　　　　　　第2日　5月18日（土）9：30 − 17：45
　　　　　　　第3日　5月19日（日）9：00 − 17：00
2．場所　　　北海道大学　札幌キャンパス
3．全体テーマ　所有権のモデルと法・社会分析

〔第1日〕
早期キャリアワークショップ（旧・若手ワークショップ）
　第一部：プレ研究報告会
　第二部：早期キャリア研究者ネットワーキング
　第三部：キャリア形成支援講演「アカデミアの歩き方」………橋場典子（関西学院大学）
　第四部：連絡会議

〔第2日　午前〕
ミニシンポジウム①「法社会学のテキストと教育のあり方」
　………………………………コーディネータ・司会・企画趣旨説明：飯　考行（専修大学）
　法社会学の授業方法とテキストについて──大学教育の現場から
　　………………………………………………………………原田綾子（名古屋大学）
　法社会学の「通常科学」化？──法社会学教科書をとおして見る法社会学の現状
　　………………………………………………………………阿部昌樹（大阪公立大学）
　固有の学問分野の生成・発展とテキスト………………………佐藤岩夫（東京大学）
　法社会学教育における交差点とフロンティア──可能性と限界の考察
　　………………………………ディミトリ・ヴァンオーヴェルベーク（東京大学）
　法社会学教育とテキストのあり方の展望………………………米田憲市（鹿児島大学）
　コメント………………………………………………………………楜澤能生（早稲田大学）

個別報告分科会①
　………………………………………………………司会：木下麻奈子（同志社大学）
　損害賠償の法意識の日米比較──サーベイ実験を用いて
　　………………………………………森　大輔（熊本大学）・高橋脩一（専修大学）
　裁判員の量刑判断における反省悔悟と被害者参加人意見の影響……太田勝造（明治大学）
　行動変容デザインを応用した調停人サポート用チャットボット開発と離婚調停支援の

290 　学 会 記 事

　　研究⋯⋯⋯⋯⋯⋯⋯⋯⋯⋯⋯⋯⋯⋯⋯⋯⋯⋯⋯大塩浩平（明治大学大学院）
　裁判における裁判当事者と裁判官のインセンティブと三者の相互作用の動態過程に
　　ついて⋯⋯⋯⋯⋯⋯⋯⋯⋯⋯⋯⋯⋯⋯⋯⋯⋯⋯⋯池田康弘（熊本大学）

個別報告分科会②
⋯⋯⋯⋯⋯⋯⋯⋯⋯⋯⋯⋯⋯⋯⋯⋯⋯⋯司会：小佐井良太（福岡大学）
　不法行為法の通時的構造
　　──高等裁判所の不法行為判決文を対象とした計量テキスト分析
　　⋯⋯⋯⋯⋯⋯⋯⋯⋯⋯⋯⋯⋯⋯⋯⋯⋯⋯澤出成意人（東京大学大学院）
　騒音被害事例における受忍限度論の実証的研究
　　⋯⋯⋯⋯⋯⋯⋯⋯⋯⋯⋯⋯⋯豊永晋輔（キヤノングローバル戦略研究所）
　戦後権威体制下の台湾における特殊な保安処分について
　　──新生訓導処と職業訓練総隊を中心に⋯⋯⋯⋯⋯⋯⋯林　政佑（台湾・輔仁大学）
　国家公安委員会はものをいうのか──政権交代期（2008–2014）を中心に
　　⋯⋯⋯⋯⋯⋯⋯⋯⋯⋯⋯⋯⋯⋯⋯⋯⋯⋯⋯許　仁碩（北海道大学）

〔第 2 日　午後〕
ミニシンポジウム②「罰・協力行動・法・社会をめぐる進化研究
　──進化学と法学の連携は法学・法社会学に何（か）を生み出すのか？」
⋯⋯⋯⋯⋯⋯⋯⋯⋯⋯⋯⋯⋯コーディネータ・司会：和田幹彦（法政大学）
　第 3 者罰を伴う協力行動の進化研究──進化学・文化進化論の観点から
　　⋯⋯⋯⋯⋯⋯⋯⋯⋯⋯⋯⋯⋯⋯⋯⋯⋯⋯竹澤正哲（北海道大学）
　「集団規範に違反する個体への第 3 者罰が協力行動を進化させる」ことは「法の進化」
　　の究明なのか？──法学の観点から⋯⋯⋯⋯⋯⋯⋯和田幹彦（法政大学）
　罰行使の動機推定が評判に与える影響──複数の罰選択肢を用いた検討
　　⋯⋯⋯⋯⋯⋯⋯⋯⋯⋯⋯⋯⋯⋯⋯舘石和香葉（北海道武蔵女子大学）
　日本の労働諸法による社会への介入と罰──数理モデルを用いた法と社会の共進化
　　研究の観点から⋯⋯⋯⋯⋯⋯⋯⋯⋯⋯⋯⋯大塩浩平（明治大学大学院）
　コメント　第 3 者罰を伴う協力行動研究の今後の展望──竹澤報告を中心に
　　⋯⋯⋯⋯⋯⋯⋯⋯⋯⋯⋯⋯⋯⋯⋯⋯貴堂雄太（北海道大学大学院）
　コメント　進化学が「法」に到る途──和田報告を中心に⋯⋯⋯尾﨑一郎（北海道大学）
　コメント　道徳・倫理・規範の進化をめぐる理論／実証研究と法の進化研究との距離
　　⋯⋯⋯⋯⋯⋯⋯⋯⋯⋯⋯⋯⋯⋯⋯⋯⋯高橋伸幸（北海道大学）
　コメント　数理モデル・進化学と法学の連携が生み出しうるもの？
　　──大塩報告を中心に⋯⋯⋯⋯⋯⋯⋯⋯⋯⋯⋯⋯太田勝造（明治大学）

法社会学第 91 号（2025 年）

企画関連ミニシンポジウム①「所有権研究の最前線」

····································司会・企画趣旨説明：久米一世（中部大学）

所有権法の動態を可視化する····································飯田　高（東京大学）

仮想空間と所有権の構造····································角本和理（立命館大学）

リーガル・リアリズム，批判法学，そして法と政治経済学による所有権論

　　──「所有権」のモデル化の意義····································吾妻　聡（成蹊大学）

放置される財（放置財）の輪郭について──国内過疎地域の事例から

····································片野洋平（明治大学）

個別報告分科会③

····································司会：大坂恵里（東洋大学）

法の社会科学か法の社会学か──法社会学はどのような学問か·····馬場健一（神戸大学）

適格消費者団体の差止請求に関する実態調査と機能評価の試み·····町村泰貴（成城大学）

最高裁判所裁判官の憲法判断と国民審査結果の関係の実証分析

　　──第25回国民審査と「夫婦の姓」訴訟を対象に·········佐藤駿丞（明治大学大学院）

所有・制度・行動──現代中国における労働者の構図に関する一考察

····································朴　艶紅（京都産業大学）

〔第3日　午前〕

ミニシンポジウム③「民事訴訟の IT 化が弁護士・依頼者間の信頼関係に及ぼす影響
　　──法律相談の面接技法の在り方を中心に」

····································コーディネータ・司会：菅原郁夫（早稲田大学）

民事訴訟の IT の状況と弁護士依頼者間関係に及ぼす影響（総論）

····································菅原郁夫（早稲田大学）

心理相談場面における IT 化の影響····································中川　聡（東京大学）

Web 相談における面接技法の意義──相談・弁護士評価について

····································浅井千絵（武蔵野美術大学）

Web 相談における面接技法の意義──相談者の自己評価の分析

····································赤嶺亜紀（名古屋学芸大学）

オンラインツールを用いた法律相談の現状と課題·····加藤正佳（弁護士・札幌学院大学）

コメント····································横路俊一（北海道大学）

ミニシンポジウム④「民事裁判への市民参加の可能性──アメリカ陪審制度を踏まえて」

····································コーディネータ・司会・企画趣旨説明：松村歌子（関西福祉科学大学）

何が問題か──裁判員制度の全体的な傾向····································飯　考行（専修大学）

裁判員選任手続の課題──米国の陪審員選任との比較を通じて

····································杉崎千春（専修大学大学院）

292　学会記事

民事陪審導入の際の訴訟手続に関する検討課題……………………西村　健（大阪弁護士会）

民事手続及び裁判所運営における市民参加の現状と課題……………竹部晴美（信州大学）

民事陪審とオンライン化の課題………サブリナ・マッケナ（ハワイ州最高裁判所）

陪審の判断に対する上級審での審査……………………………………家本真実（摂南大学）

コメント…………………………………………………………………丸田　隆（兵庫県弁護士会）

企画関連ミニシンポジウム②「開かれた所有権に向けて」

……………………………………………司会・企画趣旨説明：金子由芳（神戸大学）

自然アクセス制から考える併存的所有権モデルの意義と課題

　　──コモニング（commoning）は可能か？……………………三俣　学（同志社大学）

山林における狩猟と土地所有権………………………………………高橋満彦（富山大学）

文化財・オープンソースソフトウェア・IAD フレームワーク

　　──開かれた所有権モデルと知的財産法学の接点……………山根崇邦（同志社大学）

カンボジアの土地紛争と裁判管轄・裁判規範の多元性……坂野一生（カンボジア司法省）

個別報告分科会④

………………………………………………………司会：久保秀雄（京都産業大学）

リーガルマインドに切り込む神経科学的手法の発展

　　…………………………浅水屋剛（一橋大学）・加藤淳子（東京大学）・太田勝造（明治大学）

新聞報道と弁護士像の構築

　　──2000 年以降の日本における弁護士記事と受け手への影響

　　……………………………………………………………………郭　薇（北海道大学）

高等学校公民科学学習指導要領に則した法教育実践と被害者参加者制度

　　──高校生の法意識向上をめざして……………………………堀口愛芽紗（駒澤大学）

留学生にみる法学学習到達度と日本語学習到達度の関係…………藤本　亮（名古屋大学）

〔第 3 日　午後〕

全体シンポジウム「所有権のモデルと法・社会分析」

……………………………司会：原田綾子（名古屋大学）・橋場典子（関西学院大学）

所有権のモデルとは何か──企画趣旨説明………………………………高村学人（立命館大学）

戦国期と近世期と明治期

　　──関係的契約に依存する併存的所有権，国家が保護する排他的支配権

　　……………………………………………………………………中林真幸（東京大学）

「サルゴフリー方式賃貸契約」──イランの商慣行と法のはざま

　　……………………………………………………………岩﨑葉子（アジア経済研究所）

「自然の権利」から所有権モデルを問い直す

　　──ガンジス川への法人格付与を事例として……………………中空　萌（広島大学）

法社会学第 91 号（2025 年）

コメント………………………………………………………………木下麻奈子（同志社大学）
コメント……………………………………ディミトリ・ヴァンオーヴェルベーク（東京大学）

付記：本学会記事は学術大会当日における報告を記録にとどめることを重視し，当日の配布資料のタイトル・所属を記載しているが．配布資料がない場合にはプログラム掲載のタイトルとアブストラクト記載の所属を記載している．

自由投稿論文原稿の募集

　機関誌編集委員会では，2026 年 3 月に刊行予定の機関誌『法社会学』第 92 号への自由投稿論文を募集しています．投稿の締め切りは 2025 年 7 月末日です．今から計画的に準備していただき，ふるってご投稿ください．欧文で執筆された論文の投稿も歓迎します．投稿していただいた論文につきましては，査読規程に基づいた査読を実施し，その結果に基づいて掲載の可否を決定します．

　投稿に際しましては，学会ウェブサイト（http://jasl.info/）に掲載されている投稿規程と投稿用スタイルガイドを遵守してください．第 89 号より，字数制限が 32,000字から 30,000 字に縮減されています（図表等の入った原稿については，図表の大きさに応じて字数換算した上での字数制限となります．字数制限とともに字数換算の目安を示すように投稿規程が改定されていますので，ご確認ください）．なお，機関誌には全体の頁数に制約があり，自由投稿論文の掲載にあてられる紙幅は限られています．頁数の超過により，予定していた号に収録できない場合もあります．

　投稿規程や投稿用スタイルガイドに合致していない原稿につきましては，査読手続を開始できず，掲載不可となることもありますので，十分ご注意ください．また，学会ウェブサイトに掲載されている査読規程も，あわせてご参照いただければ幸いです．

　投稿は電子メールで受け付けております（郵送での投稿は受け付けておりません）．①原稿，②投稿原稿用表紙，③和文要旨および欧文要旨，④自由投稿論文チェックリストを，電子メールの添付ファイルとして，投稿先メールアドレスにお送りください．投稿先メールアドレスは，jasl.kikanshi@gmail.com です（投稿に関してご不明な点がある場合も，このメールアドレス宛にご連絡ください）．

　機関誌『法社会学』の学術雑誌としてのクオリティの維持は，会員の皆さんがオリジナリティの高い学術論文を投稿してくださることにかかっています．積極的なご投稿をお待ちしています．

2023-2026 年期機関誌編集委員長

飯　田　　高

編 集 後 記

　本号は，2024年度学術大会の学会企画（全体シンポジウム「所有権のモデルと法・社会分析」，ならびに，企画関連ミニシンポジウム「所有権研究の最前線」および「開かれた所有権モデルに向けて」）の記録と，論説 5 本，書評 1 本から構成されております．今回，編集委員会および査読委員会として大変喜ばしいことに，例年よりも多くの論文が投稿され，その結果，掲載される論文も多くなりました．

　査読委員を務めますと，掲載論文のみならず，そこに至るまでの投稿者作成・査読者作成の各種文書——投稿原稿（投稿者），査読結果票（査読者），補正原稿（投稿者），査読結果票への対応を説明した文書（投稿者），再査読結果票（査読者）——を読む機会に恵まれます．これらの全ての文書を読むことができるのは，まさに査読委員の特権でもあります．今回，査読責任者として，査読結果票の的確な指摘を読み，自分が投稿原稿を読んだときには思い至らなかった諸点や初めて接する知見から，数多の貴重な学びを得られました．さらに，査読結果票への対応文書を読み，論文には字数の関係などから必ずしも全て書き記されるわけではない投稿者の背後にある問題意識や理解に触れ，ここでもまた新たな学びを得られました．そして，投稿者・査読者間の文書の往復の中で，投稿原稿が補正原稿，最終原稿へと改められ，回を重ねる毎に論文が洗練され深化していくさまに接し，このプロセスの進行役としての嬉しさ，喜びを感じることもできました．査読手続は，単なる掲載可否の判定手続や，投稿者にとっての超えるべきハードルというよりは，建設的な学術的対話の空間であるということを，実感した次第です．査読手続をこのような豊かな空間へと創り上げて下さいました，投稿者の皆様，査読者の皆様に，心より御礼申し上げます．

　最後に，今回もまた丁寧な作業により，刊行を支えて下さいました，有斐閣学術センターの清水歩美氏に，深く感謝申し上げます．（Mi.T.）

2025年2月

　2023-2026年期機関誌編集委員会：飯田　高（委員長），見平　典（副委員長），
　　　　　　　　　　　　　　　　　　吾妻　聡，小宮友根，佐伯昌彦，田巻帝子，
　　　　　　　　　　　　　　　　　　前田智彦，南野佳代，森　大輔

日本法社会学会規約

（昭和43年，昭和46年，昭和52年，平成8年，平成11年改正）

第1条 本会は日本法社会学会と称する．

第2条 本会は法社会学研究者の研究上の連絡，協力を促進して日本における法社会学の発展をはかり，あわせて研究者の親睦をはかることを目的とする．

第3条 本会の事務所は理事会の定めるところにおかれる．

第4条 本会はその目的を達成するため下の事業を行う．

(1) 研究会，学術大会を開くこと

(2) 機関誌の刊行

(3) 外国の研究機関との連絡

(4) その他本会の目的を達成するのに必要な事業

第5条 本会は法社会学の研究を志す者によって組織される．

会員になろうとする者は，会員2名の推せんを受け，理事会の承認を受けなければならない．

第5条の2 70歳以上の会員であって，本会のため多大な貢献をした者は，理事会の推せんを受け，総会の承認によって名誉会員とすることができる．

名誉会員は会費を免除され且つ機関誌を受けることができる．

第6条 本会に役員として理事若干名，監事若干名をおく．

理事は別に定める選出規則によって会員のなかから選出され，会員総会の決議に従い会務を執行する．

理事中の1名は理事長として本会を代表する．理事長の選出は別に定める規則による．

理事の任期は3年とする．

監事は会員総会によって互選され会務の執行および会計を監査する．

監事の任期は3年とする．

第7条 理事長は少なくとも毎年1回会員総会を招集しなければならない．

第7条の2 本会は地域における法社会学の研究を促進するため，研究支部をおくことができる．研究支部の設置は，期ごとに理事会の承認を得なければならない．

第8条 会員は毎年会費を本会に払込まなければならない．会費額は総会において決定する．

引きつづき3年間会費を滞納した者は，退会したものとみなす．

第9条 本会の会計年度は4月1日に始まり翌年3月31日に終るものとする．

理事長は毎会計年度の終了後遅滞なく決算報告書をつくり，会員総会にこれを提出してその承認を得なければならない．

第10条 この規約を改正するには総会出席者の3分の2以上の同意を得ることを要する．

```
          2023－2026 年期役員名簿
                （◎印＝理事長，○印＝事務局長）
 理　事
 吾妻　　聡    秋葉　丈志    阿部　昌樹    飯　　考行    飯田　　高
 石田　京子    石田慎一郎    大坂　恵里    尾﨑　一郎    郭　　　薇
 樫澤　秀木    木下麻奈子    久保　秀雄    小佐井良太    後藤　弘子
 小宮　友根    佐伯　昌彦    佐藤　岩夫    高橋　　裕    高村　学人
 田巻　帝子    手嶋　昭子    仁木　恒夫    橋場　典子    長谷川貴陽史
◎馬場　健一    原田　綾子    平田　彩子    平山　真理    藤田　政博
 藤本　　亮    船越　資晶    前田　智彦    松原　英世    南野　佳代
 見平　　典    森　　大輔    山田　恵子    米田　憲市   ○渡辺　千原
 監　事
 池永　知樹    齋藤　宙治
```

所有権のモデル　法社会学第91号

2025年3月14日　初版第1刷発行

編　者　　日本法社会学会
発行者　　江　草　貞　治
発行所　　株式会社　有　斐　閣
　　　　　郵便番号　101-0051
　　　　　東京都千代田区神田神保町2-17
　　　　　https://www.yuhikaku.co.jp/

©2025, 日本法社会学会. Printed in Japan
制作／株式会社有斐閣学術センター　印刷・製本／藤原印刷株式会社
落丁・乱丁本はお取替えいたします．
ISBN 978-4-641-12658-9

JCOPY　本書の無断複写（コピー）は，著作権法上での例外を除き，禁じられています．複写される場合は，そのつど事前に（一社）出版者著作権管理機構（電話03-5244-5088, FAX03-5244-5089, e-mail:info@jcopy.or.jp）の許諾を得てください．